想象另一种可能

理想国
imaginist

献给
顾立雅、柯睿哲以及多年来的良师们

序言

毋庸置疑，本书所用方法绝非叙述古代中国文明史的唯一方式。然而，在二十五年的教学和写作中，在通过对历史上每一个时期的主要组成要素及其相互关系和演变给予同等关注，试图为无数中国历史的难题找寻公正答案时，我发现本书的方法仍是我最满意的一种。

本书的重点并非对简单事实的罗列，而是规律和主题。然而，对于非专业读者来说，由于缺乏对中国的研究，他们需要忽略掉那些干扰性的名词和术语。我已经尽力将这些名词术语减到最少。此外，在提到中国地名时，我放弃它们古时的称谓而采取现在的名称，以为读者提供便利。

我的同事和学生们的分析、解读与洞见，影响、重塑了我对中国文明的观点，也对本书贡献极大，我非常感谢他们。尽管无法尽抒对所有教导过我的老师的感激之情，但我仍希望能够在致谢章节中对他们，尤其是芝加哥大学的两位已经退休的杰出学者致敬。在他们两位的谆谆教导下，我充满信心地踏上了中国研究的征程。

在写作本书的过程中，我得到了许多人的鼓励与帮助，包括我在密歇根大学的同事，特别是罗伯特·布劳尔（Robert H. Brower）、道格拉斯·克拉里（Douglas D. Crary）、柯润璞（James I. Crump）、杜志豪（Kenneth J. DeWoskin）、艾瑞慈（Richard Edwards）、费维恺（Albert Feuerwerker）、弗吉尼亚·凯恩（Virginia C. Kane）、林顺夫（Shuen-fu Lin）、马伟怡（Wei-yi Ma）、罗兹·墨菲（Rhoads Murphey）、爱德华·赛登施蒂克（Edward Seidensticker）和万惟英（Wei-ying Wan）。同时，也要感谢在其他地方任职的同行们：高居翰（James Cahill）、齐思（W.T. Chase）、史克门（Laurence Sickman）、素柏（Alexander Soper）和苏立文（Michael Sullivan）。尽管他们与书中的实质内容无关，但我仍要感激他们的热心支持，是他们让我意识到创作此书的重大意义。

我还要特别感谢密歇根大学中国研究中心在写作的重要阶段为我提供了部分的资金支持。也要谢谢我的同事马盛静恒（Jing-heng S. Ma），是她帮我完成了第 8 页[1]的简体书法。两位同样来自密歇根大学安娜堡分校的同仁费舍尔·彭（Fischer Peng）和诺拉·灵韵·史刘（Nora Ling-yun Shi Liu），分别为我完成了第 240、248 页的草书和行草，在此也对他们表示感谢。另外，还要谢谢斯坦福大学出版社的员工们，包括贝尔（J. G. Bell）、巴巴

---

1 序言中的这些页码，都指英文原版页码而并非中文译本页码。——编注

拉·姆努金（Barbara E. Mnookin）、阿尔伯特·伯克哈特（Albert Burkhardt）等，谢谢他们对本书的关注与垂青。

在漫长的写作和出版过程中，是我的爱人包容、鼓励并照料了我，我对她的感激之情溢于言表。我希望她能够持续相信，她的努力并未付诸东流。

贺凯
1975 年 5 月于安娜堡

目 录

引　言...001

形成阶段（史前时期—前206）

一、通史...019
二、国家与社会...045
三、思想...065
四、文学与艺术...093

早期帝国时代（前206—960）

五、通史...115
六、政府...143
七、社会与经济...165
八、思想...187
九、文学与艺术...215

晚期帝国时代（960—1850）

十、通史..................................261
十一、行政................................295
十二、社会与经济..........................317
十三、思想................................343
十四、文学与艺术..........................371

后　记..................................409
扩展阅读................................415

引 言

如后文各章所示,中国历史被分为三个主要时期,在每个时期内,中华文明的模式和它面临的问题都经历了巨大变化。这三个时期分别为:形成阶段,从远古时期到前3世纪;早期帝国时代,从前3世纪到10世纪;晚期帝国时代,从10世纪到19世纪中叶。从实用的角度出发,我们将1850年视为传统中国或古代中国的节点,此后中国历史的主线仅作为后记在文后稍稍涉及。古代的这三个时期都以数章的篇幅分析,分别涉及通史或政治史、统治模式、社会经济组织、宗教文化发展和文学艺术的成就。本书章节按时间排序,因而某一时期内的任何侧面一定先于下一个时期发生。若读者选择按照主题顺序进行阅读,也不会是件难事。涉及通史的章节以及后记部分为读者提供了一个中国政治史的统观,所附历史年表也具有相似功用。

引言的其余部分旨在介绍为全书奠定基础并贯穿全书的内容,其中包括对中国的土地、人民、语言和文字系统的简要介绍,以及有关中国历史和生活中无处不在的主题的分析式建议。

国土与人民

地理位置

今天中国的疆域，西起帕米尔高原，东临太平洋，横跨五千多公里；自极北的黑龙江起，南至南海以及与诸多东南亚国家如越南、泰国、缅甸比邻的边界，从北到南又绵延五千余公里。中国的地理特征有两点需要特别指出。第一，中国的地形使中国文明自具特色。自远古时代，骆驼商队就穿梭于中亚的荒漠、草原及山地之中，中国和印度洋之间的海路也早在公元前后就已畅通，但由于道阻且长，隔绝的状况并未得到改善。因此，在中国的历史和生活中，地理上的隔绝既可被视作一个限制性因素，也是一个有助于统一的要素。

第二，值得一提的是，中国内部地形最具特色的就是秦岭这片山地地区。广义上的秦岭西起西藏东至安徽，横贯中国中心，亦分隔了黄河灌溉区与长江灌溉区和南部沿海的丘陵地带。中国北方和南方又被绵延的山岭划分成数个子地区。北方包括东部的平原地区和西部的高原地区，南方则包括长江三角洲地区、长江中下游平原地区、位于四川省的长江中上游盆地地区、集中于东南福建省的丘陵地带、靠近南部海岸的珠江流域灌溉区，以及西南崎岖不平且丛林密布的山地地区。从这一点来看，中国的地形特征，正如欧洲的民族国家一样众多。

北方和南方的诸多差异还源自中国的两个水系。长江经四川盆地奔流而出，直达中国中心的平原地区，是中国的巨大优势之一。长江可作为航道一直通行至太平洋，它的众多支流也可直达许多周边地区，因而为南方人的出行、商品交易提供了便捷、便宜的交通网。长江复杂的水系还可缓解突发的暴雨所带来的洪水，因而洪水泛滥的情况比较少见。

在这一点上，北方的黄河与长江形成鲜明反差，常常展露极端凶险的一面。黄河水自青藏高原来，为北方农业提供了必要的水源，也规律性地为北方平原地区带来了新鲜的泥土层。但这些优点的代价很大，黄河携带的泥沙量比世界上任何一条河流都要多，泥沙沉积后形成的沙洲使流淌于平原地区的水路不再通畅。且与长江不同，黄河一直都不是有效的交通渠道。更糟的是，黄河没有一个天然、固定的注入太平洋的水道。人们修筑了堤坝，但淤泥的快速沉积使人们不得不修筑得更高，以至一些地区的河床甚至与人们的屋顶齐高，甚或更高。当大坝决堤，河水便会淹没上千平方公里的地区。洪水消退后，黄河有了新的入海河道，从此又开始新一轮的泥沙淤积。如此周而复始，黄河数度改道，入海河道从山东半岛的北侧移至南侧又回到北侧，每次改道都是灾难性的。

主导中国的季风气候加剧了南北方的差异。夏天，来自海洋的暖湿气流灌入中国，直至亚洲内部的低压区。暖湿气流为南方地区带来充沛的雨水，沿海地区能有150厘米的降水量。而当这些气流向北方和西北方移动时，特别是翻越秦岭之后，气流中的水分锐减，那里的土地也相应变得更加干旱。冬天，气流以相反的方向运动，寒冷干燥的气流从亚洲内部吹过中国，直抵低气压中心覆盖的海洋，雨水也相应稀少。秦岭和其他山脉也不能阻隔冬日的寒流南下，中国南方，甚至南至与哈瓦那同纬度的广东地区也时常结冰。因此，北方地区的气候条件十分严酷——全年干燥，冬日严寒与夏日酷暑交替往复，适合农耕的时间只有四到六个月。相反，南方的气候就潮湿得多，既不炎热也不寒冷，可耕种的时间有六到九个月，多数耕地都能一年两熟，甚至一年三熟。

综上，北方的土壤为次生黄土土壤，由于缺乏规律性的充沛雨水，以小麦和小米为主要农作物。牛和驴车、极端的气候以及棕黄贫瘠的土地是北方常见的地区特征。而南方多为冲积土壤，雨水充沛，适合种植水稻和多种水果，水牛、船坞和挑夫随处可见，气候温和稳定，一片郁郁葱葱。大自然对北方的严酷和对南方的恩惠，亦反映在南北方人的脾性上。外来者常会发现北方人是当兵的好料子。南方人则多变而机智，是做商人的好手。若从狭义的地区概念出发，中国人对本国人也有诸般成见：山西人精明吝啬，湖南人多智且诈，苏杭多美女，等等。

种族

若单从外形特征划分种族，简单常见的划分办法是将人们分为高加索人种、黑色人种和蒙古人种。中国人认为他们是亚洲独一无二的、在人种上同质的——拥有统一的蒙古人种的国家。此外，历史上中国人较少与其他人种有过大规模交往。到16世纪现代欧洲人入侵亚洲之前，中国历史上的所有人物，不管是汉人还是非汉人，都是同一种族的。中国人从未有过人种的概念，即自己与他人是否同属一类。即便如此，中国人依旧从文化角度上来区分自己与他者。

不可否认的是，中国人中依旧有着外貌差异，与前文讨论的地形与气候差异相似，外貌差异可依南北划分。大致来讲，作为蒙古人种的中国人比高加索人种体重轻、身材矮，北方人又比南方人高大强壮些。因此，尽管中国人都有蒙古人种黄肤黑发、少体毛、单眼皮的特征，但北方人相对高大健壮，就像临近的蒙古人、朝鲜人一样，南方人则相对瘦小，如东南亚人和日本人。我们在历史中可探寻南北方外貌差异的原因，亦见下文。

语言和书写

尽管中国的种族单一，但语言种类繁多。多数中国人所说的语言为国语[1]，过去称之为"雅言"或"官话"。官话曾是国家官员的交流语言，即他们必须要学习这种"第二语言"。官话是中国北方以及长江流域地区居住人群的母语，长江三角洲以南至越南之间的沿海地区的母语则另有其他（为古语演进）。人们通常认为这些沿海地区的语言模式——吴语、闽语和粤语——并非独立于汉语普通话外的语言系统，而是汉语的方言，每一种方言之下又分多种次方言。尽管如此，方言之间的差异——从发音到词汇再到少量的语法和语法的变化，使持不同方言的人们彼此无法沟通。说闽语的人无法与讲普通话的人对话。同样，说粤语的人和说吴语的人也无法沟通。毫不夸张地说，在中国南方有些地区，一个内陆农村的人甚至无法与邻村的人交流。

如此复杂的语言系统是现代社会无法容忍的。20世纪，中国政府在所有学校，以及包括广播和电视在内的大众媒体中有系统地推行普通话。时至今日，大部分非普通话地区的人们相继学会了运用这门语言，少则能够听懂，多则能够用普通话沟通。

我们在邻国的语言中发现了汉语的近邻。汉语、泰国语和越南语可能属于同一语族，而这一语族又与藏缅语族联系密切。这两个语族都可纳入汉藏语系，在关系的层次上与纳入印欧语系的

---

[1] 北洋政府时期民族共同语的称呼，1949年后改"国语"为"普通话"。目前，"国语"主要是中国台湾地区对汉语普通话的称呼。——译注

语族相似。然而，纵览中国历史，人们并未发现中国与其北方近邻——如蒙古——在语言上的任何联系。北方民族的语言属于阿尔泰语系，其中包括突厥语、蒙古语、满-通古斯语族。时至今日，阿尔泰语系甚至覆盖了朝鲜和日本。这些语言与汉语截然不同，正如汉语与印欧语言的巨大差异。

人们普遍认为汉语与日语紧密关联，但没有语言学上的依据证明这一点。语言学研究分析表明，汉语主要有四个特征：汉字通常是单音节的；词语没有形态变化，在表示不同的时态、单复数和主动被动时，汉字无变形；通过不同的声调区分大量近音、同音字，对于西方人来说，汉语有着歌咏一般的特性；汉语句式通常遵循名词、动词、副词、名词的顺序，与英文相似。而日语在以上四个方面与汉语显著不同。让门外汉困惑的是，在早期，同韩语、越南语一样，日语借鉴了汉语的非字母系统，但二者在语言学上又没有必然联系。其实，借鉴汉语的书写形式在语言学上的意义并不大，还不如所谓的阿拉伯数字在世界范围流通的影响力之大。西方把非字母系统中的符号或汉语书写中的图形称作"字"（character）。通常，古代中国人发明了独立、有针对性的图形来表达某个词语或概念的集合。一本好的字典会收录四万以上的图形（字），正常的阅读需要五千以上的词汇量。人们常将多个图形合并成新的图形，因此又多了上千词汇量。现代中国政府希望能够减小书写的难度，但到目前为止，他们也只能将其中一部分极难的文字简化。由于汉语存在大量同音字，加之不同的声调以及其他各类复杂性，它几乎不可能被成功地转化为字母书写系统。中国传统语音学家的努力，可看作一种尝试。

上述图表展示了汉字特征的三种基本形态。第一类为象形，它们是以某个特定物体约定俗成的图形式符号表示，如"木"或

象形形态
子（来自甲骨文）
木
女（来自甲骨文，暗示一个恭顺、跪着的、双手紧扣腰间的形象）

表意形态
简单：
一 二 三 上 下
复杂：
好（女人和孩子）　安（房屋下的女人）
家（屋顶下的猪）　明（太阳和月亮）

典型的形声形态：
桐，一种树，结合了木（音为"mu"）的含义与同（意为"一起"）的发音

中国书写系统简介

"子"。第二类为表意，是表示概念的符号。部分表意文字的结构简单、直观且易于理解，例如那些基础数字或是"上"和"下"，但大部分表意文字是包括两个或两个以上图形（意象）的复杂结构，在某种意义上表示着这些图形概念的集合。例如，"好"是女人和孩子的集合，"家"是房屋下有一头猪，"安"是屋内有一个女人，"明"则是将太阳和月亮并置。第三类造字形态是形声，它不仅表示了某一概念还包含了字的发音。形声字是一个象形元素或含义有关联的表意元素与另外一个表示发音的元素结合在一起。在上图的例子中，"桐"字中的元素"同"在单独使用时发音为"tong"，含义为"一起"，另一个元素"木"表"树"的含义，单

独使用时读作"mu"。这些元素合起来表示了一个与木或树木关联，同时又发"tong"音的字——名为"tong"的树。在中国历史上，大部分文字属于第三类的形声字。

正是由于汉字书写系统的复杂性，对中国人来说，它的价值无限且作用巨大。无论发音如何，汉字图形的表意都不变，从而克服了汉语中同音、声调、方言变化带来的重重困难。即便不能用口语顺畅地交流，识字的中国人也能用汉字来沟通。因此，文字系统成为主流文化的载体和中华文明的凝聚力。此外，汉字的视觉美是其他字母式文字系统所不能比拟的，中国人也将伟大的书法作品尊为最好的艺术品。从某种角度来看，汉字书写抵消了中国文字系统的某些弊端。

汉语的书面语远比口语简洁。若书面语和口语本来同源，那么在历史早期书面语就已从口语中分离，并随着时间衍生出了不同的文体。我们把传统书面语称为"文言"，以与"白话"相区分。文言有一套与口语无关的语法规则，晦涩，但有一种优雅的含糊。20世纪现代化运动推进者的一项重大成就就是推广白话文，这一举动让原本十分难记的汉字变得简单起来。但对于当代中国人来说，1920年以前的著作仍旧晦涩，就像古典拉丁文对当代西方人一样。文言从此成为一门专门的学问，当代版本的古文需伴以白话注释和译文出现。尽管中国人一早就开始采用圆点来表示语句的停歇和完结，但文人常常随性地选择是否运用它们。一篇文言文常常通篇没有任何标点，这也增加了阅读文言的难度。人们难以从页面格式上判断某一篇文章的文体，因为诗歌和散文都可以不断开地书写。另外，由于是汉字，人们不需要通过大小写来判断专有名词和句首。中国人一贯如此推崇、尊敬他们的文学大家。

中国生活中的一些基本延续性

基本的社会经济模式

家庭是传统中国社会的核心单元。数千年前，中国人就有了家族姓氏。姓氏按父系血缘传给下一代，财产亦然。财产通常会平均分配给家族的男性继承人，因此家族会定期分解成为更小的分支。但理想化的中国传统是将多代成员维系在一个家庭中，成为一个大家族。传统的社会就是由数个大家族组成的一个相互联结的巨大网络，每个人在其中扮演明确、固定且令人满意的专职角色。个人的成就有益于整个家族，而个人的离经叛道和失败也会祸及整个家族。面对外界时，个人从不是一个人，他既是家族的代表，也需承担家族责任并维持家族荣耀。美式理想中顽强的个人主义在这里是不受推崇的。

理想化的大家庭是由祖先崇拜的信仰约束凝聚在一起的，因此它变成一个无限延续的团体，其中的成员对他们的长辈和晚辈都负有责任。大家庭同时由社会经济约束凝聚，家长（或族长）控制了家庭（或家族）的社会经济大权，也对所有成员的活动担有责任。大家庭包含一名家长（或族长）、家长的家庭以及他所有男性后代的家庭。比较理想的状况是这些人同住在一个互助式的家庭内。家长去世后，他的财产被分割，他的儿子们便成为各自家庭的新首领（家主）。理想状况下，由一对夫妻及其子女构成的核心家庭是更大的生活、工作单元，即大家庭的一部分。联系密切的家庭自认属于同一宗族或世系，它们以某种合作性的关系联结起来，并由一位年长的家长任族长。这些宗族认为自己与其他同姓氏的宗族有关联且负有义务，从而又组成了共同的世系集团。非近亲结婚原则仅适用于父系宗族：一个男人可以娶他母亲家族的堂表亲，因为她们与他姓氏不同。但这个男人却不能迎娶同姓女子，即使与对方非亲非故、远隔千山万水也不行。一夫多妻（准确讲为"一夫一妻多妾"）是被接受的，但无论何时，丈夫只有一个主要的或合法的妻子。所有的婚生子女都是合法的，并按长幼排序，但嫡庶有别。家庭称谓广泛运用于社会之中，人们用叔、伯、姨、表、堂、从等词语称呼他们的邻居和朋友，用"父母官"称呼地方官员，用"民之父母"称呼统治者。

不断有人指出远古时期的中国是母系氏族社会，但通观有文字可考的历史，无论在社会中还是家庭中，妇女扮演的都是从属角色。她们的地位在有文字以来显著下降，多数家庭将女儿视作多余的负担。为女儿包办一门婚事需要嫁妆，但女儿出嫁后却只为夫家做贡献、添福利。贫困家庭常常被迫将女儿卖作女仆、妓女或小妾。在极为艰难的时代，杀害女婴的现象无处不在。无论有多卑躬屈膝和忍辱负重，中国妇女还是培养出了一种超越其丈夫的精神力量。中国文学作品和外界的观察都认同中国丈夫在世界上最惧内，而中国婆婆常欺压她们的儿媳。

典型的中国家庭通常是一户坐落在村庄内、与十余户家庭来往密切的农耕家庭。他们的田地不大，花园有大有小，散落于村庄附近。近几个世纪以来，一户家庭的田地通常不会超过三四公顷。男性负责耕种这些田地，女性也下地干活，但她们多数时间负责看家、喂鸡、养蚕和织布，即"男耕女织"。人们几乎没有任何闲置土地，土地上生出的作物也不会被浪费一粒，即使粮食丰收过后的秸秆，也会作为薪柴来做饭和取暖。

通常，在目光所及的平原和山谷中坐落着一两个相似的村庄，距它们数公里的地方会有一个集镇，集镇上都是店铺和稍微富裕者的宅邸。农民在集镇上卖出收割的余粮，买入所需的工具和种子,并与熟人互致问候、探听消息。至少在过去的几千年间,集镇是规律性举办庙会和庆祝节日的地方。庙会和节庆活动由周边的镇子轮流主持,行商会将外来的商品带至庙会兜售。在过去的数个世纪里,集镇最远的辐射范围可影响三四十公里外的农民。于是,一部分条件不错的集镇进而扩展为城市,变成附近区域的大宗货物集散地,也成为所有合法政府的最低一层行政单位县衙的所在。

与西方传统中的典型农民不同,中国农民并不能自给自足和独立生存。从很早开始,至少在近一千年内,中国的农业生产高度专业化和商业化,农民习惯于在市集上买入卖出。假使一位农民有一片高产的稻田,并且住在人口稠密、对粮食需求高、粮食价格也高的地区,那么他很有可能倾全家之力,将所有的耕地都用来种植水稻,再全部卖到市场上去。他个人和家庭可能会买入一些低廉的食物,甚至通通购买从其他地方引进的粮食。因此,如果市场条件可以提供差异化优势时,即使某一地区适合一年两熟,这里的农户仍有可能只种一季,或者将生产力投入家庭手工业,譬如纺织业等。简而言之,中国的农业经济并非简单和僵化的模式,它随着行情和货币状况而变,不同地区、不同时期的情况都不尽相同。

在古代中国,超过 80% 的人口为农民,现代占比亦重。这些人辛勤劳作并穷尽各种方法来维持生计,却只能勉强过活。他们没有受过正当教育,只能依赖脚下的土地和头上无常的老天爷,"靠天吃饭"。在历史上,我们很难知晓这些人的想法和感受。不过,仍有区域性的"小传统",例如民间迷信和历史传说等通过口头流传下来,其中充满了对于生存的热望。而且,这类区域性的历史与城市的高雅文化并非毫无瓜葛。

剩余的约 20% 的人口参与到了"大传统",即同质的书写文化之中,并做出贡献。由于中国人口在公元元年时已达六千万人,到 1100 年前后已有一亿人左右,这群有文化、出身于城市的知识分子无疑是一个庞大的群体。在过去的两千年间,无论在什么时间点,这群人的数量和影响力都超越了许多现代国家。此外,社会的运转模式削弱了城乡间的二元化。判断政府好坏的单一标准以及单一价值系统,自上而下地主宰了整个社会和社会经济。底层的群众未被逐出,反而被囊括进了这个系统。因此,若把"大传统"视作掩盖无声、被压制且充满愤恨的大众的单薄饰面就大错特错了。中国古人在很多方面都出类拔萃,但其中没有任何一项能与和谐的自律相比肩。

边境关系

历史起源之时,汉人并未拥有整个汉地,但是,他们通过逐步的发展,从华北平原这片最初的家园扩展到了整个汉地。正因如此,不同时期的中国有着不同的地理实体,作为整体的中华文化也随着时代不断变化。早在公元前汉人就开始了对长江地区的开发,但直到 8 世纪前后才完成。到 12 世纪,南部沿海地区才被正式纳入中原中央政府版图。自 15 世纪起,汉人才开始大力开发位于西南高原地区的云南省和贵州省。虽然北方在很长一段时期一直是中国的经济和文化中心,但 12 世纪后重心开始南移。时至今日,南方依旧在经济和文化上领先。

中国南方早期并非无人居住的荒芜之地。在向南扩张的过程中,中国未像美国那样驱逐不相干的"野蛮人"。当中华文明在北方平原地区崛起时,南方的土地上也居住着一群人,属于汉藏语系的蒙古人种,是汉人的近亲。而且至少在当时,这群人的文明发展程度并不远远落后于汉人。汉人和中华文化逐步成为这些南方人和他们文化的主流，一部分是通过军事化行动，但更多的是通过和平融合，将这些非汉人吸收到中国中。无论通过哪种方式，刚刚被征服或同化的南方人并不会自动变为北方人，他们的信仰、习俗或是生活方式亦然。然而，当新人将他们非汉人的生活方式融入中华文明时，中国的含义也随着每一次的新扩张而改变。因此，中国版图的南扩可被视作中国人民和文化的一种渐进充实，也解释了广泛存在于当代的中国人的文化、气质、形体、语言的多样性。

中国人称自己为汉人，名字取自早期的朝代名称。汉人熟悉许多部落名称，最常见的集合称为蛮夷戎狄。并非所有部落和族群都被中国同化或融合了，那些极不情愿成为汉人的部族与相对先进的中华文明渐行渐远。他们选择执着地发展自己的文明，使之相对独立。在中国的历史记录中，有汉人与这些部落和族群之间的冲突。多数情况下，汉人会试图缓和与他们之间的关系。

到了20世纪，南方和西南的部落民族依然是中国的重要组成部分。时至今日，他们依旧以少数民族或族群的身份生存，被冠以苗、瑶、壮、彝族和摩梭人等称谓。在近几个世纪中，中国政府默许这些民族及部落的存在，将它们划为国家的自治地区。20世纪，政府也一再尝试保护和鼓励部族的本土文化。一支很有趣的族群叫作客家人，遍布中国南部和东南沿海地区。客家人被认为是在12世纪从华北迁徙到今日的所在地，他们与周围的民众隔绝，严格保护着"纯正"的北方生活方式。

中国很久以前就对越南北部有很大影响，但中国版图的南扩还是止步于今日汉地的南界。中国政府先是在13世纪，随后又在15世纪派遣海军远征。15世纪的那次出海控制了印度洋地区，船队直至非洲东岸。然而,中国并没有尝试把这些海外地区纳入中国版图。大量华南沿海居民开始向南洋迁徙,到 20 世纪,这些华侨已然遍布东南亚国家,有的还成为当地的经济大鳄。

中国北部边境则面临着彻底不同的局势。尽管在种族上与汉人相近,但北方民族属于完全不同的阿尔泰语系,与汉人语言不通。此外,北境民族为游牧民族,而汉人过着农耕生活,二者不同。历史中的很多篇幅都记载了北方游牧民族、西方草原民族与定居不动的汉族之间为赢取胜利的斗争。游牧民族在移动性上占优,这意味着他们可以短时间内在中国边境的任何位置集聚起占压倒性优势的兵力。汉族农民不擅长养马和骑术,因此在与游牧民族的交战中需要强大的补给车队。但交战时间一长,汉人军队的持久力就能逐渐消磨掉游牧民族的爆发力。因此,战事主动权常在双方之间流转。直到 18 世纪,现代大炮的出现才打破了边境双方的力量平衡,自此中央政府稳操胜券,加强了对新疆和蒙古等地区的直接管理。

最初,北方的民族并非游牧民族,最早的汉人也非定居的农耕民族,二者都是以畜牧、采集和原始农业为生的迁徙部落。在中原地区崛起的汉人逐渐依赖农耕,而北方的部落并没有发展农业。也许是因为极端的干旱气候,北方部族反而愈发致力于发展更加有利的游牧生活。骑马游牧出现于前 9 或前 8 世纪,到前 5 或前 4 世纪才得到全面发展。至此,两种截然不同的生活方式分道扬镳。也是自那时起,北方游牧民族成了中原政权存亡的威胁。北部的防御问题也成了中国历史上一个持续的重大问题。

中国持续南扩的部分原因其实是为了应对北方游牧部落不断联盟的压力。对于一个游牧部落的可汗来说,掠夺城市甚至政治占领是其野心再自然不过的表现。一部分游牧民族难免会留了下来并成了汉人。于是，每一次游牧民族的入侵都为中国北方带来了新的血液和文化元素，正如中国的南扩也会吸收南方的血液和文化一样。另一方面，一部分游牧民族未能占领中国，同时又受到更北方的部族的欺压，于是向西迁徙，跨越中亚，成为欧洲历史上的匈人和突厥人。同样，中国南方的一部分原住民向南迁，成为东南亚史中的越南人、泰国人和缅甸人。

国家统一与朝代更迭

若不论其他而只从内部看，中国史是反复实现、重现政治统一的一长串奋斗过程。中国本土的复杂地形、多样的文化和语言，以及持续变化的汉人族群，使维持国家统一并不是一件简单、自然的事情。在中国历史上，地方军阀势力周期性地兴盛。

经典的朝代更迭模式是：一个军事强人靠武力统治全中国，然后将皇位传于长子。开国皇帝的活力往往能巩固其子孙的统治，他建立王朝机构体系，以此巩固政权并维持后代的和平与繁荣。但数代后的皇帝则生于宫墙之内，被宫中妇人和宦官的阿谀奉承娇惯，远离宫外的现实世界。一旦登基，他们便成为不切实际且不负责任的君主。同时，政府机构和政策不能及时适应急速变化的生活水平。国家机器不能对新的国家需求做出及时应对，于是地方豪强或军阀——本土的叛军或北方的入侵者便趁机分裂国家，突然发动内战。最终，一名军阀会镇压其余人，建立一个新朝代，然后开始同一个循环，即统一、巩固、停滞、最后四分五裂地陷入混乱，此后再周而复始。

诚然，上述模式并不能解释所有的朝代更迭；同样，也不是所有的朝代更迭都与中华文明的重大变革息息相关。这种循环——从强到弱、从集权到分权、从秩序井然到兵戈扰攘、从天下一家到四分五裂,尽管很难被解释清楚,但并不妨碍它成为传统中国历史中重要的一环。正是由于中国人成功地建立了一套稳定的社会、政府系统,部分朝代才得以持续了三百余年之久。

形成阶段

（史前时期—前206）

一、通史

前2000—前1500年，作为中华文明起源的石器文化遍布中国北方。文化间的交融衍生出了君主国商朝，它由乘驾战车的精英统治，拥有成熟的青铜冶炼技术和已知最早的汉字书写系统。约在前1122年[1]，商朝被推翻，取而代之的是由位于国土西境的拓荒者所建立的周，它成为中国历史上持续时间最长的朝代。周朝统治者将领土分封给亲族和同盟，从而开启了封建时代（或封建领主制时代）。中国自此由北方向南扩张，进而同化了长江流域地区。中华文明日益成熟，由此衍生出了一个长久不衰的模式，最终成为后世效仿的理想典范。几个世纪的兴盛安定后，王室式微。前5世纪起，诸侯国之间的区域性内战日益频繁，政局动荡不安，而社会经济变迁、技术革新、行政体系变革以及意识形态的变化

---

[1] 我国史学观点一般认为，武王伐纣，商灭周兴是在前1046年。本书写于1970年代，作者的认知以及当时的一些历史信息与今略有不同，为尊重作者原作计，除特殊情况外，一般予以保留，不再作出说明。——编注

更加速了这一状况。中华文明正经历着一次颠覆性的大变革。

前221年，位于西境的秦国（Ch'in，西方的China一词正源于这一称呼）最终征服了其余诸侯国，统一中国并建立起一个中央集权的国家。秦朝第一个皇帝在前210年去世，此后不久，政局再度陷入混乱，内战爆发。

史前

根据中国传说，宇宙本是一团气体，最后缓慢固化成为一块巨石。在这块鸡蛋状的巨石中，生出了盘古。他活了一万八千年之久，每日生长一丈，耗尽毕生之力将这巨石一分为二，一半成为天，另一半成为地。盘古完成使命后力竭身亡，双眼成为日和月，气息化为云，骨骼成了山川，血肉变为土壤，血液则成了江河湖海。

这是盘古开天辟地传说的一个版本。约在公元元年前后，中国的文学作品里还出现了关于宇宙起源的其他传说。值得注意的是，至此中国人似乎再也不必为宇宙和人类的起源做更多阐释了。至少在形成阶段，中国人认为宇宙已被视为一个无须赘言的必然，而真正值得人们关注的重点是文明的进程。因此，早期中国是由文化英雄、改变人们生活的文化和技术要素的发明者所统治的上古时期。这也是一个值得注意但往往被忽略的地方。在早期传说中，没有关于英雄人物将中国人从他处引至中国的任何记载，人们理所当然地认为他们源自中国——具体来讲，源自位于黄河流域的黄土高原与平原的交界处。就这一点来说，中国人也许和世界上的任何族群都不同，其早期传统中没有造人神话，也没有关于人口迁徙的古代传说。

在早期记载中，最常被提起的是"三皇"，他们分别是伏羲、神农和黄帝。[1]伏羲的统治约始于前2852年，以驯服家畜、制定家庭生活制度而闻名。神农的统治约始于前2737年，人们认为他发明了锄头和犁，视其为农耕经济、公共市集之祖。黄帝的统治约始于前2697年，木结构房屋、丝质衣物、船、小车、弓箭、陶器以及书写都在这一时期被发明创造出来。据传，黄帝在成功击溃了一个约位于山西省的"蛮族"部落后，被尊为统领黄河平原地区的一国之君。一部分作者认为，中国作为一个国家出现，正是始于黄帝时期。

在被称作"五帝"的一系列传奇君主中，黄帝位列首位，他为中华文明的发展增添了更多要素。位于第四和第五的帝尧（约前2357—前2256）和帝舜（约前2255—前2205）尤被人们尊崇。尧制定和颁布了农业生产可以遵循的历法节令，通过礼乐进行道德建设，建立起了中央政府的雏形。尧放弃选择他不成材的儿子接任帝位，寻遍四方，最终找到了能够胜任君主之位的贤才。在尧帝生命的最后二十八年间，他与继承者舜共同治理国家。尧的继承者舜本是一位贫困的农民，因忠孝而名扬四方。为了让舜的异母弟弟获利，舜的盲父和阴险的继母常常惩戒并数次试图杀害他。然而舜一而再再而三地宽恕了他们，继续扮演孝顺儿子和友爱兄长的角色。继位后，舜不负众望成为一代明君。

洪水是尧舜任期内的一大难题。在尝试了多种治水措施但均告失败后，舜任命官员禹负责治水。后者为了治水而访遍四方，历经十余年。在这期间，禹三过家门而不入，即使听到妻儿因孤苦而啜泣也未动摇对治水的专注与热情。他成功地疏浚河道，导

---

[1] 关于"三皇"，流传最广的版本中，"三皇"分别为燧人、伏羲和神农。以"伏羲、神农、黄帝"为"三皇"的说法见于东汉《帝王世纪》。——译注

水入海。今日中国北方的河道也由此形成。此后,舜任命禹为他的继任者,二人共同治理国家长达十七年。作为一名统治者,禹以仁爱著称。正因如此,在禹过世后,人们无视禹指定的继任者,转而请禹的儿子指导生产生活和主持公道。最终,禹的儿子启在民众的支持下成了统治者。由此,中国的第一个朝代应运而生。尧、舜、禹三人并称"三圣",以禹的统治(前2205—前2198)而开启的王朝名为夏。

据传,夏朝统治者为文明的进步做出了诸多贡献,但终被名为桀的暴君终结。前1766年,夏桀被商汤征服并驱逐。商汤开启了一个新的朝代,复苏了文明的进程。但最终,王位还是传到自大黩武、缺乏贤臣辅佐的暴君商纣手中。如同夏桀一样,商纣也被他的一个诸侯国推翻。于是在前1122年,周朝建立。夏、商、周通常被称作"三代"。

纵观整部中国帝国史,三皇五帝、三圣、三代及相关的历史传说的真实性从未被质疑过。无论是官方还是大众,尧舜禹以及周朝建国者的美德和仁政一向是传统文学的宏大主题,也是传统教育的经典范本。

20世纪的考古学家以一种最令人惊奇的方式印证了传世文献中所记载的商代。同时,考古学家也为商以前的文明进程提供了一些思路,但至今为止,考古发现并不能完全印证关于商之前的文献记载。在未来,考古发现或许可以确定河南、山西两省的一些早商文化就是夏文化。而这可能暗示舜、尧乃至黄帝这些传说中的文化形象是对华北新石器文化早期首领的记忆。然而至少到目前,在华北地区的考古发现揭示了一个截然不同的先商文化进程,比传说要可信得多。

在中国,已知最早的人类居住者发现于北京市西南方周口店村附近的山洞。遗址的年代可上溯至20万到50万年前,有约40

名个体的遗骸，其中包括14个头盖骨。遗骸表明这是一群近似原始人类的类人猿物种，成熟者身高1.5米左右，直立，脑容量介于现代人类和猿人之间。他们有着扁窄的头骨、凸出高耸的眉骨，还有下陷的双腮。他们的脑容量足以支配语言活动、狩猎、采集、取火。遗骸也暗示着他们很可能是猎人头颅的食人族。这一物种被称为"北京人"（学名"中国猿人北京种"或"粗壮猿人"），与在爪哇岛发现的一个物种（爪哇直立猿人）有明显联系。北京人代表着从猿到人过渡的最初阶段，同时也因为具有现代蒙古人种的铲形门齿而备受关注。

考古证据发现，从北京人生活的两个古代冰河时期之间的旧石器时代起，在余下的冰河时期直到后冰河时期，中国北方地区经历了一个非常缓慢的尼安德特人式的发展进程。直到两万年前，成熟的蒙古人种智人才开始出现。在这个进化过程的最后阶段，中国南方开始出现带有黑人种族特征的原人，他们使用的石器较中国北方的稍微落后。然而，东亚地区的石器时代的技术——打制石器的种类与欧洲和非洲的迥然不同。

约一万两千年前，中国从旧石器时代过渡到新石器时代。农业的出现和陶器的制作成为这个时期的特征。黄河流域的中原地区，即现在的河南、山西和陕西交界处成为发展的核心地带。这里的人们从以采摘、狩猎为主的迁徙式生活转变为以狩猎、畜牧和农耕为主的半迁徙半定居式生活。最早出现在这个地区的新石器时代文化是仰韶文化[1]，以其最初发现地的地名（河南省仰韶村）命名。有代表性的仰韶文化遗址超过一千处，分布在黄土高原各

---

[1] 仰韶文化并非中原地区最早的新石器文化，已知的新石器文化中，挖掘于河南新郑的裴李岗文化被测定约在距今7000—8000年前，分布于黄河中游地区，符合新石器时代文化的特征，且时间上早于仰韶文化。——译注

处，最西可达甘肃省，每处遗址各具区域性特色。仰韶文化最显著的特征是手工制作的、以红黑花纹装饰的红陶、灰陶、黑陶器。这些以彩陶器著称的部族人口聚居在小村落中，最大的村落不过一百间房屋，常坐落在俯视河谷的梯台上。但是，没有一个群体会在一个地点停留很长时间。他们主要的农作物为粟，家畜主要是狗和猪。他们用箭和长矛狩猎，用丝和麻编织衣物，也运用各式石制、骨制、鹿角制工具。因为人们相信来生，所以人在死后被恭敬地埋葬，他们也举行丰饶仪式。在前3000年前后，仰韶文化达到顶点。

仰韶彩陶文化逐渐被位于华北平原的新石器文化取代，也可以说是它衍生了后者。后者逐渐扩展到了除西南地区外的整个中国本土。如仰韶文化一样，这个文化也有很大的区域性差异。人们以初次挖掘出土的山东省（济南市的）龙山镇的名字命名，称其为龙山文化。龙山文化最显著的特征是轮制的素面黑陶器。黑陶胎薄质硬，光素铮亮。黑陶文化的聚落比彩陶文化更大、更固定，其房屋有墙，坐落于黄河、长江流域的低矮平台或平原的山丘。龙山文化遗址分布广泛，从中国东北地区一直到越南，以及在仰韶文化一度盛行的西北山地地区都有分布。龙山文化的主要作物为粟和稻，家畜包括牛羊，也有狗和猪。比起仰韶文化的先祖们，龙山文化的人们发明了更多样式的建筑和农具。通过墓葬形制，我们发现龙山文化比仰韶文化有着更严格的地位和阶级划分，职业分工也变得愈发显著。他们的信仰更接近于一种祖先崇拜，而非生殖崇拜。他们用所谓的"甲骨"来占卜，这种形式被后来的商文化继承。分布甚广的龙山黑陶文化在前2000年前后达到鼎盛。很明显，商朝正是从位于河南的龙山文化的一支中演变而来。

商（前1766？—前1122？）

现在，商文化已被华北的多处考古遗址所印证。这些遗址散落在黄河冲积平原的各处，从最西端，至最东端的山东省。核心区域位于河南省北部——以现在的洛阳和郑州为南端向北直抵黄河北岸的安阳的一个扇形区域。在洛阳附近，人们发现了疑似商代第一个原始都城的遗址，与传说中商汤所建立的都城相佐证。现在的郑州市位于诸多遗址之上。目前，挖掘工作正在有序地进行，其遗址十分有可能是商代的第二座都城——嚣（隞）。根据早期历史记载，商在嚣（隞）之后有五个都城，但只有最后一个都城殷的存在有确凿的证据。在安阳地区，成熟的商文化共建有17座城池，殷是其中之一。有史以来人们便称之为"殷墟"。共有12位商王在此统治，自前1395年起，历经273年。因此，商代也因其最后一座都城而被称作殷。

中国的城市文明发展，比起美索不达米亚地区慢了一千年，比印度河谷的印度半岛的城市文明则晚了五百年。几乎毋庸置疑的是，源于西方一些更古老文明的元素通过某种途径（如经过中亚）到达了中国。在安阳最初的挖掘中，人们发现了与下层龙山文化截然不同的生活方式，暗示着商文化可能是某种舶来品。然而，在近期洛阳和郑州的挖掘中，人们发现了清晰的阶段划分和过渡——从龙山文化逐步演变为商文化。商文化是一个从华北独立衍生出来的文明，这一概念在当今中国不容置疑。

与美索不达米亚和印度河谷文明相比，商文化并不以人口稠密和城市林立著称。然而，商朝城市具备多种功能，其中人口按等级、地位和职业加以区分和分层。每个商代都城都有一个核心区域，其中包括大型公共建筑、祭坛以及统治阶层的住处。这些建筑有着高出地面的夯土地基,地基内嵌花纹对称的大型石制、青铜制铸件,支撑屋顶的木柱就立于其上。其中一处建筑的地基宽 8 米,长 28 米。围绕这个核心的行政、宗教区域的,是青铜、陶器、石器和其他工艺品的作坊,此外还有成片的半地穴式民房以及墓穴。

在安阳,至少有 11 座墓穴属于殷墟时期的商王(除了最后一位王,据传他死于宫殿内的大火)。每个墓穴都呈方形或长方形,深约 9 米。墓穴呈南北向分布,周长 12—18 米,内含一间木制墓室。墓室有 2 条或者遍布四方的 4 条斜坡式墓道,最长约 30 米。随葬品表明人牲的存在,在墓穴和墓道上都有战士和工匠的遗骸。

人们在安阳没有发现城墙遗址。但郑州出土了大量夯土墙遗址,它们高约 9 米、宽 20 米,墙基最厚处 30 米,长近 7 公里。城墙中只有行政和祭祀区域。从安阳地区四散的遗址来看,整个群落至少占地 41 平方公里。简而言之,商代都城并非小型的聚落。

除却大型城市,另有三个特征使商文化与之前的新石器文化截然不同:马拉战车、高度发展的青铜冶炼技术和高度成熟的汉字书写系统。

对于乘驾战车的统治阶级来说,战事似乎是他们的主要职责。他们随时可能征召 1000、3000 或 5000 人不等的平民入伍,对周围非汉人所在的"夷狄"之地进行征讨。然而,战车在战争中的具体作用已经不得而知。当时的战争基本上是近身肉搏,有时也利用弓箭和长矛。贵族会和平民并肩作战。商代的弓由木、骨或角制成,属于复合弓,日后成为草原游牧民族最常见的武器,也就是西方口中的土耳其弓。这种弓要比西方传统弓箭强大,通常有 160 磅的拉力,能够射杀 200 码内的目标。在没有战事的时候,商代贵族会参与到狩猎活动中，一方面是为了采集食物，另一方面也起到军事演习的作用。

青铜器由可能是世袭且专为统治者服务的专门工匠生产，它们更多是仪式性而非实用的器物。青铜器当然也包括武器、盔甲和战车，但占比例最大的是造型精美、形态各异的爵、角、觚和鼎，其中最重的能达 680 公斤。它们通常借助模范法分次浇铸，再将各个部件完美拼合，技术之巧妙使当代考古学家一度以为这些铜器是通过失蜡法一次性铸成的。部分青铜器物腹部内侧还有短篇铭文。大体来讲，商代青铜器的造型受龙山文化甚至仰韶文化的陶器造型直接影响，三足器物造型十分常见。部分商代青铜器显然是宗教祭祀仪式中的酒器，更多的器物则是大型墓葬中的随葬品。这些随葬青铜器往往满盛酒水和食物，供亡灵享用。随葬品中还有陶器，大多呈暗灰色，部分带釉。

商代史官用毛笔和削成条状的竹简或木简来记录王室活动，竹简、木简串联成册，就像现在的垂直木栅栏一般。这些易腐的材料早已消失，但安阳的挖掘却发现了另一种记录王室活动的载体——甲骨。甲骨由龟壳或牛一类动物的肩胛骨制成，通常用于占卜，由卜官保存。在占卜过程中，人们先在甲骨表面凿一凹槽，再用一枚加热的钻头在槽的一侧钻出一个钻孔，于是甲骨就会爆裂出呈倾斜的 Y 字形的裂痕。其中一道裂纹从钻孔处贯穿上下，另一道从 Y 字形的中心斜裂开来。这两道裂纹是卜官判断吉凶的卜兆。不少甲骨上的钻孔都不止一处。

安阳的档案提供了多达十万件这样的甲骨，其中约两万件有卜官用尖笔刻下的卜辞和解释。甲骨文常见的格式是："某天占卜，王让占卜的人某某问某件事情。"常见的问题有："某某王有儿子吗？""明天会下雨吗？""明天适合打猎吗？""国王头痛，是因为祖先某某作祟吗？""国王晚上会睡好吗？""现在是祖先某某引起的大干旱吗？""如果我们派三千人从某地到某地，会成功吗？""祖先满意仪式和祭品吗？"许多卜辞并非答疑解惑，更像是向神灵汇报，比如战事或狩猎的情况。

甲骨文是中国已知最早的文字形态。这些图形与它们的当代变体一同成为当今一大学术成就。这一成就说明了商代的书写系统已然囊括了象形、形声和会意的文字形态，而正是这几种文字形态支撑了今天的汉字书写系统。此外，甲骨文几乎是我们了解商代历史——无论是行政、文化还是宗教——的全部途径。

商代是一个君主制国家，这意味着王位常常由兄传于弟，或由父传于子。商王由官员来辅佐，官职的名称通常暗示着他们之间的功能与区分。官员通常属于世袭贵族，很可能也是王的亲属，而且特殊的职位可以世袭。王会发动针对北境非汉人的"夷狄"的远征，这些北方"夷狄"常被形容为麻烦的入侵者。商朝晚期，王也会发动进攻南方沿海地区或是长江流域的战事。然而，统一的商国却很难将势力扩展到黄河两岸的华北平原之外，虽然不排除它时而与周边文化地区进行有限的贸易往来并传播了文化影响力。对于所谓的商代政治史，我们知之甚少。究竟商朝是奴隶制社会还是原初的封建社会，当今学术界仍存争议。

西周（前 1122？—前 771）

在前 1122 年推翻商朝的周人，并非入侵的非汉人蛮族。与商代的子民一样，周人也是说着汉语的龙山文化的后裔。几千年前，他们迁徙到了近乎北方农耕盆地的最西端，也就是今天陕西省的渭河河谷。但在最初，远在边疆的周人并未对河南的青铜文化的崛起出过力，因而在武王伐纣时，周人仍被商人视作半开化的乡下佬。在被推翻前，商王分封周人的领袖为西伯侯，并按照传统将一名商朝贵族女性嫁给他。周人最初与名为羌的原始藏人结盟并联姻，后者占据了中国本土西境的大片土地。商的统治者十分惧怕、憎恶羌人，视他们为走兽，常派兵讨伐羌人。与周人结盟或许是商朝一个机智的外交策略，其旨在培植周这一诸侯国势力以打压、抑制西方的羌人。

同对商代历史的了解一样，我们对周人早期的历史也知之甚少。根据传说（如《诗经》），我们可以相信周人最初是在名叫亶父的先祖的引领下，从蛮夷之地迁徙至陕西盆地中部。他带领周人依照商人的方法开垦农田，并在周原地区建邑筑城，这也就是"周"之名的由来。亶父的儿子、他的继承人与一名商朝贵族女性结婚，所生的子嗣中包括了赫赫有名的历史人物，即周文王。在早期文献中，文王以仁慈智慧的楷模形象出现。但很显然，文王有更雄心勃勃的计划——削弱商政权。他开始与周围的部族首领联盟，最终得以发动对商朝的总攻。根据一些传说，文王势力大到商统治者不得不将其囚禁在羑里，但文王的支持者最终还是以高价将其赎回。

周文王的儿子武王于前1133年前后即位，他将首都东迁至今天的西安附近，新的都城名叫镐京。即位后的九年里，武王继续贯彻其父合纵的政策，同时也开始发动对商朝的战事。起初，武王被击退，但两年后的前1122年，他又卷土重来。据传，武王的五万大军需要对抗商朝的七十万大军，但商朝军队由于不满商纣王的统治，士气低落，甚至转投武王阵营。纣王最终只得退回他的宫殿，自焚而亡。然而，"小邦周克大邑商"，周朝在记述这段历史时显然有所偏颇，双方军队规模的巨大差异也显然不可信。

但可以肯定的是，商周之间必然发生了一系列战争，最后以周的胜出告终。

历史传说并未将武王刻画成如他父亲一般的仁爱君主，而是将其塑造成强大、严厉、在短时间内恢复国家秩序的君王。武王无意彻底剿灭商朝，反而任命商王室的后裔为殷都名义上的统治者，明显是让他们继续供奉其伟大的先祖。但同时，武王也委派了他的两三个兄弟密切监管殷都。此后，武王返回镐京。前1116年，仍然十分年轻的武王去世。

武王虽然推翻了商代，但却无力控制曾是商代故地的更东边的平原地区。我们有理由相信武王以及他的追随者没有过大的野心，只是想掠夺殷都或者杀掉商王一雪前耻。而武王的弟弟旦，也称周公，因为目光长远并为长久不衰的周朝建立了一系列基础制度而被历史称颂。因此，当后世的中国人提起周朝建国初期时的贤王时，除文王、武王外还包括周公。

武王宾天之时，其子周成王仍是幼童。成王的叔叔召公与周公一起担起了监国的职责，前者统治陕西的周朝故地，后者掌控新征服的东部平原。很快，周公掌权，为成王摄政。与此同时，驻守在殷都的周公的兄弟迅速联合纣王之子谋反，企图恢复商政权。也许是由于嫉妒，有关周公篡夺年幼侄子王位的谣言四起。但周公反应及时，成功镇压了反叛，并处决了纣王之子以及参与谋反的一位兄弟。他向东开展了一系列军事扩张，最终将黄河流域平原地区收入囊中。据称在这一系列扩张中，周公灭掉了五十个小国，并且在那些地方新设立起七十一个行政机构。之后，他在位于平原西部的今天的洛阳附近新建了一个都城。新的都城作为周朝的陪都，可以更好地统治东面领土。许多商朝贵族遗民从被夷平的殷都纷纷迁往洛阳。这批人在河南省东部的黄河以南地区建立了一个新的国家——宋。为了更好地对他们加以控制，周公亲自负责管控他们。在完成以上诸事后，周公在摄政七年后还政于成王。此后，他仍不断辅佐成王，教导侄子为君的职责。到前1079年成王一朝结束，周朝独特的政治和社会秩序已在中国北方稳定下来了。

周朝从来都不是统一的国家。周王室通过分封制将东部平原地区的领土分与亲族、亲信。这些被分封的诸侯组建成边军队、建立要塞，周围都是东方的土著。在一些情况下，当地的首领臣服于周朝，于是被视为周朝新的拥护者。如上文所示，商代遗民被恩准获得一小块领土。因此，平原地区出现了一批四散的城邦（国），它们的军事和政治势力逐步扩展到了城邦（国）周边的村庄中。可以说，周人及其同盟者对东方平原地区实施的是军事占领。早期的周朝统治者善于快速打击甚至罢黜地方领袖，同时详加甄选地方领袖的继任者。

周统治者按不同等级、头衔来分封区域性的城邦首领，就像分封王室成员一样。分封的等级分为"公、侯、伯、子、男"五级。尽管"公"的头衔往往限于王室后代，但地方首领也时常，甚至通常被赐予"公"的称号。这些首领被统称为"诸侯"，实际上，早期小国的首领往往位列"侯"一级。

由于周朝的制度在一些方面与中世纪欧洲的封建制度颇为相似，于是西方人和当代中国人常将周朝归为一个封建时期，其中的诸侯便是封建领主。如果封地和分封制度被视作封建政治组织的核心元素，那么周朝无疑是一个封建国家。但周朝的封建制度与后来中世纪欧洲的封建制度又有迥然不同之处。除了周王与诸侯之间的原始契约性关系外，最显著的区别在于周的统治阶层是由血缘维系的。在此之前，家族间的关系并未通过婚姻来安排确定。于是，诸侯都认同作为大家族族长的周王的地位，并且认为他们自己身上也流淌着周人先祖的血液，正如周的开朝君王一样。

时光流逝，数十年、数百年过去，早期的亲缘关系自然疏远。诸侯逐渐更加认同他们的区域性地位而不再尊崇周王。即使是在平原地区的宋国（商遗民）和鲁国（周公后代），这种情况也不足为奇。对于边境地区较大的诸侯国，这种情况就再正常不过了，比如位于今天陕西省的秦国、北京地区的燕国以及山东半岛的齐国。到前8世纪，已出现了近两百个诸侯国。此外，还有一些未被同化为汉人且不在封建体系内的国家，它们与周朝和各诸侯国时有军事或外交往来。西方高原地区有许多这样的部族，被统称为"戎"。聚集于北方的人群被称作"狄"，占据大部分东部沿海地区的人群被叫作"夷"，同一时期，南方的非汉族人群则被统称为"蛮"。南方政权楚国与周朝分庭抗礼，盘踞于整个长江中游河谷地区。尽管早在前8世纪楚国就接受了周王的分封，但楚国的首领仍自称为王。此外，在政治上稍逊于楚的吴国也盘踞于长江三角洲地区，越国则在更南方的今天浙江省境内。

在武王伐纣后的三百年间，周的统治者基本上维持了在中国北方的政权并扩展了疆域，但这期间不乏麻烦和灾祸。周昭王（前1053—前1002年在位）不断南征长江流域，但却死在最后一次征程中。昭王的儿子周穆王（前1002—前947年在位）有着层出不穷的传说，据传他是一位强势的征服者和冒险家。根据一个版本的传说，周穆王曾远征中亚并造访了西王母。对于西王母，我们所知甚少，19世纪的传教士通过扎实的研究，试图将西王母与示巴女王联系起来。前9世纪以后，诸侯们便不再重视他们对周王室的义务，开始你争我夺。与此同时，周朝周边的蛮夷也趁火打劫，在边境频繁滋扰。据记载，周厉王（前879—前828年在位）一度发动了长达十四年的抗击南方和西南"蛮族"的战争，但均告失败。在统治的大部分时期，周宣王（前827—前781年在位）几乎需要不断地抵御北戎的进攻。到了前771年，宣王之子周幽王死于北狄之手，都城镐京也被洗劫一空。历史常将此难归咎于幽王对妃子褒姒的痴迷和宠爱。只因褒姒喜欢看皇家军队整装列阵，幽王便常乱点烽火示警。幽王的军官们都厌烦了这种游戏，于是当北狄真正来袭时，无人再注意幽王点燃的烽火。

在面对外族入侵时，镐京的地理位置因过于暴露而不堪一击。幸免于难的王室继承人和遗民便舍弃镐京而东迁陪都洛阳。平王东迁标志着周朝历史的一个分水岭，此前的周王朝被称作西周，以区分之后位于洛阳的周朝政权。前770—前256年这段时期的周朝被称作东周。

东周（前770—前256）

西周于前771年的灭亡标志着周王绝对权力的终结和诸侯混战局面的开始，诸侯之间的动向成为这一时期的历史焦点。周朝初期的城邦小国，尤其是那些位于边缘地区的小国已然成了雄踞一方的霸主，许多诸侯拥有的军事和经济实力比周王强大得多，而周王只能龟缩于洛阳附近的一小片王室领土。位于陕西的王室故土被托付与秦国，而在此之前，秦国不过陕西北部的蕞尔小国。但它很快成长为与东方齐国、北方晋国比肩的大国。到前700年前后，这三个北方国家与南方半汉化的楚国共同形成了这一时期中国的主要权力中心。位于黄河流域平原中心地带的周王朝的势力被夹在其中，成了为数不多的享有文明、地位尊贵却又不具实力的小邦,因而各大诸侯对它只是表面尊奉而已。

东周时期的第一个阶段从前722年到前481年,称作春秋时期。这一名称源于鲁国文献《春秋》,它记载了中国这一时期所发生的大事。这时大小诸侯国都有一个共同优势,即不断地合纵连横。皇室权威的瓦解使得中国处于群龙无首的局面,而各个小国也努力通过合纵连横来维系现状。没有任何国家能够独大,数个强大的诸侯国则足以扰乱现有秩序。如此一来,周王得以继续做名义上的统治者,但诸侯国内的事务则完全由诸侯自己做主。各国之间战事时有发生,但并不十分惨烈。诸侯国之间的角力主要局限于外交斡旋、认真学习并合理运用的外交礼仪。

前8、前7世纪,除了政治角力,我们称之为"霸主"的霸权政治开始涌现,成为春秋时期最显著的特征。"霸主"的出现是为了在不挑战周王权威的前提下最大限度地削弱周王室的实权。楚国在前680年前后开始屡屡侵扰中原地区的小国,这些小国转而投向山东的齐国寻求保护,于是就出现了"霸主"。齐国有着稳固强健的经济以及庞大的军队组织,其首领齐桓公(前685—前643年在位)由精明的辅臣管仲相佐,于是在那一时期成为中国北方最受尊崇的诸侯国。为了吸引更多周边小国,齐桓公于前681年会盟诸侯,诸侯盟誓、订立共同防御的条约,同时还约定了违反条约的惩戒措施。次年的会盟有更多诸侯参加,并由周王派来的大夫主持。所有中原和东部地区的诸侯都争相加入该联盟,在前678年的一次会盟中,诸侯们公开拥立齐桓公称霸,同时尊崇周王的地位并与其和平往来。在齐桓公在世前,他一直维系着这个联盟,在情形紧迫的时候临时召集会议,帮助其他诸侯国免于羌和夷的侵扰,并成功遏制了楚国的扩张。前656年,楚国甚至签署了一个停战协议,承诺会定期向周王室进贡,第一次向周朝臣服并被囊括进了周朝的封建秩序。

齐桓公之后，霸权制度不再重要，但仍延续了两百年之久，诸侯国之间的会盟时而举行。齐桓公之后有一任诸侯值得一提，即晋国的文公（前636—前628年在位）。前632年，晋文公在著名的城濮之战中大败楚军。此役之后，周王亲自赴会庆贺，并册封晋文公为新一任霸主。霸主之名于是传到晋国，这个制度一直保留到前5世纪才逐渐消亡。

晋国位于今天的山西省，内部的衰弱常常使它无法领导中原诸国。于是，楚国不断取得对北方平原的控制权，齐国则偶尔称霸。但到了前6世纪，位于西境、汉化程度并不比楚国高的秦国开始了一系列入主中原的举措。晋国时而与齐联盟以击退楚国，时而与楚国结成不稳定的联盟以对抗秦国。前453年，晋国内部统治力式微导致了一系列内战，最终致使"三家分晋"。晋王作为这三家所保护的主公得以残喘。到前403年，周王正式承认了晋国三家的诸侯国地位。此后，能一统中原的势力只剩下北方的秦国、齐国以及南方的楚国。

春秋早期，诸侯之间的战争多是礼仪性的竞技。真正的战事鲜有发生，人员伤亡也极少。战场上被别国计谋所挫的诸侯常遭到对手的羞辱，但他们作为周王封臣的地位并没有因此发生实质性的变化。这时，外交艺术是头等重要的。但到了前5世纪，政治气候改变。从任何角度去看，战争都不再是彬彬有礼的竞技。军事硬实力成了主要的目标。这时的战争往往十分严肃，常伴以惨重的伤亡。败北的诸侯会亡国甚至丧命。

激烈的战争延续到了战国时期。"战国"得名于《战国策》（交战各国的谋策）一书，一般以前403年三家分晋为开端。参与混战的列国变少了，于是彼此间战争的残酷程度也直线上升。主要的参与者被称为七雄,为首的是西方的秦国、东边的齐国和南部的楚国;其次是位于现在北京的燕国,以及三家分晋后的赵、韩、魏三国。地处长江三角洲的越国偶尔扮演着关键角色,但在前333年被楚国一举征服。

由于此时形成的传统已强调华夏一统,并且每个诸侯都渴望成为大一统的君主,于是战争持续不断。不是赢就是输,不是被吞并就是吞并别人,不是被杀就是杀人。局面如此混乱,直到一个最终的赢家击败所有对手,一统中国。在此期间,人们签订停战协议、合纵连横、互换人质、复兴霸主会盟,还进行了种种试图限战的措施,但都徒劳无功。

这是一个生活的各个方面都变化迅猛且混乱的时期。一旦周朝早期的礼教,即强大的祖先崇拜被证明无益于保证战事胜利和提供抵御时,它即刻被抛之九霄云外。当周王的权威在整个疆域内衰减时,诸侯在国内的地位也就岌岌可危了。三家分晋之后,齐国在前5世纪也陷入了更加混乱的分裂局面。但它的衰落势头在前391年时被遏止,齐国的国相家族攫取了权力,罢黜了齐公,依靠支持者重新组织国家。其他诸侯国内部也有类似的篡位,诸侯成为国相的傀儡。大体来讲,他们逐渐丧失了对贵族官员的管控。当战事愈发频繁和激烈时,君王们的权力普遍被削弱了。血统越来越不重要,而个人能力则反之。在获得一定的成就和功绩后,个人也能从普通百姓变成大权在握的股肱之臣。同时,战争的白热化加速了国家的中央集权。于是,略显讽刺的是,地方诸侯的控制力得到空前加强。

战争策略的转变也带来了政治和社会层面的动荡。在战争中,长江三角洲,以及黄河和长江流域之间潮湿又多沼泽的地区无法使用战车。因此,位于东南方的吴国和越国依靠步兵崛起。

在组织纪律良好的前提下，吴、越的步兵并不逊于乘驾马车的贵族军队。同样，山西的山地地形使晋王及其后代大量依靠组织化的步兵，在与他国的军队对抗时，晋国军队不曾落入下风。随着战争的扩大，战车的高昂造价及其易损的特性使得它愈发不实用。在战国时期，战车在战争中的地位一落千丈。据记载，到了前300年，诸侯国在对战时会派遣出成千上万的步兵。至此，贵族血统再无任何优势。在作战中，贵族礼仪和教养反倒成了战场上的实际障碍。

与此同时，北方和西方的非华夏族群正缓慢地向彻底的游牧形态过渡。到了前4世纪，西北方的诸侯国发现他们需要应对战术高度熟练的骑兵，这正是游牧民族的优势。到了世纪之交时，山西北部的赵国开始在部队中引入骑兵，秦国也很快效仿。至前3世纪，骑兵已经成为各国军队中不可或缺的一支力量。这一发展成为压倒乘驾战车的贵族的最后一根稻草。同时，弩和铁制武器也在约前5世纪时被引入，使战争变得更加残酷。

由于诸侯国此时已经大量依靠步兵打仗，因此每个国君都需要确保有足够可支配的兵力、高昂的士气以及充足的军备。我们无从得知那时的人口数据，但所有的证据都表明，尽管战事频发，但中国人口在战国时期仍在高速增长，人口数量达到了五六千万。人们大量开荒，尤其是地处边境的秦、楚和齐。特别是在前7世纪大量修建水利灌溉工程后，农业产量也随之大幅增长。如果一个诸侯想要拥有甘于付出的士兵和工匠，他就要考虑到子民的安康。传统上的阶级区分不可避免地被弱化。可能社会阶层的平等化最主要还是因为周朝封建土地所有制的逐步瓦解。统治者发现自由保有土地的农民比受制于土地的农奴干起活来更加卖力，被征召入伍时也更意愿打仗并表现得更出色。

除了良好的军队和充足的补给外——当然，也为了确保拥有这些——各诸侯国还需要尽可能培养或吸引治国贤才。为了争夺和吸引人才，各国都使出了浑身解数。于是在这种高度竞争的环境下，有志、有识之士游走于各国之间，向求贤若渴的主顾们建言献策。这一阶段各派哲思争芳斗艳，史称"百家争鸣"。其中著名的派别有道德至上的儒家、自然主义的道家，以及通常归类为法家的宣扬执政效率学说的专家。无论是社会经济秩序还是与之相关的价值系统，周朝的各个侧面都在转变。

战国时期的政治史复杂而混乱。在一百余年间，胜利的钟摆总是肆意徘徊于齐、秦和楚几个大国之间。到了前335年，诸侯开始自立为王，很快，每个诸侯都变成了王。以至于在前256年，当最后一任周王被废除、土地被秦国所兼并时，却引不起一点涟漪。到前323那年，秦和楚达成停战协议并约定一同快速打击齐国。但短短四年之后，楚又组建了一个抗击秦国的同盟。前302年，齐、楚、秦几乎三分天下。但到了前297年，秦国俘虏了楚王并向楚国境内大举逼近，这一举动使得中原的其他国家不得不结成一个大联盟以压制秦国。到了前285年，所有国家，包括楚和秦又开始联合对抗齐国。齐国十分狼狈，甚至一部分领土被北邻的燕国吞并，与燕国的战争也因此持续了多年。于是秦国成了最强大的国家，在前236—前221年，它发动了一系列战事，并将对手一一击败、吞并。楚国于前221年陷落，当秦军逼近齐国时，齐国竟不战而降，由此中国一统。

秦朝的胜利（前221—前206）

从很多方面来看，秦的崛起与千年前周朝的崛起十分相似。

秦也位于国家的西境，在与非汉人部族多年的交战中得到了历练。它吸纳了许多戎狄，制约周朝贵族的制度和礼教对于它来说作用甚微。就像周人一度被商人视作乡巴佬一样，秦人对于周人来说也是顽强、粗鲁、奸诈的恶霸。据载，前260年秦国在山西长平打败赵国时，它屠杀了所有降服的赵军，共四十万人，而这只是秦国一系列极端残忍的暴行中的一项。

秦朝的崛起有许多要素，其中一点是它有利的地理位置。秦国的大本营主要位于今天的陕西省，在前316年新扩展的领土则位于今天的四川省。这两个地区几乎是中国本土最坚固的自然要塞，有峡谷和山脉作为隔离东部地区的天然屏障。从陕西往外则有直通华北平原的黄河河谷通道，四川也有类似的通往长江平原地区的通道。但这个地形很难从东向西入侵，秦朝的腹地从来没有成为战场。对比来看，楚国的位置就十分易于攻击，秦国可以从陕西或是四川两路夹击楚国。齐国则暴露于一个三方都没有任何天然屏障的平原上。在这几个主要的大国中，秦明显占据地理优势。

此外，地理位置还给予了秦国经济优势，秦也充分利用了这一点。渭河河谷很早以前就以肥沃的良田而闻名全中国，秦国也是诸国中较早开发水利系统的国家。吞并四川为秦国带来了另一块沃土，以及丰富的矿物和森林资源。由于秦国的边境位置和半开化的文化传统，它从未像其余中原诸侯国一般完全浸淫在周朝的礼教之中。因此，在前4世纪从农奴制到自由土地保有制的大过渡中，秦国一马当先。最后，尽管秦国残暴，但其国内的稳固和安定依然吸引了大批国破家亡的中原人口，秦国也欢迎各国的移民前去发展农业。如此一来，秦国建立了一个强大牢固的农业基础并囤积了富足的粮食。在前230年秦国发起统一中国的总攻时，它已然占据了中国三分之一的耕地以及三分之一的人口。

在对外吸引治国贤才方面，秦国在那时也是相争列国中最积极的国家。部分原因在于，秦国与其他诸侯国不同，在给人才加官晋爵一事上从不犹豫。其中，从邻国魏国招纳来的公孙鞅（常称作商君）在前356—前338年担任秦朝的首席大臣，对秦国后来的强大居功至伟。他制定并严格执行了法家的法令，重视农业，强化国家秩序；他将农奴解放为缴纳赋税的自由保有土地的农民，制定了一个中央集权的官僚行政系统；他将所有家庭都划入互相监督的单元，违法者重罚，举报者则重赏。另外一名游士吕不韦本来是河南的商人，前249—前237年在秦国为相。前237年，来自楚国的李斯成为秦国朝堂上的股肱之臣，并最终成为秦朝的丞相。同时，李斯还是前221年后秦推行于天下的法家体系的主要集大成者。

秦朝的大一统最主要还是归功于秦王嬴政。嬴政于前247年继承王位，精力充沛，野心勃勃，最终通过一系列军事胜利统一了全国。嬴政以"秦始皇帝"——秦朝第一个皇帝——之称见于史册。在统一了全国后，嬴政认为"王"的称呼已经不再适用，他需要一个新的头衔，由神和神话英雄的称号"三皇五帝"组合而来，即"皇帝"。"皇帝"的头衔被延续到中华帝国的最后一天，西方将皇帝译作"emperor"。嬴政十分自信，相信他和他的法家辅臣创建的这个国家机器能够万世万代永世长存，于是自命为始皇帝，并规定继承者依次名为"二世""三世"，以此类推。然而，嬴政的苛政、对那些后代掌管史册的儒生的迫害，以及前210年他死后政策的彻底崩溃，使他以残忍、卑劣的暴君形象留在中国古代史书中。以任何标准去衡量，嬴政都不是一位模范统治者，但不可忽略的是，他是一位不同凡响的、权倾天下的男人。他在历史上留下了浓重的一笔，完成了被视作历史必然的大一统。

作为一个全国性的王朝，秦朝的成就在于去封建化，这也让短暂的秦朝霸权成为中国历史上的一个分水岭。去封建化表现为一个中央集权的政府以及其中的非封建、非继承性的官僚行政机构。旧时的诸侯国都被废除了，自由保有土地的农民身份在全国普及。在李斯的建议下，秦始皇甚至开始避免任人唯亲。统一的帝国被分为三十六个（后来变为四十二个）行政区划，被称作"郡"。郡下又设置"县"，后者至今仍是中国地方行政的一个基础行政区划。县对郡负责，郡对位于今天陕西省的中央政府负责，后者则最终由秦始皇本人直接掌握。

中央集权需要并推行了标准化。周朝晚期的最后几百年间，地方主义盛行，随之而来的是各类事物的多样化，例如度量衡、货币、车轮距离以及字体。秦政府推出了一个新的统一标准（"车同轨"以及"书同文"），规范了以上诸多事物，并以谋反的名义严惩地方上的标新立异者。

同样，思想上的标准化是法家和秦朝政策的重要目标。他们认为哲学思想危害国家急需的高效的工作和打仗，各种学说会导致人们对于国家政策产生叛逆性的质疑。因此，秦朝禁止了一度盛行于战国时期的"百家争鸣"，严禁赞扬过去或者批评现在。到了前213年，除了秦朝一国的史书以及一些实用书籍，譬如占卜、农业、医药等，其余书籍都被毁之一炬。过去的文献都由政府授权保存在国家图书馆中以便咨询，其余地方不得私藏。由于知识分子难以接受这种巨变，为了制止各种非议，秦始皇在前212年坑杀了四百六十余名学者以警世人。即使是秦始皇的皇长子也未能躲避责罚，由于反对这些政策，他被调至北部边境。

秦朝的另一个成就是皇权和皇城的强化，二者都是集权化的表现。秦始皇建立了一座宏伟精美的宫殿，他数次周游天下，并伴以华丽浮夸的阵仗以威慑子民。在前 221、前 219 和前 213 年，秦始皇将富庶之家和没落贵族迁往首都，以便密切监控他们，并为都城的生活增添活力。据载，仅在其中一个迁徙工程中，就有约十二万户家庭被迫迁移。秦始皇还活着时就开始修建陵墓，这一工程规模庞大、耗资巨大，但隐蔽性极好。根据传说，在秦始皇下葬后，数百工匠和侍卫被活埋。陵墓中设置了各种机关以杀死任何盗墓者。陵墓上是一个巨大的土丘，以模仿天然的山丘。

此外，秦朝还修建了其他大规模工程。例如宽五十步、从首都辐射到帝国每个部分的交通网，它既方便了秦始皇的出游视察，又能使中央军队快速到达暴乱地点。水道也在不断改进，秦国大臣李冰在四川成都地区建造了一个非凡的水利工程，至今仍在使用。另一些秦朝工匠开凿了联通长江水系与南方珠江水系的运河，使秦国的军队能够直达国境最南端。秦朝的常胜将军蒙恬领命在北境加固长城，以抵御北方游牧民族，从而建造了从甘肃省一直延绵到太平洋沿岸的万里长城。这些宏伟的工程是用数百万苦力的生命换来的。

如此规模庞大的工程主要依赖于对秦朝无所不包的法律的严格执行。成百上千的人们被罚劳役，其余的刑罚还包括割掉鼻子或砍掉脚、活埋、烧死、在鼎里煮死、车裂等。

秦朝除了成功征服了包括长江流域在内的传统意义上的汉地外，还举兵征服了分布在南方沿海地区的百越。与百越的战争持久而艰难，主要是由于百越人习惯于不与秦朝军队正面战斗，而是依靠游击战术使得秦朝要塞和行政中心时常处于防御状态。直到前 210 年，秦的势力才抵达了中国南部沿海地区。即使如此，秦朝南部沿海的郡县——它们在名义上被纳入统治，但同越南河内地区一样遥远——与孤立的岗哨没什么两样，南方的人们远没有被同化或牢牢控制。

秦始皇也向北进军内蒙古地区，阿尔泰语系的游牧民族正在此形成第一个强大的大联盟，即匈奴。然而，秦朝忙于巩固中国本土的势力，无力在北方推行积极扩张主义策略。于是，它修筑长城，认为与匈奴保持一定的攻击距离就足够了。

在落实安抚和集权化政策的过程中，秦朝政府摧毁了所有城市和地方的城墙，以杜绝地方割据活动。秦朝还收缴了军需以外的所有武器。多余的金属武器被融化铸成鼎和铜人，用来装饰秦始皇的新宫殿。

秦始皇生性多疑，在经历三次刺杀未遂后，他开始害怕死亡并迷信术士、方士、道士，以乞求长生不老之道，于是朝政大权旁落于大臣李斯和宠宦赵高之手。前210年，秦始皇在寻求不老药的巡游中驾崩，下旨将皇位传于被流放的皇长子。但李斯和赵高隐瞒了皇帝驾崩的消息，假传圣旨命令皇长子和大将蒙恬自杀，篡改诏书助秦始皇的二儿子登基。

秦二世生来懦弱，于是大权很快便牢牢地掌握在赵高手中。赵高设计将李斯投入监牢，李斯受尽严刑拷打，最终被杀。到了前207年，赵高毒杀了秦二世，并立秦二世的太子子婴为帝，后者旋即将赵高斩除。到这时，整个帝国已经摇摇欲坠，到了前206年，新王子婴（不敢自称为皇帝）向起义者投降。

颇具讽刺意味的是，秦朝恰恰毁于它的严刑酷法，而这又是法家笃信的政策。不过，推翻秦帝国的星星之火源于楚地草民陈涉。陈涉带领和指挥一队新征召的士兵前往北境服役，途中被暴雨耽误了行程，他意识到他们无法按时到达集结地。根据秦律，类似的微小失误也要施以重罚，且无法减轻罪责。陈涉说服了他的同伴，与其被当作罪犯处置，不如落草为寇，陈涉遂自命为楚王。出乎意料的是，数千名对秦朝不满的人响应了他的号召，一时间，类似的起义运动在帝国四方如雨后春笋般涌现。

尽管秦朝将领四处奔走镇压反叛，甚至逮捕并处死了陈涉，但起义运动的发展很快就超出了他们的控制能力。由于知晓镇压反叛未遂的惩罚，这些将领开始转投起义军。于是，一个巨大的起义军联盟形成，并打着楚国贵族后代的名义。其中一支军队进入陕西，并于前207—前206年间攻占了秦都。很快，随着秦朝灭亡，起义军也开始彼此争斗。各方势力争夺分裂帝国的控制权，中国又一次陷入了割据混战的局面。

二、国家与社会

就某种程度而言,中国人对所谓"上古之道"的尊奉,鲜见于其他文明。纵观整部帝国史——甚至时至今日——在处理公共事务时,中国人惯于借鉴上古时期的规范来提出建议和观点。在最古老的时代这一趋势已然十分显著,加之由于形成阶段遗存下来的事实资料罕见,这一点愈加显著。周朝晚期极具破坏性的大规模战争、秦朝的焚书坑儒、推翻秦朝的又一轮内战以及在这场战事中被付之一炬的宫殿和其中的藏书……以上所有使世代相传的关于上古时期的书籍所剩无几。后世的学者和官员渴望通过回忆来弥补史料上的空白,但他们的努力往往仅服务于自身所处的时代和环境。有关形成阶段的记载,由后世的人们逐步填补,即便没有重构全部,也补充了大部分内容。然而,秦朝覆灭后,有关形成阶段传世文献的真伪和可靠性问题便涌现了出来,并持续困扰之后的学者。有些声称为先秦时代的文献整体上都被视作伪作,一些通常被认可的文献流传着不同版本,而另一些文献则有部分文段被认定为后世伪造。

有关周朝政府运作和社会习俗的详细材料主要参照两部书籍，它们成书于前12到前11世纪，一般认为是周公所作。一部是《周礼》，内容是关于政府组织，与书名了不相干。另一部书籍《仪礼》则包括了贵族的礼仪规范。专家们普遍认为这两部书的实际成书时间都不会早于前4或前3世纪。书的内容似乎是作者在混乱的战国时期对于数百年前的社会秩序的追忆或假想，所以并不能如实地反映周朝早期甚至战国时期的实际情况，但它未尝不能为研究这两段时期的专家提供些许参考。不幸的是，诸如西周早期青铜器上的铭文这样的考古发现，只能在大体上揭示这些文献的不可靠，但并不能为更全面的重构历史提供详尽的信息。

因此，研习历史的学生们不得不从两个角度看待形成阶段的政治、社会和经济问题，看待这个后世制度的摇篮。一方面，他们需要了解真实的史实、发生的过程以及形成原因；另一方面，他们需要时刻谨记：长期以来，诸如《仪礼》《周礼》这样的文献都被视作描述远古社会稳定、政治清明的黄金时代的真实可信的传世作品——这是人们必须要追随的"上古之道"存在的证据。无论当代学者如何认定这些文献的客观真实性，它们都是世人所笃信的真正的"古"，是在漫长中国历史中塑造或重塑制度的一股长盛不衰的力量。

政府

在形成阶段末期，中国政府的主要矛盾昭然可见。中国经历了极端集权化和极端分权化的政府，分别由世袭的贵族和非世袭的官员的领导。虽然处理这些对立因素的经验没有为中国提供一个一劳永逸的解决方案,但还是给后世中国人提供了一些令人深信不疑的指导方针。

组织结构

《周礼》无意囊括关于商代甚至更早时期的中国政府组织。在考古遗址和依稀的早期文献中,我们对史前中国的率众狩猎的头领和领兵作战的酋长是如何运用专门的组织机构来行使权力的问题所知甚少。但十分明确的是,商代中国已经建立了一套颇为复杂的行政系统,以管控庞大的国土和应对复杂的事件。商代甲骨文中有很多官职头衔,不过很少提及它们相对应的职务。尽管如此,大量官职表明商代的中央行政机构颇为庞杂,并有着功能分化。到了殷商时期,商王的中央政府甚至有了至少二十五个下属地方或地区。尽管这些地区的行政长官到了之后的周朝才得以分封为诸侯,但商王视商为中央集权的国家,甲骨文中提到具体的政府活动时,常常提及"我的事情"的处理、某人"助我"。显然,商王承担起了防御遥远边境可能遭遇的袭击和讨伐远方"蛮夷"的职责。无论是中央政府还是周边地区,只要有显耀头衔的人都属于特权阶层的世袭贵族。因此,商代可被视作一个带有鲜明封建特色的、中央集权的君主国。

《周礼》及后世的文献将周朝美化为中央集权封建制度的理想典范。根据这些记载,地方上的诸侯国按照国土大小和距首都的远近来评级,诸侯拥有行政官员,但其规模和职能受制于周王。周王负责任命从中央行政官员到六卿的所有官员,其中包括掌管大政方针的天官、掌管教育的地官、掌管礼仪的春官、掌管日常行政的夏官、掌管惩戒的秋官和掌管后勤事务以及包括建造大型工程的冬官。六卿各配备上百人的下属团队,这些人按等级来谨慎划分，职能也各自不同。据载，周王掌管六军，而诸侯国根据其规模只能配备一支到三支相应的军队。同样，周王有六卿，而诸侯只有一到三名卿相。

就实际状况而言，尽管早期周朝政府有着中央集权化的观念，但在操作层面却不尽如人意。最初所有诸侯都由周王任命，并且这种关系至少在名义上延续到了朝代末期。从与王室的关系来看，周朝的诸侯比秦朝的郡守和县令独立，但还比不上总督，可以肯定的是，早期诸侯显然还不是周朝中期以后的那种地域性的统治者。诸侯被指派到名为"国"的封地上，这个名字意为由围墙包围、保护的区域。它既指诸侯镇守、设防的城郭，又覆盖了城郭周围的土地。贵族头衔并无清晰的区分，以至贵族间的等级划分混乱。然而，位于周朝腹地的"中国"（"在中间的国家"，后来指代整个中央王朝）是文化最发达和显赫的地方。

周朝早期，周王对诸侯的控制主要表现在以下几个方面：诸侯前往宫廷觐见以示忠心，很可能是按照规定的时段；奉上象征性的贡物和有实际意义的钱财；在需要的时候出兵勤王。他们的继承人也需要得到周王的首肯。周王的使者会前往诸侯的封地视察，有时还会长期定居下来。若不按时上贡，诸侯会遭到王室的谴责，还会受到王室使者的敦促。诸侯只有有限的兵权，最主要的职责似乎是维持地方秩序。同商朝一样，周王也被认为有维护全境安全的责任，他掌控的常备军遍布全国边境，而戍边军备所需无疑又来自就近的地方诸侯所征收的钱款。据传，那时一共有十四支中央军队，其中六支驻扎在西境的周人故土上，另外八支散落在东侧的平原地区。国王常常会亲自下令，命中央军队在距都城上百里远的边境与"夷狄"作战。周朝不容置喙的原则是："普天之下，莫非王土；率土之滨，莫非王臣。"

周王室的官员和一小部分诸侯可归为两类：显耀的官职被统称为"卿"和"大夫"，次一级的是"士"。这些官员有着繁多的头衔，有时同时拥有多个头衔，有时需履行与头衔毫无瓜葛的职责。简而言之，周朝的官制并未有森严的等级区分，这一点与《周礼》中所描述的大相径庭。

周朝早期的统治模式一直延续到了春秋战国时期，但实权在前8世纪就已经落入地方诸侯手中，而政府机构也越加冗繁和专业化。政府统治方式还是高度个人化的。前536年，中原的郑国发布了一套完备的法典并将其铸于铜鼎之上，可谓中国历史上的首创。当然，此举也遭到了郑国卿大夫的强烈反对，他们认为此鼎会诱惑世人误入歧途。这一事件很可能是诸侯国内部集权化和官僚化、提高生产效率，以及行政程序标准化的开端。这些变化最终充分体现在以法家理念为根基的、一统全国的秦国身上，它采取的标准化行政程序使得政府客观公允且机动有序。

秦朝的组织性变革主要体现在以下两个方面：(1)政府职能三分制明确出现；(2)封建封地转变为中央集权控制下的行政区划。中国的政府改革并非伴随大一统而横空出世，各方诸侯国早在周朝后半期就开启了行政组织和政策的改革进程，为秦朝的帝制奠定了基础。其中主张改革的卿大夫功不可没，诸如前7世纪的齐相管仲、前4世纪的韩国思想家申不害、前4世纪的秦国改革家公孙鞅。新行政制度的许多元素似乎都源于杰出的南方政权楚国，它有着十分稳定的皇室和官阶制度，即使在战国时期也因高效的行政机构而闻名于世。到了秦王嬴政和他的卿相李斯时，这些汲取来的新元素被整合成为一个综合、明晰、适用于全国的行政系统。在这一点上，嬴政和李斯是超前的。面对如此复杂的系统，此时的中国并未做好心理上、社会上的万全准备。但无论如何，秦朝所建立的组织标准正是后世历朝历代努力要实现的。

秦朝行政管理的三分制体现在中央政府机构组织上。最高的官职是丞相，包括一名左丞相和一名右丞相。丞相总览政务，并由一班下属的秘书辅佐处理文件。军事要务由太尉决断，他的主要职责是协助皇帝指挥下属的四位将军，后者的头衔按照方位分别是前、后、左、右将军。卿相梯队中第三高阶的官员是御史大夫，除了辅佐丞相外，御史大夫还负责纠察百官，弹劾失职官员。官阶更低的官员负责掌管宫廷秩序、皇家祭祀、皇家车马、都城和皇城安全等，这些官员都在丞相或太尉的监管范围内。

代替传统上封建封地的是两级的地方行政制度，高的一级称作"郡"，这个名称带有清晰的军事含义。每个郡似乎都由一位文官和武官共同治理，国家则定期向所有郡派遣巡查官员。郡一级的行政区划由最初的三十六个逐渐变为最终的四十二个。郡下分为次一级的"县"，由县一级的行政机构掌管并贯彻中央部署的政策。在"县"一级的行政区划中，县令是中央的全权代表。中国人遂给这种中央集权的地方行政制度命名为"郡县制"，以区分分权的"封建制"。周朝时，"封"和"建"二字都单独指授予封地。

人事

政府组织从分权化到集权化还伴有一个显著的改变，即行政人员的变动。同商代一样，周朝体制内的统治阶级由世袭贵族组成，不仅卿相和大夫如此，普通武官亦是如此，因此官职都被贵族集团垄断。为了回报他们的付出，国家赐予贵族封地以示奖励，而这正是封土建国的过程。许多特定的官职都是父子相承，不过有关周朝的人事管理细节仍缺乏可靠的依据。

正如第一章所示，周朝后期数百年间的政治和社会动乱从根本上削弱了世袭制的根基，于是秦朝建立了一个官僚的非世袭人事管理系统。所有政府官员，从郡守、县令到甚至更低一级的官员都属于皇家任命的官员，并由皇帝本人决定去留。官职世袭被明确放弃。人员选拔主要依赖于在任官员的推举，也有一些方法来考核被推举的候选人，但并未发现在这么早的时候就有正规笔试的证据。所有官员都需经过绩效考核，然后根据其表现来决定升迁、降职还是解职。若一位官员表现不佳，推举他的官员也要被问责，但我们不知道推举人和被推举人究竟是以何种机制连带受责的。

除了常规的文官和武官外，宦官在秦朝和后世多个朝代也扮演了十分重要的角色。阉割作为一种刑罚，最早可追溯到周朝，受刑者需要摘除整套外生殖器官。宦官逐渐成为皇帝和后宫佳丽的贴身随从。通常来讲，除了皇帝的近亲外，任何未被阉割的男性不得进入宫闱，于是宦官就有了迎合皇帝私人需求和趣味以博得喜爱的巨大优势。一旦得势，宦官甚至能够成为政府的机要角色，再不济也是皇帝的贴身顾问。通常，朝堂的文武百官都痛恨宦官，因为他们作为介入者不受制于任何常规的官僚体制，尤其是当朝皇帝十分专断或极度孱弱的时候，但文武百官却别无选择。官员不得不为了行政的正常运转而忍辱负重，甚至与宦官结盟。在秦朝，宦官赵高与丞相李斯之间的这种不稳定联盟，最终导致了天翻地覆，它也预示着整个中国帝国史中层出不穷的"阉宦之祸"。

一些通则

秦朝广为流传的有关政府的设想和理念中，最值得注意的莫过于"天命"学说。"天命"本是宗教词汇，由周人引入中国主流话语之中：宇宙万物由不具人形但无所不能的天主宰，没有任何一任君主能违抗"天命",君王承担着治理"天下"的职责。"天下"正是中国人自己指代整个国家的词语,而外人常称它为 empire(帝国)。尽管没有证据证明君王是现世神祇,但周王(以及后继所有君主)却被视作上天之子,即天子。

在面对被征服的商代遗民时,周公不断重申天命的概念,告诉他们周朝统治者并非出于沽名钓誉的一己之私而讨伐商人,而是受天命所驱。他建议这些遗民接纳上天的决定,并指出如果必要,他会强迫遗民接受天命。作为年轻天子的摄政王,周公心中了然"天命"这一新学说的双刃剑作用,并向天子强调了这一点。他警告君主在尽心统治天下时要顺应天命,要注重公平并施以仁政,不然就会失去至高无上的统治地位。因此,没有任何天子是打不败的,也没有任何挑战者仅凭借胜利就能证明其地位的有效性。这样一来,由于关于正统性的法理谬论,朝代更迭也不再复杂。"天命观"在数十年间便生根发芽,并且持续扮演着中国政治理论中的基石。

秦朝树立的其他准则还包括:

1. 中国凝聚于唯一的天子治下,由天子进行集权化统治。

2. 为了良好地治理国家,天子需选贤任能。周公曾反复强调这一点;反之则像周朝早期文献中所描述的商纣王一样,因为未能从善如流而招致了激烈的反抗。周朝晚期,在任官员和士绅获得了儒家、法家等不约而同的思想支持,因而这个众望所归的共识逐渐成为中国政治的核心原则。

3. 政府是为了和平和秩序而存在的。尽管战国时期的各个统治者或政治家的直接目的肯定是争取赢得战争,但是以军事掠夺为荣的情况在商之后已经不再多见,取而代之的是以非军事的美德为荣耀。自周朝早期起,一个十分明确、有力且常被重申的观点认为，上天命人们和谐共处于同一个宇宙之内，而这正是天子要努力履行的职责。

4. 政府的行事作风应是仁慈的、家长式的，它的主要任务是增加民众的福祉。所谓家长式的政府可追溯到周朝晚期的儒家思想，而后者的确突出强调了这一点。但这一观念还可追溯至更早的周朝开国时期，它很可能是作为一种与军事征服并重，旨在平息调解被征服者的怨气的实用主义宣传办法而出现的。人们普遍认为，"上天可见可闻人们的所见所闻"，上天的好恶体现在公众意见中。战国时期政事的艰难使这一古老的信条又增添了新的内涵，诸侯间激烈的竞争导致统治者必须要善待民众以防他们叛变或迁徙。当意识到士气对于财富和军队的重要性后，战国的统治者如当代精明的政治家一样，开始减税、赦罪、开展公众娱乐活动。秦统一天下后无视公众福利，其帝国很快就分崩离析了，这更加加深了人们对于仁政这一古老观念的笃信程度。后世的开朝皇帝也被反复叮嘱："居马上得之，宁可以马上治之乎？"暴政永远会被仁政所代替。

5. 行政的范围无所不包。作为天子，周朝以及后世的统治者被视作"天下"的全权管理者。不可否认的是，即使国泰民安，统治者也不容有一丝懈怠，因为和平与秩序并非他唯一的关注点，道德品行也需要得到保障。如此一来，早在周朝，中国就已经开始接受并实施当代西方的福利国家概念了。统治者既是行政长官，又是军事领袖、法官、经济管理者、祭司、教育者以及道德楷模，他的职责是全方位的。相应地，他的权力也是无限的。于是，在实际操作中，中国是一个在"天子"统治下的集权主义政体，假若他要行使这种权力的话，生活的任何方面都不能逃脱他的掌控。

社会

传统中国社会组织中的两个方面源于形成阶段：一个是父系家庭的概念，它成了社会中最基础的核心单位，血缘也成了社会关系中最重要的一环；另一个是等级划分的概念，社会成员以不同的社会贡献获得相应的荣誉和奖励，并被自然且合理地划分为不同阶级。

我们在引言部分也提到了家庭主义模式和理念，至于它可以上溯至中国历史上的何时，我们无从得知。在早期，人们对血缘的重视集中体现在祖先崇拜上，这一点可以参见商代和周代贵族的行为以及史载的大量逸事。例如，约前6世纪末或前5世纪前期，一位来自边区的人向孔子吹嘘他的国人公德心很高，以至于人们会检举自己父亲的过失；而来自中原腹地的孔子则回应说，他的国人的道德感是如此之强，因此会不惜一切来掩饰其父的罪责。

周朝一代，核心家庭明显是平民社会中最基础的组织性单位。但对于周朝早期的贵族来说，最关键的社会单位是大型的家族。直系的皇家血脉与旁系家族以及无血缘关系的家族有天壤之别。随着时间流逝和人口增长、扩散，血统自然成了新的关注点，以至于到了春秋时期血统已成为支配性的社会单位，并拥有强大的政治影响力。比如会有"宋国齐氏"的说法，就像今天美国人会提到俄亥俄州的乔纳森与加州的乔纳森一样。春秋时期，家族组织严明，由族长当家做主，继承遗产和爵位。从这一点来看，大家族常可比肩强大的诸侯。正是由于这些大家族的存在，才有了前5世纪三家分晋之事，之后各家族长罢黜国君并僭越而自立为王。

在战国时期漫长的、毁灭性的诸侯混战中，这些家族的势力也随之消亡，到秦统一天下时则被彻底击垮。无论在法家理念还是秦朝的实际统治中,家族或类似的组织都是禁忌。为了打击大家庭,秦朝甚至对有两个男劳力以上的家庭加倍征收赋税,主要目的就是将社会分化成以核心家庭为单位的组织结构,以减少其对国家政权的威胁。此外,秦朝还将不具有血缘关系的家庭组成相互监视的小组,其中五家为伍,十家为什,以建立对无上权威的政府的忠诚。

然而与此同时,诸如《仪礼》等作品也应运而生,它们显然美化了春秋时期以宗族为主导的社会,并投射了作者重现周朝制度的理想。无论如何,秦朝的措施终究付之东流,而上述有关家庭组织和家庭忠诚的观念也逐渐成为中国社会发展的主流元素。

后来的传统观念认为,根据不同的社会价值,人们可被分为"士、农、工、商"四类。有关"四民"的分类,有几点值得指出。首先,它将政府官员置于首位,而与政府利益无直接关系的人,例如宗教信徒和公众艺人则被排除在外。其次,它提高了学者的地位,但自动将学者归入了官员类别。这个森严且持久的等级划分在理论上值得推敲,在实际操作中也多有出入。从农民一级到士一级的向上流动很少会被指责,反而会受到鼓励。但作为工匠,特别是商人,却不可避免地受到指摘。农民之所以被称赞,是因为他们为生产生活做出了重大贡献(本),但工匠和商人是非必要的、非生产性的,也是无足轻重的(支)。特别是商人,他们的活动被认为是剥削性的、卑鄙的。值得关注的是,上述分类方法与财富或军功这类社会价值无关,除非富人或军人碰巧也是士大夫。"四民"映射出一个保守且重农的儒家价值体系,纵观整部中国帝国史,它一直处于理论上的制高点,同时也是国本位利益的鲜明写照。

若将"四民"放在家族理想的视角去看,无论搁在中国历史上哪个时间点,这个分类都不能反映现实情况,毕竟社会会随时间而变。但这个分类是在形成时期成熟起来的,其背后是有关严格的阶层分化的一些有趣历史转变,是个体从一个阶层流向另一个阶层的社会开放性,以及是衡量社会价值的标尺。

当代共产主义史家通常坚持认为,混合着狩猎、采集和农耕的中国史前的非定居人类拥有一种部族的平等主义社会结构,这一点是可信的。但根据考古发现,尤其是根据随葬品来看,从仰韶时期到龙山时期,随着农业和定居生活所占比例的增大,阶层分化愈加鲜明。到了商朝,国家已经被明确分为三个阶层。主导的阶层由乘驾战车的战士构成,其中主要是王室成员。作为世袭的名流和权贵,他们无疑会担任官职,但又对学术或文化兴趣寥寥。其次一级是平民,包括工匠和农民。我们对他们的社会关系所知甚少。至于最低一级且数量庞大的奴隶,他们的地位显然近乎动产。大部分奴隶是战争中的俘虏,一部分则是罪犯。根据记载,他们在持鞭的监工的督管下,脖系皮带,负责耕垦或制造。

商代施行的人殉制度揭示了贵族与次等民众之间必然的巨大身份鸿沟。关于人殉的证据在安阳的王陵地基、祭祀坑中都有发现。规模最大的人殉发现于商代墓葬,共有两千多具残骸,其中两百多具都位于一座墓穴中。一些人明显是被活埋的,另外一些则是被斩首——头和身体分别埋葬在不同的地方。在这样的社会中,向上流动的机会极少且随机。由于贵族中一夫多妻很常见,而商朝又很难使人数不断翻倍的闲散阶层维系地位,一部分贵族后代甚至王室后代几乎不可避免地落入了平民阶层。

周朝的征服者大致沿用了商代的社会分层,唯一的区别是周朝的奴隶制比前朝有所收敛。鉴于周朝通过征战立国的情形,在早期周朝的统治下，人们可以想象无论是向上还是向下的社会流动都十分罕见。特别是由于嫡长子继承制的出现，上层家族的次子落入平常百姓阶层的可能性比前朝大得多。

周朝开国数十载后，社会地位变成更严格的世袭制。周王不仅能够从父亲的封地中继承到土地，他和诸侯等还可以根据世袭的权力来分封新的土地。到了春秋时期，显要官位都由家族垄断，由其终身出任并传之后代。同时，平民的身份也固化为农奴，他们为主人在封地上耕作，并随着主人的新的封地而迁移。工匠在封邑里传承他们专门的手艺，由于封邑也是贵族居住的地方，因此工匠的社会地位和所享受的特权或许要优于农民。随着人口的增长，相对自主的商人阶层逐渐出现了，他们产生于森严的封建等级制度之外，但并不被鄙视。由于商人能够获取大量信息，他们常常会受到容忍甚至资助，一些诸侯利用他们作为外交间谍。

如第一章所示，从春秋到战国的日益激烈的战事从根本上削弱了固化的封建秩序。人们越来越注重能力而非世袭地位。到了前3世纪，一度在春秋时期被大家族垄断的官职更换频繁，已经鲜有家族的身影了。农奴变为自由保有土地的农民，商人变得富裕而有权势。平民出身的申不害在前351—前337年官至韩国的丞相；商人吕不韦任秦国的丞相长达十数年，直到前237年被驱逐，最后于前235年自杀。如他们二人一般的人物不胜枚举。这一时期，社会地位的流动性在增强且转瞬即变。秦朝于前221年统一中国，这一时期，有意地打破了传统上的阶层分化模式。虽然我们不清楚秦以外地区的社会开放程度如何，但无论在何处，高度的社会流动性已然模糊了阶层之间的界限，秦朝只是完成了这一进程。在秦朝的政策中，给予某人地位的唯一依据就是个人成就，世袭毫无价值，于是秦创造了一个前无古人后无来者的开放的社会环境。

卿大夫是最值得关注的阶层，因为在周朝时，与其相关的社会价值标准是变化最大的。中文中的"士"字最开始是身体健壮的青年男性的统称，到了周朝中期，它的含义更偏重于战士，后世的作者也用"士"指代商代和周朝早期的贵族精英战士。由于这些乘驾战车的战士能够辅佐商王和周王的统治，因而"士"又有了战士和官员的双重含义。在战国时期达到顶点的社会动乱中，这两种功能逐渐分离，于是战士和官员不再是同义互换的词了。"士"逐渐变为专指"官员"的词，战国时期的思想家借用"士"来形容新兴的知识分子精英阶层。也正是在这一阶段，"士"的社会地位达到最高。此时，"士"已经剥离了世袭和军事相关的含义，与最早的本义相去甚远。依据语境，它指代官员或知识分子。尽管从战国时期的"士"到含义丰富的"士大夫"之间还有一段距离，但个人成就已经取代了血统，特别是非军事成就已经成为衡量社会价值中最重要的一点。

最后值得关注的是商人，他们的社会地位在战国时期显著上升，但在秦朝又急剧下降。秦朝只尊崇军事和农业，因此认为商业活动是非生产性的活动，也是扰乱社会秩序的活动。秦朝的政策是将商人、流民以及其他不受欢迎的人一同发往南方拓疆。

经济

自新石器时代的半农耕、半畜牧狩猎的经济模式起，中国人开始向定居、农耕的经济模式逐步过渡，到了商朝，这一进程已过半，到了周朝则全面实现。技术进步对于开荒和耕垦起到了关键作用。更多的农村开始聚集在城邑周边的、属于城中诸侯管辖的土地上。在城里,手工生产和贸易往来空前专门化和多样化。在城市和农村地区,人们逐步从封建经济关系中脱离,变为自由个体户和企业家,于是就有了货币经济的开端。

农业发展

与美国和大部分西欧地区不同,中国没有大片优质的耕地。现代中国本土面积与美国本土差不多大小,其疆域并不算小,即使周朝时期的疆域也比当今法国大。但与美国和法国比起来,中国的地形更破碎,即使到了帝国晚期时代也只有约20%的土地面积被规律性地开垦为农田。中国的人口扩散和农耕生活方式与美国中西部地区的截然不同,后者在美洲中西部的大平原上任意蔓延,而前者是从一个聚集区跳到另一个,散落在山谷中和小平原上。这些聚集区之间往往是荒无人烟、未被开垦的山地或沼泽。

破碎的地形使中国形成了分隔的庄园式农业结构,史料和考古发现都证实了早期中国——包括周朝,很可能也包括之前的商朝——正具备了这样的农业结构。诸侯会通过加强对分散的原住民的控制,或者将他们从聚集区驱逐,代之以种植粟或稻的移民,从而实现人口增长与农业经济的发展。

战国流传下来的诸多传统中,有一项是周初黄金时期的农业制度——井田制。这一名称源于中文的"井"字,"井"字有等分的九个区域。据传,周朝早期的庄园就是按照"井"字分布,八个农奴家庭居住在中心区域(这个区域里很可能有一口井),他们集体工作以向庄园主上缴贡赋。每户家庭分别在其余八块土地上耕垦,以供生活所需。如此清晰的土地所有制以及税制无疑仅存于理想之中,在实际操作中不可能广泛施行。然而这个方案如此简单又具有吸引力,以至于中国历史上的每一任农业改革者——

从公元元年前后到12世纪——都曾受到它的启发。理想主义者认为它是黄金时代平等的和谐性的体现。无论井田制是否揭示了庄园制的一角，它在周朝早期都确确实实存在过。无疑，不同地区的井田制有许多不同之处，但我们无从得知了。

可以确定的是，前文提及的那些在周朝早期存在过的各类庄园都随着周朝晚期的战争和社会动荡而消失殆尽了，封建农奴制被自由保有农业代替。这一过渡在秦朝统一中国时完成，秦尝试将人们生活中的每个方面都标准化。在它的理想中，社会是无阶层分化的，农民兼士兵缴纳赋税、服役，应国家征召而动，如此一来，无论是农耕还是作战，经济地位便与个人努力挂钩了。这一变化衍生了一个经典的有关土地所有制的问题，一直萦绕着此后两千年乃至近代的中国经济策划者。在一个能够自由保有土地的社会里，一部分农民富了起来，而另一部分没有。那么富的便逐渐成为地主，而余下的不幸农民则成了佃户，于是各类不平等、剥削问题也随之而来，进而引发了不满和起义。我们不清楚秦朝是否存在大规模的地主所有制，是否有普遍的佃户、痛苦的农民，以及这个问题是否导致了秦朝的崩溃，但这一问题很快就成为巨大的隐患。

周朝的人口增长和农业产量增长可归功于疆域扩展，但周朝中期之后农业的集约化也不可忽视。对于中国这样的地理环境来说，建设水利工程，如修筑堤坝是自然且不可或缺的。人们很可能在商代就开始建设水利工程，但尚无明确的证据证明这一点。在周朝中期，系统性的灌溉开始出现，随后越来越普遍。约在同一时期，施肥与土地轮作——规律性地让一部分土地休耕以提高土地肥力——也开始普及起来。周朝中期以后，人们开始使用畜力牵引的犁。除了水利灌溉外，周朝最重要的农业技术进步或许是前5世纪铁制农具的引入。铁器的使用不仅提高了犁地的效率，还促进了新耕地的开垦。到了周朝末期，传统中国农业生产中所需要的核心技术要素已经通过各种途径发展成熟，并在随后的时代中被进一步优化。

作为农业经济发展的必然结果，狩猎和畜牧的地位在形成时期的中国民众的生活中日益下降。直到商朝晚期，牛、绵羊、山羊等牲畜在经济中都占有重要地位，但到了周朝末期，农业的发展压缩了放牧的空间，于是中国人不得不适应圈养动物的模式：主要以耕牛、猪和鸡为主。这影响了后世中国人的生活方式。同样，狩猎在经济中的地位也下降了。商朝和周朝早期的贵族参与的大型狩猎远征，一方面是作为体育运动和军事训练，但无论如何，它的另一方面也是为了提供食物。而到了周朝末期，这种活动已然化为依稀记忆，狩猎也成为中国经济中可有可无的要素。

商业发展

从很早开始，中国人就开始定期与东亚大陆其他形成中的部族进行贸易往来。商朝所用的商品数量不少，那时候一定有一个固定的供需渠道——从遥远的西南方（供应制作青铜器的锡）以及南部沿海（供应贝壳与龟甲）一直到中国北方的中原地区。在周朝，尤其是周朝最后一二百年间，手工生产逐渐扩大，区域内和区域间的贸易也愈加频繁。这些进步都得益于冶铁技术的发展、城市的扩大以及货币的流通。

中国许多地方都发现了铁矿，人们最迟于前5世纪便已开始开采铁矿。充足的铁资源使它在短时间内就被用于制造农具和武器。人们发明了铁刃的木制工具和纯铁工具，且全国上下都使用形制几乎统一的工具。据载，大型的冶炼厂雇用了两百多名工人，于是铁商也成为崛起的富商阶层中突出的一员。此外，中国人在战国时期开始逐渐掌握铸铁技术，而在欧洲，铸铁代替锻铁是一千年之后的事情了。战国时期的考古发掘中，出土的铁制器具都是铸造而非锻造的，人们还发现了成百上千件铸铁模具。在形成阶段，铁器并不是很坚固，即使在人口稠密地区，铁器也未能完全代替青铜、木头以及更原始的工具。但铁器的革命已经有了一个扎实的开端，制造并买卖铁器也成为早期中国传统中的一个很大的贸易门类。

尽管商朝以前的部分新石器时代遗址规模颇大，但它们很难被称为城镇或城市。发掘出的商朝城市遗址远远超越了前者，它们是多功能的行政、宗教以及部分手工业的中心。这一模式也见于周朝早期的城市：城市因四周筑起围墙而形成堡垒，其中居住着诸侯及其爵位继承人，还有他们所需的手工艺人。城市本质上依旧是行政和宗教中心。但到了春秋时期，城市开始向产业和贸易中心转型，这种趋势在战国时期更加明显。中国早期文献指出，战国时期的中国一共有十一座大型城市。但今天，我们只能通过人口数据来推想它们的规模：齐国的首都临淄位于今天的山东省，有七万户居民，街道拥挤不堪。城市辟出一块固定区域提供大众娱乐项目，其中也有卖鞋、衣服、工具以及其他产品的手工艺人和商店。据载，粮食和食盐方面的批发商代理人对城中的市场价格波动十分敏锐。

货币成为中国经济发展的重要一环。在整个中华文明的形成阶段，以物易物一直都是经济生活的基础，甚至在数个世纪之后，官员的薪酬也是以粮食来衡量，且到手的薪酬仍有部分是粮食。到了周朝晚期，由于跨区域的大宗贸易的兴起，货币成为新的经济基础。中国已知最早的货币单位是贝壳，商王以及早期的周王用绳索将贝壳串联，十个一组，用来赏赐他们的追随者。周朝早期，标准化的丝绸和累进分级的粮食被用作常见货币单位。玉器、珍珠、金属件、皮革、狗以及马都常常被用来代替商品货币。

最迟于前5世纪，显然是由于个体商人想要简化区域贸易的流程，铸币开始投入使用。很快，诸侯国开始生产官方青铜钱币。早期的青铜钱币可按照形状分为两类，一类是铲币，一类是刀币，因为它们都是所对应的工具形状的微缩版。它们大多数都刻有城市的名称，在后期则刻有发行方的国名。这些钱币的面值、大小和重量都不尽相同。部分战国遗址中出土了大量这样的钱币，说明它们流通广泛。秦朝开出一百万枚钱币的悬赏以换取一个叛徒，也说明了钱币流通的数量巨大。刀币和铲币之外，秦朝还引进了一种圆形方孔钱，以便串在绳索上。这种钱币重约半两，在秦朝一统天下后，它成为在全国范围内流通的统一货币。最后，一千枚串联起来的钱成了一个标准货币单位，在理论上与一斗米和一匹丝绸等价。

在中华文明的形成阶段内，政治、社会以及经济层面的变化很自然地触发、深化并塑造了彼此。周朝早期以后，变化的步伐逐渐加速。特别是在战国时期，中国社会的制度模式动荡不安，其剧烈程度是当代之前的中国再也不曾经历过的。接下来的第三章中将要涉及一些思想家。很显然，他们认为自己的世界正在分崩离析，预见不到任何合意的常态的出现。然而，史实告诉我们，在前5世纪到前3世纪，中国人建立、测试，并重建了一个新的制度框架，保证了后世帝国秩序的长久不衰。

三、思想

　　数个世纪以来，诸多力量影响了中国的文明进程，然而没有任何一股势力造成的影响能比得上产生于中华文明的形成阶段的本土思想传统所带来的。周朝末年的社会与政治动荡特别激发了中国人在哲学领域的探索。人们并未聚焦在诸如真理或其他笼统的抽象问题上，而是围绕着生活进行实际的考量——分析并拯救眼前这个病入膏肓的世界。值得一提的是，从一开始，中国人就未曾陷入绝望，他们并不认为现实存在于这个令人生厌的世界之外，也不认为一切不堪都将在来生中得以矫正，于是未曾在那里寻求安慰。相反，中国人十分乐观地相信今生今世是一切意义所在，它们也会因人们的努力而得以改善。人们提出了不同的分析和改良方法，但主要的思潮最终集中于三个学派：儒家、道家和法家。

　　早期中国思想的这三股思潮或三个派别有着迥然不同的观点和重点，但它们彼此互不排斥。儒家关注人以及人与社会、政治的关系，道家聚焦于人在一个更加广袤的宇宙中的境况，而法家则强调国家行政。后世的中国读书人大都熟读这三家的著述，所有中国人或多或少都受这三派思想的影响。儒家和道家思想高度互补，传统中国人在私下是道家，在公众场合则是儒家。同时，在政府当差的中国人的实际行为在一定程度上不可避免地效仿法家。

这里有一个关于术语的提醒：由于孔子及其弟子在中国古代有着至高无上的地位，于是当代学者习惯于写下"儒家中国"和"儒家国家制度"这种术语，而他们真正想要表达的则是"儒家思想占主导的古代中国"和"尊儒的古代中国国家制度"。这些用语让我们忽视了一点：古代社会中占主导的社会和政治理念其实是三家思想学说的杂糅，随着时间推移，它也吸收了其他思想的元素。我们通常提及的古代儒家思想实际上是一套兼收并蓄的理念，与孔子本人所教授的大相径庭。此外，随着历史的发展，生活条件和主流思想都随之变化——从一个世纪到下一个世纪，从一代人到另一代人，甚至从一个十年到另一个十年都在变化——正如基督教一样。因此我们需要时刻谨记，孔子亲授的学说与后世任何时期的儒家思想和实践都不是同一事物。

此外，我们还需要指出，中国一切思想的根源是宇宙的"天人合一"。在这个宇宙里，没有开端也没有结尾，没有现实世界与超现实世界的区分。中国人认为宇宙有三个主要组成元素：天、地和人。其中天是至高无上的，与其他宗教传统中的至高无上的神扮演同样的角色。天是全能的，也是被尊崇的，但它却非拟人的。最初，中国人认为人形的神祇的确存在，商朝将其称作"上帝"。"天"的概念由周人引入，被用作可与商人的"上帝"相互替代的概念，直到后者从宗教思想中逐渐消亡。

在中国传统中,宇宙万物都依据"道"来运行,"道"类似于西方人所说的自然规律。"道"并非一位需要人们去崇拜的神祇,它在非哲学语境下指代路径,而在宇宙哲学中,"道"是宇宙运行的方法。"道"通过两股截然相反但却彼此互补、不可分割的力量来运作,即"阴"和"阳",其概念或许近似于电力系统中的正极和负极。"阳"代表着太阳、光芒和温暖,而"阴"则是月亮、黑暗和寒冷。"阳"为雄而"阴"为雌。万物都是由于阴阳运转而生,在某些特定情况和时期里"阳"占主导,在另外一些情况和时期则是"阴"占主导。阴阳不调会带来不宜的后果,或是有害或是不利。但毋庸置疑的是,它们不代表抽象、极端概念下的好或者坏。

在中国传统观念中,宇宙里聚集了众多生灵,其中许多是如星河、山川、草木这般的自然现象的精神本质。许多具有人形的神与某个地点或是某种精神力量紧密关联,最常见的一种是祖先之魂。人们认为人类的魂魄由两部分组成,当人死后,其中一部分沉入地下,若因为某种原因被触怒,就会以无常、邪恶的鬼的面目出现。另一部分则升上天,与上文提及的主宰万物生灵的神相聚。魂魄的两部分最终都会化作无区别的宇宙尘埃,但在一定时间之内,魂魄都是宇宙中的生灵,除了没有实体外,它们与人并无二致。魂魄能够对现实世界中的事物施加影响,恶鬼甚至能够附身于人,让人类做出违反他们意志和本性的事情。

在中国人的观念中,正如上天和其他生灵一样,人类也是宇宙的一部分,他们竭尽全力去应对世间万物,同时也全力以赴地与其他人共处。代表全人类去面对天和地这样强大的力量是天子的职责,但每个人都可以根据其掌握的资源来与相对弱小的神灵沟通,去安抚那些可能与他作对的神灵,或是助长可能对他有利的神灵。于是，古代中国人常进行占卜、献祭，通过中介通灵，并从巫觋那里购买符咒或避邪物。他们格外尊崇并供奉自己的祖先，并把祖先视作能够避祸赐福的最佳方式。

为了寻找应对宇宙万物的最佳方法，中国人习惯于诉诸各类地方信仰。一类颇为突出的宗教从业者是风水先生，他们能够判断屋宅或墓地等地理形势的好坏——既不会破坏自然力量，还能借势。风水先生的这套本领就叫作"风水"。《易经》是一本至关重要的宗教典籍，本源是卜官的手册（有人这么认为），以及早期收录其中的注疏，但它最终成为一本语义甚广的宇宙学专著。它的核心内容是八组卦，每一卦由"—"（阳爻）或"- -"（阴爻）两种符号组成，八组卦列举了每一种可能的阴阳组合：

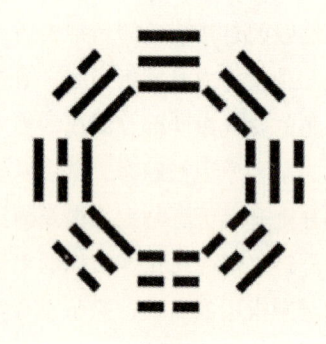

八卦的卦象

把这些卦象两两组合，又可得出六十四种六条爻的组合形式，被称作"六十四卦"。卜官利用古时就与卦象关联的神秘含义，去解读种种现象。《易经》既用于最简单的民间算命占卜，也被高居庙堂的士大夫用于仰稽天象、俯察历数。

中国人视宇宙万物——无论是可见的还是不可见的——为一

个有机整体。中国人与大多数西方人并不一样,将万物视作相互对立的两级,例如自然与超自然、生与死、我们与他们、这个与那个。中国人的看法是包容性的,而非排他性的。天地万物都在一个浑然一体的宇宙中呈现着应有的形态,扮演着适当的角色,并处于它所应处的层面。此外,由于中国人信仰多神教而非一神教,他们大多不承认善与恶、对与错,以及真与假之间的绝对界限。他们很容易接受显而易见的对立,但普遍认为划分"真神"与"伪神"是不合理的。也因此,中国人没有发动圣战或改革,他们认为没有必要去用圣典启发愚昧的异教徒,也不曾体验罪恶所带来的痛苦和救赎之后的狂喜。中国人对于生活和宇宙的态度大体上是极为理性的。

百家争鸣

在春秋末期,特别是战国时期,那些周游列国并谋求官职和影响力的知识分子发表了一系列思想见解,从最抽象的到最具象的,从最实际的到最理论的,无所不包。由于他们的思想丰富多样,后世中国人称这一现象为"百家争鸣"。

早期中国思想流派中最具实践性的是兵家,其中最著名的思想家是孙武。孙武是一名著名将领,但关于他个人经历的历史真实性存疑。他撰写了前4世纪著名的兵书《兵法》。据载,孙武本是齐国人,但受命指挥长江三角洲的吴国军队。他通常被称作孙子,因而《兵法》又被称作《孙子兵法》。是书对当今概念下的总体战进行了分析,时至今日仍闻名于世界各地的军事学院。它涉及了如何为战争进行国家动员,如何分析地形并选择相应的攻击性或防御性战略,还讨论了如何维持良好的后勤补给,如何发动心理战，如何利用间谍和破坏分子去发掘和利用敌人的弱点，以及其他同等复杂的军事问题。《孙子兵法》最基础的理念分别是：(1)兵不厌诈；(2)不战而屈人之兵。这部书是若干世纪以来中国人撰写的一系列兵书中的首部，是至今为止内容最系统化、最具洞察力和影响力的一部。

代表战国时期政治生活核心的是传授外交策略和劝诫之术的纵横家。与兵法相比，纵横家思想的实用性毫不逊色。此时有代表性的精华之作是《战国策》，它也是这一时期的名字的来源。虽然《战国策》成书的时间可能晚至前2世纪，但它所包含的言行策略显然是之前数百年间用于提高人们在外交往来中的表现的精妙技巧。书中的逸闻趣事采用了历史叙事的方式，讲述了诸侯如何在贤臣的辅佐下，从假想的应对敌国的紧急情况中生存并成功。在外交策略中，最受偏爱的是所谓的"连横合纵"。"连横"设想了东西方的联合，即北方的秦、齐两国联合限制南方的楚国。"合纵"则指的是齐、楚联合以对抗西方的秦国。晦涩的外交原则通过已被概括的逸事得以有条不紊地阐述清晰，但我们没有看到一套有关国家关系的系统性理论。《战国策》并非中国思想发展的里程碑式著作，但它常以其生动的叙事、诙谐的故事以及连篇的妙语而闻名。

辩家，或称作名家，通过毫分缕析的辩论将理论推向了一个极端，但在实际层面却没有任何可见的意义。这些人显然拥护诸侯的权威，但他们的思想只是作为其他思想家著作中的脚注而被提及。郑国大夫邓析（卒于前501年）擅长调解矛盾并助其好友赢得诉讼，或许是中国首位职业讼师，但讼师一职在随后的帝国体制中被压制了。另一位早期著名的名家思想家叫作惠施（前380？—前300？），生于宋国，后来成为魏国的丞相。据传，他参与制定了法律，还提出了一套相互矛盾的概念以展示"名"与"实"的区别。惠施认为"实"无疑是一个相对的概念（从一处观之可以很大，从另一处观之又可能很小），也是不断变化的。

赵国人公孙龙（前320—前250？）把抽象思维带到了一个新的层次，其短篇著作名为《公孙龙子》。与惠施注重"实"的相对性不同，公孙龙聚焦于符号化的"实"所对应的术语，特别是那些从"名"的逻辑类别中衍生出的看似矛盾的事物。据一则著名的趣闻所说，一天，公孙龙骑马出门，却被看门人拦了下来。看门者告诉他马不得入内。公孙龙称："这是一匹白马，不是一匹马。"随后明目张胆地夺门而入。的确，《公孙龙子》中提出过"白马非马"的论点，其中强调"马""白"和"白马"是三个独立的逻辑类别。此书中有许多诸如此类的矛盾论点，与古希腊的逻辑论证相近。

邓析、惠施和公孙龙影响了主流学派的其他思想家，在整体上促进了中国哲学思想的理性化，但他们的思想并没有入驻主流意识形态，名家思想不具体、不实际的特性不符合大多数中国人的胃口。他们的论争像是无意义的争吵和文字游戏，对解决中国难题毫无贡献。

儒家

儒学的本来面目是一系列道德、政治学说，其中鲜有宗教内容。儒学通过西方人熟知的三人——孔子、孟子和荀子的教导和著述得以流传。在古代中国，Confucianism 通常被称作儒家或是儒学。"儒"是一个颇令人困惑的词语，它最初的含义是柔弱或文弱、宽柔的人。一些专家认为，"儒"是指商代巫、史、祝、卜的后代。但无论具体含义为何，它一定是用来表示一个非军事的群体，用于区分周朝初年的战士兼官员（士）阶层。它很可能被孔子及其弟子采用，也可能是孔子的对手用来嘲笑他们的称呼，因为儒家是早期中国哲学派别中最不尚武的一支。

孔子

孔子生于前551年，比印度的释迦牟尼早整整一代。孔子卒于前479年，十年后，苏格拉底在希腊诞生。孔子名丘，中国人称其为孔夫子，夫子是子的雅称，也是大师的意思。根据孔夫子的称号，近代欧洲传教士将孔子译为拉丁文的Confucius。

孔子生长于小国鲁国，鲁国位于今天山东省，由周王的后代统治。孔子或许出身于低阶的贵族家庭，其祖上曾任鲁国小官。但他的成长环境较为艰苦，以至于他从中学会了贵族通常不屑一顾的一系列谋生技巧。孔子成为中国目前已知的第一位职业教师，他从学生那里收取学费并教授他们有关人生和行政的理念。很快，他的一部分弟子成为诸侯国朝堂上的重臣。人到中年的孔子花了十年时间在中国北方周游，试图劝说一部分诸侯在施政时采用他的学说。尽管大多数诸侯都尊敬他，但没有一人采用他的观点。显然，在生命的尽头，孔子认定自己失败了。

关于孔子思想的所有可靠来源不过是一本叫作《论语》的单薄小册子。"论语"意为谈话的编次，英文译为 Analects。它并非一部系统性的哲学著作，作者也非孔子本人。《论语》是根据孔子弟子的记忆传承、采编而成的孔子语录集成，成书时间应在孔子辞世后的数十年间。第一次接触《论语》的西方人会惊讶地发现这是一本掺杂着各种"子曰"的大杂烩，里面只是朴实的民间哲学家似的沉思。书中极少有与论点相对应的语境的介绍，每一部分内容都是一系列不相关的论述。例如"席不正不坐",一些专家认为它是描述孔子的个人习惯,而另一些则认为它是孔子针对君子应有行为的阐述。因此,孔子思想的具体阐释值得讨论,其思想的主线只能通过只言片语来提炼。

在《论语》中,孔子被描述为常人而非圣人。他时常对弟子感到失望并感叹自己注定收不到好学生。他可能急躁、粗鲁,当遇到一位一事无成的旧相识时,他呵斥道:"老而不死是为贼",随之用拐杖敲击那可怜的家伙的小腿。同时,孔子也会处心积虑地故作无礼:当告病以躲避邀请时,他会大声奏琴并放声歌唱,如此,正准备转身离去的信使就知晓孔子完全没有生病的事实。孔子也因为没有得到一个显耀的职位而感到些许遗憾。至少有两次,孔子的弟子未能阻止他为小叛逆者服务,尽管这些人都有昭著的骂名。孔子希望对方能够相信,假以机会,他便能建立"一个东方的周朝"。他还曾感慨"吾岂匏瓜也哉?焉能系而不食?"此外,书中还有一部分不见得真诚的自我安慰的话语:"不患无位,患所以立。不患莫己知,求为可知也。"即使在频繁的自我贬损中也带有些许道貌岸然的意味:"子曰:'吾有知乎哉?无知也。有鄙夫问于我,空空如也。我叩其两端而竭焉。'""子曰:'我非生而知之者,好古,敏以求之者也。'"这些语录都带着强烈的幽默感。孔子喜欢戏弄弟子,也能够接受自我嘲讽。

但孔子不仅是寻常人,他还是一位伟大的人。他对于中国的贡献既非因为他是一位出众的学者,也非因为他的惊世预言。从一般意义上来说,孔子绝非一个强大的宗教式人物,当人们问他对鬼神的看法时,他说:"未能事人,焉能事鬼?"当被问及生死时,他答道:"未知生,焉知死?"然而孔子仍是一个心无旁骛、孜孜不倦的人。中国人之所以尊崇他,是因为他坚持认为人类作为社会的、有道德的物种，其身份地位远远高于动物。仅凭这一点，人类就应该努力成为更好的人。孔子不曾想要做一名道德规范的制定者，他只是希望所有人都关注生活的品质并频繁进行自我反思："君子喻于义，小人喻于利。"孔子不惧怕世俗意义上的失败或非难，他能够为人们带去的好处，无非是指出正路并告诫人们"鸟兽不可与同群"。

孔子的贡献之一是为久为人知的周朝封建制度增添了新的道德内涵。"士"（武将兼官员）和"君子"（统治者的儿子）本来的大意是指传统的世袭军事贵族，但孔子将它们转变为道德高尚、不限出身且应被给予社会和政治头衔的人的含义。这种变化类似"gentleman"的变化，这个词本来指的是出身望族的人。另一个词"礼"，本是指贵族阶级培养出的仪式性礼节，但孔子拓宽了它的概念，将它变为基于仁爱的社会和道德规范。至于宇宙论中的"道"，孔子则将该词改为天命使然的"道德"，从而附加了明显的道德内涵。在孔子的伦理中，一名君子应当全力去修身养性，特别是要为仁，只有仁爱才能使其行不逾礼而使道生。

孔子关于社会道德的观点根植于一部分人称作的"白银律"："己所不欲，勿施于人。"这句金科玉律是孔子的标志性语录，但也是以否定式的形式呈现的。孔子一定会认为"黄金律"的表达（"己所欲，施于人"）过于咄咄逼人且狂妄自大，明显不符合"礼"。孔子的政治理念多是类似这样的平易近人的思想，他强调政府应为子民的幸福和福利着想，但并非要由法律来规范，而是树立模范代之。孔子概念中的理想政府的最佳概括为："君子之德风，小人之德草。草上之风，必偃。"他坚持认为，无论是否被强制，子民都会义无反顾地追随并效仿一位仁君；同样，子民也不会听命于一位不是道德典范的统治者。"子曰：'道之以政，齐之以刑，民免而无耻；道之以德，齐之以礼，有耻且格。'"一位族长兼鲁国的实际统治者问孔子如何应对广泛的盗窃事件，孔子奋勇反驳道："苟子之不欲，虽赏之不窃。"

孔子认为自己是周公建立的古老礼制的传承人，而非一个创新者。他声讨破坏旧规矩的人，以及不能根据自身地位来行事的人。在他的观念中，一名君子只能不懈地为正确的事业付出，若需要，君子应为"道"牺牲。这是孔子不会阻拦的。孔子的一名弟子说："君子之仕也，行其义也。道之不行，已知之矣。"孔子墓铭的书写者是与他同时代的人，很显然，后者对社会深感绝望："是知其不可而为之者与？"

孟子

如果没有数百年后两位才华横溢的智者——孟子和荀子——的拥护，孔子那些含义模糊的礼义、仁爱之道可能早就在随后数百年间的哲思涌动中被遗忘殆尽了。Mencius，也就是孟大师的意思，是孟夫子的拉丁化译法。孟子的生卒年约为前372年至前289年。孟子全名孟轲，生长于齐、鲁的邻邦小国邹国。孟子来自贵族家庭，但与孔子不同，无论是气质还是在实际生活中，他都是彻头彻尾的贵族。孟子由寡母抚养成人，由于没有其他兄弟姐妹，他的母亲宠溺他并确保他能得到好的教育。成人后，孟子十分孝顺，在母亲去世后操办了一个极度奢华的丧事，以至于他的弟子都以此为耻，并斥责孟子。大体来说，孟子骄奢、自傲。每次出行，他都有大批随从弟子伴其左右。此外，孟子还得到了许多诸侯的支持，他们都为孟子的排场和名声所震慑。孟子或许是他所在时代中最博学的人，他深知也充分利用了这一点。

记录孟子思想的书就叫作《孟子》，采用了逸闻回忆录似的文体，而且很有可能是孟子在年老后自己汇编的，至少是自己编辑的。类似《论语》，《孟子》也不是一部系统性的哲学著作，而是集合了作为辩论家、辅臣的孟子平生言行亮点的语录。在书中记载的辩论里，他从未落入下风或是哑口无言，常常以破坏力极强的辩口利辞讥讽对手。他也大胆进谏，以至于君王常气得"变乎色"却无法爆发，或是无助地"顾左右而言他"。书中详细记录了这种一来一往的辩论，这种文体被古代中国人定为说明性散文的典范。

对于铺张和自大，孟子从未悔过，也因而不时遭到诟病。相反，他相信并直言不讳地指出：思维主导身体，身体服从思维是顺其自然并理所应当的事情。为孟子扳回一城的言论是他公开宣称的卓著观点：仁政学说和人皆可以为圣的平等主义思想。

在拥立孔子仁政学说的基础上，孟子主要通过强调施行仁政可以为明君带来的利益来拓展孔子学说。他似乎笃信，若一位仁君在世，那么人民自然会从各地群集而来，这样这位仁君就自动赢得了天下。在与梁惠王对话的结尾处，孟子说道：

> 狗彘食人食而不知检，涂有饿莩而不知发，人死，则曰："非我也，岁也。"是何异于刺人而杀之，曰"非我也，兵也"？王无罪岁，斯天下之民至焉。

换言之，孟子认识到了人心是每一任统治者都要关注的头等大事，并提出若所有人都士气昂扬，即使手中除棍棒外别无他物，他们也可以击退全副武装的敌人。孟子提出了多种能够提升士气的社会福利方案，由此提供了最早的有关周朝早期井田制的理想化描述，也就是我们在第二章里探讨过的那些内容。孟子还将"天命"的原理注入其逻辑结论，即正直之人有权推翻暴君。同时，孟子也将这些言论不加修改地直谏给了诸侯。

孟子的平等主义观点表现在其"性善论"中，即每个人的内心都有善良的种子——也就是说，人们的内心之善——只是被每个人心中都潜伏着的贪婪、欲望、野心以及其他不值一提的欲望日益遮蔽了。他指出，儒学中的道德是"非由外铄我也，我固有之也"。他认为人的道德责任是通过类似于孔子宣扬的个人修行来寻找遗失的"赤子之心"。他指出："从其大体为大人，从其小体为小人。"与孔子相同，孟子也否认存在正确的外在标准。在宣扬并号召人们追寻上古之道方面，他比孔子更加保守。但他坚持认为每个人在其所处的特定环境下，必须自己决断是非。至于人们为什么需要向善，孟子在这个话题上并不比孔子更权威。他继承了孔子不承诺、不威胁的论调，从而衍生出了宿命论。他说："若夫成功，则天也。君如彼何哉？强为善而已矣。"又说："君子行法，以俟命而已矣。"孟子相信，人是可以被劝服这样做的，只要通过彰显本性中的道德，人就可以变成真正的君子。他说："人之所以异于禽兽者几希；庶民去之，君子存之。"孟子指出，统治者最主要的责任是为人民创造一个助长、鼓励其按照上述方式修身养性的环境。

荀子

尽管一些专家因孟子的性善论而将他标榜为心软的理想家，但几乎无人否认，形成阶段的最后一任儒学大师荀子是一位冷静、强硬的理性主义者。荀子最具特色的思想方法是："流言止于智者"。

荀子原名荀况，约生于前313年，卒于前238年，其间正值战国时期秦国的军事征服所导致的最混乱的年月。荀子生长于北方的赵国,但很有可能此后一直在齐国学习授业。比起孔孟,荀子并不常周游,但曾出访秦国。年长后,他被任命为山东南部一个县的县令,那时该县笼罩在南方强国楚国的势力阴影下。荀子是早期儒家学者中唯一有过一手行政经验的人,但我们不知道他任县令时的执政表现。

与孔孟不同,荀子将他的哲学详细系统地载录于著作《荀子》之中。全书共有三十二篇结构严谨的论文,每篇基本上聚焦于一个话题:自我修养、帝王之术、王霸之争、治理之道、推贤让能、军事事务、礼乐教化等。全书不仅揭示了荀子的博学,还体现了他对于实践的广泛兴趣。最引人注目的是,它展现了一个有序、敏锐的头脑。可以说,作为一位古代中国哲学家,荀子拥有最佳的知识素养,以至在中华帝国早期的数百年间,荀子的思想持续扮演重要的角色。但最终,中国人更重视孟子而轻视荀子。随着中国特质的日益凸显,荀子似乎变得不太合拍。他有着伟大的思想,却只有一颗狭隘的心。

在对儒学的解读上,荀子与孟子在一个重要观点上有着重大分歧,即对人性的评判。孟子十分强调所有人内心都潜藏着善,而荀子则认为人性中本来鲜有善念。事实上,荀子所观察到的人性是由"恶"或是未开化的欲望所主导的,儒家语义下的"善"需要后天习得。荀子认为孟子口中的"赤子之心"不过是一种欺骗性的情感表达,但他不否认人是可教的。因此,荀子在本质上是一名平等主义者,在此意义上与孟子一样。由于人们本性都未被驯化,所以所有人都有修行的潜力,所有人也都可能成为圣人。但荀子开出的修身药方是极为独裁式的,与孟子的方法大相径庭。在他的观念中,若要为善,一个人需将自己浸淫在古时圣人的规矩和先例之中,最重要的是,他还需要全然听命于一名合格的老师。或许没有任何一位思想家像荀子这般强调老师的社会地位吧。

在这样的集权主义思路下，荀子认为"礼"是古时明君为了公共社会利益而加之于人民的外在标准，这样既可以抑制人们本性之中的自私和自满，也可以避免争端和混乱。荀子理念中的社会组织和社会关系大致是彻底理性、功利的概念。奉献祭品是为了讨好神灵吗？骗子！荀子指出，那些这样想的人仅仅是无知。他认为，祭祀、哀悼以及其他仪式之所以为人喜爱，无非是因为它们有社会和心理价值——它们为情感释放提供了一个实用的社会渠道，并使人类关系变得更加秩序井然和至尊至贵。荀子质疑神鬼的存在，因为他从未目睹过任何神鬼。

在政府运营方面，荀子支持孟子大部分的特定社会福利方案，也相信暴君应被推翻。比起孟子，荀子更广泛地认可几乎所有基于功利主义的观点。

儒家共识

正如前文所示，早期儒学思想家们的主张并非一致，但他们彼此有着共通的精神内涵，其内容大致见于以下七点：

1. 宇宙和人类都由强大但非人的"天"主宰。
2. 天命是人民都幸福，并与"道"和谐相处。
3. 充满高尚道德的生活是人类对宇宙和谐的恰当贡献。
4. "德"生于"礼"，并见于"礼"。需要特别指出的是，此处的"德"并非通过隔绝于世的秘密修行得来的。一个人的所作所为决定了他的品性，正如孟子所言："子服尧之服，诵尧之言，行尧之行，是尧而已矣。子服桀之服，诵桀之言，行桀之行，是桀而已矣。"
5. 在危急时刻，知晓天命并在对立的理念中选择其一很不容易,对统治者来说尤其如此。

6. 恰当的举止,特别是在紧要关头时,常需要智慧或圣明。要想获得智慧与圣明,只能通过扎实地学习先圣之道和历史教训,通过真诚地努力修身养性。

7. 无论是个人还是人类社会都可以被完善,也就是说,每个人都有潜力成为圣人,社会也有潜力变得和谐并令所有人满意。

关于儒家的道德体系可见于早期儒学经典,它颇为复杂,包括了一套外生的价值和美德以及一套辅助、内衍的价值和美德。外生的美德由一组基础的境遇伦理构成,详见下表:

五对核心关系	所对应的美德
父子	孝
君臣	忠
兄弟	悌
夫妇	礼
朋友	信

值得指出的是,家庭关系在儒家价值体系中位置显赫,而且所有关系大致可归为等级制的上下级关系。上表中的关系和美德都被视作互惠的,这是未能在表中凸显但仍是价值体系中重要的一面。具体而言,父子之间的义务责任并非单独落在儿子肩上,君臣之间的也非臣子单独承担,父亲有责任成为合格的父亲,而天子也要称职,以此类推。所有这些境遇伦理都可纳入两个大概念之中:"礼"与"仁"。

"礼"与"仁"的概念联结了外生和内衍的美德,这些美德都被视作绝对道德。它们主要包括被称作公正或正义或职责的"义"，表示决心或勇气的"志"、智慧（"知"）、真诚（"信"），以及耻感（"耻"）[1]。若要平衡地彰显这些美德，就需要"能"。若要实现完美的"能"，那么就需要"圣"。早期儒学思想家相信，若统治者为圣，那么他作为一位道德楷模的吸引力将会改变他的民众，以至于无须费力地实施行政手段就能实现社会和谐。令儒学思想家感到遗憾和沮丧的是，统治者以及贵族精英似乎无视这些在他们眼中不言自明的道理。子曰："谁能出不由户？何莫由斯道也？"孟子响应道："夫道，若大路然，岂难知哉？人病不求耳。"

最后一个共同点，也是反复被强调的一点是：儒家指出人们应当去做自己认为正确的事情，但除此之外，他们并没有提供一个能够化解不同价值观之间的冲突的简单方法。若忠孝难两全时，人该如何做呢？一名孝子该如何应对父亲的不义之举？违抗君主的错误政策是否还算作忠君呢？早期儒学思想家未能给这样的境遇制定一套能够指导并抚慰人心的规则，他们真正的贡献其实是一个挑战：为它烦恼吧！为它思考吧！

墨家

儒学有一个有趣并有影响力的早期分支。中原宋国的墨翟，常被称作墨子，生活在孔孟之间的年月，生卒年约为前470年到前391年。他追随孔子的弟子学习，但在他的时代，孔子的弟子

---

[1] 一些表示美德的字的字形也有特殊的意义。仁，由"人"和数字"二"组成，暗示人际关系；志由"心"和"士"组成，即"士人之心"；诚由"言"和"成"组成，即"实现了的语言"；耻（恥）由"耳"和"心"组成，暗示"倾听内心"。

已经背离了孔子的精神内涵，转而去寻求一些舒适的官职，例如掌管礼乐的严肃专家和负责丧葬的专业督导。墨子对他们感到失望，同时也发现自己的想法与孔子的精神实质格格不入。于是，他脱离了儒家并开创了自己的哲学和教育体系。他的著作《墨子》分析了世间的难题并给出对策，内容极具逻辑性和系统性，为后来的荀子提供了文章组织结构的范例，同时展示了诡辩的名家之间的伟大学术思想的关系。

墨子与儒家的主要分歧在于其军事上的空想改革主义。孔子或许不能明确指出所谓的至善，但墨子却可以。对他来说，任何有利于民众生存，或是对人口和财富增长有贡献，或是使世界和平的事物都是善，除此之外，并不需要更多证明，任何起相反效果的事物都必然是恶。伴随着这种实用主义标准出现的是墨子关于社会组织的鲜明集权主义理念。很显然，墨子认为社会不可能让百姓自己去评判善恶，共同利益的认定需要他所言的"尚同"。民众要绝对服从统治者，而统治者要绝对忠诚于上天以及神灵。墨子理念中的"上天"最近似于上古中国思想中拟人的至高无上的神。他这样警示人们：若你们不断争斗、破坏，上天必然有充分理由来判定你们不再适合在宇宙生存，并将你们从宇宙中清除。

墨子笃信民众好争斗，因为他们自私，而儒家则通过强调家庭关系和诸如孝顺的美德来弱化这一点。墨子指出，人们只有通过"兼爱"才能化解争端。也就是说，只要人们视他人父为己父，视他家、他国为己家、己国，争端就能迎刃而解了。

墨子指出上天最厌恶战争，相信自己可以使统治者，甚至是胜利一方认识到所有战争的参与者都是痛苦的。墨子非攻策略中的一部分是训练弟子掌握被动防御的策略和技巧，将他们转变为一支高度技术化的纪律严明的维和部队,为任何一个遭遇侵略的国家服务。墨子死后,他的部队在继任领导者的带领下得以延续。到了帝国时代,部队分为数个侠客团体,这些团体只将收入的一小部分上缴给总部。

墨子的社会目标与儒家的并无二致,他们的出发点都是好的。孟子曾说:"墨子兼爱,摩顶放踵利天下,为之。"但墨子无法容忍并质疑人们自身的道德判断,其哲学实用主义将他与中国思想发展的主流划分开来,在整个帝国时期,他的著作也几乎无人问津。但雁过留声,墨子以罗宾汉似的典型浪漫侠客形象留在了民间文化中。

道家

尽管儒家和墨家之间有诸多分歧,但这些思想家都是真诚的改革者,并希望能改善社会环境。这也是人们在面对周朝晚期混乱局势的一个可预见的反应。而另一个可预见的结果则是一些人选择成为隐士,质疑用于奋力改造社会的才智及其效果。在周游列国时,孔子常常遇到这样的质疑者,后者归隐于单纯的田园生活,并认为不照做的孔子是愚者。在接下来的数百年间,这样的逃避主义似乎很盛行。

这股思潮的早期代表是杨朱(前440?—前360?),但除了他的极度享乐主义和极度自私自利外,我们对他几乎一无所知。当墨子能够为改造世界而献身时,杨朱所关心的全部问题就是:"对我有什么好处?"孟子曾说:"(杨朱)拔一毛而利天下,不为也。"其余的记载提到,杨朱认为生命由一系列转瞬即逝的潜在欢乐体验构成,无论这些乐事以什么样的面目出现,人们都应愉悦地接受它们并充实地生活。

在剔除了杨朱的享乐主义后,逃避现实者的思想不断发展,并最终发展成熟为道家的学说,他们的思想汇集为两本主要的著作——《老子》和《庄子》,这两本书也成为中国文化遗产中最有趣且影响最深远的著作。

道家经典

《老子》又称《道德经》,成书时间显然不早于前3世纪,而且作者也不止一位。没人能够明确指出书名中的"老子"所指何人,但根据道家传统,《老子》的作者是孔子的同时代人,名叫李耳或老聃,生于楚国。一般认为,老子是周朝王室"守藏室之史",受孔子的尊崇并一度与前来探访的孔子会面。步入老年的老子从中国消失并西行。后来的道家学者甚至断言,老子去了印度并使释迦牟尼皈依了道教。

《老子》被认为是含义最深远且内容最优美的中文典籍。它是外文译本最多的中文典籍,英文译本数量也仅次于《圣经》。不同译本间的差别很大,因为原文可被阐释的空间很大。全书内容简练,一共只有五千字左右;它主要由诗歌组成,富含明显自相矛盾的内容,也因此变得神秘、高深莫测且似是而非。一开篇,读者就会遇到麻烦。《老子》的第一句是这样说的:

> 道可道,非常道。

中文的"道"字既可作"道路"讲,也可作"道法"讲,同时也有"讨论"的含义。正因这个以及其他一些复杂的原因,虽然人们能够理解句意,也能够以不同的方式将它们释出,但释文的含义往往大相径庭。它到底是指"可被真正称之为道的道法，并非平常含义中的道"，还是指"那些可被言说的道并非始终如一的道"？抑或是"可被真正称之为道的道法并非永恒的"？在中文语法中，以上这些表达以及其他表达都成立，释者也充分尝试了每一种可能性。无论读者选择哪一种含义的开篇，很快就会遭遇一些完全说不通的含义，除非他变换之前假定的开篇含义。因此，无论对于中国人还是外国人，此书都是一个亘古不变的谜题。《老子》中有一个语义清晰的段落这样说道："知者不言，言者不知。"儒家学者特别喜欢用这句隽语来戏弄道家学者，暗示通过一部五千字的书，《老子》的作者已经充分印证了这句话。

《庄子》则是由庄周（前369—前286？）著成的一部长篇散文式著作。同样，我们对于庄周本人所知甚少。庄周生于中原小国宋国，熟知他所处时代的所有学术思潮，但却并不急于入仕。其著作展现了他高超的智力和优美的文笔。在中国文学中，《庄子》中所载的逸闻趣事无疑是最富有想象力的。其中既有讽刺儒家和名家的机智犀利之语，又有姓名有双关含义的人物之间毫无意义的长篇大论，还有动物和小虫的哲学对话，庄子本人也浮游于万物之间。书中没有阐释，充斥着寓言、戏仿与种种幻想。庄子思想的创新性在下文的节选中可见一斑：

> 南海之帝为倏，北海之帝为忽，中央之帝为浑沌。倏与忽时相与遇于浑沌之地，浑沌待之甚善。倏与忽谋报浑沌之德，曰："人皆有七窍以视听食息，此独无有，尝试凿之。"日凿一窍，七日而浑沌死。

昔者庄周梦为蝴蝶，栩栩然蝴蝶也，自喻适志与，不知周也。俄然觉，则蘧蘧然周也。不知周之梦为蝴蝶与，蝴蝶之梦为周与？周与蝴蝶，则必有分矣。此之谓物化。

道家第三推崇的著作是《列子》。《列子》篇幅较短，同《庄子》一样也充满漫话、逸闻以及天马行空的异想。它的作者被定为身世模糊的列御寇（前450—前375？），但成书时间必然晚于《庄子》，也可能是晚至3、4世纪时期的伪作。

道家共识

早期的道家学者极力避免理性阐述，内容尽是谜一样的悖论和幻想，因为其哲学出发点虽十分简单，但却无法论证。道家无疑是抒情和神秘的，但却绝非对个人主义、无为主义和自发地融于自然（道）的非理性倡导。它站在说教般的儒学的对立面。它的基本观点是道即一切，其动力在于揭露改革主义和不切实际的改良主义；它谴责那些附着于社会关系和社会制度之中的义务，并寻求心灵上的自由和道法自然带来的心如止水。自然被认为是一个包罗万象的、冷漠且无目的的宇宙，其中所有事物都有自然的地位和功能。这些事物之所以是这般模样，无须自然事实以外的其他理由，只有在被自然以外的标准——如善和恶——去定义、标注和评估时，它们才会被曲解和误解。

道家进而说，让道法自然！回归自我！放松并享受生活吧！但听从这个劝谏颇有难度，它里面也包含道家学说中的一个基本悖论——为任何非自然的事物而有所作为都是"不正确的"。而事实上，由于自然能像钟摆一样平衡任何力和反作用力，有所作为无疑不能得道。一个人只能通过"无为"来得道成仙，而几乎没有任何事情比有意识地、主动地尝试放松更弄巧成拙了。人们只能自然和自发地实现自我。

真正的道家学者甚至不能去敦促他人顺应自然，因为这个行为本身假定了什么是应当的、什么是不应当的，在自然之上强加了一个价值判断，从而变得非自然且"不正确了"。正如庄子提到的，鸭子的腿短而仙鹤的腿长，评判自然万物的好与坏——例如眷恋生而害怕死——都是荒谬的，正如假设鸭腿应如鹤腿一样长，或假定鹤腿应如鸭腿一样短一样。无论万物如何存在，它们都是自然的，因此也是好的。人也因此只能尽可能地被动地走过生死轮回，尽心去完成人生中的必须之事，同时保持内心的自由和本性中的安宁（也就是孔子所说的"德"）。

道家对于政府运营方式几乎没有任何帮助，因为在道家眼中，政府无疑是阻碍道法自然运行的事物。然而，在自然范畴内，一个人的位置也许就是统治者或是丞相。如果这样，据《老子》中所说的，这个人就被寄希望于能够使其子民保持淳朴和单纯，即"虚其心，实其腹，弱其志，强其骨"。通过弱化制度和法律的概念，道家先哲使社会处于一个原始天真的状态，在这个社会中，自然力量的相互作用不会被阻碍——无论好或坏都不再重要了。

无疑，道教的一部分张力源于商朝和周朝早期万物有灵论的自然主义宗教信仰，这种宗教信仰在周朝向长江流域的逐步扩张中得以加强。比起中国北方，南方展现了更为柔和、亲切的一面，并在诗性、艺术性以及想象力方面为中国遗产做出了远超其应有比例的贡献，而这些通常都要归因于道家的推动。孔子、墨子、孟子和荀子都是中国北方的中原人士，而早期道家的许多思想家却与位于长江流域的楚国息息相关。这大概不是一种巧合吧。相互对立的改革派和逃避者最终合二为一，融入了中国性格，具备着可敬的风度和生命力，为令人叹为观止的国家的延续和权力的持久做出贡献，进而成就了漫长历史中的中国。在面对危机或灾难之时，儒家的一面会让我们清醒地认识到：去矣，吾当为何！而道家的一面会令我们开怀：此乃生也，妙哉！

法家

若儒家是"应然"的学说，道家是"本真"的学说，那么法家就是"必然"之说。与仁善的改革家和神秘的避世者不同，法家一心一意地关注能够让国家延续、兴荣并在最后能一统天下的势在必行之事。它是理性自利的，也是彻底非道德的。它传授的是对社会的严格集权化控制，以为国家服务。

秦朝的毫无节制以及它最终的失败使得法家在古代中国臭名昭著，熟知集权主义原理和方法的当代读者也许都会对法家著作中的一些见利忘义的语句和暗示感到胆寒。但法家或许不该承担如此多的恶名，许多早期法家思想家的观点与当今许多出于善意的政府人员的并无二致。这些遍布全世界的政府人员包括经理、行政专家、维持政府功能的效率顾问，对他们来说，哲学和道德往往是不相关的。

法家实践者和著述者

最早声名远扬的中国行政专家是管仲，他在前7世纪任齐国国相，并成功将齐国打造成当时最强大并最负声望的诸侯国。《管子》被视作管仲的著作，它主要是一系列沉闷乏味、兼收并蓄的叙述、对话和文章，其中一部分呈现出了晚期法家著述的特点，涉及国家行政和国际竞争的问题。《管子》极可能是周朝末期，甚至是秦朝时期各派言论的汇编，既没有中心论点也没有系统性的重点。另一位颇有名望的早期官员名叫申不害（卒于前337年），是韩国的丞相。虽然他只留下了只言片语，但我们依旧可以看出他的关注焦点是行政手段（术），特别是在人员选任领域的"术"。此外，申不害反对严刑。赵国人慎道在前300年前后在齐国任职，以强调"势"（法家用语中的权力）而著称，但他没有留下任何著作。

已知最早的法家著作是《商君书》，它是由专题论文组成的一系列文章集合，内容主要关于政府的各个层面，被视为公孙鞅（卒于前338年）的作品。公孙鞅是秦国的丞相，建立了秦国的行政制度，为百年后秦国的大一统铺平了道路。他因立功而获封于秦国的商邑，于是被称作商君，甚至也被称为商鞅。《商君书》很可能是在商鞅死后不久汇编的书，也许一部分源于商鞅本人的著述。书中似乎反映了他所建立的秦国政府制度的精神内涵。它着重强调了在政府中法治胜于人治的必要性，法家也正是由此得名。

法家学说在实践方面的综合最终由秦始皇的丞相李斯（卒于前208年）实现，在理论方面则靠李斯的同时代人韩非。后者的著作《韩非子》风格鲜明，内容复杂，幽默机智。韩非是韩国的一名贵族。韩国与秦国毗邻并长时间与秦敌对。韩非著书以指导他的君主，但后来却叛逃到了秦国。一开始，韩非在秦国受到了热情的招待，但随后被李斯投入大牢，最终被下毒杀害。这很可能是因为韩非遭到了李斯的妒忌，但究其真正原因，大概是李斯为了提防韩非可能的叛变。值得一提的是，韩非和李斯二人早期都曾师从儒家思想的集大成者——荀子。

法家思想概述

通过李斯的政策和韩非的著述，我们看到充分成熟的法家思想包括了慎道所强调的"势"、申不害的"术"以及公孙鞅的"法"。在通常意义上，我们不认为法家是一支哲学学说，它其实是一套为君主和权臣服务的马基雅弗利式的行动指南。但它的确也提出了有关历史沿革的概念，其中多少涉及些许哲理，同时又与儒家和道家等流派所谓"师古即最好的方法"的观念针锋相对。在法家的观念里，并非是人们比他们的祖先要好或坏，而是环境随时间变化了。在上古时期，人口数量小，有足够的耕地提供人们所需的粮食。因此，那时没有太多争端，从而也不需要太多的政府管控。但在数百年后，随着人口的增长，对食物以及其他物品的需求远超供应水平，竞争和争端进而激化，这时也就需要政府的严格管控了。总体来讲，政府的政策需要与时俱进，韩非通过一则著名的寓言阐释了这一点：

> 宋人有耕田者。田中有株，兔走触株，折颈而死。因释其耒而守株，冀复得兔。兔不可复得，而身为宋国笑。今欲以先王之政，治当世之民，皆守株之类也。

为了强调权力（"势"），法家坚持认为天资、智慧以及道德与政府几乎无关，最重要的唯有权力——能够使某人做某事的权力。若一位至贤至圣者手中不掌握权力，那么他有可能一事无成，但当无赖掌权则可能造成巨大的破坏。因此，君主和权臣必须谨慎地守护自己掌控的权力，因为是权力让他们变得强大，而非他们的德行或才智。

在法家的概念中，行政手段（"术"）是一种复杂的驭人之术，即通过洞察人们的一己之私，再使他们去做有利可图之事，从而获得先机。当权者不能信任任何人，甚至不能相信他们最亲近的亲属朋友，因为人类本性如此，即使当权者的妻儿也难免怀有与他的利益相悖的私心。因此，位高权重的人不能对下属坦诚或示好，他不但要使其下属敬畏他，还要让他们对他的意图一无所知，以便能够让他们互相对抗，最终实现自身的利益最大化。同样，法家也建议下属应当学习操控其上峰以满足一己之私的方法。

法家认为"法"是确保人民（包括统治者）为国家做出最优行动的唯一方法。法家的"法"绝非神圣之道或自然规律，而是一套人为制定的无所不包的系统。无论圣人还是愚人当权，"法"都能够确保国家世世代代成功地延续。颁布的法律条文需清晰、翔实，涵盖每一个可能出现的意外情况，并且需要被快速且坚定地执行，就像自动的一般，长此以往，法律在实际中就会真正地被自动执行了。对于那些危害国家的人来说，惩戒是不够的。而有利于国家的人则要奖励，奖惩应泾渭分明。这样，人民就会根据国家利益所需行动。用当下的语言来讲，法家相信人民能够也应该如电脑程序般做有利于国家的事情，他们笃信这是一个国家唯一的生存之道。法家承认明君或许偶尔会出现，但让国家和社会的命运都落在对每一任统治者都是明君的期待之中，无疑是在守株待兔。

较之称其为法家，一些当代专家更愿意称这些权力主义的思想家为现实主义者。鉴于周朝晚期中国的情况，只有通过秦国采用的强硬、冷酷的征服全国的手段，秩序和中央统治才能得以实现。但秦朝的结局证明了法家的理论终究不是适用于中国的现实方案。当秦朝瓦解后，在究竟何种意识形态才能够打造一个美好未来的问题上，人们仍未达成共识。

四、文学与艺术

形成阶段遗留下来的文学文献，包括第三章中提到的哲学著作，是最受传统中国人尊崇的古代遗产中的一部分。它成了传统教育的科目，因此后世所有识字的中国人都需要背诵、崇尚并钻研，以汲取灵感并希望获得指引，其程度连西方传统中最狂热的致力于研究古希腊和拉丁文献的新古典主义者也无法比拟。中国上古时期的艺术对后世没有那么明显的影响，但其中不乏伟大的成就，特别是在青铜铸造领域，至今仍令世界叹为观止。

对中国古代文献的研究涉及两个难题，一个是真伪问题，另一个是断代问题。这两个难题贯穿了整个帝制时代，以至于基于文本的考据学大行其道，而关于古代作品的文学质量则几乎无人问津。事实上，古代作品被大量用于教化目的，于是它们的含义就比形式更受关注，这也导致人们普遍忽略了它们的文学质量。另外，真伪和断代问题之所以受到重视，是因为没有任何秦朝或先秦文献遗留下来。在形成阶段，人们书写在串联成册并卷曲成卷的木牍或竹简（竹）上，或是写在同样被卷起来的丝绸（帛）上。无论用哪种材质书写，一个卷轴都被称作"一卷"。它是一个没有固定篇幅的类似"章"的单位。丝绸和竹子显然都是极易腐坏的材料，而且，这些书卷在秦朝的焚书政策下损毁严重，更不要说秦朝国家藏书楼在前206年被焚毁。正是由于这些灾祸，对上古文本的重构成为秦朝之后的知识分子着迷的事业，在整个古代帝国时期，学者都在谨慎地考据、校勘这些传世文献。

散文

秦朝覆灭后，当儒学刚刚被定为国家正统的意识形态时，一部分形成阶段的文本被选作官方典籍，成为"五经"。"经"的本意是垂直的线，或织布机上的经纱，与水平走向的纬纱含义相反，暗示着一个任意种类的基本矩阵。最初被指定为"五经"的作品被儒学家尊崇为中华文明的文学基石，它们分别是：

1. 《易》或《易经》。如第三章所述，这部书本是看似神秘的卜官手册，但到了帝国早期时，《易经》多了一些语录，代替了部分神秘的宇宙哲学内容。作为文学作品，它没有任何价值。

2. 《书》或《书经》《尚书》。这是一部内容不连贯的记录，大部分内容是关于三皇五帝时期的传奇领袖尧、舜直到周朝前三百年的帝王将相之间的论争与劝谏。所有声称是周朝以前的记载都十分可疑，它们更有可能是周朝或是周朝之后的作品。然而，全书一半以上的关于早期周朝的记载被普遍认为是真迹。

3. 《诗》或《诗经》。它是中国最早的诗歌的集合，我们将在本章后面的部分探讨它。

4. 《春秋》。这是一部编年体著作，记录了从鲁国视角出发的前722—前481年的事情。古代中国人相信《春秋》是由孔子编辑而成的，反映了他对历史事件和名人的价值判断。它逐年、逐月、逐日的记载简要至极："天大旱""晋侯夷吾卒""日有食之""公会齐侯、宋公、陈侯、卫侯、郑伯、许男、曹伯侵蔡"，等等。在较早的时候，《春秋》附加了另外三部释注，以阐释简洁扼要的经文背后的含义。其中两部为《公羊传》和《谷梁传》，二者都没有太多文学价值，只是注疏者（均佚名）所发表的逐条注释，旨在解释孔子的本意，即通过不同的术语来影射褒贬。"春秋三传"中的另外一部《左传》则在以下方面与前两者不同：除了偶尔为主要内容中的术语提供注释外，它还在像报纸头条一样的正文下面添加了鲜载于其他文献中的生动的长篇叙事；它提供了诸多甚至未见载于《春秋》里的富含叙事细节的事件；它比《春秋》多了十三年的内容。综上，专家普遍认为《左传》本是一部记录春秋时期的独立历史著述，只不过后来有人量体裁衣地将它编辑、剪裁并拼贴到了《春秋》中。《左传》的作者同样不确定，但它是中国最伟大的文学作品之一。

5.《礼》或称《礼经》。这并非一部书，而是三部同类书籍的集合。它们真正的成书时间应在形成阶段晚期，远比它声称的时间要晚。其中一部是我们在第二章中已有提及的《周礼》，它是一部有关周朝早期政府组织的内容的详尽著述，但显然是后来的理想化描述。第二部书《仪礼》在第二章中也有提到，世传是周朝典礼仪节的典籍，其中包括诸如射箭比赛如何组织、如何举止，诸侯间每一级外交往来中合乎礼仪的用语和举止的惯例等。"三礼"的最后一部《礼记》有两个版本。它是一部关于丧葬、哀悼、祭祀、婚嫁、宴饮以及其他各类制度的汇编。《礼记》的大部分内容都符合孔子本人的口吻，但同《周礼》《仪礼》（古代人声称二者的作者是周公）一样，它的作者归属同样不可信。无论真正的作者为何人，《礼记》中的一些文章都是饱含哲思的文学瑰宝。

在"五经"被立为经典的一千年后，形成阶段的另外四部作品也被正式提升到与"五经"比肩的地位，它们是《论语》《孟子》以及《礼记》中的两篇文章，即《大学》和《中庸》，合称"四书"。中国人也常常提及的"十三经"其实是"四书""五经""春秋三传"，以及成书于帝国早期的中国已知最早的词典《尔雅》的统称。

除却这些经典文本，形成阶段遗留下来的散文著作还包括了墨子、荀子和第三章提及过的道家、法家哲学论著；此外还有两部晚期历史著作或是历史伪作《国语》和《战国策》，以及内容可疑的编年体通史《竹书纪年》。《竹书纪年》以《春秋》似的隐秘文体呈现，但却覆盖了远比《春秋》更长的时间范围，从传奇的黄帝时期到前299年。除了《竹书纪年》，以上提及的著作都有一定的文学价值。

论

论是古代中国发展最为成熟的一种散文文体。即使在最早期的著作中，例如归于周朝早期的《尚书》，都展现了论作为文体的气韵与精致。其中一例记载了周公对商朝遗民的长篇大论，当时周公刚刚镇压了殷商遗民的反抗，摧毁了旧都，并将遗民重置在新城洛，也就是现今的洛阳。周公将如下历史（周朝征服者的版本）一再重复给殷商移民：夏朝覆灭，商朝依天命取而代之，之后商朝以同样的方式覆灭，周朝忐忑地承接天命并惩戒了最后一任商王。他谴责了那些不肯接受天命的商遗民，并给出了如下明确的警告：

"呜呼！多士，尔不克劝忱我命，尔亦则惟不克享，凡民惟曰不享。尔乃惟逸惟颇，大远王命，则惟尔多方探天之威，我则致天之罚，离逖尔土。"

"时惟尔初，不克敬于和，则无我怨。"

撰写论述的传统在周朝晚期的哲学论著中得以延续，《墨子》《孟子》《荀子》和《韩非子》都呈现了尤为高级的修辞技巧和极为理性的长篇论证。这种正式严格、几乎富有节奏感的论述模式广为运用，下文选自《荀子》的段落正是代表：

马骇舆，则君子不安舆；庶人骇政，则君子不安位。马骇舆，则莫若静之；庶人骇政，则莫若惠之。选贤良，举笃敬，兴孝弟，收孤寡，补贫穷。如是，则庶人安政矣。庶人安政，然后君子安位。传曰："君者，舟也；庶人者，水也。水则载舟，水则覆舟。"此之谓也。故君人者，欲安则莫若平政爱民矣，欲荣则莫若隆礼敬士矣，欲立功名则莫若尚贤使能矣。是人君之大节也。

通过类比来论证，如上文所提的马与车、水与舟，是早期中国文人尤为喜爱的方法，也日益成为整个古代时期中国散文的一种标准化修辞手段。同样，从上述两段选文中，我们还可以发现一个在古代写作中同等普遍的修辞手段，称作"连环推论"（若A则B，若B则C，以此类推），它的存在使中国论述与西方论述惊人地不同，后者源于古希腊推论（若A为B，若B为C，则A为C）。中文著作中最著名的"连环推论"见于周朝晚期的著作，即后世成为"四书"之一的《大学》，其中总结了儒家道德典范的规矩：

物有本末，事有终始。知所先后则近道矣。古之欲明明德于天下者，先治其国。欲治其国者，先齐其家。欲齐其家者，先修其身。欲修其身者，先正其心。欲正其心者，先诚其意。欲诚其意者，先致其知。致知在格物。物格而后知至，知至而后意诚，意诚而后心正，心正而后身修，身修而后家齐，家齐而后国治，国治而后天下平。自天子以至于庶人，壹是皆以修身为本。其本乱而末治者，否矣。其所厚者薄，而其所薄者厚，未之有也。

论述的技巧在《战国策》中或许得到了最充分的展现。《战国策》是一部有关周朝晚期诸侯国间外交逸事的汇编。尽管长期以来，它被视作类似《尚书》的历史记载摘要，但《战国策》更像一个训练辞令技巧的纲要，它教导人们在特定的历史情境中可以或应当说什么。这些"劝导"通常都会为统治者提供多种可选的行动方法，然后探讨它们各自的利弊以及可能的后果，为统治者提供一个结论性的建议。书中通常包括冗长且复杂的论点，在指出基本原则的同时也会通过对比历史来阐明这些论点。尽管这些论点充斥了见利忘义的投机主义，但不妨碍它们有强大的话语力量，从而成为后世中国论述写作的范式。

记

在形成阶段，历史记叙文体的发展与论的发展可谓大相径庭。《春秋》和《竹书纪年》只是单纯的编年记载，而更完整的记叙见于《左传》《国语》和《战国策》，但它们之中的记叙部分仅仅是作为论述段落间的过渡，其中的历史人物总是为了预测、谋划、汇报、解读、庆祝或哀悼某一事件而出现。不过，《左传》中的叙述被特别尊崇为一种简洁、直接并戏剧化的风格奇迹。下文是它最知名的章节的节选,甚至在英文译文中,我们都能察觉其凝练、有力的语言风格。这个故事记载了前632年城濮之战的始末,强大的半汉化南方国楚国举全国之力发动了对中原地区的战事,楚国已经包围了宋国的首都。晋文公(此时的头衔仍是公,但不久之后就被周王封为霸主)联合了一支由齐国、秦国和晋国的北方军队去解围,最后成功将楚国驱逐回了南方。下文描述了战事最为胶着的一日:

> 己巳,晋师陈于莘北,胥臣以下军之佐当陈、蔡。子玉以若敖之六卒将中军,曰:"今日必无晋矣!"子西将左,子上将右。胥臣蒙马以虎皮,先犯陈、蔡。陈、蔡奔,楚右师溃。狐毛设二旆而退之,栾枝使舆曳柴而伪遁,楚师驰之。原轸、郤溱以中军公族横击之。狐毛、狐偃以上军夹攻子西,楚左师溃。楚师败绩。子玉收其卒而止,故不败。
>
> 晋师三日馆谷,及癸酉而还。

下文的完整选段同样出自《左传》,但它更具代表性,通过直接的人物对话展现了《左传》对于论述的偏重。所载事件发生在前593年,这一年楚国再次发兵北上,又一次围攻宋国都城,并再次与晋公对决(晋国的统治者已经从晋文公处继承了霸主的头衔):

> 宋人使乐婴齐告急于晋,晋侯欲救之。伯宗曰:"不可!古人有言曰:'虽鞭之长,不及马腹。'天方授楚,未可与争。虽晋之强,能违天乎?谚曰:'高下在心。'川泽纳污,山薮藏疾,瑾瑜匿瑕,国君含垢,天之道也。君其待之。"乃止。使解扬

如宋,使无降楚,曰:"晋师悉起,将至矣。"郑人囚而献诸楚,楚子厚赂之,使反其言,不许,三而许之。登诸楼车,使呼宋人而告之,遂致其君命。楚子将杀之,使与之言曰:"尔既许不穀而反之,何故?非我无信,女则弃之,速即尔刑。"对曰:"臣闻之,君能制命为义,臣能承命为信。信载义而行之为利。谋不失利,以卫社稷,民之主也。义无二信,信无二命。君之赂臣,不知命也。受命以出,有死无霣,又可赂乎?臣之许君,以成命也。死而成命,臣之禄也。寡君有信臣,下臣获考死,又何求?"楚子舍之以归。

《左传》鲜明的特点——最少化的描述、对事件中个人的关注、简洁的人物行为概括、翔实的对话重现——都成为后世中国叙事作家模仿的对象。

小说

这时没有可被归为散文式小说的实质作品,虽然形成阶段留下了彻底虚构的传说,但我们无法证实那个阶段是否有在帝国时期随处可见的说书人。无论如何,所有构成好小说的风格化元素都已经发展成熟了。《尚书》包含了周朝早期的一篇文章《金縢》(金属束着的匣),除了被当作历史外,也可视为一篇情节充实的短篇小说。它讲述了周朝伐商后,武王病入膏肓,周公向先祖祝祷,祈求自己代替武王去死,如此一来,王国拓展疆域的事业就不会受到影响,武王果然康复了。后来,武王死后,周公自命为年幼的成王的摄政王,朝野上下议论纷纷,都怀疑周公有篡位之心。周公一时失势,于是国家也一时间饱受无尽的风暴等灾害的困扰。此后,年轻的成王意外地发现了一个匣子,其中装有周公愿代武王死的祝册。成王和朝野都为他们曾经怀疑周公觊觎王位而感到羞愧。于是周公得到了前所未有的尊崇，上天也以丰收来表示其愉悦。

《左传》中的许多短篇文章也具备了小说的性质，许多周朝后期数百年间的哲学著作也夹杂着高度虚构的寓言和逸闻，在这一点上，第三章中提及的《庄子》尤为典型。但就对后世小说发展的贡献来讲，没有任何著作能与《战国策》比肩，其中随处可见的"寓言式劝导"构成了一个趣事的宝库，详见下文的两个例子。

孟尝君是齐国宰相，他收留了一位不循规蹈矩、令人捉摸不透的门客冯谖。孟尝君得知冯谖通晓一些数学和会计知识，于是派他去收集属地薛地农民所欠的债务：

> 冯谖曰："愿之。"于是约车治装，载券契而行，辞曰："责毕收，以何市而反？"孟尝君曰："视吾家所寡有者。"驱而之薛，使吏召诸民当偿者，悉来合券。券遍合，起，矫命以责赐诸民，因烧其券，民称万岁。
>
> 长驱到齐，晨而求见。孟尝君怪其疾也，衣冠而见之，曰："责毕收乎？来何疾也！"曰："收毕矣。""以何市而反？"冯谖曰："君云'视吾家所寡有者'。臣窃计，君宫中积珍宝，狗马实外厩，美人充下陈。君家所寡有者，以义耳！窃以为君市义。"孟尝君曰："市义奈何？"曰："今君有区区之薛，不拊爱子其民，因而贾利之。臣窃矫君命，以责赐诸民，因烧其券，民称万岁。乃臣所以为君市义也。"孟尝君不说，曰："诺，先生休矣！"

约一年后，孟尝君偶然间意识到冯谖的用心良苦而对他感激不尽。那时他被迫解甲归田，当回到薛地时，百姓至百里外欢呼着迎接他的归来，于是他对冯谖说："先生所为文市义者，乃今日见之。"

赵且伐燕，苏代为燕谓惠王曰："今者臣来，过易水。蚌方出曝，而鹬啄其肉，蚌合而箝其喙。鹬曰：'今日不雨，明日不雨，即有死蚌！'蚌亦谓鹬曰：'今日不出，明日不出，即有死鹬！'两者不肯相舍，渔者得而并禽之。今赵且伐燕，燕赵久相支，以弊大众，臣恐强秦之为渔父也。故愿王之熟计之也！"惠王曰："善。"乃止。

诗歌

形成阶段的中国人十分重视乐、舞和歌，这不仅仅体现在民间文化中，还体现在贵族生活中。人们认为在宫廷或公众场合的礼乐表演有利于宇宙和谐并能够提高士气。一部分音乐被视作靡靡之音，至少儒家是这样认为的。据传，周王会定期派遣官员去采集、记录在王国四处传唱的歌曲。在周朝封建宫廷中，乐师也是被尊崇的显要人物。

直到很后期，中国才有了乐谱系统，因此我们无法得知商周时期的音调。但那时已然有了成熟的音乐理论，其中五音音阶的形式成为后世国乐的基础。那时的乐器多种多样，包括鼓、钟、石磬、埙、笙以及数种管弦乐器。宫廷乐队阵容庞大，一份文献显示该乐队人数多达三百。在礼仪表演中，乐队之外还有舞团，通常包括六个队列或六个等级，每一列或级都有六个人，或是八列每列八人的阵容。舞蹈包括头、臂、上肢的舞动——在当代西方人眼中无疑是一种巴厘岛式风格——也包括腿和脚的舞步。舞者常持有波浪形的羽毛杖。

如同其他文化一样,中国的诗与歌从一开始就形影不离。数千年来,随着新乐器和曲调的引入,诗词风格和体裁也随之变化。最初,大部分诗都是唱或是以一种半音乐性的方式吟唱出来的。在近代,即使曲调早已被忘却,传统学者依旧能在仪式表演中吟唱诗词。一些散文作品也能以近似的方式朗诵。

诗歌遍布古代中国的记叙或逸闻散文作品中。其中一部分源自早至孔子时期的一部诗集,并成为中国知识分子的共同遗产。在周朝,它被称为《诗》,但随后则被称作《诗经》。据传,孔子从鲁国乐师收集的三千余首诗歌中甄选了305首。通过《论语》的记载,我们知道孔子不仅清楚《诗经》的存在,也尊崇《诗经》的地位。至于他是否参与了作品的采集和编辑,答案似乎是否定的。

《诗经》被普遍视作形成阶段中国最伟大的一部里程碑式的文学巨著,后世的各类文学作品频繁引用《诗经》,其频率是其他作品无法比肩的。《诗经》中的一大半都是民歌,但自然被加工成了文学形式。其余作品包括官方的颂歌或赞歌,被用于封建朝廷中的礼仪性场合。作品通常四字一句,分为两段或更多段,最常见的是四句一段。其韵律有多种形式:ABCB 式很常见,也就是第二句和第四句的句尾押韵;ABCA 式也很多,也就是第一句和第四句的句尾押韵。行中韵也时常出现。尽管那时并没有固定的关于格律和韵律的标准,但它们显然被认为是必不可少的诗歌元素。汉语单音节的特色使得抑扬格(弱—强)或是强弱弱格(强—弱—弱)行不通,《诗经》中的诗歌有着节拍器式的平稳节奏,即强—强—强—强。

除了格律和韵脚外,《诗经》中那些不知名的作者还娴熟于押头韵,并通过叠字、叠句来加以强调。他们也很擅长运用隐喻,通常都是从大自然中汲取灵感来象征或反衬歌者所想要表达的情感。诗歌篇幅通常短小精炼,但题材却涉猎甚广,包括了日常生活和感情生活的方方面面,有爱情、工作、战争和伟人。有些诗是愉悦的,有些则是哀伤的。下文的几首民歌是关于求爱和婚恋的:

将仲子

将仲子兮,无逾我里,无折我树杞。
岂敢爱之?畏我父母。
仲可怀也,父母之言亦可畏也。

将仲子兮,无逾我墙,无折我树桑。
岂敢爱之?畏我诸兄。
仲可怀也,诸兄之言亦可畏也。

将仲子兮,无逾我园,无折我树檀。
岂敢爱之?畏人之多言。
仲可怀也,人之多言亦可畏也。

终风

终风且暴,顾我则笑。
谑浪笑敖,中心是悼。

终风且霾，惠然肯来。
莫往莫来，悠悠我思。

终风且曀，不日有曀。
寤言不寐，愿言则嚏。

曀曀其阴，虺虺其雷。
寤言不寐，愿言则怀。

君子于役

君子于役，不知其期，曷至哉？
鸡栖于埘，日之夕矣，羊牛下来。
君子于役，如之何勿思。

君子于役，不日不月，曷其有佸？
鸡栖于桀，日之夕矣，羊牛下括。
君子于役，苟无饥渴。

有一些作品显然是有关日常农耕劳作的，例如下面这一首：

芣苢

采采芣苢，薄言采之。
采采芣苢，薄言有之。

采采芣苢，薄言掇之。
采采芣苢，薄言捋之。

采采芣苢，薄言袺之。
采采芣苢，薄言襭之

在周朝早期作品中随处可见的宗教情感也见于下文这首颂歌：

我将

我将我享，维羊维牛，维天其右之。
仪式刑文王之典，日靖四方。
伊嘏文王，既右飨之。
我其夙夜，畏天之威，于时保之。

丝衣

丝衣其紑，载弁俅俅。
自堂徂基，自羊徂牛。
鼐鼎及鼒，兕觥其觩。
旨酒思柔。不吴不敖，胡考之休。

《诗经》中的一些作品独具个人特色，例如下面这首来自被贬官员的哀歌。后世中国文人倾向于将这类作品视作暗指人事变动的政治隐喻，但我们并不知道事实是否如此。

北门

出自北门，忧心殷殷。
终窭且贫，莫知我艰。
已焉哉！天实为之，谓之何哉！

王事适我，政事一埤益我。
我入自外，室人交徧讁我。
已焉哉！天实为之，谓之何哉！

王事敦我，政事一埤遗我。
我入自外，室人交徧摧我。
已焉哉！天实为之，谓之何哉！

《楚辞》中的诗歌则以截然相反的面目出现，其创作日期上至周朝末期，部分作品下至秦朝甚至秦朝之后。正如其名，《楚辞》的作品反映了中国南方的传统文化，其中约一半内容的作者都是屈原。他是整个形成阶段唯一有名有姓的诗人，也是南方大国楚国的贵族成员。据传，屈原为人正直，因而被流言所枉，为君王疏远，最终被流放于朝堂之外。屈原为此感到羞耻和哀伤，在前298到前265年的某个时间投水自尽。在文学和民间崇拜中，屈原成为英雄，端午节期间中国长江流域著名的赛龙舟，据说就是为了纪念他而进行的象征性活动。

《楚辞》中的诗歌或挽歌在以下几个方面区别于《诗经》：从《诗经》的角度来看，《楚辞》中的作品都十分冗长，情感表达也更加直接且烦琐；大量描述性段落由许多副词和形容词堆砌而成；拥有许多感官、情欲的想象。总而言之，《楚辞》的语言丰富、装饰性强，《诗经》则精简洗练。除此之外，《楚辞》透着一股哀伤、郁郁寡欢的气质，这在《诗经》中是不得见的。屈原的诗作被认为创作于流放期间，都是哀伤苦闷的内容，表达了不被君王重视、以正人君子自居的悲愤。《楚辞》的格律也与《诗经》有所不同，一句中通常有六七字，其中一些字明显是非重音（强—强—强—

弱—强—强）。在一些作品中，无义的"兮"字常被插入诗句中，就像旧时英文歌谣中的"法拉"（fa-la）。这种韵律显示出诗歌的配乐与中国北方流行的音乐大有不同。

《楚辞》中最长、最著名的一篇叙事性诗歌名为《离骚》，作者是屈原。全诗以第一人称和神秘的象征性语言来歌颂自己的品德，记叙了自己遭遇的诽谤中伤、对邪恶势力的憎恶、为了寻求善和欣赏而前往上天和神境之旅，以及受挫后的极度痛苦。这篇作品的大体风格见于下文的节选部分：

　　曾歔欷余郁邑兮，哀朕时之不当。
　　揽茹蕙以掩涕兮，沾余襟之浪浪。
　　跪敷衽以陈辞兮，耿吾既得此中正。
　　驷玉虬以乘鹥兮，溘埃风余上征。
　　……
　　时缤纷其变易兮，又何可以淹留？
　　兰芷变而不芳兮，荃蕙化而为茅。
　　何昔日之芳草兮，今直为此萧艾也？
　　岂其有他故兮，莫好修之害也。

《楚辞》中有数篇迎神或女神的祝歌，比较著名的一篇是《招魂》，至少在象征层面上是为病入膏肓的君王即将放佚的灵魂而做的（一家之言）。它警示君王在自然界和非自然界间有随处游走的鬼魂和灵异事物，同时又以详尽和带来感官愉悦的细节来描述若灵魂归来可感知到的快乐——宫殿之乐、庭院之乐、宴飨之乐，特别是床帏之乐。其内容见下文节选：

室中之观,多珍怪些。
兰膏明烛,华容备些。
二八侍宿,射递代些。
九侯淑女,多迅众些。
盛鬋不同制,实满宫些。
容态好比,顺弥代些。
弱颜固植,謇其有意些。
姱容修态,絙洞房些。
蛾眉曼睩,目腾光些。
靡颜腻理,遗视矊些。
……
魂兮归来!何远为些?

若联系严肃的儒家和戏谑的道家之间既冲突又互补的文学风格,《诗经》和《楚辞》中所呈现的截然相反的诗歌路数便不显得奇怪了。很快,二者将融为一体,并为帝国时期的诗歌创作提供了无限可能性和生命力。

艺术

帝制时代的中国人认为绘画和陶瓷是他们最杰出的艺术创作,而造像由于与佛教的相关性,被纳入一个特殊的次级类别中。但艺术史学家发现,在上古形成阶段,这几种艺术类型都不是代表性的艺术形态,那时的艺术形态并不被后世视为纯艺术,而是近似于手工艺,例如无釉的陶器、玉雕、漆器和青铜器。而对于这一领域,考古学者和文化人类学者要比艺术史学家更为熟悉。然而，其中的青铜器却是一种精美的独特艺术形态，无疑可被纳入纯艺术的范畴。纵观古今中外，没有任何一个时期和地区的青铜器品质能够与形成时期的中国青铜器比肩。

古代中国青铜工匠生产了各式各样的铜器，包括武器、战车、农具和铜镜。最值得一提的也是最宝贵的一类，是青铜器中的礼器，它们用于仪式和贵族随葬品之中。中国藏家收藏、编目青铜礼器的历史已有一千余年，数百件青铜礼器如今散落在全世界各地的博物馆和私人收藏家手中。专家将它们划分为三十余种各异的器形，基于对纹饰类型的细致分类，当下的专家能够对某件器物做出精确到十年的断代。

常见的青铜器器形包括腿部中空的三足鬲、四足鼎、带盖和不带盖的甗、深腹的簋、浅口的盘、圈足外侈的高足豆、壶、带盖或不带盖的匜（觥）、窄身的酒杯觚、带提梁的卣、爵、尊。按照推定的用途，它们可以被归为更大的几类：蒸炊器、盛食器、盛酒或饮酒器，以及储水、盛水、饮水器。商时期的青铜器主要用作祭祀，但待祖先灵魂享用过祭祀后，人们也会继续使用这些礼器来饮用、食用剩余的食材。到了周朝中期之后，青铜器的器形变得十分繁复，以至于它们失去了实用性，只能用作装饰。

基于类型学标准，我们将早期青铜器分为大致三期：（1）商朝和周朝早期，这一时期是青铜器工艺的上升期和顶点；（2）周朝中期（前10世纪—前6世纪），这一期可见艺术风格的倒退；（3）周朝晚期（前6世纪—前3世纪），这一期虽然未能重现商朝和周朝早期青铜器制造的繁荣，但涌现了一股艺术复兴潮流，尤其是在中国南方地区。第一期的一些青铜器遍布纹饰，另一些则只有细线环带状的纹饰。纹饰总体上变化不大，底纹通常是重复的几何或螺旋状纹饰，其上有浅浮雕组成的动物图案。青铜器的器形和装饰以一种独特的方式凝结为紧密结合的美学整体，因此，尽管部分青铜器器形巨大，但仍具备了一种优雅的美感。周朝中期的青铜器则不同，它们粗糙、庞大、笨拙且艳俗，大多器身缀满了动物形态的装饰，使人们的注意力分散到了器物本身之外。此外，器身边角上尖锐的大型扉棱使其更加粗笨。第三期的周朝晚期青铜器又变得优雅起来——时而装饰华美，时而文雅精致。其中一部分巧妙地融合了镶金、镶银和镶玉技术。周朝晚期的风格有时被称作淮风格，这得名于最早出土于中国东部平原地区的分水岭淮河的几件器物。

早期青铜器上最常见的纹饰是饕餮图案，它是一个正面视角的动物面部。它有时能够被识别出，但有时因为高度风格化而变得像一个神奇的怪兽。饕餮有时在器物平面的一侧，有时则蜷在器物的边角。无论装饰在什么地方，饕餮脸部中央都会有一条扉棱将它分为对称的两半，每一半都有一只凸出的圆睁的眼睛。每一侧的脸——有些比例协调，有些不协调——连接着延伸的身体，与另一侧形成完美对称，就像一具骨架从脊柱剖开，两半身体像翅膀一样被打开叠平，再连接在头上。饕餮纹身体蜿蜒，近似于龙，有着卷曲的螺旋或几何状的折返，其上通常也满饰雷纹、几何纹，甚至包括小型饕餮纹。同样的饕餮纹常常多次出现在同一个器物上。它引人注目、强大有力并独具一格。但我们并不清楚它究竟象征何物。

艺术史学家一直着迷于研究早期中国艺术中具象艺术与非具象艺术之间的转换。帝国时期的艺术无疑是具象的，尽管它时而追随写实主义又时而尊崇抽象元素。然而，形成阶段的艺术形态却是以非具象、纯装饰性的艺术为主。早期（仰韶时期）彩陶上的纹饰主要是涡纹和曲折的几何纹，其中也出现少数鱼、鸟、植物甚至人类的形象，但制陶工匠还是乐于将它们风格化为无法具象辨识的图案。晚期（龙山文化）的黑陶素面无纹，是抽象主义和非具象精神的体现。类似的装饰性、非具象的特质也体现在早期青铜器上。浮雕的动物纹饰下方的底纹通常是细密的窃曲纹、云纹、涡纹、雷纹或鳞纹，这些图案也装饰在浮雕图案之上。同样值得一提的是，浮雕的动物纹饰也随着时间推移变得越发抽象和风格化，饕餮纹也不例外。在此后的战国时期，特别是在中国南方，动物和人形的装饰以各种形态出现在器物上，有些造型十分逼真。这时期的装饰仍混杂有早期的非具象图形，但很显然，那些曾一度占主导地位的几何纹饰和纯装饰性元素已经走向了消亡。

早期帝国时代（前206—960）

五、通史

秦朝的土崩瓦解（前209—前206）使中国陷入混乱，但混乱并未持续很久。前206年，新的朝代汉朝出现了。它减轻了秦朝的苛政，利用秦朝在政治制度上的优势建立了一个延绵到220年的国家制度。中国汉朝与西方的罗马帝国同期，即使它没能超越后者的成就，二者也不分上下。汉朝建立了一个稳固的贵族社会秩序，在地理和经济上都实现了大幅扩张和增长，其政治影响力不仅波及近处的越南和朝鲜，甚至跨越新疆，远及帕米尔高原地区。直到今日，中国人都自豪地称自己为汉人。但汉朝的政府后来也开始从内部腐败，人们对政府的信任衰退了，它也与罗马帝国一样，被野蛮的游牧民族入侵和颠覆性的异教击垮了。在中国这里，外来的因素是从蒙古来的游牧民族匈奴和从印度来的佛教。

220年起，汉代让位于很长一段时间的政治分裂期，匈奴等游牧民族相继取得了汉人的家园，即黄河平原地区的控制权，而汉人在南方建立的式微政权使得汉文化得以持续。在所有地区，半封建的门阀主导着政治和社会经济生活，佛教也成为社会各个层面最核心的文化势力。589年，北方政权隋朝一举统一了全国，从而又开始了新一轮的对外扩张。但其间隋朝力殚财竭，在618年被唐朝取代。无论是在机构的稳定性、经济和军事实力，还是文化兴盛程度上，唐都将中国推向了一个新的顶峰。

7、8世纪是门阀统治和佛教影响的顶点。唐朝皇帝成为被蒙古的突厥可汗认可的世界性的天可汗，唐朝的文化模式也被越南、中亚、朝鲜和日本竞相模仿。如同汉朝末年一样，唐朝的制度终究难以应付变化的局势，到了907年，在经历长时间的衰退后，中央集权的唐朝分崩离析。南方的军阀纷纷建立自己的政权，而在北方，五个短命朝代相继建立，探寻重现唐朝的辉煌的模式，但终被来自蒙古的游牧敌人所胁迫和牵制。

汉朝（前206—220）

反秦的起义军很快转化为两位非凡人物之间的斗争，其中一人是楚国贵族后代项羽，另外一人是出身草莽的刘邦（刘季）。项羽的贵族光环和在战场中的才智吸引了原先反叛的诸侯们，他们联合在一起，计划通过重建楚国的名义来一统中国。而刘邦则通过和平劝降秦朝首都守将而声名大噪，成为项羽联盟中的汉王。项羽报复性地破坏降都，此举激怒了刘邦，后者用类似的残忍方法逐步离间了项羽的支持者。与项羽不同，刘邦公平、大方地对待部属和军队，宽宏大量地处置俘虏，真诚地表达对民众渴求幸福安康的生活的关怀，从而赢得了大众的支持。项羽则缺乏与民众的接触，尽管未尝败绩，但是逐渐被对手削弱。前202年，项羽在孤立无援中自杀。刘邦之后登基成为汉朝皇帝，即汉高祖。

西汉（前202—9）

刘邦，史称汉高祖，是中国历史上第一个通过自我奋斗而成为皇帝的平民。因为这一点，以及他从始至终都带有的朴实又狡黠的农民特质，刘邦成为中国历代帝王中极为特殊的一位。他也因为制定了两条贯穿于后世政治思想的行政准则而备受尊崇：第一，应当把自己的胜利归功于将领和随从，承认自己能力有限，在做决定时坚持从善如流；第二，消除秦朝的集权主义残余，强调政府是为人民服务的。

或许是因为一直忙于打击早期同盟军中的反叛者，汉高祖并没有大力推行扩张主义策略，也没有着手开始内部改革。他适度减轻了秦朝的苛政，将赋税降低到十五税一，并保留了秦朝建立的政府组织模式。高祖所做的最大的改变之一是将帝国东边的大部分领土以王爵继承的形式分封给了他最得力的支持者们，此举一来是出于高祖对现实的考量，即他不认为自己能够实现秦朝式的中央化，二来是因为他也乐意慷慨地分权给手下。汉高祖的大致方针是稳定秩序，减少政府对人民的干预，让他们得以从秦朝的暴政下休养生息。

汉高祖放任主义的治理方式主导了汉朝前六十年。高祖自己在位时间很短，在前195年去世，年仅四十余岁[1]，但高祖的遗孀，同样出身平民但富有主见的吕后继续掌权了十五年，且政治风格十分保守。高祖的儿子文帝（前180—前157年在位）和孙子景帝（前157—前141年在位）因勤俭和仁爱而著称。从吕后到景帝这五十余年间，所有的高官职位都由高祖的亲信、将领以及他们的后代出任，唯一足以威胁到国家稳定的事情是发生于前154

---

[1] 刘邦实为六十余岁（前256—前195）。——编注

年，源于国家内部的七国之乱，但很快便被镇压了。在经历了数百年的动荡后，汉代早期的安定使中国人民有机会而且他们也确实做到了高速发展：人口大幅增长、经济快速发展、文化高度繁荣。景帝在位期间，赋税减半，降到三十税一。即便如此，其在位后期依旧仓廪丰满、国库充盈。

汉朝早期的放任主义滋长了大量不公现象，朝廷官员颇有不满，汉武帝在位期间（前141—前87），朝臣们认为政府应当更加积极地参与国家管理。到了这时，精神饱满、兴旺繁盛的中国人似乎变得骄傲、自信并跃跃欲试。武帝少年登基，活力四射、聪明机敏、富于想象并勇于实践。他在位时间之长，直到18世纪才被另一个皇帝超过。他为后来的皇帝们提供了一个颇为激进的统治模式，对比文帝和景帝较为被动的模式，他是阴阳中的阳，而文帝和景帝是阴。武帝的模式之所以能够施行，一是因为关于野心过度膨胀的秦朝的记忆已经淡去，二是无论在经济还是心理上，中国都已经做好了随时舒展拳脚的准备。

最初，汉武帝着手集权化并将皇权拓展到更多的国内事务上。高祖时，半封建的王侯分封制与秦朝时的郡县制并存，而事实证明它从一开始就是错误的，吕后的任人唯亲，甚至对宦官的倚赖加重了这一糟糕境况。尽管新的诸侯王都由朝廷任选，也可以被皇帝免职，尽管诸侯王属地的事务由朝廷任命的行政长官治理，但他们总是试图扩大权力，从而威胁了王室的声望。即使他们不问朝政，也往往会手控一方的经济命脉。前154年，七国之乱被快速镇压后，问题并未得以根除，武帝为了打击诸侯王积极地制定对策，在他之后诸侯王便不过是国家组织中无足轻重的空头衔而已。武帝对诸侯王下达了专断且严苛的经济命令，例如命令他们贡献一种只见于皇家林苑的造价昂贵的白鹿皮。此外，汉武帝还以一些微不足道的借口将诸侯王削官免职，再把他们的封地变为郡或县。仅在前114年一年，就有104位王、侯的财产被充公。武帝即位之初就发布了削弱诸侯王的最有力的法令，命令诸侯在死后将财产平均分配给所有男性继承人。于是，随着一代代过去，诸侯们的封地变得愈加破碎。

商人阶级是武帝着手打击的另一个棘手的群体，他们利用先前封建制度一时崩溃之机以及汉朝早期的放任主义政策，依靠一些大体免税的行业聚敛起了大量财富，包括冶铁、制盐、造酒以及粮食投机和财产抵押，使大量自由保有土地的农民沦为了佃户，甚至奴隶。为了打击这些行径，武帝制定了针对商品库存和交通工具的新税收制度，禁止商人保有耕地；设立"常平仓"制度保证国家对粮食供给的控制；最重要的是，他将盐、铁、酒的生产及销售归为官营。以上这些政策都使得商人的财富大量流入国库。

在外交关系上，武帝也同样表现得很激进。进入战国时期后，特别是在秦朝崩溃后，一些汉人叛军在边境地区建立了许多小国，如在东北地区南部和朝鲜地区、东南沿海地区以及广东地区。早期的汉朝统治者满足于稳固现有的中国北方腹地和长江流域地区的国土，后者在这个时期被彻底纳入汉文化主流。汉朝劝服周边小国的统治者认可汉朝皇帝名义上的封建君主地位，并将之视为一种外交胜利。但从汉朝的角度去看，这些邻居难以驾驭，于是武帝决心严惩它们并捍卫汉朝至高无上的绝对地位。前111年至前110年，他发动了征服位于福建的闽越国和居于广东的南越国的战争，从而使汉朝势力一路南扩至今天的越南。前109年到前108年，武帝征服了东北南部和朝鲜地区大部。同时，其他的汉朝军队也对位于边陲的云南和贵州有了松散的控制权。这些被征服的地区都被分为郡，并有汉朝军队长期驻守，其汉化速度明显加快，特别是在朝鲜和越南。此外，汉朝也开始与海外的日本和南海地区的人们接触。

武帝的诸多激进策略，无论是在国内事务还是外交策略上，都是为了强化汉朝，从而与长期威胁汉朝西部、北部边境的游牧民族匈奴一决雌雄。高祖时期，匈奴在首领冒顿单于的带领下，结成了一个联盟。他们的势力不仅扩展到了整个蒙古地区，还吞并了西域绿洲上的一些小国。高祖曾试图将匈奴逐出汉朝北境地区，但在前200年被困山西一周。侥幸逃脱后，高祖和他的后继者只能寻求一种和解的外交策略。他们视冒顿及其继任者为对等君主，送汉朝公主或贵族女子去和亲，有时也会赠送作为贡品的粮食。冒顿曾傲慢地向寡居的吕后求婚，希望能够通过联姻来合并两个帝国，后继的匈奴首领也不曾停止袭击汉朝边境。汉朝将领十分受挫，朝臣和商人也恼怒横穿中亚的贸易道路中断。他们依赖这条通道获取大量奢侈品，其中包括汉人在仪式中所需的重要象征之物：玻璃、琥珀以及高品质的玉石。[1] 因此，武帝被轻易说服：对匈奴的和解策略是失败的，对匈奴的军事行动早就应当开始了。

为了抗击匈奴，武帝希望与月氏的结盟。后者是印欧人种，由于匈奴的扩张而被迫西迁。为此，武帝派遣年轻官员张骞寻找月氏国并与其联盟。张骞在前139年离开汉朝首都，途中被匈奴俘获，但他成功与匈奴交好，并娶妻成家。直至十载后，他才趁机逃跑并继续他的使命。最终，他穿过帕米尔高原，在巴基斯坦北部发现了月氏国，但月氏人无意重新卷入东亚事务之中。张骞

---

[1] 政府和私人对矿产和奢侈品，如珍珠、象牙的需求，在汉武帝努力控制东南和南部海岸地区的策略中也发挥了同样的作用。

在回国途中再次被匈奴抓住，但最终还是在前126年回到了汉朝首都长安，也就是今天的陕西省西安市。张骞的见闻为中国人提供了关于中亚的一手情报，也附带提及了从中国向西南通往印度的贸易之路，从而激发了武帝征服西南地区的兴趣。

同时，前133年，武帝发动了一系列反击匈奴的大型战事，耗时十八年的战争消耗了汉朝大量资源和精力。为首的军事目标是长安以北位于黄河"几"字区的鄂尔多斯地区，这个地区为匈奴提供了一个天然的集结地，使匈奴能够轻易地南下袭击位于陕西和山西的农耕河谷地。前127年，汉朝将领控制了鄂尔多斯地区，在随后的数年中，他们东征西讨，将匈奴逐出了今日的蒙古、甘肃和新疆地区。约有七十万移民徙居到从河西走廊到中亚的一片地区，在更内陆的沙漠地区驻扎着一个个军事殖民地，它们自给自足，一边屯田一边驻守，在军事都护的支持下令其他统治者敬而远之，由此通往中亚的商路被打通了。前104年、前100年，李广利将军甚至率军跨越帕米尔高原，直捣大宛，从位于费尔干纳（Fergana）的交恶国王处夺得了马中极品"汗血宝马"献给武帝。

通过上述一系列战事，武帝直接控制下的疆域便涵盖了近代中国本土的全部疆域，以及越南北部、内蒙古、中国东北南部以及朝鲜的大部分地区。由于中亚地区的地理条件并不适合汉人式的定居，武帝便持续推进所谓朝贡制度的外交策略。当地统治者被允许保留原先的权力，并获得汉朝地方总督的保护。作为回报，他们需向汉朝王室上贡本地的特产，以示臣服。他们需定期前往汉朝首都来表示敬意，并将儿子留在汉朝宫廷——通常要接受汉式教育，这主要是为了保证他们能够俯首听命。这一策略成为中国随后处理所有对外关系的模式的基础。

武帝在位期间，中国文化高度繁荣，出现了中国最伟大的历史学家司马迁、汉朝最为人尊崇的诗人司马相如，以及最具影响的汉朝哲学家董仲舒。在董仲舒的建议下，武帝采取了一种被重新诠释的兼收并蓄的儒学观点作为国家正统意识形态，创建了培养儒家官员的初级全国大学"太学"。通过推举和笔试系统性遴选文官的制度也在这时出现。国家并未在一夜之间便变为一个儒家的官僚体系，纵观汉朝时期，由世袭贵族构成的门阀世系几乎完全垄断了政治、社会以及经济层面的影响力。然而，武帝的举措无疑有着重大的长足影响。

无论是从国力、声望，还是从士气来看，武帝的统治都是汉朝的顶点。汉朝军队持续打击匈奴，在前73年，五支联军击垮了今蒙古地区死灰复燃的匈奴势力，由此匈奴分为彼此对抗的两支。前51年，南匈奴首领来到长安，向汉朝臣服。北匈奴则被迫西迁，但在前36年被跨越帕米尔地区，长驱直入到撒马尔罕的汉军击败。据传，汉军在这里击败了包括罗马军团在内的联军。但在大部分方面，武帝的继任者都表现平平。在他们的统治下，武帝建立的对国内经济的管控逐渐失效，大权落入宦官与外戚之手。朝廷任人唯亲之风盛行，庙堂之外，贪婪的地主势力持续蔓延，皇家毫无声望和智勇可言。随着一系列无子嗣的幼年皇帝的早夭，刘姓家族终于失信于朝廷，也失去了天命的宠眷。公元6年，一位襁褓中的婴儿即位，汉朝由摄政大臣主政。9年，权臣王莽在劝进下篡位。

王莽（9—23年在位）

汉高祖以及汉代初期的皇帝从未致力于建设任何一种意识形态，但到了武帝时期，儒学——很大程度被汉朝重新诠释了，由此囊括了命理学和宇宙学的观点——成为国家的正统思想以及所有官员所受教育的基础。到了公元前最后一百年，这种集大成的汉朝式儒学已经成为朝堂内的主流思想，受儒学熏陶的文官们也正在为后世中国卓越的官僚行政体系夯实基础。推类至尽，儒学支持的其实是柏拉图所言的"理想之国乃是哲学家当国王的国度"的概念。从这一思想氛围出发，王莽的称帝之举才可以被理解，因为他没有任何军事背景或追随者。王莽出身强大的门阀世族，其家族长期以来与刘姓皇室联姻。他最初只是家族中一个不起眼的乡野成员，但作为孝顺、仁爱等儒家所称颂的品德的道德楷模，也是儒家学说的坚定支持者，王莽脱颖而出。尽管他反复声称自己并非那么优秀，但由于声望以及其家族在朝中的势力，人们还是公开称颂他为周公再世。最终，在民众的支持下，王莽登基并建立新朝，意为新的王朝。

王莽政权从 9 年持续到 23 年，可谓一败涂地，以至于后世的中国历史学家都将其视作无恶不作的篡位者。他通过甄选经典和不时地伪造经典来合理化一切事物，着手重建周朝早期的制度并实践"真正的"儒学。他以古代名称来重组政府，将大量王姓家族成员提拔成为半封建的贵族，试图恢复一些旧时封建势力的贵族头衔，并将许多官僚职位变成世袭的。他恢复了对商人家庭的歧视性政策，禁止奴隶买卖，并在总体上试图提高奴隶的境遇。他复兴了"普天之下，莫非王土"的传统，将所有大地主的财产收公，并建立一个分配制度，使所有成年男性都能够分到一块耕地。他声明了国家对山、林、河、泽的所有权，而在之前这些都被认为是公共所有的。他还颁布了新的币制，恢复了武帝时的"常平仓"和国家垄断策略，引入新的税收制度，并加强了国家对市场和信用的管控。尽管王莽的大多数改革策略都被证明难以落实，很快就被收回，但它们几乎激怒了社会中的每个阶层，连匈奴和中亚地区的小国都不满新政中它们有名无实的地位，宣布脱离与汉朝的藩属关系。

从王莽即位之初，一切都好像与他的意志逆向而行，甚至连大自然都是。气候异常带来一连串的歉收，连年的干旱笼罩着首都所在地的陕西河谷地区。更糟的是，黄河一次次的决堤造成了11年的一次大水灾，吞噬了北方平原的东部地区，黄河也从原先的山东半岛北部入海改道为从南部入海。不计其数的人被淹死或流离失所。饥荒带去了瘟疫，而国家赈灾计划力度不足，粮食价格飞涨，流民遍布全国，并在绝望无援的情况下结成了盗匪。到了18年，强大的反叛联盟赤眉军成立。22年，一些刘姓家族成员也加入了他们。一年后，叛军攻入皇宫并杀死王莽。最终，一位刘姓家族的后裔重建了秩序，在25年恢复了汉朝。

传统的观点认为，王莽是一个无情的机会主义者，他的整个官员生涯都是为了夺取王位而设计的虚假骗局，他当权期间的种种新政无不是为了满足、扩大他个人的势力。但公平地讲，王莽其实更像一位理想化的知识分子，他有许多真诚的人道主义初衷，但被政治野心引诱，最终被权力腐蚀。他情不自禁地被一些无法实践的或是政治上不利的方针纲领吸引，满腹狐疑地拒绝放权，让自己在制定细节上耗费过多精力。总而言之，王莽证明了自己并非领袖之材。

东汉（25—220）

汉光武帝光复汉朝，在邻近家乡的今河南省洛阳市建都，因此，光武帝开启的朝代又被称作东汉或后汉。从汉高祖时期到王莽登基，汉朝都城皆位于今陕西省西安市，这一时期也相应地被称作西汉或前汉。

光武帝（25—57年在位）和他的直接继任者汉明帝（57—75年在位）、汉章帝（75—88年在位）都是精力充沛、深明大义的君主。在他们的治理下，中国恢复了往昔的安定和繁荣。自然灾害和王莽统治时期的叛乱使得人口减少、农商受挫，但随着和平与汉朝早期似的放任主义政策的重新实施，人口数量和经济都回升了。儒家文人备受尊崇，学术、教育和文化一片欣欣向荣。到了1世纪末，中国人的生活又如西汉鼎盛时期一样富足且多彩斑斓了。

同样，东汉早期在对外关系中也表现良好。匈奴在王莽时期再度成为中国的威胁，而东汉早期时，匈奴的内部矛盾再次爆发。50年，光武帝允许一支前来臣服的南匈奴在中国传统边界线内——山西和陕西北部——定居。据说，到了1世纪末，一部分北匈奴开始向西迁移，最终前往欧洲，成为阿提拉带领下的匈人。在中国历史上最有为的三位将领的带领下，汉朝也重新控制住了其他边境地区。第一位是马援（前14—49），他向南收复了南部沿海和越南北部地区。另外两位是班超（32—102）和班勇（活跃于120年前后）父子，他们恢复了汉朝在西域的威望。97年，班超率军长驱至里海沿岸，并派遣助手前往地中海地区侦察。在回国复命前，班超的助手远达波斯湾或是黑海沿岸。在接下来的几百年间，载着中国丝绸的驼队从中亚去往罗马，而航海家们频繁贸易于东南亚、印度洋和中国南方港口之间。

但1世纪之后，汉朝国内状况每况愈下。同西汉一样，政府放任主义的政策使得农民落入大地主手中，这些人与朝廷或皇家有联系，因而总有办法逃税避税。许多农民再次沦为半封建庄园里实实在在的农奴，大家族豢养成百上千家臣，美其名曰"客"，也组织起由私兵（部曲）构成的整支军队。剩余的自耕农总是受制于地方门阀的威胁。随着赋税的增长和徭役的增加，他们的负担也愈发地沉重。2世纪中叶之后，一系列自然灾害加重了农民的不满情绪。175年，特大洪水和蝗灾来袭。173、179年，瘟疫肆虐全国。农民开始在从道家思想衍生出的宗教中寻求出路，道教为他们提供了有关社会福利的方案、神秘的信仰疗法以及或许可行的炼金术。到了182年，东部的黄巾军和四川地区的五斗米道这两个团体均吸引了大量信众，184年，黄巾军的叛乱加速了已然衰微的汉朝的灭亡。

贵族阶层一方面享用着前所未有的富足，沉浸在异域传入的娱乐活动和奢侈品中，例如中亚传入的新乐器和香粉，另一方面也经历着信任危机。西汉儒学中浮夸的乐观主义已在王莽的溃败中破碎，光武帝培养了一种沉静、真诚、精炼的现实主义，但很快又被宿命论、怀疑主义和最终出现的逃避主义代替。公元元年前后，超凡脱俗的佛教从印度传入中国，逐渐吸引了这些正在好奇求索的上层贵族。到了2世纪末，复兴的道家学说开始重获知识分子的喜爱，作为大众信仰的道教则在穷人中广受欢迎。

88年，未成年的汉和帝的登基开启了东汉政治恶化的进程，此后，东汉接连出现由一系列短命、孱弱的皇帝所导致的混乱。外戚通过在宫中的阴谋和政变来独揽朝政。为了自保，年幼的皇帝将越来越多的权力交给最受信任的同盟者——宫廷宦官，于是宦官旋即公开在许多政府部门中掌权。尽管文官试图去维持执政的公正，但很快就被宦官和外戚两股势力诬陷、排挤。在太学中作为预备官员的三万学生在宫门前组织声势浩大的抗议，接连支持那些敢于仗义执言的"清流"。很快，阴谋和示威就变为大屠杀。159年，汉桓帝手下的阉党诛灭了梁皇后的家族成员，五名宦官随之被封爵封地，成为一方的总督。166年，官员示威抗议宦官专权，结果两百多名官员和太学生锒铛入狱。169年，在又一轮对宦官侯览（据传他没收了大量房产和土地，最后为自己建造了十座豪宅和一座地面建筑高百尺的陵墓）的抗议中，超过一百名"清流"被以结党叛国之罪投入监牢，冤死狱中，另外还有七百名官员和一千名太学生被投入监牢并遭严刑拷打。

黄巾军叛乱于184年爆发，负责镇压的将军们一举成为地方军阀，最终从宦官手中夺取了对天子的控制权。将军董卓（卒于192年）在190年包围了洛阳。他废掉皇帝，将傀儡天子推上王位，谋杀了太后以及一位皇子，并大量屠杀宦官。一支联合军队起兵反抗他，董卓携傀儡皇帝西迁长安。很快，董卓被杀，天子的控制权旁落到将军曹操（卒于220年）手中。曹操本是宦官的养子，随后成为全境的统治者并成功镇压了黄巾军。220年，曹操去世，他的儿子曹丕（卒于226年）接受了汉朝最后一位皇帝的禅让并自命为帝，建立了新朝代魏朝。汉朝的统治延续了四百年，被古代中国人视作盛世典范，引得后世的伟大王朝争相效仿，但至此，它也迎来了不甚光彩的终结。

分裂时代（220—589）

直到220年，汉朝才正式终结，但自190年董卓围攻洛阳起，帝国就陷入了混乱，并开始了长达四个世纪的分裂。这段时期通常被视作中国的"黑暗时代"，与罗马陷落后统一欧洲的帝国的四分五裂相对应。[1] 虽然这一时期的社会组织和文化生活仍有创新的

---

[1] 这一时期又被称作六朝时期，因为汉朝的"正统"继承者定都现在的南京：吴（229—280）、东晋（317—420）、宋（420—479）、南齐（479—502）、梁（502—557）、陈（557—589）。

发展和复兴，但汉朝之后的政治史无疑是一部四分五裂、充斥阴谋、冲突不断、饱受异族入侵的阴暗历史，中国人并不以此为傲。

在 2 世纪 80 年代的黄巾起义后，汉朝末年最重要的人物曹操未能成功统一中国。他的余生都在与有分裂主义倾向的地方军阀交战。统一事业中最主要的举措，最终成为中国历史上最负盛名的战役之一——208 年在湖北省赤壁的赤壁之战，曹操被两个对手联合击败。此后，他以汉室的名义掌控中国北方，而两个对手则占据着中国南方。220 年，当曹丕在洛阳登基建立魏朝时，对手也在南方先后自立为帝——孙权（卒于 252 年）的吴国以南京为基地，雄踞长江流域和南方沿海地区；刘备（卒于 223 年）的蜀汉以成都为中心，掌控着四川和西南地区。刘备以及其结义兄弟张飞（卒于 221 年）、关羽（卒于 220 年）本是曹操旧时盟友，后来成为曹操最坚定的敌对者，他们的军事冒险式的传奇成为中国最伟大的传说，也成了后世小说和戏剧的灵感来源。实际上，关羽本人后来被尊为中国的战神。刘备朝廷中的丞相诸葛亮也极具传奇色彩——他并非关羽一般的猛将，而是足智多谋的策略家，运用高明的策略任意摆布魏国军队。诸葛亮在 234 年去世，此后的蜀汉再无力与北方的魏国相争，最终在 263 年被魏国吞并。280 年，魏国对吴国的征讨标志着所谓的三国时代的终结。古代中国人赋予了这一时期一个勇往直前的侠义光环，令人不难联系到中世纪欧洲的骑士精神。

在魏国与蜀国、吴国混战时，曹氏统治者的声望逐渐被司马家族的将领们掩盖。265 年，司马氏篡位并改朝换代为晋朝。晋击败吴国之后约一代的时间中，中国又一次统一，但却十分脆弱。晋朝的统治者以一种新封建主义的方式将帝国分封给司马家族成员，于是地方王族几乎成了自治的地方统治者。特别是在 300 年后，由于地方王侯的争权夺利，弑君和禅让频繁出现。汉朝末年，封建主义式的社会经济组织开始发展，到了三国混战和晋朝时期则得以蓬勃发展，由是创造了一个由大地主占主导的社会，每个大地主麾下都有大量农奴、门客和私兵。汉朝末年文人的不幸使上层阶级变得极为愤世嫉俗又潜心于文学艺术。佛教思想、艺术和建筑开始主导中国文化，并受到有着佛教内涵的玄学的挑战。匈奴以及其他北方游牧民族利用中原的分裂和动荡，趁机一次次渗入边境。304 年，一位汉化的匈奴首领宣称自己是王位的唯一合法继承人，并在山西建立了汉国（后改称赵国）；311 年，匈奴从这一基地出发，洗劫了晋朝的首都洛阳，俘虏并最终杀了晋朝皇帝。在一位新皇帝的带领下，晋朝在西面的古都长安重组，但在 316 年，长安还是被匈奴攻破了。

晋朝在北方溃败的两百余年中，中国分裂成了两个迥然不同的社会——北方和南方。从北方逃难的人在南京建立了东晋，努力收复了一些领土。347 年，他们重新攻入四川；383 年，他们在著名的淝水之战（淝水位于今安徽省北部）中，依靠军事动员和计深虑远，击退了北方非汉族军队最猛烈的一次攻势；415—417 年，东晋大举进军西北方，重夺途经甘肃并通往中亚的贸易走廊。尽管如此，王室还是不可避免地被党争扰乱和削弱，一系列篡位导致了一连串越来越孱弱的后继朝代——宋（420—479）、南齐（479—502）、梁（502—557）、陈（557—589）。这些所谓的南朝自认为是汉文化的代表，在它们的统治下，中国南方的土著以及他们的习俗被彻底纳入中国主流文化。佛教逐渐成为最主要的思想和宗教力量，封建的社会经济模式根深蒂固，贵族变得格外清高、颓废。梁国的开国皇帝武帝本人就是一位特别值得一提的佛教赞助者和高雅的文学家。

在匈奴大肆破坏了晋朝都城洛阳和长安后,北方出现了一连串眼花缭乱的短命区域性政权,被统称为"十六国"。此时,作为原始突厥人的匈奴开始受到其他族群的攻击,例如原始西藏人(羌人)、原始蒙古人(鲜卑人),以及姓拓跋的另一支原始突厥人。北方还时而涌现出汉人争夺者,特别是来自甘肃的晋朝边境总督的后代[1]。4 世纪后半叶,北方暂时由氐人首领苻坚(357—385年在位)统一。他制定了一个野心勃勃的南征计划,却在 383 年的淝水之战中溃败,之后他的前秦迅速土崩瓦解。拓跋鲜卑建立了一个更稳固的北方统一政权,名为北魏(386—534),成为统称"北朝"的一系列朝代中的第一个。除北魏外,北朝还包括东魏(534—550)、西魏(535—556)、北齐(550—577)和北周(557—581)。再往北的蒙古地区本是由匈奴、鲜卑等占据,但到了 5 世纪早期,新的游牧帝国蠕蠕(即柔然)代替了这里的拓跋鲜卑。它是原始蒙古和原始突厥人的混合体。551 年,蠕蠕帝国被推翻,向西迁徙,最终成为东欧史上的阿瓦尔人。突厥人则继续统治蒙古地区。

自汉朝末年起,特别是在 4 世纪匈奴的大洗劫后,大量汉人

---

[1] 十六国时期从 304 年延绵至 439 年,为了方便,我们以地区(当今的名称)分组,在下文一一介绍:山西和陕西:汉或赵(匈奴,304—329)、后赵(羯人,319—351)、秦或前秦(氐人,350—394)、夏国(匈奴,407—431)和西秦(鲜卑,385—431)。四川:成汉或蜀国(巴氐人,304—347)。河北:燕或前燕(鲜卑,337—370)、后燕(鲜卑,384—407)、南燕(鲜卑,398—410)和北燕(汉人,407—436)。甘肃:凉或前凉(汉人,317—376)、南凉(鲜卑,397—414)、后凉(氐人,386—403)、西凉(汉人,400—421)和北凉(匈奴,401—439)。其中大多数政权所带的"前""后""北"都是后世史学家为了区分不同统治世系而贴的标签,但这种努力也不是十分成功,因为一共有三个国家叫作后凉,有上文提及的 386—403 年位于甘肃的后凉,也有位于长江汉口附近的 555—587 年的小国后梁,又有 907—923 年统治整个中国北方的后梁。几乎所有帝国时代早期的朝代名称都来自周朝封建领主之名。

从华北迁到长江流域。留在北方的汉人通常沦为奴隶或农奴，服务于入侵的部落战士。一些大型门阀借助他们的斯文举止威慑住了游牧民族，成为异族统治者的老师和行政专家。这些门阀通常会坚持保留汉人的儒学传统，因而北方人的思想氛围比南方更冷静、实际并饱含伦理道德。若论及佛教的渗透，北方与南方类似，只不过程度更为彻底，特别是把佛教作为一种民间信仰来看时。异族统治者被佛教吸引，通常都将佛教定为国教，他们自己也因此成了活佛。特别是拓跋统治者，都是佛教的大赞助人。

佛教在中国北方异族统治者间大肆流行的另一个原因是其普救说的观点，这点与儒学中的排他主义形成鲜明对比。于是它也为中国北方的两个群体——以家庭为核心的农民和以部落为根本的游牧战士——提供了一个共同利益与合作的基础。中国文明向佛教社会的彻底转变或许是文明复兴的一个根本性因素，在复兴的文明中，汉人和异族都被纳入了一个新的中国的概念之中。这个复兴的文明也为南北方的再次统一提供了可能性。然而，北方入侵民族的汉化过程并非一蹴而就的。最初，一些游牧民族拒绝任何形式的汉化，这些固执己见的部落保守分子与汉化的提倡者之间的矛盾，也成为4—5世纪的北方异族政权根本的不安定因素。然而，华北的新入主者若不能根据该地的地理和社会经济现实进行自我调整，无疑是死路一条。那些固执地保留了民族认同的部族最后不得不退回草原，并被蒙古的突厥人吞并。与此同时，那些提倡汉化的人，例如拓跋氏，最终也丢失了独立的自我认同，彻底卷入中国北方的滚滚人流中，贡献了些许他们的特色。这些部族的领袖建立了政府组织模式，为华北的稳定统一提供了可能，并在与南朝的斗争中得以循序渐进。

隋朝（581—618）

再次统一全国的大业终于由杨坚完成。杨坚的先祖长期为拓跋鲜卑统治者服务。他娶了一位意志坚定的异族贵族女性，成为北周朝廷中位高权重的丞相，并把女儿嫁给了北周皇帝。当尚在襁褓中的外孙[1]即位后，杨坚被说服取代外孙称帝，由此在581年开启了隋朝。这时，南方地区一片混乱。555年，一位北方政权的皇子攻入长江中游流域，并在现在的汉口地区建立了傀儡政权后梁。到了580年，位于南京的陈国饱受朝廷内部的党争摧残。新立的隋朝皇帝，也就是隋文帝（581—604年在位）是精明实际的行政人员和技巧高超的宣传家，他利用佛教、道教和儒家的声明和惯例赢得了各方的支持。587年，隋朝军队毫不费力地征服了后梁，588—589年又征服了陈国。

自此以后的数十年间，全国都没有爆发大规模战争，因此北方和南方都一片繁荣祥和。隋文帝节俭、温和的政策使得繁荣得以延续，其中央化的政府拥有东汉以后鲜见的权力。584年，重新疏通的运河将隋文帝的都城长安与黄河相连，以帮助他稳固在北方的统治。在随后对南方的征服中，他借鉴了北方的经验。为了改善再度统一的帝国的出行和交通问题，隋文帝着手在东部平原地区的天然水系间修建连接黄河和长江的运河，这一工程也就是今天西方人口中的"大运河"的一段。611年，大运河在隋文帝的继任者在位期间竣工，并进而北延至北京、南扩至杭州。大运河不仅是南北政治统一的象征，也使南方经济增长的财富能够方便地满足北方的军事或政府需求，并为迥异的南北文化的持续

---

[1] 周静帝即位时已有七岁，严格说来不能算作婴儿了。——译注

交融提供了一个沟通渠道。

文帝统治期间的稳定、繁荣以及高昂的士气却在其子隋炀帝（604—618年在位）一朝间灰飞烟灭，致使朝代早夭，隋炀帝也被视作严酷暴君，与前3世纪的秦始皇相提并论。隋炀帝的母亲正是文帝固执的异族妻子，他也有秦始皇一般的狂妄自大，许多史家视其为彻头彻尾的妄人。据传，他通过下毒弑父登基为帝，此后在洛阳修建了一座奢华的行宫并将都城迁至那里。在大运河工程仍未竣工之际，他加重了徭役，修建长城、大型粮仓以及从北方平原通往北方边境地区的道路。他举兵再度讨伐越南北部，并把占人驱逐到了更南方的地区。他还开启了前往台湾的探索式征程，成功打击了西域的突厥人，威慑住了蒙古地区的一些突厥游牧民族，使他们臣服于隋朝。他于612、613和614年分别发动了征服朝鲜地区高句丽的大规模战事，但均未成功。

隋炀帝疯狂的工程建设和军事活动扰乱了国内的经济，也引发了大规模的不满。615年，他的军队被北境的突厥人羞辱。617年，炀帝亲自领兵对突厥军队进行打击报复，但险些被俘。与此同时，各地百姓揭竿而起。为了应对崛起的突厥势力，隋炀帝将打击突厥的工作交付给边境大将唐国公李渊（566—635）。此后，隋炀帝逃到南方并沉迷于花天酒地之中。618年，隋炀帝被一位朝臣刺杀。此时，李渊已经宣布不再忠于炀帝，并在长安拥立了一个隋朝后裔为傀儡皇帝。炀帝死后不久，李渊接受了隋朝傀儡皇帝的禅让，建立唐朝。

唐朝（618—907）

在唐朝统治下，中国社会之繁荣、文化之兴盛、贵族之成熟、军力之强大以及在外交之中的至高无上均是汉代之后的朝代从未企及的，这一时期无疑是个伟大的时代。唐朝都城长安成为世界上规模最大、最繁华的世界性都市，是商人、使臣和文化探寻者的梦乡。这些人从日本、朝鲜、中亚、越南和南海地区远道而来，从地中海地区来的阿拉伯人、波斯人、犹太人和基督徒也在长安受到了欢迎。后世的中国人视唐朝为比肩汉朝的伟大王朝，唐朝的成就也是后世朝代声称要效仿的典范。

早期唐朝的强大和繁荣大部分要归功于北朝和隋朝时期所建立的日臻成熟的制度。值得注意的是，除了中央集权式的稳定行政结构外，唐制中还特别引入了一套文官制度，它是强大的地主门阀的世袭制的补充，改进了汉朝制定的官员任选、评价的条例。经济上的不平等被最小化，"均田制"的土地租赁系统实现了财政稳定，国家拥有所有土地，并按照人丁将土地终身租赁给人民，再按人头分配赋税和兵役徭役。军事实力大部分得益于全国性的军事制度——府兵制，这个体系提供了大量颇有名望的志愿军人。这批兵农合一的人靠耕种国家分配的农田生活，轮番参军打仗，有些驻守都城，有些则戍守边境。

唐朝的李氏家族在一定程度上象征了中国的转变，在分裂时期衍生出的新旧两种元素在他们身上都有体现。一方面，李氏家族声称自己是西汉将军李广利的后代，家族可上溯至古代道家哲学家老子李耳；另一方面，由于李氏家族长时间与鲜卑贵族通婚，以至于在汉人的标准下，李氏家族最多只能被视作半个汉人。唐朝的活力可以集中体现在李渊的儿子李世民（599—649）身上，他是唐代真正的开朝国君，也被认为是中国历史上最英才盖世的皇帝，史称唐太宗。甚至李世民的麾下大将都在后世的民间信仰中被神化为宫殿和庙宇的门神，他钟爱的战马也成为乐师和画师所赞美的对象，即"昭陵六骏"。

617年，正是在当时仅十八岁的李世民的鼓动下，李渊脱离隋炀帝阵营。那时全国有超过一百支起义军队，其中十一支是正在崛起的唐朝政权的主要敌人。七年间，李世民及其手下为争夺霸主地位四处征讨，同时成功地将突厥人拒守于北境之外。最决定性的对抗是发生在洛阳附近的虎牢关之战，唐政权依靠计谋以少胜多，击破了河南的郑国与东北方的夏国的联军。李世民凭借此战巩固了他在北方的统治。此后，通过相对轻松的征战，李世民平复了南方的叛乱。到了624年，唐政权镇压了所有反叛势力，凭借仁政和大赦，这个新朝代也赢得了全国性的支持。同年，李世民通过"玄武门之变"伏击并杀掉了他的两名兄弟，其中一位是他的兄长，也是顺理成章的王位继承者。于是，李渊立李世民为太子，并给予了他几乎全部的行政实权。两年后，在李世民的意志下，李渊正式退位。

在登基后，唐太宗（626—649年在位）还取得了诸多军事成就。作为杰出的军事家和战略家，他使蒙古地区的突厥人在630年尊其为天可汗，成为第一个对北方草原地区有着空前控制权的皇帝。之后他联合汉人和突厥人的力量，将唐朝势力扩张到西域，一路穿越帕米尔直达阿富汗，也将位于中亚西部的西突厥汗国的统治者逐出了当地。639—640、647—648年的西征也使西藏成为唐朝的藩属国。648年，一支唐朝军队从西藏穿越喜马拉雅抵达印度东北地区，惩罚了一位对唐朝使节不敬的地方君主，将其作为犯人押往长安。在7世纪40年代间，唐太宗也曾两次发兵攻打高句丽，但高句丽顽强抵抗，唐朝不得不放弃行动。

除却军事成就，他也被后世的中国人尊为励精图治、聪明神武、宽厚爱民的政治领袖。他发展教育、从善如流、选贤任能并简政放权。对于哲学和宗教事务，他既表现出兴趣又体现了包容。尽管唐太宗主要的行政政策遵循了儒家思想，但他也与道教、佛教交好。635 年，他欢迎从中亚来的基督教聂斯托利派的传教士，并批准其建立教堂。在唐太宗的统治期间，中国最负盛名的佛教朝圣者玄奘（约 600—664）完成了耗时十六年的往返大唐和印度之间的历史性旅程，之后在皇家的资助下，潜心致力于翻译他从印度带回的佛教经典。

唐太宗的儿子唐高宗（649—683 年在位）以沉迷于其父的妃子武则天而闻名。据传，武则天在唐太宗宾天后退隐佛教寺院，唐高宗将其从寺中召回皇宫，并默许她通过阴谋诡计和下毒杀人成为皇后。660 年，高宗视力衰退，于是非正式地令武后摄政。683 年高宗辞世，武后先后将两个儿子推上皇位，从而维系了自己的权势。最终，在 690 年，她废除了第二个儿子的皇位并自立为帝，成为中国历史上唯一一位有着皇帝头衔的女人。她创立了一个新的朝代，以备受尊崇的周朝为名，一直统治到 705 年她八十一岁高龄之时被迫退位。

武后为后世所唾，被视为无情、残暴的篡位者。的确，她为了一己之私而操控朝政，在政府中安插了大量亲信。尽管如此，她仍不失为一位有担当的统治者，她维系了中国在对外关系中的权威。在 7 世纪 60 年代，她和高宗强势地干预朝鲜半岛上的新罗国内战，在唐的帮助下，新罗得以一统朝鲜半岛。中国势力也开始向之前被朝鲜人占领的部分中国东北地区蔓延。尽管新罗依旧颇为独立，但它还是极不情愿地臣服于唐朝，并在武后一朝对中国恭恭敬敬。

武后退位后的数年间，李姓家族的纷争致使朝政动荡。712 年，大唐另一位伟大天子李隆基称帝，在他的统治下，中国经历了至今为止最叹为观止的文化盛世。这便是唐玄宗（712—756年在位），又称作唐明皇。他是尽职且精干的行政管理者，彻底肃清了官僚体系中的寄生虫和宠臣，削减了朝廷的奢侈开销，制定了特殊政策以持续体察民情。他还废止了死刑，并贯彻了先帝们强势的对外政策。此外，唐玄宗还鼓励所有形式的文化发展，在朝廷内部设立了一直得以延续的翰林院，用来庇护那些天资异禀的学者和文人。他还建立了一个乐曲和舞蹈机构，用来培训宫廷娱乐中的戏剧表演者。唐玄宗的朝廷生活颇为多彩精致，在他的统治期间，中国涌现了一批历史上最伟大的天才，包括诗人李白和杜甫，还有画家吴道子和王维。

然而，无论对于他自己还是中国来说，玄宗似乎都活得太长了。他渐渐依赖那些阿谀奉承的朝官和宦官，将边境的军事指挥权交给奸佞且怀有贰心的异族将军。此后，在745年唐玄宗六十岁之际，他爱上了某个儿子的妃子，也就是丰艳的杨玉环，并成为她宠溺的跟班。她是中国历史上最臭名昭著的"红颜祸水"，常被称作杨贵妃。很快，她的亲戚便垄断了几乎所有重要官职，她最喜爱的大将安禄山（卒于757年）——一个肥胖、机智、大胆的突厥人——作为她的义子，能够自由出入宫廷，并在北方掌控着最精锐的边境部队。

官员向唐玄宗抗议，他一反常态地忽视并开始惩戒进谏者。最终，唐朝政务荒废，军队编制缩减，边境关系恶化。在中亚，阿拉伯的扩张已达鼎盛，开始迫近唐朝在撒马尔罕附近的最远处的藩属国。740年，唐朝不得不镇压反叛的吐蕃和西突厥。747、750年，唐朝军队跨越帕米尔高原去严惩那些洗劫了喀布尔和克什米尔的难以驾驭的吐蕃人，但751年在撒马尔罕附近的怛罗斯战役中，唐军被一支阿拉伯和西突厥的联军击败，于是撤退到帕米尔高原东侧。在离唐朝中心更近的地方，云南的一位土著部落首领宣告与唐朝脱离关系，建立南诏国。南诏国在西南地区延绵数百年，并在751年一举击退了唐朝的报复性打击。于是，唐政权加剧衰退。755年，节度使安禄山举兵叛乱。其致命后果之一是唐朝在中亚势力的崩溃，中亚地区于是从佛教文化逐渐变为穆斯林文化，而直到六百年后，中国才重新取得对中亚的控制。

763年才平息的安史之乱成为中国政治史上的重要转折点，它以不可遏止的势头不断侵蚀着唐朝政权的稳定性。安禄山的部队先后洗劫了洛阳和长安，而玄宗和他的宫廷随从则向南逃入四川，情景之凄凉可见著名的诗歌和名垂千古的画作。途中，玄宗的宫廷侍卫将国家的灾难全部归罪于杨贵妃，他们缢死了杨贵妃并将她的尸体投入沟槽。玄宗在羞愧和哀伤中退位。安禄山旋即称帝，并立新朝大燕，但很快就变得盲目、急躁，在757年被其子谋害。但此后，安禄山的儿子也被他的下属史思明杀害。在史思明的带领下，叛变的燕国维系了一段时间，但史思明最终也被儿子谋杀，唐朝遗民趁机恢复了一部分秩序。但与此同时，全国各地的机会主义者都举兵造反，唐的节度使和将军通过镇压反叛而手握重兵，成了半自治的军阀。

安史之乱备受历史学家的重视，除了它的高度政治戏剧化外，也是因为它与中国社会的一些重要转变不谋而合、互为因果。安史之乱之际，部分制度已经崩塌，包括被募兵制替代的府兵制，以及关于土地分配的均田制。随着中央政府的疲弱，唐朝早期对剥削的地主所有制、私人贸易和社会流动性的限制也减弱了。旧时贵族阶层的经济和政治显要——唐初盛世的中流砥柱——逐渐在社会浪潮中一去不复返了。到了8世纪末，新的潮流开始萌生，使后唐朝时代的生活与之前的大相径庭。

在回纥人的军事协助下，类似于安史之乱之前的政治秩序终于得以恢复。这些回纥人是突厥人的一支，他们在744年推翻了蒙古地区的东突厥汗国后，甚至占领了中亚的一些阿拉伯藩属国。唐朝政权虽得以恢复，但彻底丧失了之前的对外影响力。随着国内事务上的权威被在安史之乱中崛起的地方军阀夺取，朝廷内部也被官员间的党争所困。朝廷渐渐被宦官掌控，程度之深甚至超过了东汉末年。唐宪宗（805—820年在位）和唐敬宗（824—826年在位）都被宦官杀害，唐穆宗（820—824年在位）后，几乎所有的皇帝都由宦官所立，不过是宦官侍从的傀儡而已。

在接下来的年月中，唐朝时而爆发小规模的叛乱和军队哗变，时而被西南方的南诏国侵扰。如此一来，在安史之乱后的一百年间，唐朝皇帝的声望和权力日渐式微。不过，唐朝的政体仍旧维系了社会基本常态、经济稳定繁荣和文化兴盛，特别是涌现了大诗人白居易和道学家、散文家韩愈。随着佛教势力衰微，儒学开始复兴。841—845年，政府开始积极削减佛寺，令成百上千的僧尼、僧众还俗，如此一来，国家就可以对他们征收赋税、征发徭役了。

875—884年，再次出现的叛乱终将盛唐的余威一扫而空。其导火索只是因干旱而造成的河南人民起义，但这很快横扫了中国东部、中部的大部分地区。在官场失意的盐商黄巢的带领下，起义向南扩展到杭州和广东地区。879年，叛军占领广东，屠杀了在这里频繁进行海外贸易的上千名穆斯林和犹太教、基督教及摩尼教的商人。此后，黄巢举兵北上，在881年围攻长安城。如安史之乱期间一样，唐皇室向南奔逃，而黄巢也称帝并建朝大齐。突厥势力从北方集结，帮助唐朝遗民镇压了叛军，黄巢在884年自杀，但此后的唐朝已经名存实亡。将军和节度使愈发横行霸道，其中两名强将在争夺对宦官专权的朝廷的控制。一是李克用，他是一名突厥将领，在镇压黄巢起义中颇有功劳；二是黄巢的部将朱温，他精明了得，在恰当的时机投降，靠镇压曾经的同伴而闻名。到了900年，朱温已然成为中国北方最大的军阀，唐朝靠他残存着最后一丝的声望。901年，朱温入长安挟持天子并屠杀了腐败不堪的宦官。仅仅一年后，他便将被软禁的天子投入洛阳大牢并杀掉了他，另立一位年幼的继位者。最终，907年，朱温接受了傀儡皇帝的退位并登基为帝。他建立一个新的朝代，一直统治到912年，也就是他去世的那年。

五代时期（907—960）

在接下来的两代人的时间内，黄巢叛乱后开始的政治纷争日趋白热化。朱温创立了后梁，并在根据地开封建都。紧接着，朱温的敌对军阀也与其分裂，在中部和南方纷纷建立了自己的国家，都依循唐制。这所谓的"十国"[1]都是因对北方篡位者的痛恨而建立的，大多心向安定、留恋晚唐的文化繁荣。因此，没有一国有足够强大的军事实力去统一南方，更不要说去统一全国了。它们踌躇不前，似乎十分享受所占据的一隅的繁荣，坐等着实力更强大的北方军阀来决定中国的命运。

---

1 历史学家习惯上把位于中原和南方的地方政权统称为"十国"，它们分别是蜀（903—925）以及蜀国的后继政权、位于四川的后蜀（933—965）；位于湖北的南平国或称荆南（924—963）；位于湖南的楚国（907—951）；吴国（902—937）及其后继政权；基于南京市的南唐或齐国（937—975）；浙江的吴越国（907—978）；福建的闽国（909—945）；广东的南汉或越国（917—971）；山西的北汉（951—979），是强大的北方游牧民族的一个傀儡政权。

但对于北方来说，统一事业远没有那么简单。随着军事力量从一个家族转移到另一个家族，北方先后有五个朝代崛起并灭亡——后梁（907—923）、后唐（923—936）、后晋（936—947）、后汉（947—950）以及后周（951—960）。这些北方政权没有时间，也不愿意去发展文化，一心只想维持它们多变的军事权威。只有对政府进行彻底重组，持续多年的权力分散化的局面才能被扭转，一个曾经给予早唐天子无上权力的强大中央政府才可能出现。然而，即使在最佳的条件下，重组政府也非易事，五代的统治者并未掌握有利的时局。在他们的北边，一个新的游牧势力正在崛起——原始契丹人。905年，他们在中国北境集结了一个部落联盟。契丹可汗耶律阿保机在916年称帝，朝代名也很快改作辽。936年，契丹协助一位节度使在洛阳建立后晋。作为回报，后晋将全部北京地区割让给辽国，并每年定时给辽国上供岁钱和丝绸。但后晋的第二位统治者拒绝承认辽国的宗主国地位，挑起了旷日时久的战争，最终以后晋的失败告终。契丹人占领了开封，在946—947年统治着北方地区，但最终因为实力不足而不得不放弃对北方的长期占领。此后，北方的国家再也不去刺激自负的辽国，今天河北省的大部分地区也就依附于地处今日蒙古地区的契丹国了。

不幸的是，10世纪的中国几乎复制了汉朝的最终崩溃。人们有一切理由相信中国会再次堕入汉朝后期的模式，他们将进入一个悲哀且漫长的政治分裂和异族入侵的时代。

六、政府

在前2世纪至10世纪这段长达千余年的帝国时期内，上古封建时期的周朝被理想化为黄金时代，后世的中国人一直在试图重现其辉煌。相反，诸侯割据的战国时期和暴虐、集权的秦朝成为令人惶恐又挥之不去的噩梦。但实际上，政府模式不可能回归从前，无论是好的还是坏的，因为中国的疆域、人口、生活方式、思想、经济要素都处于持续的适应和被适应的变动中，所面临的难题也与从前不同了。

新时代所面临的制度性挑战是要建立既不同于秦朝的模式，又能在中央化的管理下在全国实现社会公平、经济和军事得以控制的政府。这份挑战并未得到成功的应对方案。中国并非一体化的民族国家，而是一个门阀世家的大聚合，这些家族控制着社会、经济和政治命脉，即使是在汉唐这样的政治稳定、文化繁荣的时期内，情况依旧如此。总而言之，权力分散现象普遍，政府人员多数都有贵族背景和性情。尽管如此，从汉朝到唐朝，我们依旧可以看到在集权化和官僚系统的控制权上的几个深化步骤。

组织结构

正如第五章指出的，汉朝大体沿袭了秦朝创立的政府结构。因此，帝国行政系统就像一个金字塔，皇帝在最上，人数稍多的一些部门在中间一层，地方和区域的官职在下。金字塔的每一层都有三个侧面，一个负责总体行政事务，一个负责军事指挥，另一个负责监督审查。这样的表达很容易让人们误解，认为政府职权有清楚的分界，但事实上，所有的权力都来自皇帝，只是在官职之中仍有一个相对清晰的职能责任区分。

汉袭秦制，官制中最高一级是三人，包括一名丞相或相国、一名太尉和一名御史大夫。太尉从很早开始就成了荣誉性的非功能性职位；御史大夫作为副相，通常在丞相之位空缺之时顶替丞相之职。因此在实际中，丞相掌管整个政府运营，像皇帝的幕僚长或是首相一样，负责管理多个中央政府部门。其中丞相之下最著名的官职是九卿。作为高级官员，他们的职责是处理类似于皇家日常管理的事务，负责皇家祭祀、宫廷维护、宫廷护卫、皇家安防、都城安防、皇家粮食补给等。九卿之首一定是一位皇家成员，负责监督和记录皇族的族谱。另外两人负责收入与支出，一名负责掌管宫廷内的财务，另一名则掌管官员的。更低一级但实权在握的官员中，十三刺史负责日常行政，其职责被合理划分为财政、司法、军事以及其他。重要的政策性问题会上书到朝廷，由三公九卿开会决断。这种会议由皇帝下令召开，丞相主持并负责向皇帝汇报多数派和少数派的意见。尽管最终决策的权力在皇帝那里，但汉高祖（前202—前195年在位）创立了听取丞相意见的传统，因此丞相便有了极高的声望和影响力，成为整个官僚集团公认的领袖和代言人。

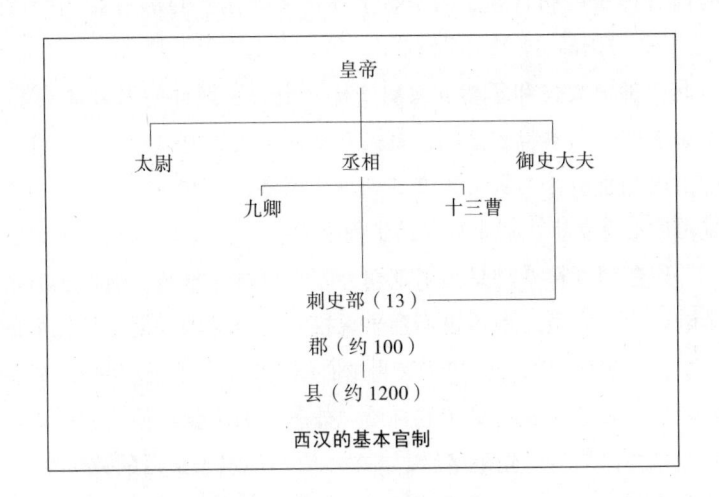

```
                            皇帝
              ┌──────────────┼──────────────┐
             太尉           丞相          御史大夫
                      ┌──────┴──────┐
                     九卿          十三曹
                            │
                       刺史部（13）
                            │
                       郡（约 100）
                            │
                       县（约 1200）

                      西汉的基本官制
```

然而，汉朝丞相在天子面前的影响力被逐渐削弱了。中国人通常说的官员大体是指外朝官，以区分皇帝内廷中的近臣和侍从。由于外朝官的主要职责是治理国家，而内廷官只负责皇帝的个人事务，因此即使在最好的情况下，二者的关系也不可避免地剑拔弩张。在汉朝早期，高祖的将领们把控着三公九卿之位，因此宫廷与政府之间的关系相对来说紧密且非正式。一些职官被任命为宫廷事务官和管家，其中一部分人被称作尚书，负责皇帝的个人文牍往来，并在丞相和皇帝之间担任沟通秘书。一如前朝，武帝即位后，宦官再次成为能够出入宫廷、接近皇帝的唯一男性，于是尚书就被归入外朝官之中，而宦官作为掌管宫廷文书的人，成为内廷外朝间新的缓冲带。很快，他们的组织也归入外朝官中，由正规职官担任。尚书和宫廷写手不可避免地相继接管了丞相的部分职能，以至于到了公元 9 年的西汉末期，丞相之职仅成为地位象征。在东汉时期，大多行政事务都由三个部门主持，而他们的前身都是内朝官职：尚书省（负责文牍往来的部门）、中书省（宫廷撰写诏命、整理文库的部门）和门下省（个人侍从的部门）。[1] 至此，御史大夫和丞相、太尉一样，也成了纯粹的名誉性头衔。军事职位由军事将领分领，直接对皇帝负责。监督审查的工作一度由内朝官员作为御史大夫的副手来负责，现在也归入外廷，先是由中书令负责，后来移交给了尚书。

这些制度性变动是为了削弱外朝官群体对皇帝、对内朝官的影响。外朝官员之中再也不会出现权势能与汉朝早期丞相比肩的人了，于是他们以一位代言人为中心结成党羽，自称"清流"，借此希望在党争中赢得皇帝的喜爱。外朝官的不稳定使得内朝的一部分势力得势——先是皇后，再是宦官。在汉朝最后的数十年间，曹操担任汉朝实际统治者，他试图重建一个强大的中央政府，其方法就是恢复丞相的权威，于是自己担任了丞相。

如上文所示，皇帝通过限制外朝官员的权力来加强皇家的权威，同时，都城的权威也远远超过了地方。汉代的地方行政制度基本沿袭秦制，由区域性的郡及其下属的县所组成。每一个郡的太守和县令都需要对他所管辖的地方的各个方面负责，并将所有行动记录在案，按年汇报给都城。通常，每名地方长官都配备一名武将，所有地区都需要接受从都城而来的巡查官不定期的视察。如第五章所示，在汉朝初期的数十年间，世袭王侯的封地与行政

---

[1] 尚书省、中书省和门下省都是在汉朝之后才得以确立的官署名称。汉朝时期，尚书省之名尚不存在，只有尚书台职能接近于尚书省；中书省亦不存在，但汉武帝时时有中书令，由宫廷宦官掌管宣传诏命；门下省亦不存于汉，秦汉设侍中寺，职能与后来设立的门下省相近。——译注

上的郡县制并存，但到了武帝一朝的末期，王侯封地只是与郡县差不多的行政区划，仅名称有所不同而已。这也标志着在秦朝之后，一个全面中央化的政府首次正式确立。汉武帝进而将全国分为十三个地区（州或府）并向每个地区派遣一名刺史，用来监察太守在辖区内的表现并向皇帝汇报。随着时间推移，刺史成为权力愈发强大的地方督查，其权力范围远远超过了武帝最初的有限设想。在中央政府之下，刺史与地方政府结成了更强大的联盟。但到了东汉时期，地方行政制度兜了一个圈又回到了原地：刺史变为实际上的地方长官，成了瓦解帝国的地方割据势力的动因。

在接下来的几个世纪中，东汉的组织模式得以沿袭，中间只有微小的变化。严阵以待的保守南朝国家固守这一模式，以示他们的合法性。北方大多数异族政权也效仿这种模式，一方面因为他们可以借此宣称自己的合法性，另一方面是因为这一模式是唾手可得的运营大型政府的唯一可行模式。外朝官逐步让权于皇帝身边的近臣，地方官员成为制度基石，而王侯、地主多次试图篡位。

6世纪中叶，在北周的统治下，官员和中央政府的权威开始恢复，并逐步压制住了地方势力，这一发展也为隋朝在6世纪80年代统一中国奠定了重要基础。在沿袭隋制之后，唐朝成功地平衡了外朝与内朝、中央与地方之间的权力关系。

唐朝中央政府启用了传统上的三方主体结构：负责统领皇家军队的将领团队；比其汉朝前身职能更加复杂的监察机构；负责综合行政事务的部门，包括自汉朝中期时就开始演化并在唐朝以成熟的综合体形式出现的三个机构，即尚书省、中书省和门下省。此时的"三省"有无上的威望，部分是因为唐朝实质的开朝天才唐太宗在继位前担任过尚书令。三省的最高官员每日要在政事堂会议上与皇帝会面，所有的重大政策都在这里决断。与会的官员被统称为宰相，对初唐皇帝的独断和任性起到了不可小觑的抑制作用。他们的权力部分来源于唐代的律例：每条中央命令都需经过门下省和中书省的盖章才能生效。

唐朝的中书省和门下省本质上是顾问性质的机构，仅由很少的官员组成。通常，中书省被视作官员向皇帝陈情言事的渠道，这些文书都以表的体裁呈现；门下省是向官员们下达中央决策的中介，决策都是以法令、布告和命令的形式出现的。两个部门紧密合作，二者的功能在本质上也是不可分割的。

尚书省是政府运行的左膀右臂。它是一个庞大的官僚机构，包括了旧时汉朝官制中的"九卿"（某种程度上是从"九卿"制度演化而来的）和许多新设立的高度专业化机构。除此之外，尚书省的核心由六个部门组成，每一部分管一批下属机构。这"六部"包括了吏部（人事）、户部（税收）、礼部（礼仪）、兵部（军事）、刑部（律法）和工部（工程），一直沿袭到了中国帝国时代的末期，成为每一朝中央政府的行政核心机构，也成了办理帝国所有日常工作的部门。随着"六部"的设立，唐朝的中央政府远不再是汉朝那样的皇家家族管理机构。唐玄宗时期颁布了法典《唐六典》，详细规定并描述了各部的职权。它是继上古时期的《周礼》之后关于行政的最全面的一部专著，可信度要高得多。

县依旧是行政层级中的最低一级地方单位，但汉朝时期的郡早已消失，此时的县直属于已名存实亡的前身为州刺史的地方长官。在过去的几百年间，州刺史变得人数庞大，其管辖权则日益缩减，以至于对中央政府构不成任何威胁。在唐朝时，州、府之名被广泛使用。

在与内朝官的竞争中，唐朝的外朝官最终腐败堕落，而结构调整并非个中原因。尚书省首先变得腐败不堪，从而沦为被内朝利用的工具——先是武后明目张胆地徇私偏袒，其次是玄宗受臭名昭著的宠妃杨贵妃蛊惑，在晚年时期偏袒包庇、任人唯亲。因此，宰相无力与强大的地方军阀和操控皇帝的宦官对抗。外朝官员沉溺于派系斗争，也加剧了外朝的堕落。

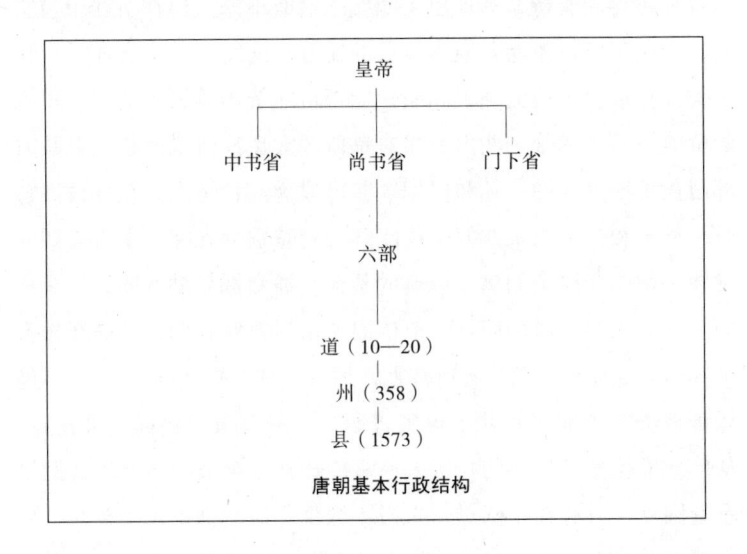

```
                        皇帝
                         │
          ┌──────────────┼──────────────┐
        中书省          尚书省          门下省
                         │
                        六部
                         │
                      道（10—20）
                         │
                       州（358）
                         │
                      县（1573）
```

唐朝基本行政结构

在中央与地方政府的关系上，唐代统治者亦步亦趋地复制了其汉代先人的道路。为了对抗安史之乱（755—763），唐朝不得不容忍跨区域合作演化为区域性自治。711年，帝国的所有州被归入十道，每一道都由长期驻扎在辖区内的御史来统领。道的数量很快增长为十五个，最终达到二十个以上。在玄宗时期，这些御史演化为节度使，统揽道中的军政大权。至此，唐朝在一片惘然无知中完成了向全能的地方军阀的全面过渡，导致了安史之乱。随着唐朝中央政府的腐败，这些地区依旧以半自治的面目被地方军阀控制着，后来演化成了唐朝之后五代时期的独立区域性政权。

人事选拔

官员选拔应当依据才能而非出身这一概念在战国时广受接纳，并在秦朝被立为一条坚定不移的原则。但在秦朝崩溃后，这一概念很难再得到支持，其理想化的概念沿袭下来，但在实践中被歪曲。自汉至唐，才能普遍指纯正的血脉。同时，一个人能否入仕绝大部分取决于他的学识和品性能否恪守统治阶级中的门阀世家的价值体系。尽管一些出身相对卑微的人也能跻身高位，但政府部门被王侯贵族的子孙和门生垄断已成为一种常态。在选拔高官时，皇子和公主的亲戚们往往能够受到特别的青睐。上古周朝的贵族头衔作为厚重的皇家恩典的象征，通常都是世袭的。带头衔的贵族无须履行政府职责，但依旧能拿到政府补助，并被视作官员候选人。此外，高级官员被默许拥有一种保护性特权（荫），能保证他的一个或多个儿子得到官职。一些官员能够提名继任者，从而使职位变成世袭的。富人通常能够甚至被鼓励纳赀以资助皇帝或国家。只有在军队里，人们才能仅凭借能力来赢得机会，但即便如此，在军中功成名就所需的无疑不仅仅是劳苦功高。无论是在军队还是在文官制度中，裙带关系和任人唯亲的现象都十分普遍。

尽管如此，帝国时期的中国仍然制定了制度化的、理性的、以才能为导向的选拔、替换和评估方法，并以此闻名于世，直到近世也无其他国家的制度可与之匹敌。若联想英国文官制度，我们不难对中国的选拔制度啧啧称奇。前者顺其自然地成了全世界官制的模本，但它到了19世纪才出现，而关于它的最初提案还被指责为"汉化"英格兰的阴谋诡计。

基于汉朝之前，特别是秦朝的吏制经验，汉朝早期的选拔程序已然制度化。其中最早的标志性时间点是前196年，当时地方官员被召集来推举被称作"贤才"的后备官员。前165年，中央政府的高官和地方权威——包括王侯和太守——被要求推举"直言不讳"的人才，皇帝亲自为所有候选人编纂考试内容。这两个事件导致了汉代选拔制度最主要的两个要素——征辟和察举——的产生和成熟化。此外，第三个要素于前124年出现，地方官员被要求推举一批有志青年去一群名为博士的学者门下学习。博士是中央政府的顾问，专通"五经"之一。由此，一个全国性的大学的雏形产生了，并于日后成为培养未来官员的重要机构。从最开始的五十名博士弟子开始，太学的生员规模扩张迅速，到了1世纪末，太学生已达三千人。到了东汉，太学生的人数膨胀到了三万人，但其中大多数似乎都是终日寻欢作乐的军队逃兵和躲避徭役之人。

关于汉朝官员任选制度的细节描述并不见于早期中国文献，但大致的轮廓是清晰的。察举分为两类，一是前往太学学习，一是直接为官。在跟随博士学习一段特定时间后，一部分太学生毕业并被列为补官，他们没有常规的职务，但随时为临时、不规律的征召而准备履职；另一部分在毕业后回乡，寄希望于通过太守或知县的推举而获得一官半职。无论哪种情况，太学生都被视作基层政府人员，他们是合格的官员候选人但却无任何职务，拥有被中央政府推举、直接任命的资格。推举太学生员的诏令不定期下达，通常在面对日食或地震这种自然征兆，或是新帝登基时才会下诏。太守是主要推举人，但对被举荐者的品行描述却十分模糊，例如"孝廉""明经""贤良方正""能直言极谏""廉吏""茂才"等。到了武帝一朝，下诏举荐人才变为规律性的一年一次，郡守要每年推举一两名人才。其中，"孝廉"之人常常成为被举荐的对象。东汉早期，郡守被要求按配额每年在每二十万居民中推举一人，于是，每年都有约二百人被定期举荐。

当官员候选人到达都城后，他们会接受高级官员的测试，有时是口试，但更多时候是笔试，且内容有时由皇帝亲自审核。这是世界上已知最早的笔试。经由确认后，被推举人有可能直接走马上任，也可能加入候补官员的队伍，等待征召，后者的人数有时超过了一千人。自武帝一直到东汉时期，大多数中低级官员甚至一些高阶官员都经历了不止一次的被举荐的过程，我们可以这样认为：中国的行政系统由一群受过教育的职业官僚把控。

汉代的察举制并没有为官位提供一个公开的竞争环境，太守不太可能去推举那些与他只有泛泛之交的人。此外，精通文学必须要有良好的经济条件，要知道当时教育并不普及，书籍由成卷的木条或是成团的帛制作而成，并不能够被广泛使用。尽管官员的备选社会群体受限，但选拔系统本身无疑是一个伟大的制度，它在短时间内为政府提供了大量受过教育的有名望之人，也确保了官场中有全国各个地方的代表。

汉朝时期，全国上下的官位任命都不受中央控制。太守和县令由中央委派，由于"回避制度"，太守不可在家乡地区任职。但这些地方官员约定俗成地自己任命下属，和许多中央政府官员的作为如出一辙。官职按照年薪分级，年薪又以粮食的石数计量（1石约等于133磅）。丞相的年薪约一万石，但普通官员的工资从两千石到一百石不等。工资一部分以粮食的形式支付，另外的部分则以等价的丝绸和现金支付。

一旦走马上任，官员就需经历一年的试用期。若他表现得令人满意，那么他的任职将变为终身制。官员每三年都要提交他们下属的绩效评估，这关乎工资调整和偶尔的升迁、贬职或卸任。

年长的官员会按期退休，有时还有退休金。

汉朝人事管理的所有要素都在其后数百年间得以延续，但在3世纪，察举制被汉朝崩溃后的混乱彻底动摇了。由于黄巾反叛以及曹操与其对手间的战争，导致汉朝的人口数量大幅减少且迁移频繁，社会由新的封建关系重组。在如此动荡的局势下，为了能够使任选和官员评估标准化，曹操政府在每个地区都找到了一位有名望之才，并任命他为大中正。在地方的小中正的协助下，大中正按九级来评估辖区内所有有资格成为官员的人，无论他们在朝为官还是在野为民。因此，官员任命被重新洗牌。九品中正制本来是一个临时的权宜之计，但却被几乎所有汉代之后分裂时期的朝代所采用。中正之位无疑由处尊居显的地区门阀所占据，而周期性的评估也使得门阀在政府中的影响力自然而然地长久不衰。

随后，部分北方政权为了稳固统治，在人事管理上做了些许变化。6世纪70年代，北齐宣布中央政府有任命所有地方官职的权力，而在这之前，这些职位都由地区长官控制。隋朝做了更多改变，给予中央政府任命所有官职的权力。它也为通过考试来选拔官吏的完备制度奠定了基础。这一制度在唐朝初期得以成熟，因而其功劳通常全部归于唐朝。

与汉朝相比，唐代的人事管理制度的官僚专业化程度有了显著进步。唐代官场对更多人敞开了大门，应试者人数常常远超举人数量，比例可达一百比一。高官厚禄无疑是接受教育的一个重大动因。尽管东汉时期发明的纸张正在逐步普及，但在7、8世纪，书籍依旧较为稀缺。但大家族持续不断地藏书并聘请教师，政府也资助州一级的学校。另外，颇为讽刺的是，佛教寺庙也为有志青年提供儒学经典教育，以保证他们能够通过科举考试。受教育阶层逐步扩大，即使未能通过科举考试的人也能找到一份工作，例如做政府中的文吏或私塾教师。

许多应试者都来自两个全国性大学"太学"，一个位于长安，另一个位于陪都洛阳。其生源基本上限于贵族和官员的儿子，其他的生员则需要通过所在州的推举，并通过州一级的解试的初步筛选。通过在首都举行的殿试，相当于西方人通常说的取得了博士学位。在整个唐朝期间，每年都要进行五种不同的考试，对应五种不同的学位。第一科需要展示应试者卓著的文学才华，此科被称作"进士"；第二科考察应试者明习经学的能力；另外三科考察生员的法律、书学和算术，但远没有前两科那么重要。尽管如此，官方仍会不定期地或于短期内考察生员其他一些科目，例如8世纪一段时间内，科举考试中甚至有关于道教的科目。736年以前，科举考试的全部事项都由尚书省的吏部主持，之后这一职责转移到了礼部，它标志着声名在外的官吏选拔制度被视作一个象征性的国家仪式。

通过考试的人能够得到一个文官头衔和官阶，但并不会自动得到委任。官员任命是吏部主持的另一个单独的程序，申请者不仅仅包括刚刚获得科举功名的人，还包括任期已满的低阶官员以及那些被认为有资格的申请人，例如传统上受特权荫庇的官员子弟。每年，吏部征召所有合格的候选人来进行自我展示，考察申请人的书法以及撰写关于实政问题的文章的能力，随后还要考察申请人的个人形象和言行谈吐，最后还要翻阅其档案，确定他是否品德优良、才华出众和抱负远大。当以上程序都完成后，他们会询问每一个通过的申请人心仪的职位，再与已知或即将空缺的、与申请人官阶匹配的职位比对，最后由吏部将候选人名单上呈门下省，再由门下省批准后上呈皇帝过目。这之后，新的官吏任命会昭告天下，申请人应在皇室成员面前正式地表达他们的感谢，此后再走马上任。

汉朝时期，所有官职都是终身制的，但在唐朝变为三年一任。若要连任，官员需向吏部提交申请并重复上文提及的程序。官员们或许都要重复经历数次申请程序，直到他们的官阶足够高时才可以被免除这一程序。在职时，每位官员都要接受上级的评估，这种每年一次的绩效评估文件会在吏部归档，并在连任考核时用作参考。

所有官员都被划分为九个品阶，对应不同的俸禄，所有部门也按照类似的方式划分。若保持良好的年绩效记录和连任记录，官员便可以获得高官厚禄，甚至可以平步青云到官僚系统中最显耀的职位之上。然而这个过程很缓慢。最初，申请人通常要为一个合适的空缺等上两到三年，一名合格的连任者并不意味着会被马上重新任命。即使到了唐代，对于高阶官位来说，良好的为官记录仍比不上好的家族关系，因此唐朝政府从来也没有成为一个彻底官僚化的、去贵族化的政府。然而，中唐之后，所有的机制都为迎接晚期帝国时代的官僚统治做好了准备。

监察

前文曾反复提及监察官员，但这并不意味着他们是早期中国朝廷专门雇用来焚烧异见书籍或是监视公共伦理的走狗。诚然，由于皇帝被视作"百姓之衣食父母"，所有官员也被寄希望于能够承担起成为道德楷模、严惩不正之风的职责。然而对于监察官员来说，他们有着更具体的职责——确保政府能够如预期般运转。尽管这些监察官员通常被称作"皇帝的耳目"，但他们的职能远大于秘密警察；虽然他们被称作"执法官"，但只有十分有限的司法权力。他们是文官中的常规成员,当被任命到御史台后,他们的唯一职责就是按规定持续监督所有行政运作,弹劾违法、违反行政条例以及违背传统道德理念的官员。由于监察官员能够绕过常规通信渠道,直接将参本上奏给皇帝,因而也具备了行动的独立性和极高的威望。若报告触怒了皇帝,他们不能免于责罚。但一般来讲,从皇帝的个人利益出发,他并不愿意去威慑他的监察官,惩罚一名尽职尽责的监察官员通常会被视作疯狂的行为。

从秦汉一直到唐朝,监察官在行政上隶属中央机构御史台。但在唐朝的制度下,由于御史大夫不再像汉朝时那样与一般行政等级挂钩,监察工作因而有了更大的自治权。

除了负责持续督查整个官场的监察官员,按例,朝廷中还包括暗含监察职能的官职,例如谏议大夫、散骑常侍、左右拾遗以及秘书监。在秦汉时期,这些官职是授予高官的荣誉性头衔,象征着他们的地位已经堪比皇帝的同伴和导师。到了唐朝,持这些头衔的官员则成为中书省和门下省的常规成员,职责是监督皇帝本人的行为,负责为皇帝呈送文书。他们被期待能够直谏皇帝的错误和短处。由于这些官员被授予驳回任何不当法令——无论是内容不当还是形式不当——的权力,所以其中一部分人甚至能够否决皇家法令和其他公告。除了对皇家法令的常规监管外,皇帝所有的命令在生效之前,惯例上都需经过中书省和门下省的批准。如此就对皇帝专权起到了抑制作用,其作用虽不彻底但却不容小觑。

尤其是早期帝国时代的政治强人,例如汉武帝和唐太宗,在大部分时间内都可以利用监察官去威慑官场。然而,对于大多数皇帝来说,他们都过度依赖统揽官场的强大亲族和门阀的支持,即使在政府变得愈加官僚化的情形下也依旧表现得武断专权。到了唐代，虽然皇帝依旧位居万人之上，但谏官职能的制度化进一步确保了皇帝不会成为暴君。

法律

就像监察制度一样，中国的法律实践和法律理念也值得特别关注，因为它和与之相对应的西方概念相去甚远。中国的律法一直以来就是纯粹的政府工具，既不被视作神圣的仲裁，也不被视作一部不可违背的宪法。它是日常行政的一个不可分割的部分，其中既没有一项能够限制国家权力的条款，也没有一套据此可以合法责问国家的教义或独立司法系统。国家颁布法律只有一个目的——直截了当地表明希望民众规避的行为以及犯错后将受的惩罚。法令主要依靠县令来落实和执行，在处理民众的法律案件时，他们基本上是皇帝的全权代理人，集调查官、检察官、辩护人、陪审人员和法官的职能于一身。可疑的案件时常会递交到上一级的行政机构——刑部，甚至会上呈皇帝以做裁决。严重的判决通常会经由高级权力机构复核后再执行，但县一级的初级仲裁依旧有着巨大的惩罚效力，几乎是不容置喙的。

这种形式的法治源于先秦法家的治国理念。早期的儒家不信任法治，更倾向于通过统治者和官员以身作则遵从礼仪教化来使社会顺应天命，也就是与宇宙和谐共处。然而，大体上，在面对汉代时期形成的庞大且复杂的帝国时，儒家不得不承认法律在行政管理中不可或缺的地位。事实上，儒官的确成为孜孜不倦的立法者，然而他们还是在法律系统中融入了自己的哲学和精神理念。在法家的观点中，法律应该严格体现平等主义，同时又被严格执行。但自汉朝起，在儒家的影响下所颁布的法律是相对且有条件的。比如，谋杀犯不会被一视同仁地严惩不贷，其罪责的轻重取决于谁杀了谁、犯罪的情境、双方的关系以及其中的道德义务。如此一来，若一名父亲杀死其不孝子，其行为就会获得赞成；但若是子弑父，无论在何种情境下，这一行为都会被视作罪无可赦，即使是无心之过也不能减轻罪责。在唐代律例中，有一条带有更加鲜明的儒家特色的法规：免除子女在为父母服丧期间的死刑。对于县令来说，处理法律案件无疑很难。侦查犯罪情境、犯罪动机和犯罪结果，做出公正且顺从公共道德的判决和判罚都需县令一个人完成。有关法律条文内容的争执并不常见。

汉代律法中只有一部分得以存世。其基本形式显然被后来的分裂时期的众多政权模仿。已知最早的完整法律条文是651年颁布的唐代法典《永徽律》，据传，它的内容是从隋律演化而来的，其中包括了501个条例，分属12篇：

1. 《名例律》
2. 《卫禁律》
3. 《职制律》
4. 《户婚律》
5. 《厩库律》
6. 《擅兴律》
7. 《贼盗律》
8. 《斗讼律》
9. 《诈伪律》
10. 《杂律》
11. 《捕亡律》
12. 《断狱律》

当代西方人所称的"民法"并非国家的焦点，它们依靠族长和村中的长老按照地方习俗解决。若民事诉讼递交到了县衙，那么县令也要寻求一个公平的解决办法，但诉讼双方都会或多或少受到惩罚，因为他们没有能够在和谐共处的精神内涵下解决问题。

即便在汉朝，撇开缓解秦朝苛政的措施外，法定刑罚也很严酷，例如死刑是斩首或腰斩。若触及叛国罪或等量严重的罪责，罪人的全部家属也有可能被诛杀，部分是为了防止其家人复仇。对于罪责相对轻的罪犯，则处以足以致残的刑罚——如黥、劓、宫刑等。罪责最轻的罪犯会被派往建筑工程上服劳役——修路、筑墙、挖凿运河是再常见不过的刑罚了。监禁并非常规刑罚，但被起诉的嫌疑人会被投入大牢，在等待审判期间，有时会被戴上镣铐。审问期间，证人和嫌疑人普遍都会遭受一顿棍棒拷打。对于官员来说，常见的责罚是罚金、免除职务或发配至条件艰苦的边疆，例如易患疟疾的南海地区。官员和百姓有时能够通过上缴钱财来减轻责罚。

到了唐代，常规刑罚被划分为五类：斩或绞的死刑；流放两千里、两千五百里、三千里地的流刑（一里约为三分之一英里）；服一至三年不等的苦役；杖责五十至一百下不等的杖刑；笞打至多五十下的笞刑。同汉朝一样，上缴罚金通常能够减轻有名望或富庶之人的罪责。

军队

实际上，军事是帝制中国的权威赖以建立的基石。所有朝代始终为潜在的内外军事挑战而焦虑不安，只有中央全面、紧密地控制军事力量，政权才能够持久且强大。但是判断哪一种军制最适用于中国并不容易。通常，国家需要三种军事力量：第一种是在边境地区，特别是在北方和西北方的边境，这些地方需要军队长期驻守，以驱逐咄咄逼人的游牧民族；第二种是首都所需的大量军力，这些军力能够保护皇帝，避免意外并提高皇家的权威，同时，这支军队能够被灵活调配，在需要时随时前往远方作战；第三种是为了维护地方日常的政治活动，以及对抗地方小规模盗匪的军事力量。为了满足以上需求，国家常常进退两难。业余的应征士兵最不可能出现内部管控问题，但战斗力也最低。熟练的职业士兵战斗力强，但却难以进行内部控制。总而言之，早期帝国时代的中国致力于实现半农半兵的理想，但真正成功付诸实践的也只有汉朝和唐朝早期。

在汉代的兵役制度下，年满二十周岁的男性都需在政府登记，二十三岁至五十六岁的男性都可能被征召入伍。理论上，所有男性应在本县的军事督导带领下参与军事训练，每年一个月，时间在秋收之后。这名男性一生中需要守卫一年都城，戍守三天边境。虽然1世纪时汉朝的尚武精神颇盛，但在实际中，这样的体制仍行不通，征召到的边境戍卒的数量尤显不足。很快，国家开始大量"免戍费"地招募尚在服役期的人，同时还招募义勇队或贫困到无法支付赋税的农民，提供一年或更多的军饷供他们到边境驻扎，甚至宿卫京师。东汉年间，地方军队被废止，这一举措无疑旨在限制地方或区域军阀。但无论如何，到了2世纪末，军阀已横行天下。

除了上文提及的基本兵役之外，汉朝的应征士兵还需响应地方的突发事件以及朝廷委派的将军的征召。对于某些战事，朝廷还会征召义勇队。在朝廷批准后，将军个人还能够招募自己的军队。整体军事编制得以及时专业化。雇佣兵充当京师卫兵，胡骑则被雇募来戍守边境。地区长官和门阀大族也有自己的雇佣兵组织。理想中的征兵制以及汉代早期高涨的军事士气已然消失殆尽。

在汉朝之后的分裂时期,在南方,为门阀效力的雇佣兵比比皆是;而在北方,游牧部落是征服王朝的精英常备军的主要构成,他们依靠对汉人农民的剥削来获得收入。但到了6世纪中叶,西魏统治者为了适应鲜卑传统上的部落组织结构,制定了一个新的兵制:凡是有两个儿子以上的家庭,必须要送一名永久性入伍。这些士兵被派往分布在全国的一百个府中,这些府又由二十四个军统领。入伍的军人可以免除自己的税务和徭役。军人的基本需求由国家供应,但在驻守期间需要利用军事活动的间隙,在国家分配的土地上耕种以实现自给自足。

府兵制最初的意图是要将贵族士兵与农耕人口分离。在经历隋朝的演化后,府兵制到唐朝变成了一个全新的兵役制度。唐代的兵制与汉代的主要区别在于它并非基于短期的广泛征兵,而是在可能的情形下打造一支依靠农耕自给自足的、精英的职业军队。特别是在唐朝初年,服兵役备受尊敬,富庶之家都雄心勃勃地为其子孙在军队中争得一官半职。年轻男子在满二十一岁后即可参加基于身体条件好坏和家庭背景显耀与否的入伍选拔。入伍士兵分别驻守在六百余个折冲府之中,这些地方主要聚集在唐朝都城长安、陪都洛阳和北方边境上。府兵要一直服务到六十岁退休为止,按照距离京师远近轮替,轮流到京师宿卫一月。在另外的轮替中,折冲府会派遣士兵前去戍边三年,并按需派遣分队去参加特殊战事。

除了在兵制系统内拨出的京师卫兵外,皇帝本人还拥有自己的常备军,称作北军。它的前身是追随唐朝创立者起兵反隋的部队,在7世纪后已充斥贵族子弟。于是,北军拥有无上的军事威望,到8世纪前他们作为长期的职业军人,一直都是唐朝的战斗力核心。在北军面前,京师宿卫的府兵们相形见绌,逐渐沦为朝廷权贵的仆人。随后,府兵组织逐渐被削减。到了 749 年,府兵力量和声望远不如从前,甚至都不再承担上京宿卫的职责了。

尽管在边境防守中的角色逐渐衰微,但府兵制度还是得以残喘。国家不得不依靠征兵来维持其边境上的足够力量,到了 8 世纪中叶,国家终于不得不永久性地依靠雇佣兵来镇守前线,其中大部分来自交好的异族部落。在节度使的领导下,这样的雇佣兵部队蓬勃发展起来,使得 755—763 年毁灭性的安史之乱成为可能,也导致了后来的军阀混战。同时,受宦官掌控的宫廷守卫在长安崛起,削弱了北军的威望和力量,也为晚唐时期都城的宦官专权与腹地的军阀分裂的双重悲剧埋下了伏笔。

在早期帝国时代,军事技巧并没有实质性的创新,没有什么可以与战国时期步兵和十字弓的发明相比肩。唯一的技术性进步就是从草原地区引进的马镫,它极大地提升了人们的骑射技术。有人认为:马镫约在 5 世纪被引进,在此前一千年,轻骑兵已经是东亚地区的主要进攻力量之一。一直到唐朝,十字弓都是中国最顶尖的武器,尽管那时火药早已被发明并被用于烟花制造。

在帝国早期的数百年,在汉人不断深入中国南方的过程中,随之而来的一个发展值得特别关注,即对水上作战的适应。前 111—前 110 年,汉武帝成功征服南越,他在广东地区的胜利就是依靠从长江三角洲驶去的小型舰队;东汉末年曹操专权时期以及接下来的三国时期,水战十分频繁且具有决定性意义;在对抗高句丽的战争中,隋和唐都雇用了海军力量。简而言之,从汉到唐,中国的常备军事力量中已经包括了海军。

纵观早期帝国时代,在文官制度和由征兵组成的理想化军事编制中,帝国实现了重大发展并进行了诸多尝试。其中,最受尊崇且回报最为丰厚的职位还是军职,而非文官。汉朝和唐朝早期都十分尚武,即使在开元盛世时期,文官在朝廷中也绝未占支配地位。安史之乱后,军国主义更是猖狂不堪。简而言之,广为流传的当代认知——古代中国尚文不尚武——其实是个大错误,至少从早期帝国时代来看无疑是错的。

七、社会与经济

在整个早期帝国时代，中国未能维持一个统一、中央化的国家体制，但这并不使人惊奇。相反，真正令人惊叹的是汉朝和唐朝竟能维持如此长时间的政治统一。在这一时期内，接连执政的政府所面临的任务之复杂、数量之多，是近代以前的欧洲政治家难以想象的。在北方和西北方，各政府需要与敌对且强大的异族持续作战，为此他们穷尽了人力、财力和管理知识。中国还不断向南方的异族地盘扩张，持续吸纳新的人口，适应着与家乡，即中国北方的中原地区迥然不同的生活方式。同时，中原地区的生活特性也由于频繁的异族入侵而改变。在这种社会经济多样化且变革和混乱不断的情况之下，政治统一几乎不可能。然而，最终得以实现的统一表明了超凡的中国天才所架构的社会工程的优越性，以及缓慢发展成形的文官机构——由全国各地选拔而来的、有着共同教育背景和怀揣实现儒家理想之抱负的人们组成——的重要性；要知道，彼时彼刻并不存在一个统一国家的社会经济基础。

即使是中国最固执的集权者和标准化的支持者,也必须包容人口和地区习俗的多样性。任何一个朝代的政府都未曾直接触及县一级以下,因为一个县辖区的人口多达两万至几十万不等。于是百姓就需要自己依照当地习俗去贯彻国家法规,同时,还需要维持地方秩序、平息小的争执以及管理小规模的水利工程和其他公共事业。除却形式上的不同,秦朝时期五户或十户一组的联保组织被后续朝代沿用。汉代村中的族长(被称作"三老")由官方批准且备受尊敬,有着游牧部落传统的村镇则施行"三长制"——5户、25户和125户分别按等级设立一名首领——在北朝初期十分普遍。到了唐朝甚至更早,商人和手工艺人被单独划入"行"或归入受国家认可的行老之下。同样,帝国境内的少数民族——在边境地区定居下来的游牧民族、南方原始居民、在中国南方港口或其他贸易中心定居的阿拉伯商人——基本上都被允许在他们推举的首领的管理之下以自己的方式生活。国家希望这些人的首领能够扮演汉人族长的角色,做百姓和政府机构之间的桥梁。

人口

族长等人最主要的职责之一是定期向县令上交人口和土地所有权报告,因为它们是国家收入和徭役的基础。由于这些程序都在地方掌控之中,因此,国家的人口统计无疑不准确。少报、漏报很常见,一部分是因为这有利于地方减少赋税和徭役,另一部分是由于这种地方制度很难把从家族分立出的新家庭、新迁入的定居者以及新开垦的土地精确地计算入内。即使如此,这一时期保留下的人口数据也比同期其余地方的数据更具启发性,它揭示的人口变化——伴随着大量迁移人口的在籍人口周期性地增长和减少——构成了早期帝国时代社会史的重要组成部分。

从战国时期到唐朝，中国人口不断在六千万上下徘徊。持续出现的干旱、洪水等自然灾害使得持续的人口增长被打断，但人口减少的主要原因还是归咎于周期性的、席卷全国的战事。从战国末年到前3世纪秦朝倾覆后的内战期间，人口亡失尤为明显。同样，王莽政变到1世纪的后汉初年期间、2世纪末汉朝日趋衰亡之时，从北方匈奴入侵到接下来的大动乱年间、8世纪的安史之乱期间，以及9世纪晚唐军阀混战之际，人口都出现了显著性减少。

在平稳的汉朝初年，人口增长达到顶点，公元1年的在籍人口为59 594 978人。根据当时人们所述——无疑包括了大量夸张成分——在推翻王莽政权的叛乱中，人口缩至原来的十分之一，但到了140年，统计的人口数量仍有49 159 220人。157年，人口增长到了东汉期间的最大值56 486 856人。随着汉朝在190年前后开始崩溃，食人的情况频见于记载。晋朝时期的人口也有大幅缩减，以至于在280年的最大在籍人口也仅为16 163 863人。在经历了漫长多变的分裂时期后，606年隋朝在册人口缓慢爬升到了46 019 956人。到了8世纪的唐朝，人口平衡在五千万上下。安史之乱爆发不久前的753年的人口统计显示，中国有9 619 254户，共计52 880 488人。紧接着安史之乱之后的764年的新统计中只记录了2 900 000户，共计16 900 000人——这个数据只是约数而非实际的统计数据。在唐朝余下的时间里，人口数量甚至再也没能达到五百万户。

除了灾祸期间的人口缩减，人口数量也随地区变化。在整个早期帝国时代，大体的人口迁移趋势是从西北（陕西和山西）迁向东南（长江中下游平原和长江三角洲地区）。另一个值得注意的次要人口迁移趋势是向中国西部的四川地区迁徙，以及向东北部今天的北京和东北地区南部迁徙。在分裂时期，面对异族入侵和占领，有大量人口迁出北方，但从汉朝到中唐时期北方依旧是人口的主要聚集地。最晚到730年，北方和南方的人口比例仍为2∶1。唐朝时期的河南道——囊括了从黄河南岸一直到今天山东省的整个北方平原——是人口最稠密的地区，在籍人口有11 278 695人。与河南道相比，位于黄河流域北侧的河北道的人口数量相差不多，也有10 230 972人。南方的江南道占地更为辽阔，辖区从四川长江流域至太平洋，包括除了广东、广西和云南以外的全部长江以南地区，但在籍人口仅为10 559 728人。人口的非均衡分布同样也反映在聚集了大量居民的城市。唐朝人口最稠密的26个州中，只有6个位于南方，而且它们全部集中在长江下游三角洲的富庶之地，包括今天的南京、上海和杭州。在安史之乱摧毁黄河平原地区后，长江平原和南方地区的人口才逐渐与北方持平。

城市生活

从汉至唐，城市化是最显著的社会发展特征之一。战国时期的城市化脚步在西汉时期停滞不前。战国和汉代有十余个著名的城镇，但是大多数还不能被正式称为城市。人口最密集的城市是都城长安，它是一个喧嚣热闹的大都市，四周由厚重的城墙包围，周长25公里。南北、东西向的宽阔大街贯通全城，每一面城墙各开三门，城门宽阔，可供四马并驾齐驱，其上还设有防御城楼。富贾之家通常都自带园林，提供了一个隐蔽的、田园式景观，房屋有二层，可以俯瞰全景。商业活动被限制于指定的市集地区，分布在城中的不同区域。长安城西墙外有一个大型的皇家园林，其中包括一个动物园。公元 1 年，都城所在郡的登记人口数目达 246 200 人，其中约 80 000 人住在城内。比起长安，东汉都城洛阳的规模甚至在西汉早期都不小，在 2 世纪或许还扩大了不少。紧随其后的人口聚集地是四川成都。

唐朝时城市生活蓬勃发展，可从以下事实看到：8 世纪前期，唐朝最大的 26 个州的在籍人口都超过了 50 万，长安所在的京畿道的人口甚至激增至拥有 200 万名在籍居民。都畿道的洛阳和河北道的大名的人口都超过了 100 万，成都的人口也逼近 100 万大关。天津人口排名第 9，有 825 705 名居民，苏州以 632 650 人排名第 19，杭州以 585 963 人排名第 21。唐朝中期的城市排名并没有将帝国一些大州的城市纳入，如位于广东的南方大型港口城市，或是位于大运河和长江汇流地的内陆港口城市扬州，即便这些城市是阿拉伯旅人不遗余力地赞美的对象。扬州作为全国的水利交通枢纽，在安史之乱之后得到迅猛发展。

唐朝的长安城无疑是那时候世界上人口最稠密的、最繁华的大都市。在经历了自西汉以来的多次重建后，它成为一座由高墙包围、占地约 78 平方公里的大城市。城中包括外城、独立为城的宫城，以及类似于城中城的皇城。外城包括 106 个封闭区隔的坊、两个大型的市、上百座寺庙，其中大部分都是佛寺。外城人口数量约在百万，总是聚集着来自四海的访客——蒙古来的骑士，中亚来的驼队，天竺的圣人，波斯湾来的阿拉伯商人，马来群岛的冒险家，新罗和日本的僧人、使团和留学生。远道而来的乐团、杂耍者、杂技表演者、矮人和黑人使人捧腹，歌妓充斥的酒肆和饭馆客喧如沸，长安城的市集中随处可见欧亚大陆运来的异域器具以及从中国各地而来的特色商品。

长安城的来自世界各地的居民沉迷于外来事物中，他们在音乐、舞蹈、服饰、饮食、发饰、妆容、宠物和奴隶方面引入了一拨又一拨的异域风尚。同样的世界性精神也传到了其他唐朝都市,并在后世中国的城市生活中留下了印记。显然,正是为了模仿时髦的宫廷足尖舞蹈,五代时期的中国妇女才开始戕残自己的肢体进行缠足。毫不夸张地说,这一习俗致使20世纪之前的所有上层社会妇女都变成了残疾。也可能是受伊斯兰教的影响,晚唐时期的上层社会开始把妇女隔离在一个闺房式的私密空间中,并逐渐演化为中国传统,尽管这一传统并非源自汉人也非游牧民族。

门阀统治

中国军事领域的士向士大夫精英的转化,在汉朝以前有着不错的开端,但在早期帝国时代只是间断性地发展。正如前文的章节中所反复述及的,从汉到唐,中国社会都被世袭的门阀掌控。

汉朝精英与旧时周朝贵族的区别在于,他们的地位不完全与出身挂钩,明显的例外就是皇亲国戚。许多身居要职,特别是那些通过军事成就而加官晋爵的人都出身草根。此外,尽管获封的官职可以世袭,但只要统治者大手一挥,官员的社会地位轻易就会丧失。例如,到了西汉末年,汉高祖所任命的诸侯王的后代,没有一人依旧是贵族。新的精英成员与周朝贵族还有一点不同:他们不必在政府中任职,但在实际中仍垄断着政府官职,并通过名义上保留在朝廷中的地位持续享有声望。简而言之,汉朝精英并非出身高贵的世袭贵族,而是有着政治影响力和财富的贵族。在一些例子中,政治影响力创造了财富,而另一些则是财富创造了政治影响力。这两个要素是彼此相依的。维持政治影响力最稳妥的途径是控制军事力量,无论是政府的还是私人的;而财富则源于对土地所有权的控制。

汉朝时期的门阀并非由一群有血缘关系的亲属构成。事实上，汉朝延续了秦朝试图摧毁周朝传统中的血脉宗亲的政策。政府积极阻止大家族的集聚，在东汉时期，三代同堂已经很了不起了。汉朝的门阀更像一个企业，其组成部分通常包括：(1) 一个富有且具有政治影响力的土地所有人；(2) 他的直系亲属和家庭，包括妾、仆人和奴隶；(3) 他的农业资产，其中或许包括一些由佃户耕种的四散的小块田地，但更主要的部分通常是由农奴式的契约农民或奴隶耕作的大面积的完整土地；(4) 一群"客"，包括了从占星师、谋士到政治间谍和刺客的各色人等；(5) 一支私人的作战军队（部曲），常驻扎在堡垒之中，以抵御庄园入侵者。"客"和私人武装通过对门阀宣誓效忠来确立关系，他们能够被赠予或转让，但不能被买卖，也可以主动与其资助人断绝来往，转投他主。庄园中的农民似乎都被一纸契约捆绑在土地上，但理论上，他们也可以重获自由。奴隶则被公开地买卖，但他们所占的比例远比古希腊和古罗马的少，汉朝的庄园与奴隶工作的种植园也并无相似性可言。

特别是在东汉和三国时期，这类门阀世系成为巨型企业，占地上千亩，囊括了几十座农庄、矿山、磨坊和其他工商作坊；其门客多达百余人，奴隶更是数以千计，军队则有上万人。无论从哪个标准去看，门阀都富有四海，三国时期的一位地方豪强甚至为女儿准备了一千名由绫罗绸缎包裹的女奴作为嫁妆。很显然，汉帝国未能实现汉朝初期的社会理想——一个繁荣的由知识精英领导的自耕农社会。

在南北朝时期，封建主义的社会模式变得愈发普遍，不难发现，这一现象的根源在于四分五裂的政局，而它又反过来加剧了政权的分崩离析。在南方，汉人群聚在强有力的地方领袖麾下，以躲避一批又一批从北方南下的难民与土地被汉人侵占的原始南方部落。同样，留在北方的汉人群聚以抵御游牧入侵者和借传统政府崩溃之机而横行四方的土匪。同时，入侵的游牧民族也逐渐汉化成为新的汉人。无论是南方还是北方，社会都分裂成为地理概念中敌对的飞地，因此，这时期内的政府或多或少都带有地方豪强的影子。而在每一块飞地内，人们越来越无法摆脱世袭地位的束缚。有时，后世学者甚至将分裂时期的中国社会与印度的种姓社会相提并论。

在4、5世纪，南北地区的大量汉人都落入了更加卑贱的境地，虽然可能还不能称为种姓制度。这个庞大的群体不仅包括大庄园上的农奴、徒附和奴隶，还包括各类受歧视的职业群体，如巫师、医师和艺人。受人尊敬的平民缩小到少量的剩余自由农民、工匠以及北方异族出身的部族战士。随着地方自治和地方的自给自足的复兴，汉朝时颇为兴旺的商人阶层彻底消失了。在社会阶层的顶端是一个改头换面的精英团体，他们自命为士阶层。在这些迥然不同的成员之中，有一些是汉朝门阀的后代，有一些是不比强盗好到哪里去的尚武的机会主义者，还有一些是北方入侵者的部族贵族。向上的社会流动性被习俗或许还有法律限制。同样，不同阶级、阶级内部的不同群体之间也禁止通婚。除了真正的士之外，没有任何人能够成为官员候选人。因此，士阶层的特权和世袭制度被门阀谨慎地维护，也被政府细心地审查。血脉相承的文人变得随处可见，所有门阀都声称能够将血脉追溯到某位高官身上，最好是一位汉朝的高官。

有数股力量与这种森严的社会等级相悖。佛教的传播，特别是它对慈悲的强调，最终引起了人们对于备受欺辱的百姓的同情。

佛教寺庙为越来越多的人提供一个远离已有等级制度且有尊严的安全的社会地位，以至于政府最终不得不强制性地限制佛教的发展。游牧入侵者所持的传统的部落平等主义、北朝政权孜孜不倦地扩张以及在隋唐时期发展起来的新的文官任选程序，都为消除阶级差异做出了贡献，也推动了对人类与日俱增的个人尊严的重视，而这成为中国唐朝的一个鲜明特色。

唐朝的社会秩序是自西汉以来最开放的。在这个新的中央集权帝国之下，商业的繁荣加强了社会流动性，百姓的境遇也得以提高。但唐朝社会并不比汉朝公平，财富和政治特权依旧被一小撮拥有土地的宗族、家系垄断。此时，对于宗族世家来说，三代甚至更多代人同堂已然变得稀松平常了。唐朝政府记载了帝国各州内公认的士家，其中一些宗族雄踞中央政府长达数百年，在帝国境内广泛享有盛誉，其余一些家族则只享有地方上的影响力。实际上，一名士族有可能一贫如洗，但无论怎样，士族出身的人都享有国家的认可、广博的人脉和精英群体的赏识。

特别是在初唐年间，唐朝精英包含了大量汉人与突厥人混血的北方贵族，其血脉同唐朝皇帝一致。这些人生性嗜酒、擅长骑射，男人在庄园中同鹰隼一起狩猎，女性则以击马球为乐。但并非全部唐朝贵族都是终日宴饮喧嚣之人，作为南朝孱弱的贵族后代，那些士人更偏爱知识和文化，而隋唐时期发展起来的人事行政程序也恰巧激发了文化活动的繁荣。无论如何，北方贵族的遗赠赋予了整个唐朝时期一个更类似汉朝的精神面貌，与后世的中国朝代都不尽相同。

逐步发展起来的半职业化的唐朝行政机构不可避免地被长期的主导观念——社会地位和官职世袭——所侵蚀。但正是在8世纪的安史之乱，以及后来晚唐时期的军阀割据和五代十国的撼动下,世袭贵族的社会经济和政治权力才最终被逐渐削弱。动荡不安的9、10世纪为一个新的社会结构的衍生铺平了道路,这个新社会结构将贯穿整个晚期帝国时代,把非世袭出身的士大夫推向了至高的地位。

农业

伴随着社会不平等出现的,自然还有经济上的不平等。在早期帝国时代,中国政府就贫富差距扩大的趋势进行了富有创造力的斗争,他们的动机一部分是理想化的——重建被认为在上古时期一度存在的和谐社会。但同时,他们的关注点又非常务实且冷静。无论何时,私人手中聚敛的大量财富都是巨大的威胁:它是中央化的政治权威的威胁,是充足的国家收入的威胁,也是引发大规模贫困从而导致民众骚乱、危及政治稳定甚至招致政权覆灭的威胁。掌控经济剩余一方面有利于国家的自身利益,另一方面也可以减轻愈见恶劣的贫富分化,从而维持社会秩序。由于社会主要依赖农业,因此,国家面对的最大挑战就是设计一个公平合理的土地分配制度。

一旦旧的、周朝的封建模式被自由保有土地的农业模式和可在自由市场上任意买卖土地的制度所取代,小农阶层旋即陷入困圄。根据当代学者估算:汉朝早期,一户典型的农民家庭由一对夫妻和三个孩子构成,他们可能拥有一百亩地[1],年产粮约一百石,此外他们还生产少量豆类、蔬菜以及用于织布的麻和丝。假设每名家庭成员每日平均消耗不到一夸脱的粮食,那么这个家庭需要

---

[1] 亩是土地测量的基本单位,相当于1/6英亩。一百亩为一顷。

消耗他们年产量中的一半。汉朝初年规定的税率为十五税一，但在前150年后降至三十税一，因而赋税应当不是一个正当的在籍家庭的负担。但农民家庭还需面对另一些沉重负担：除了以现金支付每成人一百二十钱和每儿童二十三钱的人头税以外，家族的男性成员还需服兵役，这点已在第六章提及（服役期间的农民需要自备粮食）。另外，在政府的安排下，每名男性都需要参与地方上的建筑工程或其他佣工任务，每年义务工作一个月。因此，农民最好的生存状况也只能被形容为动荡不安。当灾难来临时，小农们除了坐以待毙之外没有太多选择。他们可以将土地抵押出去，在有限时间内延缓灭顶之灾的到来；他们也可以投身到贸易之中去，但没有资本，前途惨淡不堪；他们也可以加入绿林；最可能的出路是将土地卖给一些地方豪强，然后成为佃户；若以上都不能成功，他们只有将家属或自己变卖为奴。如此一来，官员和商人这样的富豪就成为大地主。持有土地通常是一个极好的投资，因为租金通常是粮食年产的一半。此外，富有的地主通常也有足够强大的政治影响力，从而能够争取到免税。

富贵之家当然不是自我牺牲、拯救贫困的救世主，他们通常是咄咄逼人的、强制的剥削者。大地主总能轻而易举地控制足够的水资源，从而使较小的邻居陷入贫困，他们也总能将原本国有的池沼、山丘归为己用，让原本依山傍水而靠伐木、渔猎为生的穷人再无所依。特别是在东汉时期，在政府变得极为孱弱之后，压榨的地主和县令无所顾忌地诱骗、强迫农民家庭沦为农奴或奴隶。对于农民来说，举家依附于某个强大的地主豪强成为其"部曲"，也是躲避国家压榨和盗匪、叛军洗劫的好方法。

早在汉武帝一朝，尽职的朝廷官员就已经指出农民的困境以及改革的迫切性。这之后，政府偶尔会在一段时间内或在闹灾荒的部分地区减税。(税收减免成为后继朝代的常规救济措施。)政府偶尔还会将无地的人重新安置在未开垦的土地上,为贫困潦倒之人提供种子和工具,开发运河工程以提高灌溉水平,以及采取其他一些防止贫富差距进一步扩大的措施。但直到前7年,政府才开始直面土地分配不公的根本问题,规定任何家庭最多只能拥有三十顷地(三千亩或五百英亩),但这一规定并未强制执行。此后,颇有洞见的篡位者王莽声称国家拥有全部土地,强制分割庄园并重新分配给穷人,他也命令释放所有奴隶。这两条命令都未能得以施行,因为执行者恰好是首当其冲的受害者。两三年内,它们在法条上都被废止了。东汉的创立者就是地主精英出身,他和后继者们都没有进行任何土地改革。门阀资产越来越大,对应的是越来越少的农民能维持自由之身。

东汉末年,人口锐减缓解了存活下来的人们与土地之间的矛盾。3世纪初始,专权者曹操积极地重新安置流民,将其分配给国家做屯田客,在无主耕田上劳作,从而既为政府提供了稳定的收入来源,还安定了社会。比起私人庄园中的佃农,屯田客需上缴更多的税,但所受的压榨要比在门阀的庄园中当农奴轻得多。由于缺少政府干预,后者依旧十分普遍。南朝时期,曹操的方针基本得以延续,当遭遇自然灾害时,国家会为自耕农提供不同类型的豁免,重新安置新涌现的赤贫群体,让他们以国家殖民者的身份去垦荒。为了满足南朝朝廷奢侈的开销,政府不断提高屯田客的税收和租金。

在北方,入侵的部落首领安于东汉及其后的家族庄园模式,因此分裂时期中国北方的农民同他们的南方同胞一样,都沦为了彻头彻尾的农奴和奴隶。但到了5世纪,北魏的拓跋皇帝——他为隋唐的安定奠定了大体的基础——开启了土地改革,以实现两个目标：一是扩大耕地面积，从而提高粮食产量；二是试图掌控有权有势的地主。因此在480年，北魏实行了一系列汲取了不同要素的措施，其中有彰显公平的井田制，有汉朝的行政传统，还有南方的赋民公田制。这一土地改革被唐朝统治者继承，在稍加改动后形成了均田制。

改革或许不是一个恰当的描述，因为拓跋统治者试图实现的是对土地保有制度的彻底推翻并重建。所有家庭都只能通过国家分配来获得土地，租期通常都是终生的。土地配给面积按照每户成年和未成年男性、奴隶以及牲口的数量来计算。种植桑树、制造蚕丝一直是百姓长期以来的活计，因此每一户都被批准拥有额外的小块土地来养桑，这块土地可以世袭。一旦家中任何男性死亡，其被分配的土地中都会有相应的部分上交国家，用以重新分配。基于所有男性拥有均等田地的假设，国家免除了土地税，仅按男性人头来计算国家税务和徭役。这样一来，本着井田制的精神内涵，一个在理论上完全公正的土地分配制和税制便达成了。

实际上，北魏的部分改革只是名义上的。原先不拿俸禄的地方首领现在被给予了像汉朝太守一样的职位，并根据领地大小来领取国家俸禄。原先属于地方豪强的土地现在都充了公，但土地上的收入依旧流入地方豪强的口袋，只不过换成了俸禄的名称罢了。高官占有的土地大小本应依据其官阶来划分，但已知的证据表明额外的土地资产并未被充公。至于极度贫困之人，依旧被作为殖民者派去垦荒，一如南朝时期的模式。

在唐朝初年的统治下，日臻成熟的均田制在理论上为所有年满十六岁的男性分配了八十亩的公田，同时也允许他们继承最多二十亩的永业田。[1]所有六十岁以下的男性都要上缴同等的三重税收：与地税或地租数额相当的粮食（租）；代替徭役的各种形式的替代物（庸）；一定量的布料（调）。年逾六十的男性的公田降至四十亩，免于租庸调制。寡妇能够分到三十亩田，若为家长则能得到五十亩，但免于课税。包括商人、工匠、和尚、道士在内的市民同样可以分到小块土地。根据官阶，官员能够分到大块的永业田，在任职期间对永业田的占有也可以算作一部分工资收入。理论上，田地的重新分配——在新的需求与退田之间达到平衡——是由县令通过地方族长来完成的。在人口十分稠密的地区，授田量会小于定量。而在另一些特殊的地方条件下，特别是在边境地区，执行的标准时有波动。

虽然我们很难期待一个如此理想化的制度在全国范围内被顺利、统一地执行，然而，已有的证据显示直到中唐，均田制在中国北方都得以强有力地贯彻，而农民的境遇也大有改观。然而，没有任何一名规划者能够完全克服地少人多这一弊端。此外，由于将土地慷慨地馈赠予官员，甚至只有荣誉头衔的人，均田制使极少数人的特权得以绵延。后继的数任皇帝又不断地将大面积的免税田，甚至是人烟稠密地区的大块田地赠予他们的爱卿，持续蚕食着均田制。而政府也没能机警地将农民从有权有势者的侵蚀和侵犯中拯救出来。佛教寺庙常常从虔诚的皇帝处获得大片田地，同时也被允许从处于水深火热之中的农民处以获赠的形式兼并公田，从而无限地扩大其占地。这些农民此后就成为佛寺的佃农，从而可以立即免于所有的国家赋税和徭役，也可以躲避私人

---

[1] 唐高祖武德二年关于均田制的实施方法中规定，年满十八岁的男子可得田百亩，其中八十为公田，二十为永业田，而非十六岁。——译注

地主的侵蚀。由于以上种种，特别是人口增长的原因，均田制逐渐废弛。

从唐朝初期开始，国家在赋税制度之外开始征收一些辅助性的小额税种。它们之所以值得一提，是因为它们建立了两个意义重大的先例：这些征税只针对无田的市民，比如商人；它们大致基于人丁和评估后的财产来分级征收。因此，累进税制的原则就建立起来了：富人不仅需要上缴绝对数量更多的税，而且纳税的比例也更高。辅助性税种还包括一项小额税目，它按亩均征收，以作为公共救济中购买粮食的赈济款，这一项税务没人可以减免。这样一来，一个标准化的土地税制就从此诞生。这些先例为780年的历史性财政改革奠定了基础。这次改革的设计者是知名官员杨炎（727—781），他将唐朝从均田制经年累月的泥沼和安史之乱后中央权威衰微的困境中拯救了出来。

杨炎在780年的改革中开启了两税法，他废除了之前的所有税种，合并建立了一个分夏秋两次征收的税制（由此得名）。两税法包含两个税种，一是按户籍征收的税种，数额按照人丁和估算后的家庭财产进行累进征收。在意识到金钱在经济发展中与日俱增的重要性后，政府以铜钱[1]的形式收取这部分税；二是依田亩缴纳的税种，可以纳米粟。无论哪个税种都没有一个全国标准化的税率，而是由中央的协调员与地方长官共同协商出一个税收额度，决定多少比例税额上缴朝廷，多少留在地方以供州一级的需求，又有多少归地方政府所有。因此，各地的税率大相径庭，只是为了收足有些武断的协定出的税额。但在唐朝后半期，当中央的政

---

[1] 整个早期帝国阶段，标准的金属货币形式是单一面值的铜钱。现代西方社会习惯称这种中国铜钱为钱（cash）。

治控制日趋式微后，唐朝中央政府只有通过这个方法来征收全国各地的税收了。

杨炎的改革使国家有了稳定的收入，但新的制度也代表着一个巨大的倒退：国家放弃了长期以来坚守的、打击土地分配不公的原则。两税法是在均田制无法继续施行的现实面前的妥协，简而言之，它是汉代初期放任政策的重现。私人所有制原则再度盛行，而农民又一次直接落入与大地主的不公竞争之中。尽管人们对井田制理想仍存有希冀，但对土地分配进行实验的伟大时代终究结束了。由于两税法提供了国家所需，它在16世纪之前的中国财政制度中持续扮演着基础性角色。

商业

在汉唐时期，蓬勃发展的商业与政府政策无关。其实，贯穿于整个早期帝国时代的国家主流意识形态——儒家和法家的结合体，是极度反对商业发展的。对于儒家而言，商人以利益为出发点的生活方式会腐蚀个人道德并阻碍社会和谐；对法家来说，商业活动就算不是反生产性的，也基本上是非生产性的。它不能增长国家财富和权力，还会使本应由国家控制的盈余财富被个人中饱私囊。因此，早期帝国时代的政府认为：若私人商业活动变得毫无节制，那么它应当被监管、抑制并阻挠。

从汉代初始，商人阶级就被迫服从于歧视性的节约法令。穿丝绸衣裳、乘坐马车、携带武器都被明令禁止。拥有农田在理论上也被禁止，尽管在实际中很难操控。商人的子孙不能参与官员任选、推举和考核。他们只能在城市中一些规定的市集中开设店铺，同时还被下派的官员严密监管有没有使用不规范的计量装置或是其他诈骗手段。这些限制措施几乎都是偶尔才被执行，但直到中唐时期，它们才最终被彻底抛弃了。在唐朝的最后一百年间，商业活动逐渐开始以更自由的模式发展，并且影响了后继的所有朝代：四散的商铺突破了城中的市坊限制，大量区域性贸易中心崛起，县城中涌现了专门的市集区域，以供村子在不同的集会中买货易货。

早期帝国时代的商人还需缴纳各类直接或间接的苛捐杂税。政府，特别是地偏路遥的前线驻防政府时常会索要所需商品，并美其名曰"宫市"。政府会以随意制定的低价大量收购商品，几乎相当于充公征用。消费税和商品车船税十分常见，其征收方不仅仅有中央政府，还经常包括地方政府，甚至大地主。

在许多情况下，政府都会召集富商为国库做"贡献"，其中针对商人的一系列最为严厉的措施是前2世纪汉武帝在位期间执行的措施。为了填充在穷兵黩武中日渐枯竭的金库，汉武帝执行了一个新的税法，规定每一船商品收取一百二十钱的税，每一车商品收取二百四十钱，同时还高额奖赏检举逃税之人，违规商人的财产则全部被充公。其后，汉武帝命令所有商人提交全部商品的清单，并要求商人根据财产多少上缴从价税。同样，这次也是对举报者加倍奖励，违反者财产充公。这些法令被严格执行，结果国库立刻充盈，而商人阶级则尽数破产。

另一个更加根本的抑商表现是，古代中国政府都禁止商人从事某些特定的商业活动，而这些行当在其他社会中对个体商人开放。许多政府所需的商品都不是从商人处购买的，而是由官营的作坊制造并提供。这些行业特别包括了造船业、武器制造业等类型的军工行业。军事装备和武器制造领域是个体商人永远不能触及、永远不能依靠它们盈利的行当。

此外，政府很早就意识到理应对市场中的必需品，例如粮食、盐和铁的流通进行规范。战国时期和汉代初年最著名的富商都是粮食投机者，而盐和铁资源作为最典型的广为所需但非均匀散布的商品，极易被私人所操控。在汉武帝一朝，公众对于嚣张的投机倒把这类商品的行为的愤怒，与国家对于金钱的渴求不谋而合，于是皇帝的财政大臣们——出身商贾，即便汉朝有商人不能从政的规定——将汉代之前的部分实验性先例拼凑成一个复杂的市场调节复合机制。在中国之外，直到近代，西方发明了国家社会主义和福利国家制度之时，也没有任何一个系统性的制度能与之相提并论。从汉武帝的措施衍生出的中国市场调节体制主要包括两个部分：一个是一组间接的调控措施，统称为"常平仓"；另一个是通过有限的垄断来直接控制市场。二者都被桑弘羊（前143？—前80）优化。桑弘羊是一名商人之子，由于数学天赋在十三岁时得以入朝做官，最终官至御史大夫，并成为汉武帝最后在位的数十年间实际管控财政的独裁者。

常平仓的初衷是为了稳定市场中商品的供需和价格——尤其是粮食，当然也包括其他一些商品——从而使私人的投机倒把不再可行。在中央的指导下，每逢丰年，全国的政府机关都会随时随地地采集盈余粮食，以避免市场价格的显著下降；相反，政府也会在市场供需不平衡时随时随地地卖出官方储藏的粮食，以避免价格急剧攀升。这样一来，即使需要支付长时间存储粮食以及在区域市场波动时远距离运输粮食的成本，政府还是能够通过在价格高位时卖出或在价格低位时买入来抵消这些成本。事实上，在桑弘羊的机敏管理下，国家即使未能次次获利，但总的来说还是获取了十分可观的利润。这就是武帝的初衷，至少是部分初衷。实际上，国家成功地将从前流入投机商人口袋中的财富收入囊中。

国家垄断行业也获利颇丰。比起私人投机者，国家垄断行业对消费者的盘剥或许还要轻些。国家并未直接参与盐、铁的生产，而是将生产许可批给了承包商。在国家的监督下，这些承包商成为唯一的合法供给商。这一措施行之有效，旋即打压了以往的投机行为，其利润则直接归入国库。从国家的角度来看，盐铁官营十分成功，以至于国家对制酒业也实施了同样的办法。然而，与盐、铁生产不同，制酒业分布极广且高度地方化，难以被国家管控。于是，对制酒业的垄断官营很快就被废除了。

国家对市场的管控并非未遭到攻击。举国上下一度纷纷反对，特别是反对盐铁官营。前81年，汉武帝辞世后不久，全国六十名学者被召集前来朝廷开会，与桑弘羊等高官共同商议国家垄断以及一系列其他政府政策的利弊。官员桓宽与会并记录了会议内容，此后，他提取会中部分主要观点整理成为《盐铁论》。书中观点主要反映了热切又理想化的"国儒"与像桑弘羊这样倾向法家观点的、刚强机智的官员之间的不对等论战。大儒们认为垄断致使国家参与到了与普通百姓之间的不公平市场竞争之中，也滋生了贪婪；而桑弘羊及其同僚则认为垄断等措施能够创收，为国家在边境抵御匈奴提供了必要的支持。儒家官员们反驳称，除非能够提升国家士气，军力强大与否无关紧要，只要皇帝和他的大臣们能够不断进行自我修行以彰显道德，那么匈奴便会争相臣服于汉朝，届时也就没有战争了。这次对话被记录在案，成为真实历史语境之下儒家和法家观点最为经典的一次对抗。

"盐铁之议"并未立即导致任何政府政策的改变。然而，在西汉最后的数十年间，放任主义政策再度抬头，武帝时期的大多经济调控政策都已失效。篡位的改革者王莽试图复兴甚至深化这些措施——通过控制所有自然资源的开采和市场上的所有商品来实现中央化的国家控制。他还企图提高商人和工匠的税赋，从而建立一个国家垄断的信贷体系，为穷人提供低利率贷款。同王莽的其他改革一样，这些规划都化为泡影，东汉政府再也没能重新对产业和商业施加影响了。

无论如何，桑弘羊的财政创新留下了一份不朽的遗产，就像井田制的理想也一直徘徊在人们脑中一样。西汉之后的大多数朝代都保留了部分的常平仓制，前文提及的唐朝通过税收来支持的义仓便是一例。各朝各代也循环往复地复兴国家垄断中的一些措施，特别是对盐的垄断。在8世纪的安史之乱之后，唐朝财政大臣刘晏（718—780）巧妙地恢复了食盐专卖，光是这项收入就占摇摇欲坠的唐朝的中央政府岁入的一大半，在安史之乱十七年后两税法施行前，它为有规律的岁入奠定了扎实的基础。在刘晏的改革下，制造食盐的所有国家官员以及买卖食盐的官方机构需额外缴纳重税。唐朝并未官营冶铁业，在它最后一百年间，政府试图效仿汉朝，重新建立对制酒业的垄断——也尝试了对采茶业进行垄断，但二者都失败了。

为了维护国内政策，早期帝国时代大体上是不鼓励对外贸易的。政府认为人们与未开化的蛮族进行私人来往不合礼制且可能不安全。的确，非官方的跨境行程常常会被认定为叛国。但某些商品的交换不可或缺，四面八方的外国人都在索求例如丝绸、陶瓷和钱币这样的中国商品。同时，中国政府也发现与匈奴以及其他虎视眈眈的邻人和平互市其实是减少被侵袭的好方法。从汉代起，在政府的资助、监管下，汉人与邻国的居民在边境地区互市往来。这逐渐成了一个常规做法。从藩属国来的使团中通常也包括商人，这些商人就得以在都城的市集中进行贸易活动。因此，也难怪朝廷中的多数人都认为藩属国的进贡无非就是精心组织下的商业活动,其成员也都是外国商人,而不是有外交地位的使者。这个事实无可争辩,最显著的一个例子是 166 年出现在南海沿岸的一群商人,他们声称自己是罗马皇帝马可·奥勒留·安东尼(中国人称其为"安东")的使者。

对外贸易当然不只是对外国人的痛苦让步。中国商人从来就不会轻易屈从于限制性法令。边境官员总是可以被贿赂的,而后他们便会无视商人的违规行为。此外,就像前文提到的,远方舶来的物品对中国贵族有着巨大吸引力,特别是在唐朝。唐朝皇帝与其他人一样,也对从远方而来的商品或贡品——稀有昂贵的黄金、玉石、皮草、香料、奇珍走兽等兴趣浓厚。其中,马匹是中国人最急需的进口商品。尽管中国人也在努力维持草场并发明了种种方法去满足对马匹的常规需求,以备在与游牧民族无休止的战争中使用,但若没有外来的马匹供应,中国的军需坐骑时常供应不足。就此来看,后继的中国朝代都应积极推行对外贸易才对。然而,很幸运的是,一些游牧民族几乎乐于向中国提供马匹以对抗其他游牧部族,即使是最一致团结对外的游牧部落,即使知道马匹会被用来对付自己,他们依旧愿意向汉人提供坐骑,因为他们十分渴求来自中国的粮食、丝绸以及茶叶。同样,中国也十分幸运地拥有一个长时间交好的邻国朝鲜,它能够为中国提供良好的马匹。几乎所有的边境马匹交易都是官营的。

在早期帝国时代动荡不安的岁月里,中国工匠的才干与持续致力于发展的所有中国政权一起,使得中国的经济不断向前发展。灌溉、间作、一年两熟制以及被改进的轮作措施都提高了农业生产率。胸带式的马缰绳、牛拉耕犁、独轮手推车、水力磨坊、耧、简易的提花机以及其他节省人工的发明创造——其中一部分比欧洲早了一千余年——也提高了生产率。冶铁技术的提高促使鼓风熔炉、铁制武器和铁制用品更加普及。国家资助的运河开发、道路修建工程改善了交流和交通状况,特别是在隋朝开辟大运河后,交通状况得以大幅改善。经济发展并未完全超越以货易货的水平,即便在唐朝时,租金、税、俸禄和报酬中至少有一部分仍是以粮食和布匹来支付的。一千个一串的铜钱(钱)是自汉至唐以来的基本货币单位,到了晚唐时期,商人开始使用银票和信贷,这也预示着纸币的到来。

从汉朝初年到五代的岁月中,中国人的日常随身用品面目一新。汉朝早期的人们不会烧煤,也不会在纸上书写,他们没有见过印刷术,不在桌椅前就座,不喝茶,也不乘轿,而到了10世纪,这些活动已经变得稀松平常。就物质和技术的丰富性而言,世界上没有任何一个地方能够与唐朝相提并论。

八、思想

汉朝成功统一全国后，曾占据儒家与法家脑海的政治、社会问题立即从哲学领域落入了治国实际之中。当政治稳定最终实现后，许多文人开始全心全意地致力于日常行政、朝政以及第六章涉及的那类制度的制定。占主导地位的儒生们若是未直接参与政府工作，也是忙于重构、重新阐释上古时期的儒学经典或历史著作（在第九章中探讨）。无论在哪个岗位上，他们都试图努力通过借鉴古时的标准来评价并影响当下。

在先秦时期看似颇为变化无常的玄学和宇宙论思想，现在一跃成为中国思想史的主流。即使保守的儒家也将注意力转移到了虚无缥缈的问题上来：探寻宇宙的本质和人类在其中的地位。道家作为一种哲学的同时，也成了大众信仰，并愈发地普及。东汉时期，从印度传入的佛教吸引了大量中国信众，此后它改变了中国人的生活，而这一过程也被称为"中国的印度化"。[1] 然而，中

---

[1] 实际上，与此同时及以后，更多的是佛教的中国化。——编注

国从未出现类似欧洲的基督教世界的佛教世界。在经历了数百年的吸收与适应后，中国佛教在中唐时期达到了鼎盛，之后便很快让位于第一次崛起的理学思想，而后者即将主导整个晚期帝国时代。

汉朝的折中主义

汉高祖以及他的直接继承者们都是纯粹的空想家，在精明地避免秦朝苛政的同时，他们还是采用了秦朝以法家思想为基础的组织结构和行政措施。在个人倾向上，他们大致是道家的，或者他们至少是与道教密不可分的神秘迷信活动的热切追随者。而对于儒学，他们没有表现出太大的兴趣。在汉高祖的早期生涯中，他毫无掩饰地表露了对后来被称作儒生者的严厉礼仪权威的藐视，但还是艰难地意识到了儒生尊崇的部分仪式对于管理朝廷和政府的重要性。他命令儒家学者制定宫廷礼制，从而能限制那些酗酒、粗暴的持剑砍伐他新宫殿中的柱子的属下。而作为整个帝国时期最尚法的皇帝，汉武帝本人却宣布独尊儒术，这几乎是中国历史上最大的讽刺了。汉武帝将所有声称自己非儒的官员拒之门外，并为在前124年创立的培训官员的太学制定了一门彻头彻尾的儒家课程。他之所以这样做，都是受到当时重要的儒家学者董仲舒（前179—前104）的影响。正是董仲舒将原始的儒家观点与当时盛行的折中主义（eclecticism）思潮结合到了一起。

早期汉代的折中主义包括道家的神秘主义和自然主义，又杂糅了所有流行版本的神话和迷信。折中主义的趋势在周朝晚期的一些著作中已经可见一斑，特别是杂文辑录的《礼记》。此外，折中主义在《易经》的"十翼"中也有大量体现。很显然，到前2世纪时，《易经》的内容还仍在撰写中。折中主义思潮淋漓尽致地集中体现在一系列成书于汉代但目前几乎全部佚失的作品中，这些作品被称作"纬"，与"经"相对。最终，后世的学者认为它们无非都是语意含糊的荒谬作品，但很显然，它们反映了汉朝初期几乎盛行全国的世界观。

旧时的"阴阳生万物"的半自然主义、半神秘主义的观念只揭示了汉初文人世界观的一隅。此外，万物由"五行"——金、木、水、火、土——构成的信仰也是这时文人世界观的一部分。文人相信这些作为动力的基础性物质，是按照可测的神秘顺序诞生于宇宙的，它们与阴阳的功能相互平衡。金克木、火克金、水克火、土克水、木克土，等等；正是如此，五行不仅相克，还相生。人们认为五行与四季、五谷、牲畜、五色、音律、味觉、嗅觉、行星、王朝更迭以及方位都有形而上的相互关联，几乎所有事物都能按五行去恰当地分类。在另外一套形而上的相互联结的系统中，阴阳也与《易经》中的八卦（见第70页的八卦图）相连。汉代学者希望能够了解、分析并归纳世界万物，由此寻求到一个能够顺应宇宙中的和谐的方法。

董仲舒

《淮南子》是最早一部试图概括这些系统的著作，本是淮南王刘安（卒于前122年）门下文人编纂的一部道家概略。但其中影响最为深远的综述都是由董仲舒完成的。他将命理学和宇宙学儒学化，其观点集中体现于他的论著《春秋繁露》。书中的重点之一便是对宇宙之中的人类的赞颂：

> 是故人之身，首坌而员，象天容也；发，象星辰也；耳目戾戾，象日月也；鼻口呼吸，象风气也；胸中达知，象神

明也，腹胞实虚，象百物也。百物者最近地，故要以下，地也。天地之象，以要为带。颈以上者，精神尊严，明天类之状也；颈而下者，丰厚卑辱，土壤之比也。足布而方，地形之象也。是故礼带置绅，必直其颈，以别心也。带而上者尽为阳，带而下者尽为阴，各其分。阳，天气也；阴，地气也。故阴阳之动，使人足病，喉痹起，则地气上为云雨，而象亦应之也。天地之符，阴阳之副，常设于身，身犹天也，数与之相参，故命与之相连也。天以终岁之数，成人之身，故小节三百六十六，副日数也；大节十二分，副月数也；内有五藏，副五行数也；外有四肢，副四时数也；乍视乍瞑，副昼夜也；乍刚乍柔，副冬夏也；乍哀乍乐，副阴阳也；心有计虑，副度数也；行有伦理，副天地也。此皆暗肤著身，与人俱生，比而偶之弇合。于其可数也，副数；不可数者，副类。皆当同而副天，一也。

这样啰唆的伪科学逻辑阐述是汉朝初期哲学思潮的一个大体写照。

在人类本性的问题上，董仲舒缓和了孟子和荀子之间的对立观点，给予了汉武帝及其继承者们一个体面的新皇家秩序的意识形态基础。董仲舒同意孟子的性善论，但同荀子一样，他也相信人之善是需要通过行动来挖掘的，特别是仁、义、智这样的基本道德。董仲舒相信，指引人们向善的责任落在了统治者的肩上，因为统治者是天意的化身，若上天自己没有指引人类，那么其职责就落在天子身上了。

董仲舒借宇宙论赞美皇权无疑吸引了汉代统治者，他从皇家制度演化出的假设几乎不能被否定，并在之后的古代中国被统治者和官员等人中间反复重申。但值得一提的是，若要承认董仲舒所赋予皇帝的至高无上的地位，皇帝还需要承认其理论中令人蒙羞的另一面，即不正当行使皇权会破坏宇宙和谐。正如董仲舒所言："世乱而民乖，志僻而气逆，则天地之化伤，气生灾害起。"董仲舒认为天之异象是上天不悦的警示，如旱涝这般的大型自然灾祸是上天因为君主未能重视其警告而给予的惩戒。这些惩戒进而被视作天命离开皇家的征兆。

在从董仲舒的折中主义儒学衍生出的正统皇家意识形态中，官员们依赖天象阐释上天的喜怒，由此评判皇帝在公务和私务上的行为是否合理。面对天象所示的不满，皇帝不得不在声罪致讨中前往都城外的天坛祭祀，他在那里俯首屈膝，承担所有触怒天威并导致人间灾祸的罪责。因此，作为民之父母，皇帝的权力在很大程度上被作为天子的巨大责任所抵消了。

经学

董仲舒和汉初思想家的折中主义在某种程度上折射出了文人们对经典的热忱。由于经典文献在秦朝和秦汉之交时的佚失，这股潮流逐渐成为上层生活的主流。重修佚失经典附上些许国民运动的色彩，并被归纳阐释其观点的努力所引领。

部分经典的秦朝版本通过某些方式保存了下来。另外的古代文献则通过在先秦时期学习过的老人们的口耳相传来重构。因此，汉朝初年流传的所有文献都是按照秦朝格式书写的。随着时间推移，特别是在前1世纪，在先秦时期撰写的文本开始出现在人们的视野中，例如，人们在被认定为孔子故宅的墙壁间发现的大量文本。汉朝初年的文本被称作"今文经"，与后来发现的"古文经"相对，二者的内容差距很大。大体来讲，"今文"中的命理学和宇宙学的折中主义倾向不见于"古文"。古文今文的真假之争贯穿了整个汉朝时期，直到20世纪前，古今之争亦时有爆发。富有争议的文本差异是当今学者著书立传、引经据典的一大困扰。

真实性并非唯一对文人们造成困扰的。数世纪以来，由于汉语言文字经历了巨大的变化，古代文本需要额外的说明。针对这一难题，文人们努力编纂了最早的词典《尔雅》，其准备工作甚至可以追溯到汉朝之前。公元100年，许慎编著了中国第一本真正意义上的字典——《说文解字》，它包含了九千余字的发音和释义。此后，词典编纂便成了贯穿整个古代的中国文人的一个持续又漫长的工作。许慎的《说文解字》是中国文化发展史上独树一帜的里程碑，因为它一定程度上中止了词义的无休止变化，正如秦朝统一文字的措施废除了其他异体字一样。

为了阐释经文，学者们撰写了篇幅远远超过原文的学术性注释，在其中阐释晦涩的字句和文段，并附加了他们倾向于某一种阐释的原因。有时他们还会将原文字句重新排列，从而使人们能够理解原本艰涩难懂的文段。（由于当时书籍的主要形式仍是编缀的木牍，因而很容易出现错简。）在阐释经文的过程中，大约在1世纪前后，汉朝文人开始了最早的对经典的注疏[1]。经学家中的佼佼者马融（79—166）雄心勃勃，是第一位注疏了全部"五经"的学者；此外还有郑玄（127—200），他对晦涩的古代文本颇有洞见的阐释，为近乎所有后世文人仰仗。

除了对旧时经文的注疏外，汉代学者也创作了意义重大的原

---

[1] 最早的注疏把目标文本内容复制出来，在合适的行距间插入以小号字体书写的注释。此后，为了更清楚地区分原文和释文，学者们将他们的评论内容压缩为双行小字书写，再插入到原文单行大字纵列之间的空隙中去。这一方法一直延续至20世纪。

创论著。其中影响最广的是作者不明的短篇作品《孝经》。《孝经》支持荀子式的倡导君主专制的儒学学派，颂扬孝顺是诸德之本。最早从汉朝初期开始，《孝经》就成为所有习读经典的中国幼儿的入门书籍。《山海经》是另外一部成书于汉朝的备受推崇的作品[1]，它是一部关于名胜风景的文章集合，它的问世带动了大量描述性地志论著的出现，而这些论著日后也成为传统中国学术文献中的重要组成部分。

汉朝文人对书籍的热爱极大地塑造了中国人的精神世界，以至于后世中国文人都能将经典文献倒背如流，并基于它们写出新的更复杂的阐述。文人能够在任何话题中引经据典，并全身心地致力于研习经典，就像最虔诚的欧洲基督徒沉浸于中世纪的经院哲学一样。

东汉悲观主义

董仲舒的哲学是汉朝初年岁月普遍存在的乐观情绪的系统体现。人们普遍认为上天能够惩恶扬善，天意可以通过占星来洞察，人们能够通过合乎礼仪的道德行为来塑造和改变事物的运行。王莽一度被认为是道德典范，但在他灾祸般的篡位之后，这种乐观主义就逐渐消退了。随着东汉的日益衰微，乐观主义开始让步于怀疑论、宿命论，最终让位于虚无的逃避主义。多数儒生似乎都放弃了政治哲思，转而投身经学的研究中。

活跃于 1 世纪前后的小吏王充是新思潮的早期代表人物之一。他痛陈广为流行的迷信思想，采纳了健康的道家自然主义思想，

---

[1] 学界对于《山海经》的成书时间并无定论，普遍认为其内容自先秦时起就不断积累，经过西汉时期的编著校对后成书。其内容不光是关于风景名胜的，还有道里、民族、物产、祭祀、药物、巫医，以及远古神话传说等内容。——译注

同时也吸纳了荀子式的现实主义。对于人类在宇宙中各司其职并能改变事物运行的观点，王充嗤之以鼻。特别是对于上天奖惩分明的想法，他不屑一顾。他只相信偶然性，或者说，相信某种程度上的命定论：

> 凡人操行，有贤有愚，及遭祸福，有幸有不幸。举事有是有非，及触赏罚，有偶有不偶。

> 命当贫贱，虽富贵之，犹涉祸患矣。命当富贵，虽贫贱之，犹逢福善矣。

> 故世治非贤圣之功，衰乱非无道之致。国当衰乱，贤圣不能盛；时当治，恶人不能乱。世之治乱，在时不在政；国之安危，在数不在教。贤不贤之君，明不明之政，无能损益。

王充之后，一批文人作家涌现，他们痛斥富贵者的奢侈无度、当权者的偎慷堕懒以及政府普遍的孱弱无能。随着汉朝政府持续腐败，一些思想家开始复兴法家的论调，强调严苛的法律、严格的执法以及严厉的惩罚，于是崔寔（约110—170）的《政论》应运而生，书中空泛的儒家辞令之下，其实全是法家的论点：

> 盖为国之法，有似治身，平则致养，疾则攻焉。夫刑罚者，治乱之药石也；德教者，兴平之梁肉也。夫以德教除残，是以梁肉治疾也；以刑罚治平，是以药石供养也。

随着时局的每况愈下，朝廷中有越来越多的人倾向于法家观点。这些人的影响表现在 268 年晋朝制定的法令中。其内容已经佚失，但据说法令一共包括 2926 段，规定了每一种能够设想到的犯罪。然而到这时，政治哲学已经被全然抛在脑后，中国文人的世界已被复兴的道教所带来的逃避主义和新兴佛教中的救世主义所占据。

道家学说的复兴

作为哲学的道家学说

东汉时期所谓的"新道家运动"主要有两种表现形式：一种是修正主义的道家——将道家精神与儒家的社会、道德教条融合，从而使后世的中国人能够在维持精神超脱和保留某种程度上的个人主义的同时，还能承担起常规的社会责任；另一种形式是在 3、4 世纪涌现的崇尚享乐的虚无主义。两种形式都为所谓的"清谈"的交谈风格做出了贡献。在漫长的分裂期间，"清谈"成为流行于文人特别是南方文人之间的一种去政治的、玄学的、浅薄的对话形式。

修正主义道家的代表是王弼（226—249）和郭象（卒于 312 年），前者是一位才华横溢的经学家，后者对《庄子》的阐释使得其天马行空的幻想变得几乎浅显易懂。二人都尊孔子为中国的头号圣人，这也就暗示着潜心修道的二人不仅能够看透神秘莫测之事，还能够在充斥着实务的俗世中专心外化道家精神。他们引入了一系列新的观念和术语，为后世儒生提供了便捷；他们大力推广"无即绝对现实"的观念，成为对应佛教外在佛谛的道教理念。

在《庄子注》中，郭象明确地强调古时道家提出的"无为"，本指不去做任何违背自然或不合乎道的行为：

夫工人无为于刻木，而有为于用斧；主上无为于亲事，而有为于用臣。臣能亲事，主能用臣；斧能刻木，而工能用斧。各当其能，则天理自然，非有为也。若乃主代臣事，则非主矣；臣秉主用，则非臣矣。故各司其任，则上下咸得，而无为之理至矣。

无为者，非拱默之谓也，直各任其自为，则性命安矣。不得已者，非迫于威刑也，直抱道怀朴。任乎必然之极，而天下自宾也。

郭象强调道家最基本的目的就是让人们对自我满意，并顺从自然之道，其内容见于下文：

夫哀乐生于失得者也。今玄通合变之士，无时而不安，无顺而不处，冥然与造化为一，则无往而非我矣，将何得何失，孰死孰生哉！故任其所受，而哀乐无所错其间矣。

道家认为，统治者应任命卿相，并将行政之事顺其自然地交给他们，这一观点迎合了儒家官僚。这从某种程度上解释了为什么自汉代初期起，政府政策和职责先由卿相来制定，再上呈皇帝批准，而非皇帝一人独断专权。

这些修正主义道家人物通常被称作"玄学家"，而与他们同时代的享乐派则被称作"抒情道"或"浪漫道"，其中最著名的几个人便是"竹林七贤"，为首是擅长吹笛的文人兼诗人嵇康（223—262）。像王弼一样，嵇康远离世俗并拒绝出仕，他们都认为保持道德高尚的要旨在于避免任何形式的职责，嘲弄所有的习俗，放纵一切欲望，感性和理性并存。七贤中的一人总是带着一名持酒壶和铁锹的仆人，若他想要宴饮，便有酒喝，若他猝然离世，也便就地埋掉。七贤中的另一人曾跋涉千里来到他的友人门前，但突然掉头就回家了，连个招呼也不打。当被问其缘由时，此人答道：我想来便来，想走便走。竹林七贤常常聚集在洛阳城外的竹林中，沉浸于美景、美酒和"清谈"之乐，或作诗奏乐，或打坐冥想。他们通常会前往附近的一家酒馆，终日饮酒昏酣，醉到认为自己已然与道融为一体。

在这些道家的享乐主义者之后不久，便出现了一个没有那么耽于享乐的派别，其代表鲍敬言（活跃于 300 年前后）将道家观念中反抗主流的传统推向了无君论的极端。他相信所有人生而平等，并指责政府不过就是强势且聪明的人压制弱小且无知的大众的工具：

> 故其著论云："儒者曰：'天生烝民，而树之君。'岂其皇天谆谆然亦将欲之者为辞哉！夫强者凌弱，则弱者服之矣；智者诈愚，则愚者事之矣。服之，故君臣之道起焉；事之，故力寡之民制焉。然则隶属役御，由乎争强弱而校愚智，彼苍天果无事也……"

鲍敬言的观点被当时盛行的"清谈"之风湮没了，那时的文人不愿意被任何严肃的俗事缠身，甚至懒得去当反政府主义者。

作为信仰的道教

同时，在另一个更为复杂的知识层次上，由远古民间迷信和崇拜组成的大杂烩正在酝酿着以道教的面貌出现。自史前时期起，人们就在践行地方崇拜。在战国时期，每个封建朝廷内都有一群巫师、女巫、术士、医巫以及卜师，这些人大都依赖于神秘的道家著作，特别是《庄子》。到了汉朝，作为哲学的道家思想成为主流后，无所不包的大众道教也随之盛行起来，其中包括目的都是实现长生不老的内涵隐而不宣的艺术。关于长生不老之人的传说也在这一时期广为流传。

道教崇拜中的一支源于山东，集中在关于东海之外的仙岛蓬莱岛的传说。它是仙人的居所，崇拜者相信，若能造访蓬莱，便能福寿齐天或是觅得长生不老的仙丹。据说前4世纪时，一些沿海的诸侯曾发动海上探险去寻找蓬莱。秦始皇也同样派遣了使团出海，于是长久以来，东亚的人们都认为日本人就是秦始皇派遣出海的其中一队童男童女的后代。汉朝时，对蓬莱的迷信逐渐消退，但它为后世中国的神话、诗歌和艺术留下了一份遗产。

另一群道家学说的实践者是炼丹术士。据传，炼丹源于前4世纪名叫邹衍的文人，他也被认为是上文提及的五行学说的创始人。关于修炼金丹，最早有确切史料记载的是在前133年，由汉武帝资助。通才术士李少君——通常被认为造访过蓬莱并得以登仙——试图化丹砂为黄金，但实验却失败了。现存最早的关于修炼丹药的论著存于《易经》的"十翼"中，被托为2世纪的魏伯阳所著，但真实年代很可能要晚上一百年。论著中描述了许多著名丹药的神奇功效以及它们的制作方法，但很不幸的是，其中的术语深奥，晦涩难懂。

烧炼丹药贯穿于整个早期帝国时代，无论初衷有多么可疑，但它的结果却不可忽视。道教术士的实验开启了中国的化学、矿物学和药剂学的研究，发明了各式各样的染料、合金、瓷器以及火药和指南针。但道教的术士对观察和方法记录不感兴趣，正因如此，以及中国最顶尖的人才都在忙于其他的知识性探索，中国的炼丹术从未能够转变为一门科学。

此外，另一支主要的道教派系致力于一套瑜伽式的养生方法，其目的在于保持青春并为长生不老做准备。这一支的主要方法是禁食特定的食物、吐故纳新、做健身运动以及闭门静坐。汉朝时，这些源于古代巫觋的方法与阴阳学及其他命理学、宇宙学体系结合。一时间，人们相信长生不老的秘诀在于长期的饮食准备，黄赤之道的修炼（时而禁欲，时而纵欲），以及最后通过专修静定、澄其心止来"内视己身"。恍惚间，修行者便可以看到身中内境并与其中的三万六千神交流。在汉朝及其后，一部分道教团体沉迷于性爱狂欢，认为借此可使阴阳调和的功效最大化。但到了唐朝末年，有关养生的道教信仰逐渐成熟起来，最终引出了一系列饮食规则以及一系列和缓的体操运动，后者就是广为人知的"功夫"，一直为直到近代的所有阶层的中国人修习。

在汉朝，除了折中主义的道教崇拜之外，到2世纪，另一个最引人注目的现象出现了：一个立足于信仰疗法和炼丹、多神崇拜的道教流派率领徒众敬神，通过宣扬永生来布道，试图建立自己的政权并为之抗争。它有两个分支，一支位于东方的山东，另一支位于西边的四川。两支都由世袭的张姓神权领袖领导，二人可能有血缘关系。山东的一支称作"太平道"，而四川分支因入道者须交五斗米而得名"五斗米道"。山东的派系发展迅速，以至汉朝政府不得不逐步镇压他们。于是在184年，太平道徒众公然反抗，头系黄巾以表身份。黄巾起义的开启，加速了汉帝国的衰落。四川派系的道徒也在同一年举兵反叛。

尽管两场叛乱终被平息，但有组织的道教信仰却遗存了下来。为了与分裂时期的佛教竞争，道教中的领袖逐渐在道观中修行，放弃军事斗争，转而从事社会福利活动。新的神祇不断增加。到了唐朝，孔子同老子一样，成为道教先贤的一员。玉皇大帝作为地位最高的神祇，统管所有神仙。神仙都按等级纷纷列位于多层级的天庭，其等级制度与唐朝的相仿。阴曹地府也由多层级的诸多鬼怪统领。每家每户都驻有一个灶王，灶王在新年之际会向玉皇大帝禀报他的所见所闻。每个地方都有大量道教节日，其中一部分逐渐发展成为全国性的节日。世袭的道士云游各地道观，贩卖符箓、劝人向善，其语气与儒官和佛僧并无二致。大型道观与佛寺竞相争夺贵族的资助和贫苦人家的捐赠。

道教派系的上层建筑只保留到了汉朝末年的巨变期间，此后，作为宗教的道教呈现出截然相反的面貌——自治的道观和道祠。最显赫的道教组织最终在江西的龙虎山上设立宗坛，其教派由一个声称是汉代开宗祖师后代的张姓家族世袭统领，他们通常都被称作"天师"。山峰上的宗坛一直保存到了20世纪30年代才在内战中毁坏，但张姓家族的一名天师至今仍活跃于台湾。

有关道家仙人的传记都载于民间百科全书《风俗通义》，它由应劭在175年前后创作。3世纪，《列仙传》问世。它是一部道家仙人传记（记载仙人身家事迹的传记），作者被伪托为1世纪的一位学者。时间流逝，《列仙传》有了诸多续编的内容。到了唐朝，道教典籍已然多如牛毛，为了效仿佛经，道教也有了一系列道家经典的集合，称作"道藏"。

在经典著作《老子》和《庄子》之后，《抱朴子》是最著名的一部道家作品，也是关于汉朝及其后道家的最有益的参考。《抱朴子》是一部总结了全部道家理论的合辑，作者是4世纪的学者葛洪。尽管葛洪一度担任文职和军职，但他最大的热情在于求仙问道，因而他把相关的所知所学全部记录了下来。《抱朴子》

分为内篇、外篇两部分，一部分是时政问题，另一部分则是炼丹符箓。显然，后者才是他真正的兴致所在。他描述了各类的丹药，有使人在水火中安然无恙的，有使人随意遁形、飞行、任意变形、死而复生、步步高升、富甲一方甚至轻松增加词汇量的。除了这些夸张的内容外，葛洪的《抱朴子》还展现了惊人的科学内涵。遗憾的是，葛洪从未有足够的资金去建立实验室并开始实验。这或许也是中国的不幸。

道教的影响十分深远，自唐朝之前到20世纪，它一直是中国人日常生活中不可分割的一部分。就像许多当代西方人在报纸和年历上查阅星座一样，即使是最老练的中国人也同样诚挚地笃信道教相术和巫术。的确，许多杰出的儒家官员都对名山深处住着年逾数百岁的道家隐士这一点深信不疑。隐士们的最终死亡并不能说明什么问题，因为人们相信仙人为了不迷惑世人，通常都会假死。传说中反复提到，当人们打开一座仙人的墓，棺材中往往只有一根木棍或是一片褴褛的衣衫。

佛教

与基督教一样但与儒教相反，佛教是一个世界性宗教。它吸引着生活在迥异的社会环境和政治环境中的各色人等，规定信徒遵守一套严格的道德戒律，并向他们许诺了一个能够永久远离现世苦难的个人得救之路。它的基本哲学假设、教派组织和寺院僧众，以及炫目的公众仪式都与中国古代先哲的设想相距甚远。佛教从汉代时不起眼的开端，到迅速对中国传统产生了令人惊叹的爆炸性影响，最终成为分裂时期到余下的整个早期帝国时代内中国生活中最有力的思想和宗教力量。

原始佛教

佛教的创始人乔达摩·悉达多常被称作佛陀（修行圆满之人）。他本是印度东北部一个小国的太子，大约生于前六七世纪。这个时代，印度的思想家正在营造一种浓厚的宗教氛围，以至于有了"醉心于神的国度"之名。他们的早期共识为佛教的基本假设奠定了基础，其中包括所有人死后都要依其积蓄的善恶"业"进入循环往复的"轮回"；人生的目标就是进入涅槃，通过悟得人生本质而远离生灭"增减"；"我"即宇宙的本质；"梵"是唯一的真实存在，而整个物质世界如梦幻泡影。

佛陀在正值壮年时放弃了世俗事物，致力于吸收了同时代思想的宗教修行。然而，直到终止了修禅的苦行，并在一棵菩提树下坐下禅定时，他才得到人生本质的启示并获得解脱，知晓自己已脱离了生死轮回。在余生中，佛陀在印度北方四处游说、传道并吸引随众。在他的组织下，随众组成了僧团，佛陀传授"法"，教导僧众向善。至佛陀死时，佛教修行的基础——自皈依佛、自皈依法、自皈依僧——已经建立。

佛陀能够吸引僧众的一部分原因在于他鲜明的个性。另外，他还有超世的智慧，对人类境况的观点既精深透彻又言简意赅，其观点的本质是世上本无梵、无魂，是幻象使人流连于尘世，使人无法超脱轮回，而这一切不过都是生之欲望和对自我的执着造成的。若想脱离无边苦难和生死明灭，人必须意识到人之所欲正是眼前一切的缘起。若要解脱，人要做的仅仅是放下。

当悟得这些佛教真谛后，皈依者会进入一个涅槃寂静的状态，其间无生无死、无欲无求，从此远离尘世的一切。这时，他将了悟自己已经接近了生命的终点，人生得以圆满，所有应做之事都已完成。死后他进入了最终的境界——入灭。佛陀认为这一层境界已经全然超越了凡人的理解，它介于存在与虚无之间，因此无法描述，但入灭是一种升华和解脱，而非终结。

原始佛教为人们提供了得救的希望，但也只是针对那些厌倦尘世、投身于佛家清规戒律的僧人，用佛陀的话来说便是："让他像犀牛角一样独自游荡。"[1] 在家修行的居士被鼓励去遵守佛陀的道德戒律。僧众化缘时，他们会布施数目可观的钱财。这样，居士们就能得到最好的回报，即在将来的轮回往复中能够成为僧侣。这是佛教从印度传往锡兰、缅甸和泰国的方式，至今佛教仍盛行于这些国家。这一支佛教被称作上座部佛教，也称"长老之说"。

佛灭后不久，另一支佛教派别兴起，并最终向北传入中亚，此后又传入中国。佛陀的地位被提升至一位至高无上的神灵，很接近于梵，或是传统基督教中上帝的大众化概念。佛转变为一个永生的佛教神灵，涅槃则成了个人往生佛陀所在的永生的极乐世界的途径。这一支新兴的佛教还有着另一个特色：信众相信一部分圣者有意住世不涅，他们仍住世间，随缘度化众生。这些被称作菩萨的圣人发愿要救众信徒脱离苦海，指引他们通往极乐世界。凡是被菩萨垂青的信众就能短暂远离轮回之苦，从而在死后进入西方极乐世界。对于多数信徒来说，这便是无上的宗教目标；至于入灭的概念，则逐渐淡出了人们的视野。

这一支佛教的信徒称其宗派为大乘佛教，也就是大的车乘之意（度众生的工具）。它与旧的佛教强调修行生活的形式颇为不同，于是教徒赋予旧时佛教一个贬义的名称——小乘佛教，也就是较小的车乘之意。

---

[1] 语出自上座部佛教巴利经藏《小部·经集·犀牛角经》，用犀牛的独角描述独觉圣者的生活不与他人交往，独自游荡。——译注

佛教在中国

一则来源不明的故事讲述了东汉明帝（57—75年在位）一场梦醒后，派遣使者出访印度，寻找一名德高望重的圣人之事。于是，使者就将佛教知识第一次带回了中国。更为可靠的说法是，汉明帝在位之时，佛教就已经传入了中国，封于江苏北部的明帝的兄弟楚王英实际上就是佛僧和居士的慷慨资助人。2世纪，佛教对中国文人阶层而言是一个引人入胜的新奇事物。到了166年，汉朝宫殿里已经设有道教和佛教祭坛，这也与当时的折中精神一致。东汉末年，佛教僧团已经遍布中国北方，在南方也零星出现。三国时期，北方的魏国和长江三角洲的吴国的统治者都是佛教信徒。4世纪伊始，佛教在中国社会的各个阶层中生根发芽。

大乘和小乘佛教由使者、传教僧人分别从中亚的陆路，或是从越南、锡兰的海路传入中国。其中最著名的一段历史是关于一位佛经译者的：安息国人安世高开启了漫长的译经过程，他于148年来到洛阳，从此开始了长达二十年的译经和授经生活。在最初的几百年间，译经活动主要由外国人主导，中国人普遍认为出家为僧不合礼仪。尽管如此，他们还是被出家修行所吸引。335年，北方后赵政权的一名羯族皇帝宣称允许本国皈依者入沙门修行，但这不过是将已经广为实施的做法合法化。此后，中国僧人逐渐成为中国佛教的主导者，前往印度朝圣的僧人与来到中国传经的僧人互争雄长。

在来自国外的译经家和革新者中，最为显赫的是鸠摩罗什（344—413），他来自中亚，自401年起负责一个位于长安的政府资助的译经机构。他翻译的《妙法莲华经》（简称《法华经》）是东亚佛教中影响最为深广的一部佛经。与鸠摩罗什齐名的还有来自海外，旨在传授佛法的菩提达摩。在6世纪时，他引进了面壁静修的方法，帮助僧众集中精力冥想，从而启发了禅宗的顿悟法门。

在诸多前往印度朝圣的名僧中，法显[1]从中国北方出发，于399—412年间，经陆路到达印度，遍访所有印度的圣迹，又坐船先后抵达锡兰、爪哇，在回广东的路途中，船被风暴吹离了航线，最后在山东登陆。法显是已知最早去往印度朝圣并安然归来的中国僧人，在余下的岁月中，法显投身翻译从印度带回的佛经。朝圣僧人中最著名的莫过于第五章中提及的玄奘（约602—664），他在629—645年往返大唐与印度，此后毕生致力于翻译佛经。法显和玄奘都记录了他们的旅程，这些记载有着不可估量的历史价值。

最初，佛教被中国人视为道教的一支古怪的派系而接纳。表面上，佛教和道教确有些许相似之处，特别是它们对世俗权力的鄙夷和对内心自在的重视。同道士一样，最早的佛教僧人并不介意作法祈雨以及使用其他巫术，他们的这些把戏以及其作为政治和军事顾问的洞见能够帮助他们拿到资助，得到北方统治者的庇护。此外，佛教传到中国的最初几百年间，大部分时间都在用道教的玄学术语来传授、阐释佛经。为了类比以显示佛教概念与中国传统的截然不同，经书译者有意地梳理了《老子》和《庄子》。鸠摩罗什在5世纪的一大贡献便是剔除了传教中的道教术语，为佛教术语提供了精准的原汁原味的翻译。

东汉末年，传播中国佛教救世教义的时机已经成熟，对道教的逃避主义来说亦是同样，佛教和道教同在分裂时期盛极一时、

---

[1] 一旦出家修行，中国佛僧就要放弃他们在俗世中的姓名，并起一个带有吉祥含义的法号，法号通常都是两个字的，法显之名意为彰显佛法。

不相上下。在文人圈里，僧人积极地参与"清谈"运动；在大众之间，他们与道教一样，着重强调灵魂的不死而不提物质的自我存在。在与道教的竞争中，佛教有两个明显优势：第一，尽管佛教的道德教义与部分儒家原理相排斥，但它具有强大的威信力，不会像一些纵欲的道士那样触怒中国的保守人士；第二，道教只能通过对《老子》和《庄子》的重新阐释来增添活力，而佛教则源源不断地从印度的宗教运动中汲取营养。印度的宗教运动不断带来令人兴奋的新的佛教经典文献，使得中国的佛教运动得以生机勃勃。值得一提的是，随着印度佛教开始衰微，并于一千年前在其发源地最终消亡，中国佛教的文化生命力也开始衰退，最终并入或在某种程度上与道教融合，成为一个折中的全国性大众信仰。

同时，中国也衍生出了大批佛教宗派，其中许多宗派都出自某部经典，稍纵即逝、微乎其微，但四个主要宗派延续下来，成为之后佛教运动的核心力量，不仅在中国，在日本和朝鲜亦是如此。尽管这些宗派都被归为大乘佛教，但它们却追随作为上座部佛教或小乘佛教根基的早期佛教经典。它们视小乘佛教经典为入门级佛法，而大量后来的大乘佛教经典则是最高阶的终极佛法。这种宽容的态度也被带入宗派之间的关系之中，各派时有往来，鲜有敌意，中国人又一次彰显了对折中主义和综摄主义的偏爱。宗派中的两支——天台宗（得名于其发源地浙江天台山）和华严宗（杂华严饰之意）着眼于研究教义和学问，它们发起了保守运动，试图将所有的义学和禅观之说纳入一个统一体系，并将佛教教义和真谛按不同等级来分类。它们吸引了固定的文人从众，但从未激起大众的兴趣或对其进行学术研究的兴趣，但另外两个宗派——净土宗和禅宗却做到了这一点。

净土宗是一个大众的佛教信仰形式，强调信愿行便可得救。"净土"是指阿弥陀佛主持的、观音菩萨伴随的西方极乐世界；皈依净土宗的修行者志在往生后能够前往"净土"。他们聚在一起修行、行善事，但最重要的莫过于要诚心于阿弥陀佛，相信弥陀会普度众生。信众通过诚心地静坐来彰显对阿弥陀佛的真心，相信诚心称念阿弥陀佛就足以往生西方极乐。单纯的信众终日复述阿弥陀佛之名，希望其誓愿有朝一日能够被听到，最终变成对信仰虔诚的宣说。阿弥陀佛像和观音像几乎成为所有佛教寺庙和私人家庭中的常备摆设，西方极乐世界的美景也成为画家和壁画工匠最喜爱的主题。

禅宗在非凡的慧能和尚（638—713）的领导下走向成熟，他是禅宗的第六任祖师。禅宗似乎融合了原始佛教中开悟的概念以及道家中的一些元素。禅宗和尚不需要摆脱世俗事务，或许是唯一不需要化缘便能够自给自足的佛僧。他们倾向于非知识性、非学识的简单劳动，往往都是天赋异禀的工匠。尽管他们也冥想，但并不相信冥想能够带来洞见，他们坚持认为冥想的本身就是洞见。禅宗鄙视学究式的迂腐，也鄙视通常意义下的传道和受教。禅宗确实讽刺逻辑过程本身，他们强调超越理性以及为幡然顿悟做好准备的必要性。

面对弟子们的疑问和纠缠，如"单手击掌是什么声音"，禅宗大师冲动之下时而欢欣鼓舞，时而大发雷霆，他们会给出毫不相关和完全不理智的答案，其间充斥着矛盾和谜题（公案）。在禅宗眼中，开悟是对于"此时此地"的彻底的无意识的觉悟，它像一道无法预测、突如其来、自然而然的闪电，或许会被一些简单事物所触发，例如绊在石头上，或是听到一声奇异的鸟鸣，或是盯着茶杯发呆。因此，人们需为顿悟做好准备，需要接纳一切可能发生之事，并应对自如，既不后悔、留恋任何过往事物，也不希望、渴求将来之物。成功顿悟的禅宗僧人能够摒除理智所带来的一切幻象，直接接触现实，从而实现佛陀所宣扬的一种心如止水的状态——"无念"。尽管禅宗并不强调轮回往复，但顿悟者一定不会再度堕入轮回，其目的是生而非努力，甚至为了涅槃也是如此。

除了佛祖、阿弥陀佛、观音菩萨之外，佛教万神之中还包括了弥勒佛。弥勒佛还未降生于人间，但在下生之时会在人间建立一个清净国土。他通常以大肚子、笑口常开的形象出现，他的小雕像出现在世界各地的礼品商店中。到了唐代，民间佛教中涌现了一支半地下的宗派，称作白莲教。白莲教的救世教义在后来煽动了诸多农民的反叛情绪，常常以弥勒当来下生或已然下生的谶言，在短时间内获得大量群众的支持。

浩如烟海的中文佛教经典和注疏典籍被统称为《大藏经》，其中最早的版本成书于581年。此外，佛教著名僧人的传记作品也广泛出现，为首的是6世纪慧皎和尚编纂的《高僧传》。

中国人对佛教的反应

佛教在中国的传播并非一帆风顺。佛教教义和修行中的许多内容都与根深蒂固的中国人的民族个性相悖：佛教对于现世的悲观主义与中国人不可动摇的乐观态度对立，也与儒、道传统所强调的世俗内容格格不入；独身与禁欲与中国根深蒂固的家庭主义、和谐社会的观念水火不容。即便中国佛教找到了适应中国传统的一些方法，例如，强调包括孝敬在内的儒家道德，但它与中国传统之间的摩擦始终存在。另外，佛教不可避免地引起了道士们的嫉妒，因为它会直接与道士们竞争贵族的资助和信众的捐助；佛教也引起了儒家官员的嫉妒，因为儒家官员痛恨争权夺利的佛僧道士。出人意料的是，甚至很早就出现了针对佛教的排外观点：它是夷狄之法因此不掌握任何真理的论调不绝于耳。或许，最困难的是佛、道教徒与关心国家运转的务实者之间不可避免的利益之争，也就是出家修行会将个人从完整的政治、社会秩序的正常统治下抽离。

此外，中国佛教史更为奇特的一面是，佛教和道教在长时间内为老子和佛祖在历史中谁先谁后的问题争得不可开交。在印度，因为人们不注重记录历史，所以佛祖生平的断代问题是一团迷雾。同时，就像第三章所示，没有任何证据表明老子这样一个人真正存在过，更不要提他晚年出关西行后再也无所寻踪的相关逸事的真假了。但老子的逸事启发了生活在4世纪早期的王浮，他颇有创意地编写了《老子化胡经》。现存的《老子化胡经》有多个版本，在接下来的一千年内不断激化佛道之间的矛盾。它的基本内容是说，老子出关后，经中亚一路去往印度。不同的人读到的版本不同：在第一个版本中，老子在印度将一位弟子化为了历史上的佛祖；第二个版本说老子使佛祖转投了道门；第三个版本则是老子自己成为佛陀。佛教主要通过一而再再而三地把佛祖的出生日期推前来应对道教的攻击，而道士们也不断刷新老子的生年。520年，在北魏拓跋统治者的资助下，佛道之争公开在朝堂之上进行。569年，在北周政权下，佛道之争再次在朝堂上演。尽管道士们因其争论而被嘲笑和指责，但直到13世纪之前，佛僧们都无法阻止道士们宣传老子化胡的事迹。

大体而言，儒学对佛教的批判要理性得多。他们时不时地指出，在中国学说"天命说"之下，印度佛教的理论基础"因果"是不成立的。他们与道家一起指责佛教，仅仅是因为佛教本非中国所有。(但儒生从未把佛教作为狄夷之法的观点推向侮辱性的极端;相反,道士则断言印度人天性本恶,需要佛教的这种教义去改造他们,但中国人天性本善,不需要改造,只需要道教为人们带去自然之美,使人们感到满足。)儒家对佛教的指责一直出于非常实际的角度:佛教榨干了原本就十分贫困的百姓,让他们沉迷于命中不应有的幻想;佛教出家禁欲的修行方法瓦解了家庭,削弱了社会秩序,它从经济生产生活中抽调了大量劳动力,而这些成为和尚或尼姑的劳动力从此免于赋税、徭役和征兵,进而削弱了国力。同样的指责也曾用来针对道教,但当得势的道士借儒家论点攻击佛教,使得当权的中国皇帝排斥佛教时,道教就免于被反击了。

  中国的统治者很早就意识到了宗教与国家之间的矛盾,但汉朝晚期及之后的统治者都过于孱弱,他们更多地将宗教团体视作一个有用的支持而非威胁。这时期的佛教僧众也能轻易地自治,免于任何俗世权威的干扰。340年,南京的东晋政府的一些大臣质疑沙门不礼拜帝王的传统,但皇帝还是让僧人保留了以往的自治。403年,这一质疑再次在朝堂上出现,名僧慧远(334—416)成功地给予反击:他认为在家修行的佛教徒不应免于礼法,但出家的僧人只有远离各类俗事后才能修行,所以应保护出家人的不敬帝王的传统。针对佛寺收留那些本应被驱逐或还俗的不虔诚的文盲僧人的质疑,慧远也给出了有力的反击。后来的南朝政权都以慧远的理念作为国家与宗教间适度关系的基本模式,不过在梁武帝(502—549年在位)一朝,对佛教的批评声仍不绝于耳。他是最虔诚的笃信佛教的南方统治者,喜欢被称作"皇帝菩萨"。他命令所有朝廷官员都皈依佛门,指责道教教义错误,并在517年下令摧毁所有道观。他还不断地以一名卑微的奴隶身份舍身出家,此后再要求国库赎回"皇帝菩萨"。

像南方一样，北方也给予了佛教慷慨的资助。但在北方异族的统治之下，佛教徒明显少了一些独立性。北方的统治者比南方的更蛮横、专权，不允许和尚、尼姑将自己假想为臣服者之外的任何身份。佛教徒将北方的皇帝们视作佛陀在世，以适应这样的境况，在面对统治者时俯身跪拜就再自然、合适不过了。390年，北魏的拓跋皇帝任命一名和尚为众僧之首，命令他统领国内所有佛寺的修行活动。届此，北方的国家与宗教的关系已然明确固定了下来。5世纪后半叶，北方政权开始依人口限制每个地区的和尚、尼姑以及佛塔的数量，这一模式自此一直在北方延续。

到了607年，统一全国后的隋朝立刻宣告南北方所有僧人都归政府所有，僧人必须敬拜帝王和官员，这标志着佛教第一次被真正纳入了国家管控之下。对于想要出家或是在官方管理的公寺出家的和尚、道士，隋朝甚至设立了考试和审核程序。这些限制性措施延续到了唐朝。

宗教管控最初在北方施行，最终扩大到全国，虽不能称之为压迫性，但破坏性的限制措施还是时有出现。北魏皇帝拓跋焘（太武帝，423—452年在位）偏爱道教，于438年了制定了一系列抑佛政策，这些政策愈演愈烈，并在446—452年演化为对佛教的全面打击，所有和尚尼姑都被下令诛杀，所有佛教建筑、艺术品和书籍都被焚毁。一个世纪后，北周的统治者试图恢复中国的古典传统，佛教和道教在574—578年被禁。一切宗教建筑、艺术品和书籍都被毁坏，所有寺院资产都被充公，超过三百万的僧众被强制还俗——毋庸置疑，这个数字明显夸大了。

早期北方严格执行的灭佛政策似乎并没有带来持续的严重后果。这些措施不可能有效地落实，灭佛后的每一位继任统治者都积极地试图恢复灭佛所带来的破坏,因此官方的灭佛并未阻碍佛教发展到唐朝时的影响力鼎盛阶段。但在唐朝的最后一百年间,佛教再次遭受了迫害,而且这次迫害是全国范围的,力度巨大,使佛教在经济和组织上都饱受打击,从此便一蹶不振了。这次的灭佛由道教徒挑起,但论争的理论基础却是儒官提出的。灭佛的进程通过841—845年的一系列抑制性措施来逐渐推进,并最终达到了对佛教的全面打压。朝廷下诏允许每州只留一座寺庙。全国只有4座寺庙得以幸免,每寺只能拥有30名僧人和一名侍从,它们两两分落于两个主要城市——长安以及陪都洛阳。据载,逾4600座寺庙、40 000座招提、兰若被毁;260 500名僧尼以及150 000名奴隶奴婢被迫还俗;上百万顷的免税良田被充公,重新成为征税的对象。这些政策即便没有彻底落实,但也得到了积极的执行,当时恰巧入唐学习的日本僧人圆仁的日记可以印证这一点。正是因为佛僧群体变得过于富裕,寺内免于赋税、不进行生产劳作的僧众过多,被步步紧逼的唐朝政府就无法容忍这种境况了。佛教制度方面也遭受了中国历史上最深重的一次打击。

即便如此,在国家的管控、迫害和镇压下,作为大众信仰的佛教的地位并没有遭受过多的冲击,其救世主义的教义与道教竞争、融合,一直持续到了20世纪。同样,国家的举措也无法削弱那些注重习经和冥想的宗派的文化吸引力。然而,如上文所示,到了唐代末期,佛教在印度几乎绝迹,被从古印度传统中衍生出的更为正统的产物——印度教所替代。尽管中国佛教历经了漫长彻底的汉化,但还是失去了部分教义灵感来源。更重要的是,到了晚唐时期,儒学作为一股有创造力的哲学思潮正开始第一次萌发。在此之前的汉朝中期,儒学不过是一个广受接纳的道德系统、一套政府规范和一个经学研究的传统。

后世的中国人将儒学的复兴归功于官员兼文学家韩愈（768—824），他也是一位颇有创意的散文家、一位脾气执拗的辩论家。韩愈最著名的一篇奏表，是抗议宫廷中恭迎、陈列佛骨的《谏迎佛骨表》，文辞间掺杂着对夷狄之法的鄙视，见下面的节选：

> 夫佛本夷狄之人，与中国言语不通，衣服殊制；口不言先王之法言，身不服先王之法服；不知君臣之义，父子之情。假如其身至今尚在，奉其国命，来朝京师，陛下容而接之，不过宣政一见，礼宾一设，赐衣一袭，卫而出之于境，不令惑众也。况其身死已久，枯朽之骨，凶秽之余，岂宜令入宫禁？

比起哲学家，韩愈其实更像辩论家，但无论如何，他都是中国思想史上无可替代的角色，这并非在于他对佛教（以及道教）的攻击，而是他宣称儒家学说才是汉文明真正源泉的谠言嘉论。因此，韩愈预示，或许也以某种不起眼的方式启发了理学运动，而后者将主导整个晚期帝国时代的中国思想生活。

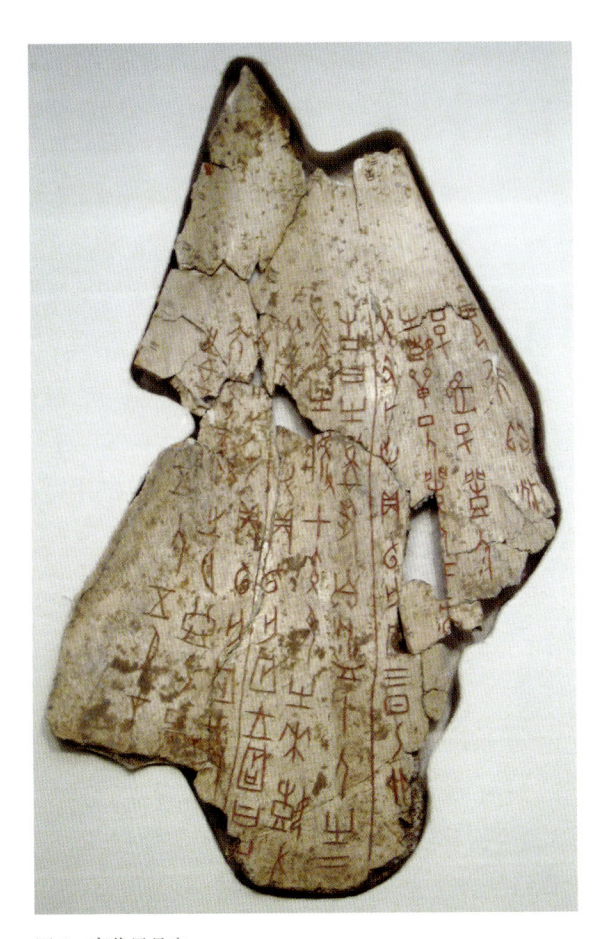

图 1　商代甲骨文

图 2　汉墓画像石拓片

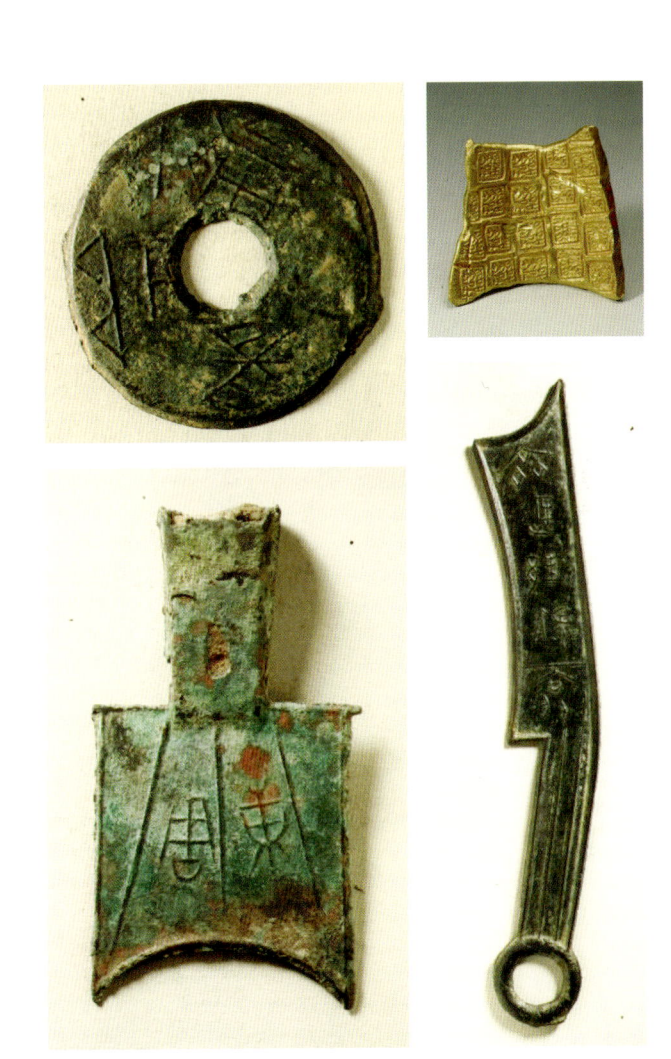

图 3 铸有文字的战国钱币。现藏于中国钱币博物馆

图 4　佚名:《古代孔子画像》

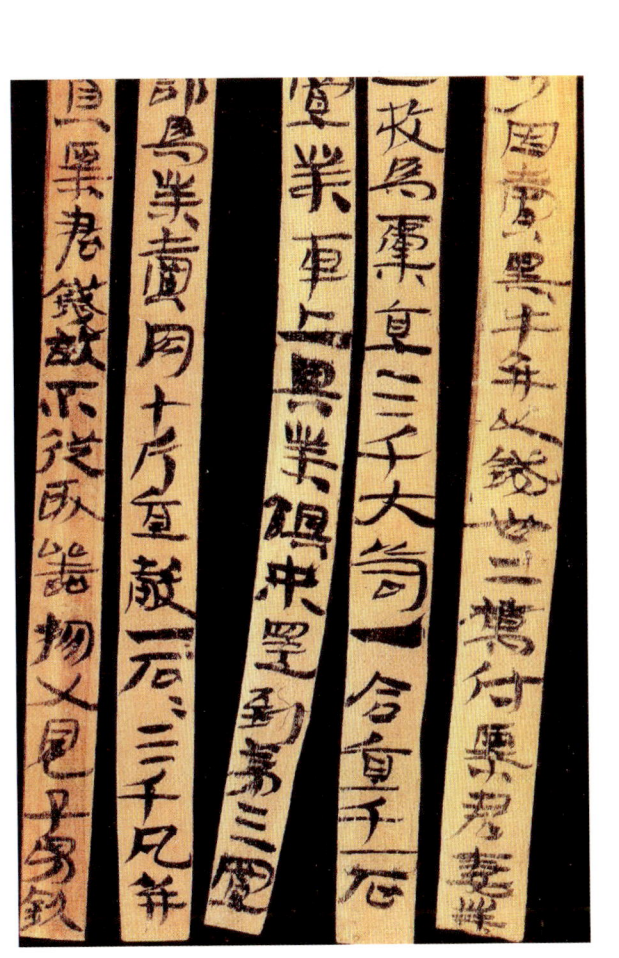

图 5　木牍上的汉代文献

图 6　商周时期的青铜器，出自《中国青铜器全集》

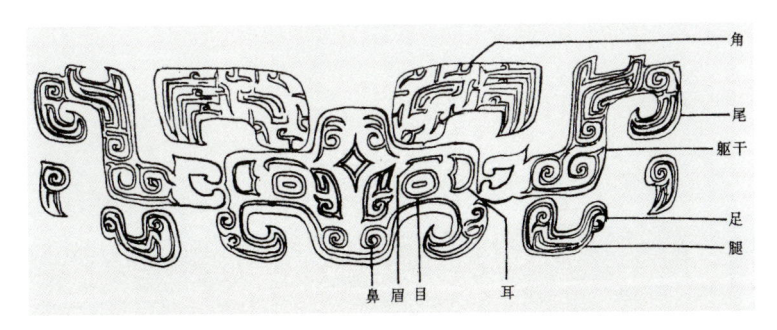

图 7　典型的饕餮纹

图 8　阎立本:《步辇图》

图9 佚名（一说唐画家李昭道）：《明皇幸蜀图》

图 10 汉画像石拓片:《桥头交战图》

图 11 传统木版画中的弩弓二人组

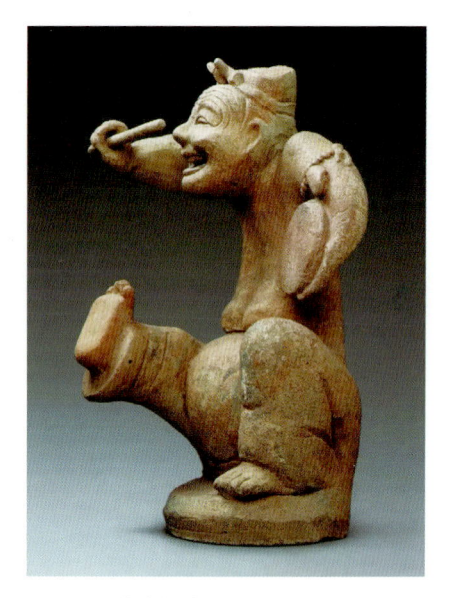

图 12　汉墓击鼓说唱俑

图 13　唐画家张萱、周昉:《唐宫仕女图》

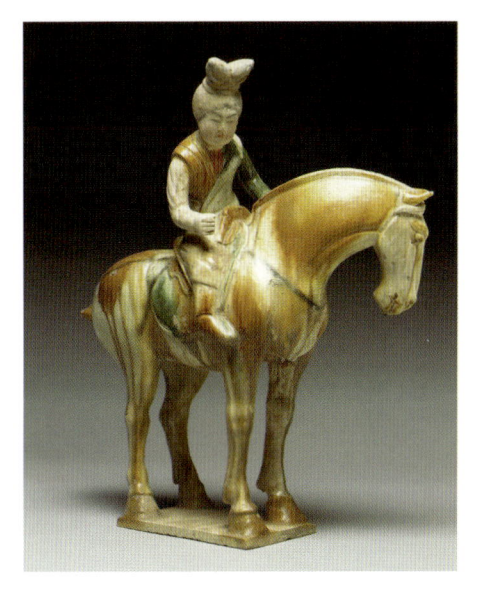

图 14 唐代三彩釉马球仕女陶俑

图 15 汉墓殡葬陶土模型

图 16　北齐画家杨子华:《北齐校书图卷》(局部)

图 17　12 或 13 世纪彩绘鎏金木制观音菩萨造像

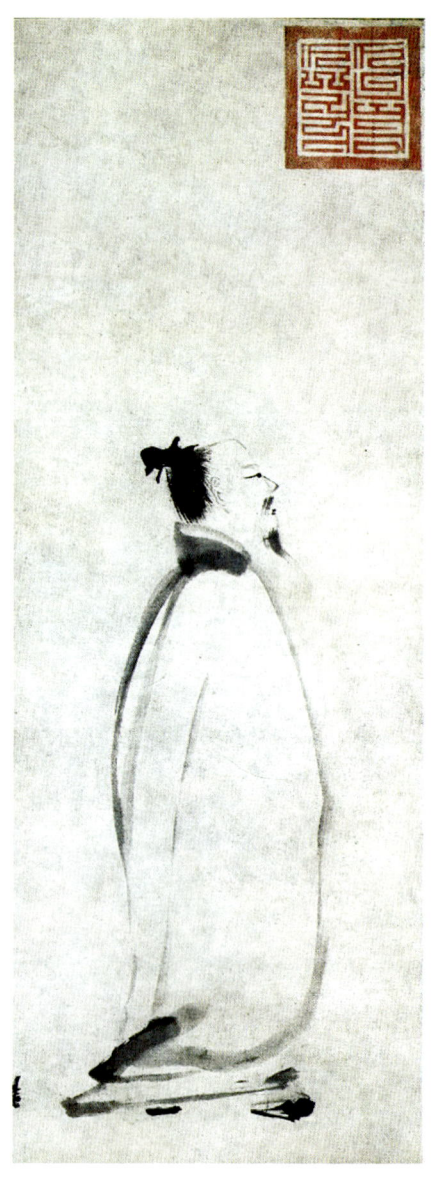

图 18　梁楷：《李白行吟图》

图 19　唐三彩胡人骑骆驼俑

图 20　韩幹:《牧马图》

图 21 （据考）宋代画家王霭:《宋太祖像》

图 22　刘贯道：《元世祖出猎图》

图 23　佚名:《明太祖真像》

图 24 《康熙皇帝宫廷画像》

图 25 16 世纪手卷《出警入跸图》(局部)

图 26　王振鹏:《龙池竞渡图》(局部)

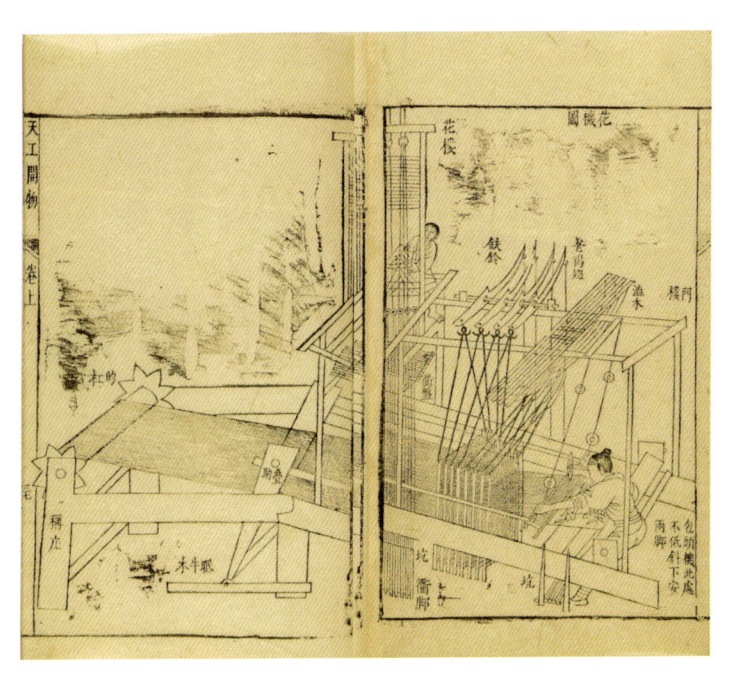

图 27　一架花楼机（版画），出自《天工开物》

图 28　张择端:《清明上河图》(局部)

图 29　梁楷:《六祖斫竹图》(局部)

图30 18世纪欧洲人笔下的孔子,摘自让·巴普蒂斯特·杜赫德的《中华帝国全志》(1735)

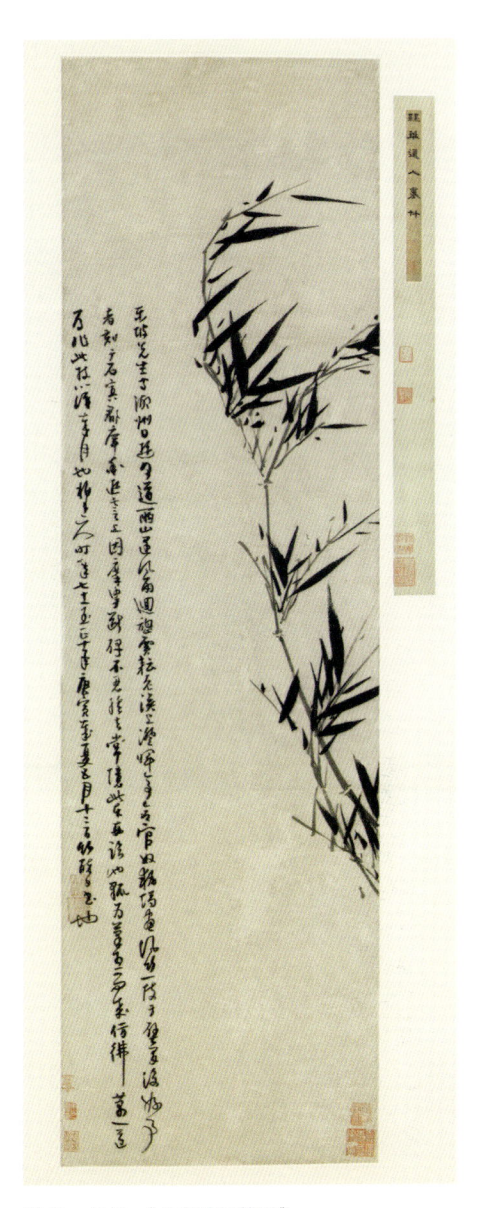

图 31　吴镇:《仿东坡风竹图》

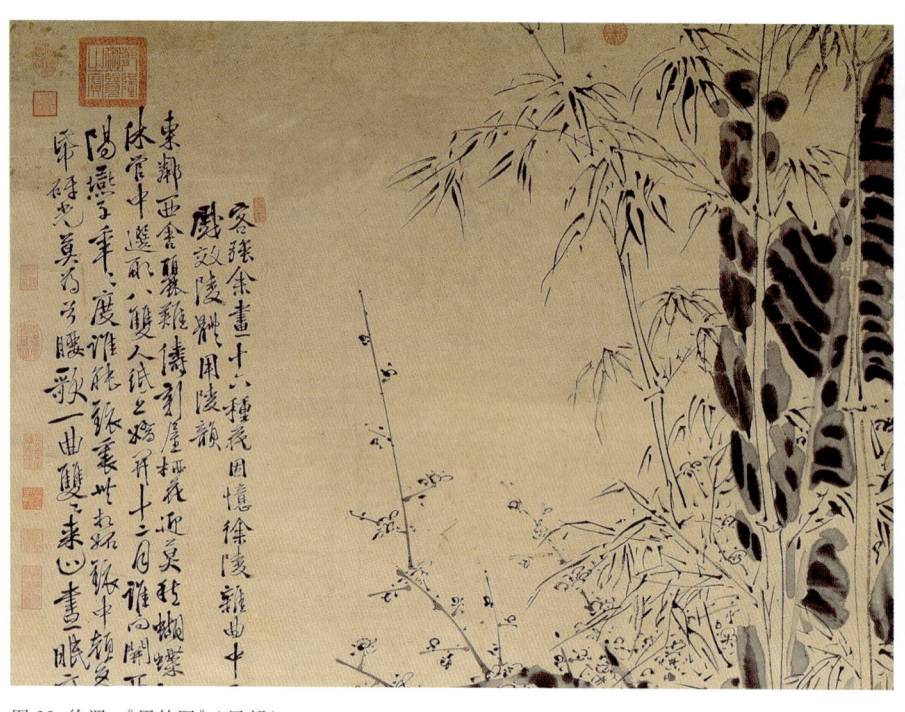

图 32 徐渭：《墨竹图》（局部）

图 33　夏珪：《风雨山水图》(亦名《雨江舟行图》)(传)

图 34　马远:《柳岸远山图》

图 35　倪瓒:《江亭山色图》

图 36 董其昌:《夏木垂阴图》

九、文学与艺术

在艺术与文学领域，早期帝国时代最著名的成就体现在编史、诗歌、佛教造像以及绘画领域上。经过司马迁和班固这两位汉代大师的完善，历史著作变得综合且全面，远胜于同时期其他文明的历史著作。此后，一系列断代史的面世使古代中国在很长一段时间内，都有一套比其他地区内容更翔实、结构更完善的历史史料。同时，赋诗成为所有中国文人生活中惯常的一部分，随着新的音乐风格的涌现，以及文化环境中的其他变化，新的诗歌形式也应运而生了。李白和杜甫这两位唐代诗歌天才的名望从未被他人超越。在汉朝之后的分裂时期中，以佛教题材为主的古代艺术传统盛行，到了唐朝，佛教题材一度遍及所有艺术形式，但很快，随着中国佛教的伟大时代一去不返，它们也迅速消亡了。文学和艺术上的成就主要归功于长期以来持续、统一的汉文明的逐渐发展。它们都是中国特性的重要组成部分，在唐代时期被越南、朝鲜和日本竞相仰慕和模仿。

文学

在文学发展历程中,大致有以下几点值得强调:一是秦朝对文字的统一。它帮助了一个真正意义上的国家的文学在随后岁月中的发展,其意义类似于阿拉伯数字的广泛应用为近代国际科学奠定了基础。如此一来,即使在像南北朝时期这种政治、社会最分裂的情况下,即使语言差异使口头沟通变得风马牛不相及,如长安人与广东人无法沟通,受教育的中国人仍在用同一种文字书写。此外,由于官员是在全国范围内通过对古文写作的专业知识考核来选拔的,所以随着官员阶层的崛起,文章主题和修辞手法上的区域性差异也随之缩小。由于教育逐渐被视作加官晋爵的主要途径,国家直接或间接地在各处建立了正规教育的标准。由此,这批从全国各地脱颖而出的官员可被视作行走的国家文学遗产资料库,同时又是这个资料库中新鲜内容的贡献者。同样的教育背景和同样的趣味给予了中国文学统一性和同质性,无论它是用长安话还是广东话来读写的。因此,我们不能按四川文学、湖南文学或是浙江文学来划分中国文学,这与作为一个语料库但可以分为法国、意大利和日耳曼文学的欧洲文学不同。

同样值得一提的是,由于官员和所有有志入仕者是何为文学的独裁定义人,普通民谣中的歌曲和故事极少以正式书面文学形式呈现。但文人官员会仿写吸引他们的民谣和传说,或将其编辑成为更优雅、适宜的文体。由此,特别是在诗歌和小说上,新的文学体裁和主题周期性地提升社会等级,成为正式的文学体裁。简而言之,民间文学遗产为精英文学提供了一个储存库,使得精英文学不时地焕然一新。

作为官员阶层的专属领域,文学通常反映出了历代政府所拥护的道德准则。也就是说，文学大部分都是说教性的，它被期望去映射并强化传统价值体系。在文学领域，尽管"为艺术而艺术"的道理并非行不通，也并非不受重视，但过于潮流化的作品多多少少会被视作内容琐碎的异端和道德败坏的象征。

我们知道，纸在1世纪的中国被发明出来后，立刻成为四处传阅的文献的主要载体。相较于丝绸或是木牍，纸张的明显优势是它的廉价和便捷，但在某种程度上也有易损的缺点。正因如此，许多早期帝国时代的著作都不可避免地佚失了。幸运的是，在很早的时候，中国人就开始将他们认为重要的文献编辑成集，随后小心保存。这一做法在南朝时期成为常规，到了唐代，编纂单个作者的全集成为风潮。经编纂后，许多文集和选集都得到了特殊对待，以避免佚失或遗忘。然而，通过机械复制来保存文献的伟大时代还未到来，尽管印刷术在唐朝就已为人所知，但要到了晚期帝国时代，文学作品才被规律性地复印，大量副本保证了作品的流传。

编史

正如第四章提到的，撰写历史的伟大传统一直可以上溯至中国的上古时期，我们可以找到诸多汉代之前的体裁迥异的历史文献，如简短的编年史、逸闻记叙和文献备忘录。在早期帝国时代中，历史著作的数量和体裁也日益丰富了起来。

早期帝国时代中最早也恰巧是最重要的一部历史著作是《史记》，这部不朽的杰作一共一百三十篇，由在汉武帝朝中相继担任太史令的父子二人共同完成。由于能够接触宫廷档案，司马谈（卒于前110年），也就是司马迁的父亲，计划撰写一部涵盖从太初到他所处时代的世界史（这里的"世界"无疑是指在当时被中国和司马谈所知晓的世界）。儿子司马迁（前145—前87？）自幼访遍名山，深入地方搜集逸闻古事，亲身参与了汉朝初年的重大事件。前108年，司马迁继承了父亲的职位太史令，并于前91年完成了撰写《史记》的任务。他的成果无疑是卓著的，且他因为曾为投降匈奴的将领说情而惨遭宫刑，此后被迫担任宫廷宦官，这部著作因此就显得更加卓越了。成书的《史记》无论从体例还是风格上来看都是一部杰作。它的体例是后世的史家撰写二十五部断代史时所效仿的模式，而这些作品以惊人的细节和系统化的结构记叙了整个中华帝国史；它的风格也成为所有东亚文学中的翘楚，越南、朝鲜、日本以及中国文人都以阅读《史记》作为消遣和启迪智慧的方式。对于他们来说，《史记》就像一部小说。

《史记》主要分为五个部分：

1.本纪，共十二篇。它以隐晦的叙事记叙了中国政治史上的重要事件，从传说中的黄帝一直到司马迁时代的统治者汉武帝。

2.表，共十篇。它用表格列举了统治家族的世系、周朝封建诸侯的血脉，以及汉代分封的王侯。在最后一个表中，司马迁罗列了从汉初一直到前100年间每一年朝中最重要的文职和军职官员。

3.书，共八篇。它是部分历史性、部分分析性的文章，分涉八个主题：礼仪、礼乐、律学（以及其他一些伪科学的学说）、历法、天宫、封禅、河津以及平准。

4.世家，共三十篇。这是记叙周朝大封建门阀的综合性传记，集合并扩充了本纪与表中的核心内容。司马迁在这一部分中为孔子立传，提高了孔子的地位。

5.列传，共七十篇。这一部分是司马迁认为重要或有趣之人的传记，主要是汉朝时期的人，不仅有预料之中的大官员和大将军，还有一系列非官方的个人。除了显赫之人外，还有声名狼藉之人，思想家和诗人与反叛者、刺客和盗匪也不分先后。最杰出的个人能够独占整篇篇幅，但大多数人只能分得一节，例如孔子的弟子们。有六篇列传讲述了中国在历史上与周边的接触，包括与匈奴、南部和西南地区的诸多原始民族、中亚和朝鲜的接触。最后一篇是自传性的文章，其中缅怀了他的父亲，简述了自己的职业，并阐释了他撰写《史记》的初衷和方法。

司马迁多层次、多维度的编史方法是一个杰出的原创成就，既照顾到了事件的时间顺序，同时又突出了事件彼此的相互关系，呈现了重大事件和制度的演变，特别是强调了个体的重要性和魅力。司马迁的著作远远不只是一部政治编年史，它还是一部制度史，最主要的，它是一部社会史的原始资料。

司马迁以尊重和客观的态度去对待史实。字里行间随处可见的逐字逐句的引用皆摘自可用的文献资料，特别是呈递给皇帝的奏折和皇家诏令，而司马迁自己的观点则被清晰标明并在篇首、篇末单独列出。此外，同作者未知的早期著作《左传》一样，资料的缺失并没有削弱叙述的文采和戏剧化效果。司马迁毫不犹豫地为叙述中的人物和情景添加了他认为合适的语句和对话，从而使人物鲜活起来。同样，他并未在行文中填满细枝末节。特别是在列传中，他详细叙述了人物个性及其闪光的事迹，其余的内容则一笔带过。这种文风与其体例安排一同成了后世史家的指导方针。作为一名卓著的散文艺术家，司马迁的成就是后世无人可及的，他简洁的描述、刻画和叙事有一种强有力的直率，使今天的读者仍回味无穷。

司马迁的生动文笔从下文的选段中可以窥探一二。这个选段描述了起义军首领项羽（项王）的最后时日，时间是项羽战败，四分五裂的秦帝国被汉朝的开国皇帝刘邦夺取之前。项羽的麾下骑从者突围之后所剩不多，被大规模的汉朝军队向南、向东追击到长江沿岸：

> 项王自度不得脱。谓其骑曰："吾起兵至今八岁矣，身七十余战，所当者破，所击者服，未尝败北，遂霸有天下。然今卒困于此，此天之亡我，非战之罪也。今日固决死，愿为诸君快战，必三胜之，为诸君溃围，斩将，刈旗，令诸君知天亡我，非战之罪也。"乃分其骑以为四队，四向。汉军围之数重。项王谓其骑曰："吾为公取彼一将。"令四面骑驰下，期山东为三处。于是项王大呼驰下，汉军皆披靡，遂斩汉一将。是时，赤泉侯为骑将，追项王，项王瞋目而叱之，赤泉侯人马俱惊，辟易数里，与其骑会为三处。汉军不知项王所在，乃分军为三，复围之。项王乃驰，复斩汉一都尉，杀数十百人，复聚其骑，亡其两骑耳。乃谓其骑曰："何如？"骑皆伏曰："如大王言。"
>
> 于是项王乃欲东渡乌江。乌江亭长檥船待，谓项王曰："江东虽小，地方千里，众数十万人，亦足王也。愿大王急渡。今独臣有船，汉军至，无以渡。"项王笑曰："天之亡我，我何渡为！且籍与江东子弟八千人渡江而西，今无一人还，纵江东父兄怜而王我，我何面目见之？纵彼不言，籍独不愧于心乎？"乃谓亭长曰："吾知公长者。吾骑此马五岁，所当无敌，尝一日行千里，不忍杀之，以赐公。"乃令骑皆下马步行，持短兵接战。独籍所杀汉军数百人。项王身亦被十余创。顾见汉骑司马吕马童，曰："若非吾故人乎？"马童面之，指王

翳曰："此项王也。"项王乃曰："吾闻汉购我头千金，邑万户，吾为若德。"乃自刎而死。

1世纪，司马迁所创立的史学传统被官宦世家——在朝为官的班彪以及他的两名子女继承。班彪的一子班超作为实干家扬名立万。如第五章所述，班超曾担任位于中亚地区的汉朝都护。班超的双胞胎弟弟班固（32—92）则是家族中的杰出史家，在他死后，他的著作由妹妹班昭（约45—117？）续写。班昭是中国古代早期杰出的女性文人代表。她早年丧夫，后来成为太后和其余宫廷女子的老师。她撰写了一部关于女子道德戒律的书，在之后的数百年间流传甚广。

班固的经典著作《汉书》是一部西汉时期的历史，包括了篡位者王莽的统治期。书中没有《世家》部分（因为周朝式的诸侯国在汉朝时已然不存在了），但其余部分则遵照《史记》的体例安排，其中有十二篇本纪、八篇表、十篇书（志）以及七十篇列传。《汉书》的创新内容主要体现在四个新主题上：州郡地理、法律、五行和书目。《汉书》之所以重要，是因为它是第一部将司马迁的写作体例套用在断代史上的史书，尽管其文笔没有司马迁的生动、张扬，但也备受推崇。

东汉年间的私人学者沿用了《史记》《汉书》的修史格式，但通常都像班固一样，在政府的资助下完成编纂。到了唐代，官方委派一群史家编修前朝隋朝的历史，这群史学家也另外编修了分裂时期的部分朝代的官方历史，代替了之前私人修史中不恰当的内容。他们还开始为每一任唐朝皇帝编纂详尽的朝廷年表，这个年表被称作"实录"，以此有序地保存唐代历史事件的原始材料。

唐朝的做法为后来的朝代开创了一个先例,将资助史学家为前朝编修客观历史、为后世编写实录的工作变为常规性的工作。政府承担修史工作或许是中国独有的现象,也是中国统治阶级强烈的历史意识的最有力证据。史书被视作经典之外不可或缺的文献,统治者和官员需要同等倚重经典中的箴言和历史中的先例来行事。不止一名皇帝被警告要在意自己在历史中的功过评说,从而放弃了莽撞的决策。

编修类似于《史记》《汉书》体例的史书绝非早期帝国时代史家的唯一重要活动。如第八章所示,佛教和道教圣徒的传记随处可见,有关优秀女性、杰出文人和大孝子的集合传记也被编纂成书。东汉学者荀悦(148—209)奉召将《汉书》中的资料重新编纂成一部编年体著作《汉纪》。与此相似的叙述性史书一朝接一朝地逐渐发展成了同一系列的复合体例的断代史。经典文献《周礼》成为行政法规的模本,第六章提及的《唐六典》则是中国古代最早的行政法规。

编修制度专史的传统从唐朝学者李肇开始,他编纂了一部关于翰林院的短篇历史,名叫《翰林志》。杜佑(735—812)开启了编修内容广博的典章制度专史的伟大传统,他历时三十六年,完成了一部长达二百卷的鸿篇巨制《通典》。《通典》是一部类似资料大全一样的内容翔实的史学著作,记录了从上古一直到755年的历史,内容分九类:中国的食货(财政管理)、选举、职官、礼、乐、兵、刑、州郡以及边防。

这一时期问世的一些著作为后来大批地方志和通志,或称历史地理的出现奠定了基础。6世纪中叶,杨炫之完成了《洛阳伽蓝记》。到了9世纪,李吉甫(758—814)编纂了一部囊括全国的总志,称作《元和郡县图志》。到了唐晚期,已经成书的史学著作为后来浩如烟海、多姿多彩的历史研究奠定了扎实的基础，也成为晚期帝国时代汉文化的一大杰出特色。

小说

早期，中国历史和哲学著作常常沦为虚构或半虚构的叙述，但到了汉朝时，在文人阶层眼中，全然虚构的逸事和寓言似乎已成为明日黄花。从对它的称呼"小说"中，我们便可得知人们对它的态度并非十分尊崇。这一名称为后世所有中国小说沿用。班固《汉书·艺文志》中列举了十五部小说选集，据他所知，其中包含了1380篇单独的故事，但没有一篇得以传世。

最早类似于小说体裁的传世文本源于东汉年间，其中有作者不明的《西京杂记》，讲述了有关武帝宫廷的八卦"内幕故事"；有干宝（活跃于290—320年）编纂的《搜神记》，因为他深受道教启发，所以该书中充斥着惊奇、超自然传奇的故事；有由刘义庆（403—444）编纂的著名故事集《世说新语》，内容机智幽默，记录了汉朝之后名士之间无聊的"清谈"。这些早期故事结构简洁、题材经典，经由高度润色后成为所有中国小说家常规叙述的一部分。通过以下几则例子便可知一二。

下文选自疑似创作于3世纪的小说集《列异传》：

宋定伯

南阳宋定伯，年少时，夜行逢鬼。问之。鬼言："我是鬼。"鬼问："汝复谁？"定伯诳之，言："我亦鬼。"鬼问："欲至何所？"答曰："欲至宛市。"鬼言："我亦欲至宛市。"

遂行数里。鬼言："步行太迟，可共递相担，何如？"定伯曰："大善。"鬼便先担定伯数里。鬼言："卿大重！将非鬼也？"定伯言："我新死，故身重耳。"定伯因复担鬼，鬼略无重。如是再三。定伯复言："我新鬼，不知有何所畏忌？"鬼答言："惟不喜人唾。"于是共行。

道遇水，定伯令鬼先渡，听之，了然无声音。定伯自渡，漕漼作声。鬼复言："何以有声？"定伯曰："新死，不习渡水故耳。勿怪吾也。"

行欲至宛市，定伯便担鬼，着肩上，急执之。鬼大呼，声咋咋然，索下，不复听之。径至宛市中，下着地，化为一羊，便卖之。恐其变化，唾之。得钱千五百，乃去。当时石崇有言："定伯卖鬼，得钱千五。"

下文选自东汉故事集《幽明录》，具体创作年代未知：

焦湖庙祝

焦湖庙祝有柏枕，三十余年，枕后一小坼孔。县民汤林行贾，经庙祈福，祝曰："君婚姻未？可就枕坼边。"令林入坼内，见朱门、琼宫、瑶台，胜于世见。赵太尉为林婚，育子六人，四男二女，选林秘书郎，俄迁黄门郎。林在枕中，永无思归之怀，遂遭违忤之事。祝令林出外间，遂见向枕，谓枕内历年载，而实俄忽之间矣。

汉代之后最著名的故事莫过于陶潜（365—427，又名陶渊明）写的《桃花源记》了。陶潜是中国历史上最富天赋的作家之一，也是声名卓著的诗人。与《焦湖庙祝》类似，《桃花源记》也同属"香格里拉故事"类型，它备受欢迎，其气韵使它比同类的故事更加可信：

晋太元中，武陵人捕鱼为业。缘溪行，忘路之远近。忽逢桃花林，夹岸数百步，中无杂树，芳草鲜美，落英缤纷。渔人甚异之，复前行，欲穷其林。

林尽水源，便得一山，山有小口，仿佛若有光。便舍船，从口入。初极狭，才通人。复行数十步，豁然开朗。土地平旷，屋舍俨然，有良田、美池、桑竹之属。阡陌交通，鸡犬相闻。其中往来种作，男女衣着，悉如外人。黄发垂髫，并怡然自乐。

见渔人，乃大惊，问所从来。具答之。便要还家，设酒杀鸡作食。村中闻有此人，咸来问讯。自云先世避秦时乱，率妻子邑人来此绝境，不复出焉，遂与外人间隔。问今是何世，乃不知有汉，无论魏晋。此人一一为具言所闻，皆叹惋。余人各复延至其家，皆出酒食。停数日，辞去。此中人语云："不足为外人道也。"

既出，得其船，便扶向路，处处志之。及郡下，诣太守，说如此。太守即遣人随其往，寻向所志，遂迷，不复得路。

南阳刘子骥，高尚士也，闻之，欣然规往。未果，寻病终。后遂无问津者。

最初简单的故事逐渐演化为正式的短篇故事，或称中篇小说，也叫传奇。传奇在唐代晚期广受喜爱，被收录到诸多文集中。尽管其中仍带有巫术和超自然元素，但故事大体是现实主义的，男女角色都刻画逼真，现实中的各社会阶层得以真实地反映，日常琐事，特别是发生在都城的日常事务都被精心编织到情节之中。言情故事格外地常见。唐传奇大多都篇幅过长，所以不适合在此全文引用，但我们不妨通过几则最著名的传奇的梗概来感受一下它们的风格和类型：

沈既济（活跃于750—800年）所著《任氏传》讲述了长安年轻英俊的小生郑六在街上偶遇一美貌女子，不禁心向往之。这名女子将郑六诱至她的华贵住处，在那里置酒招待郑六，并请他留宿。这夜后，郑六试图再次寻访女子住处，却毫无所获，他才得知该女子实为狐仙，常施法诱惑年轻男子与其同寝。后来，郑六再次在店铺中偶遇该女子，便劝说她像常人一样做他的妾，女子欣然同意。于是郑六与女子开心地共度了一年多，二人由郑六的大舅哥提供衣食，后者因被施法术，也倾心于任氏。通过郑六的大舅哥，任氏得以帮助郑六做些买卖赚些钱财。后来，郑六被征召出城任军职，任氏不愿随从，在反复劝说后，任氏终于同意同行。在走马上任的途中，郑六与任氏遇到一群皇家养犬人，任氏立即现出原形，疯狂逃窜，但还是被猎犬追逐并撕成碎片。郑六将任氏破损的肢体赎回，并将她风光地下葬。郑六与其大舅哥一同缅怀任氏，感慨任氏多么通人性。

杜光庭（850—933）所著《虬髯客传》讲述了隋朝末年动荡年间，一位郁郁不得志的有志青年携隋朝大司空杨素的一名美貌女奴一同逃亡山西，途中与一名魁梧、凶猛、红髯的恶霸——虬髯客相遇。经劝说，青年和一名老迈的道士在虬髯客的引领下会见了少年李世民，也就是未来的唐太宗。少年李世民魅力无限，虬髯客和其他二人被其所摄，于是宣称李世民是未来天下的真命天子。虬髯客告诉青年及其爱人他曾终身为功名利禄而奋斗，但现在已然得知命运何去何从了，之后便将所有财产留给了青年。那是一座金碧辉煌的宅邸，当中满是仆人、艺人和堆砌如山的金银财宝。青年依靠着虬髯客的财产资助了李世民，很快李世民便夺取了天下，青年夫妇也如愿在唐朝当起了卫国公和一品夫人。数年后，青年耳闻一位红髯大汉占据了南海的一个岛屿，这才知道虬髯客果然找到了他的未来所在。

白行简（776—826）的《李娃传》讲述了一名地方贵族公子在过了乡试后进长安赶考、上任。公子的父亲甚为骄傲，于是为他准备了可供两年奢侈生活的资费。在长安，公子被名叫李娃的歌妓迷住，二人同居直至钱财散尽，此后李娃便消失无踪。公子在饥寒交迫地度过了一阵后，办理丧事的师傅怜悯他，照顾他恢复健康，又教给他殡葬之事，此后他便成了处理丧事者中的一员。很快，公子便成了全长安城最炙手可热的肆人，他的悲痛与哀伤能够使全长安城的人都为之落泪。公子之前的一名老仆认出他，并把他带到了他的父亲处。公子的家人本以为公子已经在上京途中被盗匪所杀，但父亲得知实情后，倍感羞耻，于是将公子拖拽至郊外，痛打数百鞭，任其自生自灭。处理丧事的朋友赶来埋葬公子，这时才发现公子尚有一丝游息，于是又将他救了回来。但公子过于郁郁寡欢，伤口不断化脓，污秽丑陋，以至于他们都嫌弃他。公子无奈沦为了行乞之人，境况生不如死。这时，李娃发现了公子，认为公子沦落至此全都是她的责任。在李娃长达三年的庇护、照料和支持下，公子重新投入科举考试的准备中。多亏了李娃，公子得以高中状元并与其父亲重修旧好。最终，公子与李娃结婚，从此过上了成功且幸福的生活。

以上所述的所有趣闻和传说都由文人撰写，也是写给文人看的，因此都是用书面的散文体——文言文来书写的。尽管这些作品内容大多源于民间，但很少会变为汉语白话文——也就是日常对话中所用的语言形态，因此不能被归为"大众文学"。但从很早开始，白话的大众文学便已存在，至少存在于口语传统之中。无论是在宫廷还是市集中，说书人一向被视作最受欢迎的艺人。佛教传教僧人和本土僧人极富想象力地利用了说书人作为媒介的功能,他们意识到中国听众更乐于接受富有娱乐性的布道和佛经,记述佛陀多次转世的佛本生故事就是一例。到了7世纪,佛教徒和世俗的说书人共同开创了一个白话文学的特殊体裁,名为"变文"。变文是有关宗教或其他主题的戏剧化传说故事,其中夹杂着以打油诗或散文为韵的歌谣。讲唱过程中无疑还配有与变文内容相配的图画,由说书人或布道人在讲唱间歇挂出给观众观看。变文自然未能得到受过教育的精英的问津,但一部分的变文文本被记录了下来。到20世纪时,人们在敦煌——古代中国的西北边境——郊外的一个洞穴里发现了一些残存的变文手卷。人们发现,尽管唐代变文并非文学杰作,但它们都富含智慧、想象、悬疑以及一般叙述中的激情。变文无疑是杰出的白话小说的前身,而后者是晚期帝国时代最卓著的文学成就之一。

变文之中有一则《目连救母》的故事令人印象深刻。它有多个不完整的传世版本,以诗文结合的方式讲述了一位年轻的僧侣寻找其母魂魄的故事。目连的母亲因贪婪而被打入十八层地狱,也就是最险恶的一层而不得超生,她被四十九枚长钉子钉在一张滚烫的铁席上。目连一层层地穿越地下炼狱,遭遇了许多恶魔,还遇到了无数孤魂野鬼,他们祈求目连转告他们的子孙后代:奢华的丧葬、繁复的哀悼以及祭祀仪式不过都是为了给活人看的,要想帮助往生之人,活人只能通过修行和行善。目连还在天国和地狱中遇到了沮丧、无能和自大的官员。在经由佛祖亲自调解后,目连之母得以从地狱中超脱,但即使是佛祖,也只能让目连之母转世为一只狗。但由于目连的格外孝顺以及目连之母的诚心悔过,她终得以转世为人。

骈文和改革运动

中国上古时期的散文以及汉代文体学家司马迁和班固的散文都是简洁精炼、掷地有声且言简意赅的。词语之间的关系以及句与句之间的过渡通常都隐含在修辞结构之中,没有"但""另外""因此""于是"这类词语标注。而到了汉朝及之后的年代,散文写作变得更加松弛,不再受条条框框限制,内容整体更易于理解,但文字也少了力度和深度。散文作者也开始寻找语句中的抑扬顿挫,而这又极适用于单音节的汉语。为了特别强调,所有散文作家都会在特定场合下使用韵律。

随着人们对韵律的日益着迷,分裂时期所有被视作文学的散文作品都变得优雅、押韵但造作,字里行间尽是包括押韵词的各种修饰语。特别是南朝的宫廷文人,他们引领了撰写这种浮华但孱弱的文体的潮流,而这种文体被称作骈文(有时称作骈体文)。即使同为押韵,骈文还是能与诗歌分得很清楚,因为它的韵脚不断变化。骈文最常见的格式是"四六文",也就是四字一句与六字一句交替出现。除了简单的韵律一致之外,骈文还要求对仗工整,也就是双句之中的所有副词、名词、动词以及其他部分都一一对应。在诗集《玉台新咏》的序言中,徐陵(507—583)写下了一首代表性骈文作品,其文如下:

> 周王璧台之上,
> 汉帝金屋之中,
> 玉树以珊瑚为枝,
> 珠帘以玳瑁为匣。

在少数天赋异禀的文人笔下,骈文是一种既实用又美妙的文体,但多数骈文都过于矫揉造作,以至于只有博学者和多才多艺者才能阅读。若要进行严肃论述或者写出有效的文章,骈文无疑是个糟糕的文体。不管如何,文人们相信,除了它以外没有任何文体具备文学价值,骈文体几乎占据了南朝至唐代的绝大多数文章,即使在唐朝以后,这种文体也在正式文书中沿用。

造作的骈文终于在唐代晚期迎来了转机,文人官员韩愈领导了针对它的改革。在第八章讨论灭佛的早期代言人时提及的韩愈,效仿古代文献《左传》,复兴了简单、明白、有力的散文风格。他用一种"古文体"写作,文辞简明扼要,以至于在辩论中无人能与之匹敌。古文运动强势来袭,虽然它未能完全代替骈文的书写,但为传奇小说在唐朝晚期的兴盛提供了可能(骈文完全不适合小说写作),也为晚期帝国时代严肃的哲学创作的复兴铺平了道路。整体而言,古文运动恢复了早期中国优秀散文中一贯的简洁、灵动和有力。需要指出的是,古文运动并非对白话文写作的改革,而是恰恰相反。无论是在骈文还是古文中,受过教育的精英的书面文字与汉语口语还是相去甚远。

诗歌艺术

如第四章所述,自上古时期以来,中国主要继承了两种诗歌体裁,一种称作"诗",四句一段,每一句通常包括四个单音节字,每一字的强弱均等(强—强—强—强);另一种诗歌体裁见于《楚辞》,篇幅更长,内容更松散,格式也更宽松,诗句通常是六到七字,一部分的字读弱音,无实义(强—强—强—弱—强—强—强)。《楚辞》的风格被归为"骚"体,得名于《楚辞》中最著名的挽歌《离骚》。在早期帝国时代,随着教育的普及和统治阶级对文学的日益醉心,赋诗成为每一位有识之士的必备技能。诗歌体裁也日益多变,一部分是因为中亚甚至更远地区传入的新乐器和新旋律的影响。特别是在南朝,宫廷的男性和女性通过复杂的作诗游戏和作诗比赛来自娱自乐。到了唐代,赋诗成为日常活动,人们创作了大量诗歌,有的记录转瞬即逝的思绪,有的共勉平凡的事件,例如送别远行的友人或是向熟人问候或传递讯息。《全唐诗》是一部8世纪的诗歌选集,集合了近2300名诗人的48 900首诗。这些诗人全都受过教育,在严格意义上都是官员或是候补官员。他们是兼职诗人,同时还兼散文家、经学家以及史家等多重身份。若说文学是知识分子的生活方式,那么大诗人无疑是文学界最耀眼的明星。

中国诗人吟诗作赋的对象无所不包,他们描写山川、走兽、花鸟、美人、俊男、神鬼、异族以及其他各种有趣的人事,他们也写或长或短的叙事诗,涉及爱情、远征、风雅之事或针砭时弊,他们还表达了丰富的情绪,有喜爱、愤怒、思乡、沮丧、孤独、同情、满足、爱国、愉悦以及忧伤。尽管古时的中国诗歌不乏长篇大论,但诗人通常都喜欢短小的篇幅。中国诗歌中没有《荷马史诗》或是《失乐园》这样宏伟的长篇巨著。此外,尽管一部分诗人喜爱华丽富逸的辞令,但流传最广的还是简约自然,甚至朴实无华的诗作。即使最爱抒情的中国诗人也极少直抒胸臆,他们不会借着狂野的诗性而号啕大哭和捶胸顿足。相反,诗人常运用间接、暗示性的想象,用"金风簌簌惊黄叶"来表达"亲爱的,我开始变老了"。若对比英文诗歌与中国诗歌,很可能使人瞠目结舌:英文诗歌着重描绘浪漫的爱情,而中文诗歌重在表达对自然之爱;中文诗歌中相对缺失了对宗教情感和对战争荣誉感的歌咏,但富于对简单事物和普通日常生活的描写。

在中国诗歌的几类大致体裁中,从《楚辞》传统中衍化出的

"赋"别具一格。赋是一种几乎难以界定的韵文兼散文的混合体。赋的长度和韵律十分随意，但通常篇幅较长，多有地点和场景描述，文辞华丽冗长。赋的语句长度从四字到九字不等，甚至更多，语句多含骈文之中的对偶。同骈文作者一样，赋的作者通常极具语言才华。作赋也和撰写骈文一样，极易沦为对辞藻的玩弄。赋是汉代最受欢迎的诗歌体裁，南朝间，孱弱无能的朝臣所写的赋反映了他们喷薄而出的精致自负。到了唐朝，赋有了一些格式限制，科举考试的生员经常会被要求创作命题的限定格律的赋，以展示他们对语言的把握和对陈词滥调的古文的掌握。此后，人们仍作赋——作为一种讲究华丽辞藻的文体训练，但这种体例早在唐朝以前就丧失了生命力。

"诗"作为更具诗性的诗歌体裁持续存在。汉代及之后，诗的格式比之前更加灵活多变，它的句子越来越长，时而五字一句，时而七字一句。到了唐代，五言和七言诗取代四言诗成为标准格式。诗从赋中借鉴了停顿，从而打破了古时四字循环的单调节奏。通常情况下，诗句中的停顿位于五言句的第二个字之后（强—强，强—强—强），或是七言句的第四个字之后（强—强—强—强，强—强—强）。诗又从另外一个汉代的诗歌体裁"乐府"中借鉴了跨行句（run-on-line）的形式，从而破除了古时一行诗就是一个完整表达的形式。纵观整个早期帝国时代，诗都是最受欢迎、最灵活的诗歌体裁。

乐府体裁可被视作一种自由形态的诗，得名于前120年左右由汉武帝主持建立的音乐机构。乐府主要负责在宫廷娱乐中奏乐。根据传说中的周朝早期传统，乐府也负责从全国各地采集民谣，以便让朝廷从中体察民情。约一百首汉代乐府得以传世，每一首都别具民间风情，不规则的格律使得乐府的韵律极为悠扬，连五言和七言诗通常都无法企及。后来的诗人发现诗不能实现他们的目的时，往往就会改作乐府。

律诗，也就是诗的另一个变体，是彰显南朝文学家之矫揉造作的最佳体裁。这不是说普通的诗没有限制，实际上，诗有着严格的格式，规定了一段四句，每句五言或七言，每段第二与第四句的末字需押韵。每一对句子的字面应清晰对仗，即名词对名词、动词对动词，以此类推。律诗的新颖之处在于它对汉语中的平仄的特殊强调，就像我们在引言部分中提到的一样，正是这些如歌唱般的声调区分了同音字。虽说早期的诗人并不是没有注意到平仄——他们或无意识地或模模糊糊地避免了平仄不协调的字的组合，也就是避开了音调相同的字的串联——但东汉的诗人逐渐开始有意识地重视平仄了。

对平仄的日益注重可能源于中国人从佛教传教僧处了解的印度，印度人在很早的时候就发明了复杂的语法和语言分析。无论缘起于何处，南朝的诗人都已开始对诗进行各种的平仄规定。沈约（441—513）是最早发起人之一，他撰写了一部小册子，其中规定了创作诗歌时应避免的弊病，有四病关于韵律，另外四病关于平仄。但沈约似乎也只是将已经广为实践的声律规则书写下来而已。到了唐代早期，声律的规定愈发细化，诗人不得不受制于声律这门专业学问。他们不仅仅需要服从于所有格律、韵律以及对仗，还要选择有指定声调的字词，并将它们排列成指定声调顺序的诗句。

声调被分为两类，一类为平（通常指汉语普通话中的一声和二声），一类为仄（通常指汉语普通话中的三声和四声）。看似押韵的两字却有可能属于不同的声调类别（例如"张"和"挡"；汉语普通话的声调区分有其常规系统），因而就不算押韵字了。一个字的押韵字必须与它同属一个声调类别中。此外，所有仄声的字都不适于做韵（例如，"礼"和"底"就不是合适的押韵词）。声调还规定，同属一个声调类别中的字不能三字相连，只有当中间加以停顿时才可以。还有，在理想的情况下，每一对句子中的第二句的平仄都应与第一句的截然相反。诗节中的种种规定都被视作定则而被广泛接纳，只有细小的平仄变化才可以被容忍，诗的最长篇幅也被限制在两个四句诗节之内。由唐朝诗圣杜甫撰写的著名律诗描绘了安史之乱后长安城的衰败景象，是声律的完美代表，见于下页的摘录。

严格的格律规则贯穿于整个唐朝，使诗人必须受限于复杂的技术难题，而这是英文诗歌，例如十四行诗和八行两韵诗中的格律从未企及的一个难度。但在此之外，许多伟大的诗人并未囿于格律，仍常用更加自由的"古体诗"和乐府诗进行创作。

唐朝诗人以创作短篇、单节的律诗，又称"绝句"而闻名于世，我们将在下文中选录几首来进行介绍。其中最杰出的代表作品是高度写意的诗歌，寥寥数笔但又暗含生趣，全诗仅用二十或至多二十八个字就巧妙地构成了一个画面，营造了一种氛围，或是开启了一扇思绪之窗，让读者的想象力在诗句之外不断延绵。

在 8 世纪，为了适应中亚引入的新的流行音律，另一个主要的诗歌体裁也应运而生了，它被称作"词"。词的长短不一，每一句的字数都不一样，从一字到十字甚至更多。词有多达六百种声律和韵律，每一个格式都是从乐曲的名称得名。一直到唐代，词都与它得名的乐曲一起演奏，于是尽管许多词的主题和情感有可能大相径庭，但它们都有着同样的标题。类似的例子是现代作曲家不断地基于《友谊地久天长》（*Auld Lang Syne*）的曲调来创作关于爱情、战争和宗教歌曲的歌词，而这些内容迥异的歌最后都叫《友谊地久天长》。即使在乐曲佚失之后,晚期帝国时代的中国词人还是撰写了大量遵循词牌格律的作品。

春望[1]

国破山河在,城春草木深。
(仄仄平平仄)(平平仄仄平)
感时花溅泪,恨别鸟惊心。
(平平平仄仄)(仄仄仄平平)

烽火连三月,家书抵万金。
(仄仄平平仄)(平平仄仄平)
白头搔更短,浑欲不胜簪。
(平平平仄仄)(仄仄仄平平)

与撰写散文不同,虽然中国诗歌的创作并不限于政教风化,但还是被寄希望于传达既有价值理念,在这一点上,诗亦不能免俗。1世纪研究《诗经》的经学家卫宏阐发了一个经久不衰的理论,即诗歌是感情的表达,是政府潜移默化的影响的反映:治世之音安以乐,其政和;乱世之音怨以怒,其政乖。即使到了唐代晚期,诗人也意识到了他们希望通过创作来端正百姓的道德风气。

分裂时期中,有几部著作将文艺评论和文学理论提高到了一个新的层次。其中有陆机(261—303)的《文赋》,他精心地将文体分为十类,并为每一类制定了相应的标准;刘勰(465—

---

[1] 当代汉语的声调与唐代的发音多少有所不同。

531？)的《文心雕龙》是一部骈体的综合性论著,囊括了一直到作者在世时代的所有文学理论和文艺评论。《文选》是后梁太子,即后来的后梁皇帝萧统(501—531)[1]所著的一部评论性文摘;钟嵘(约5世纪晚期—6世纪早期)所作的《诗品》为上百名诗人评级并做了评价。在大多数情况下,诗人都会在主流的教化上做做表面文章,但旋即便会投入传达真挚情感的优美纯粹的文学创作,或剖析、解析文学作品,探寻那些应努力借鉴或应尽力避免的各种形式、内容和意图。

随着南朝的消亡,文学理论和文艺评论的伟大时代也随之终结了。唐朝时,尽管大量文集得以编著,但评论家却鲜有创见,没有关于诗歌实践和诗学价值的新鲜理论问世了。

一些杰出的诗人

汉代大家司马相如(前179—前118)擅于撰写辞藻富丽的散文诗。他生于四川,四处流浪为生,因为与成都一大户人家寡居的女儿私奔而闻名于世。二人私奔后,司马相如依靠在酒肆做饭洗碗为生,而新娘则负责招揽生意。他以此来羞辱岳丈,逼迫岳丈给了一笔可观的嫁妆。司马相如的诗才吸引了汉武帝,于是得以入朝,创作了大量阿谀奉承的文章,其中最著名也影响最深广的作品名为《上林赋》。《上林赋》以夸张的言辞描绘了位于长安城外的皇帝狩猎的园林上林苑。通过下文的节录,读者们可以品察他的文风和赋这一文体的大体特点:

---

[1] 萧统为梁武帝萧衍长子,于502年被立为太子,然而未即位就去世了,追谥"昭明太子"。——译注

鱼鳖讙声，万物众夥。明月珠子，玓瓅江靡。蜀石黄碝，水玉磊砢。磷磷烂烂，采色澔旰，丛积乎其中。鸿鹄鹔鸨，鴐鹅属玉，鵁鶄䴋目，烦鹜鹴鹔，鵷䴋鸀鳿，群浮乎其上。汜淫泛滥，随风澹淡，与波摇荡，掩薄草渚，唼喋菁藻，咀嚼菱藕。

下文的佚名之作是汉代时期民歌的代表作，这类民歌很多都表达了对战争的憎恶。除了这个主题外，另一个在早期帝国时代备受诗人喜爱的主题是对弃妻的同情。

<blockquote>
青青河畔草，郁郁园中柳。
盈盈楼上女，皎皎当窗牖。
娥娥红粉妆，纤纤出素手。
昔为倡家女，今为荡子妇。
荡子行不归，空床难独守。
</blockquote>

东汉末年弥漫的悲观厌世情绪也体现在文章之中，特别是"建安（196—220）七子"的诗人群体所作的乐府诗。文学史学者通常会在这七人之外另外加上曹操和他的第三子曹植（192—232）。军事独裁者曹操并不是一个糟糕的诗人，而曹植则是那时最具才华的诗人。在下文的诗中，曹植描绘了东汉末年连年战乱所带来的生灵涂炭的局面：

<blockquote>
送应氏
步登北邙阪，遥望洛阳山。
洛阳何寂寞，宫室尽烧焚。
</blockquote>

垣墙皆顿擗，荆棘上参天。
不见旧耆老，但睹新少年。
侧足无行径，荒畴不复田。
游子久不归，不识陌与阡。
中野何萧条，千里无人烟。
念我平常居，气结不能言。

前文提及的陶潜是汉唐之间漫长岁月中涌现的杰出的大文豪。他的家族诞生了大量官员，而陶潜一度也是一名尽职的县令，但仅仅在上任八十三天后，他就决定不再为"五斗米折腰"，于是辞官回家。陶渊明余生都在乡下做一名隐士，时而种菊，时而抚琴，时而与孩童戏耍，时而写诗作乡野之趣。他被视作中国第一位伟大的"田园诗人"。

通过下面这首诗，可见陶潜对世俗的厌恶，诗文欢庆了辞官归家之乐：

归园田居

少无适俗韵，性本爱丘山。
误落尘网中，一去三十年。
羁鸟恋旧林，池鱼思故渊。
开荒南野际，守拙归园田。
方宅十余亩，草屋八九间。
榆柳荫后檐，桃李罗堂前。
暧暧远人村，依依墟里烟。
狗吠深巷中，鸡鸣桑树颠。
户庭无尘杂，虚室有余闲。

久在樊笼里，复得返自然。

在另外一首名诗中，陶渊明将嗜酒之病归罪于其子：

责子

白发被两鬓，肌肤不复实。
虽有五男儿，总不好纸笔。
阿舒已二八，懒惰故无匹。
阿宣行志学，而不爱文术。
雍端年十三，不识六与七。
通子垂九龄，但觅梨与栗。
天运苟如此，且进杯中物。

在汉朝之后的分裂时期中，出现了一种富含性趣的情诗，其特征在任何时期的宫廷鉴赏家的笔下都不得见。撰写这类诗歌的诗人之一便是沈约。如上文所述，他是一名多产的史学家，也是律诗规则的早期制定者。下文是沈约所作的六首《六忆诗》中的四首：

其一

忆来时，
灼灼上阶墀。
勤勤叙别离，
慊慊道相思。
相看常不足，
相见乃忘饥。

其二

忆坐时,
点点罗帐前。
或歌四五曲,
或弄两三弦。
笑时应无比,
嗔时更可怜。

其三

忆食时,
临盘动容色。
欲坐复羞坐,
欲食复羞食。
含哺如不饥,
擎瓯似无力。

其四

忆眠时,
人眠强未眠。
解罗不待劝,
就枕更须牵。
复恐傍人见,
娇羞在烛前。

在中国的传统观念中,诗歌的辉煌岁月是在 8 世纪,也就是从唐朝在玄宗一朝达到顶峰之时,一直到打破其辉煌岁月的安史之乱。在这期间,有三位诗人脱颖而出,其一是王维(699—761),另外两位自然是李白(701—762)和杜甫(712—770),后二者是公认的中国历史上最伟大的诗仙和诗圣。李白和杜甫都在玄宗朝中做官,彼此相知相敬,也都经历了安史之乱的颠沛流离,但他们的性格和诗风大相径庭。

王维参禅行医,同时又兼工诗画。的确,人们很快便意识到了王维的诗中有画,画中有诗。无论吟诗还是作画,王维都偏爱描绘山川风光,他无疑是继陶潜之后中国最伟大的"田园诗人"。同时,王维还是一名"绝句"大师,绝句是一个格律严苛的单段诗体。755年,王维在安史之乱中被俘,并被羁押于陪都洛阳。待叛乱平定后,王维被唐军认定为伪官,但所幸在这些情境下,他都没有遭受太大的责罚。他流传最广的绝句诗作见于下文:

鹿柴
空山不见人,但闻人语响。
返景入深林,复照青苔上。

竹里馆
独坐幽篁里,弹琴复长啸。
深林人不知,明月来相照。

下文是王维所作的一首重抒情、少描述的诗作:

酬张少府
晚年唯好静,万事不关心。
自顾无长策,空知返旧林。

> 松风吹解带，山月照弹琴。
> 君问穷通理，渔歌入浦深。

　　比起王维，李白（字太白）生性更加豪放不羁，无疑是继司马相如后中国最浪漫的游吟诗人。李白身材魁梧健壮，有着使不完的精力，他用无尽的活力、对所有美好事物的敏锐以及对频繁遭遇的身世浮沉和个人荣辱的淡泊感染了同时代的人们。李白同时是剑客和术士，是在妓院里争斗的喧嚣者，是酒量大如海的饮者，也是常年漂泊的浪客和鄙视所有陈规陋俗的放浪形骸的诗人。李白自视"神仙下凡"，一边愉快地接受玄宗出于仰慕的赏赐，一边又与歌女、道家隐士交好。无论在醉酒还是清醒的状态下，他都有惊人的应变之才。李白一生作诗逾20 000首，其中有1800首传世。尽管关于李白之死的传说在历史上站不住脚，但人们出于审美上的需求，倾向于相信李白死于与朋友的一次宴饮中：醉酒的李白俯身探出船外，希望能够捞到水中月亮的倒影，但失足落水而死。

　　李白诗作的主题或话题几乎无所不包，他既能写律诗，又精通格式自由的古体诗和乐府诗。他的作品时而流露出留恋的哀婉，但多数时候都是大肆歌颂仙境般的美妙自然和人生。因此，即使是李白最糟糕的译本往往也老少咸宜。李白最著名的一首诗是每个学龄儿童都要记忆背诵的，也是每个留学生都会在学习汉语之初接触的。它是一首二十字绝句，平仄和谐，对仗工整，描绘了在寒冷秋季月夜，一个异乡人背井离乡的离愁别绪。

静夜思[1]

床前明月光,疑是地上霜。
(平平平仄平)(平仄仄仄平)
举头望明月,低头思故乡。
(仄平仄平仄)(平平平仄平)

在另一首绝句中,李白传达了一种更开怀的情绪:

越女词

耶溪采莲女,见客棹歌回。
笑入荷花去,佯羞不出来。

下面是李白的其他几首作品,表达了他不同的情绪:

夏日山中

懒摇白羽扇,裸袒青林中。
脱巾挂石壁,露顶洒松风。

春日醉起言志

处世若大梦,胡为劳其生?
所以终日醉,颓然卧前楹。
觉来眄庭前,一鸟花间鸣。
借问此何时?春风语流莺。

---

[1] 最常见的《静夜思》版本中,第一和第三句都用"明月",而早期的版本中,第三句用的是"山月"。其实《静夜思》并非律诗,并无严格的平仄要求。

感之欲叹息，对酒还自倾。
浩歌待明月，曲尽已忘情。

月下独酌
花间一壶酒，独酌无相亲。
举杯邀明月，对影成三人。
月既不解饮，影徒随我身。
暂伴月将影，行乐须及春。
我歌月徘徊，我舞影零乱。
醒时同交欢，醉后各分散。
永结无情游，相期邈云汉。

比起李白，杜甫是一位更严肃的诗人，李白一度在一首戏谑的诗作中嘲笑杜甫沉着冷静的文风：

戏赠杜甫
饭颗山头逢杜甫，顶戴笠子日卓午。
借问别来太瘦生，总为从前作诗苦。

在李杜二人中，中国人传统上更加尊崇杜甫，一部分是因为杜甫文中所展示的渊博的学识（其中的历史和文学隐喻大多都无法译出），但更多是因为杜甫对时局动荡的关注和对百姓疾苦的关怀。比起李白，杜甫的诗作没有那么热情饱满和抒情奔放，它冷静地纪实，虽然没有直抒胸臆但又能引发强烈的情感震荡，这种特点可参见下文这篇最有代表性的作品：

石壕吏

暮投石壕村，有吏夜捉人。老翁逾墙走，老妇出门看。
吏呼一何怒！妇啼一何苦。听妇前致词，三男邺城戍。
一男附书至，二男新战死。存者且偷生，死者长已矣！
室中更无人，惟有乳下孙。有孙母未去，出入无完裙。
老妪力虽衰，请从吏夜归。急应河阳役，犹得备晨炊。
夜久语声绝，如闻泣幽咽。天明登前途，独与老翁别。

虽然杜甫有着纪实般的文风，但他还是彰显了令人心酸的个人化的一面。下文这首诗写了他与家人在安史之乱中分离一年后的重聚，流露了一种被中国人视作源于儒家的深厚感情，与李白作品中弥漫着的道家的自由自在形成鲜明对比：

羌村

峥嵘赤云西，日脚下平地。
柴门鸟雀噪，归客千里至。
妻孥怪我在，惊定还拭泪。
世乱遭飘荡，生还偶然遂！
邻人满墙头，感叹亦歔欷。
夜阑更秉烛，相对如梦寐。

在另一首著名诗作中，借着尽染凄凉的诗句，杜甫表达了在战争期间的离愁别绪：

月夜忆舍弟

戍鼓断人行，边秋一雁声。

露从今夜白，月是故乡明。
有弟皆分散，无家问死生。
寄书长不达，况乃未休兵。

作为诗人的杜甫在成名之时已年逾四十岁，他仕途不畅，又反复经历了战乱的纷扰。在青年和中年时，杜甫曾云游四方，目睹了人间疾苦、颠簸、沮丧和羞辱。毫无疑问，即使他在年老后成为自己诗中所描绘的反复尖刻的老人，但他还是深感百姓疾苦，并真诚地希望人间可以再次变得美好，一直到永远。正是杜甫的仁爱与怜悯的特质为其赢得了人们的喜爱，而这些集中体现在下面这首诗中：

茅屋为秋风所破歌

八月秋高风怒号，卷我屋上三重茅。
茅飞渡江洒江郊，高者挂罥长林梢，下者飘转沉塘坳。
南村群童欺我老无力，忍能对面为盗贼。
公然抱茅入竹去，唇焦口燥呼不得，归来倚杖自叹息。
俄顷风定云墨色，秋天漠漠向昏黑。
布衾多年冷似铁，娇儿恶卧踏里裂。
床头屋漏无干处，雨脚如麻未断绝。
自经丧乱少睡眠，长夜沾湿何由彻！
安得广厦千万间，大庇天下寒士俱欢颜！风雨不动安如山。
呜呼！何时眼前突兀见此屋，吾庐独破受冻死亦足！

白居易（772—846）是晚唐最受欢迎的诗人，他少时聪颖过人，仅仅十八岁就登科及第，拥有令人瞩目的职业生涯，曾分别在朝廷和地方做官为政。白居易的文才体现于他创作的幻想、哀伤的长篇歌谣《长恨歌》。《长恨歌》讲述了玄宗和其爱妃杨贵妃的爱情故事,以及二人在安史之乱期间从长安城出发,直到杨贵妃被处决的事件发展。但白居易更善于撰写引人深思的应景短诗,既有杜甫般沉郁顿挫的文风,又有朴实明白的文字。据传,白居易会反复修改诗作,直到目不识丁的农妇老妪能够明白为止。尽管他常带有挖苦的幽默和辛酸的讽刺,但还是有杜甫似的儒家关怀,在诗中生动地表达了他所目睹的民生疾苦。下面的几首诗展现了白居易一系列不同的诗题和情感:

轻肥

意气骄满路,鞍马光照尘。
借问何为者,人称是内臣。
朱绂皆大夫,紫绶悉将军。
夸赴军中宴,走马去如云。
樽罍溢九酝,水陆罗八珍。
果擘洞庭橘,脍切天池鳞。
食饱心自若,酒酣气益振。
是岁江南旱,衢州人食人!

安稳眠

家虽日渐贫,犹未苦饥冻。
身虽日渐老,幸无急病痛。
眼逢闹处合,心向闲时用。
既得安稳眠,亦无颠倒梦。

新制布裘

桂布白似雪，吴绵软于云。
布重绵且厚，为裘有余温。
朝拥坐至暮，夜覆眠达晨。
谁知严冬月，支体暖如春。
中夕忽有念，抚裘起逡巡。
丈夫贵兼济，岂独善一身？
安得万里裘，盖裹周四垠？
稳暖皆如我，天下无寒人。

嗟发落

朝亦嗟发落，暮亦嗟发落。
落尽诚可嗟，尽来亦不恶。
既不劳洗沐，又不烦梳掠。
最宜湿暑天，头轻无髻缚。
脱置垢巾帻，解去尘缨络。
银瓶贮寒泉，当顶倾一勺。
有如醍醐灌，坐受清凉乐。
因悟自在僧，亦资于剃削。

金銮子晬日

行年欲四十，有女曰金銮。
生来始周岁，学坐未能言。
惭非达者怀，未免俗情怜。
从此累身外，徒云慰目前。
若无天折患，则有婚嫁牵。

使我归山计，应迟十五年。

卖炭翁

卖炭翁，伐薪烧炭南山中。
满面尘灰烟火色，两鬓苍苍十指黑。
卖炭得钱何所营？身上衣裳口中食。
可怜身上衣正单，心忧炭贱愿天寒。
夜来城外一尺雪，晓驾炭车辗冰辙。
牛困人饥日已高，市南门外泥中歇。
翩翩两骑来是谁？黄衣使者白衫儿。
手把文书口称敕，回车叱牛牵向北。
一车炭，千余斤，宫使驱将惜不得。
半匹红纱一丈绫，系向牛头充炭直。

红鹦鹉

安南远进红鹦鹉，色似桃花语似人。
文章辩慧皆如此，笼槛何年出得身？

尽管白居易广受中国和国外读者的喜爱，但他通俗易懂的文风并非当时的特点。从杜甫晚期的诗篇开始，唐诗就呈现了对语意含糊、画面模糊的纯感官倾向。大多数9世纪的诗歌都有繁复的语言，近乎种种幻想的叠加内容，几乎难以解读。模模糊糊的情色描写和含糊的隐喻使得这时期的诗歌与传统的赋区别开来，赋的语言旖旎但直白，而这时期的诗歌具备了一种层次丰富的醉人品质，但似乎诗人也沉迷于典型的私人视野和个人情绪的抒发，不愿同他人交流。创作这类诗歌中的佼佼者首推李商隐（813—

858），他是一名职业官僚，文风可通过下面的诗作来瞥见一二：

无题
相见时难别亦难，东风无力百花残。
春蚕到死丝方尽，蜡炬成灰泪始干。
晓镜但愁云鬓改，夜吟应觉月光寒。
蓬山此去无多路，青鸟殷勤为探看。

艺术

汉代之前的上古时期的艺术形态主要集中在青铜器铸造领域，但早期帝国时代的艺术趣味则主要集中于陶器、造像和绘画。上古时期的艺术风格主要是装饰性和非写实，但早期帝国时期的整体艺术风格则转变为具象和自然主义。此外值得一提的是，随着佛教的影响渗透到中国人生活的各个层面，以佛教为主题的创作也成为汉代以后工匠们的首要任务，这在造像领域特别明显，在绘画领域也可看到部分。到了汉朝末年，艺术也分为两个泾渭分明的范畴：绘画日益与文人阶层相结合，最终上升为真正的艺术；而制陶、造像、金银器制作以及其他手工艺被文人视作不值一提的消遣，此后永远地沦为籍籍无名的、通常是世袭的职业工匠的活计。绘画并非知识分子的专属事务，但它与文学，特别是诗歌的联系日益紧密，只有文人所爱的画作和风格才能被真正归为严肃艺术。

几乎没有任何早期帝国时代的艺术作品得以完好地传世，光是动荡混乱就足以摧毁大多数晚至唐朝的陶器、木雕以及纸本和绢本的绘画。在异族入侵和内战期间，都城和皇宫也都难逃一劫。

相继的灭佛运动也导致大量的金属佛像被融化，石刻和壁画被损毁。190年，董卓洗劫东汉都城洛阳，其部队将皇宫中的金银财宝洗劫一空。得来的约七十车宝物被运往长安，但由于路况糟糕和气候恶劣，当然还有偷盗，以致宝物半数在途中佚失。正因为以上的原因，我们对于早期帝国时代艺术的全部了解都来源于有限且非具象的材料，如当时的文字描述，晚期帝国时代时依照残破的原本所作的摹本，早期墓葬挖掘出的陶器、画像石或画像砖，一些著名石窟中残存的造像和壁画。艺术史学家从一些流落海外的传世作品或临摹作品，特别是现存于早期日本都城奈良和京都的艺术作品来获取帮助。这样一来，了解早期帝国时代艺术的道路终于得以打通，至少我们可以想象出那个时代部分的艺术荣光。

陶器

早期帝国时代遗留下的大多数陶器都是墓葬中出土的随葬品，这些陶器揭示了不断向瓷器——晚期朝代中最高艺术成就——进步的制作技术的发展历程。早至汉代，一种高温烧制的上釉粗陶就问世了，它已经非常接近真正瓷器的精细度和硬度，但最早的半透明的真正瓷器则出现在唐朝。艺术风格也有持续的演变，到了唐代，工匠终于在制瓷艺术上再攀高峰。早期制陶匠人曾依照著名的青铜器器形来制作陶器，而唐代工匠终于成功打破了古代青铜铸造的风格化的桎梏：最精美的唐代瓷器是一种光洁如玉的白瓷碗和造型端庄的彩釉瓶。

早期帝国时代最著名的陶器是微型的陶俑、陶制动物和陶制物品，它们都是墓葬中的随葬品，被视作死者灵魂的象征性侍从、仆人和生活用品。汉墓中常见房屋、农畜、农具、乐工和侍女这类微缩复制品，通常都由粗陶制成，有的会上色，有的甚至有粗糙的釉面。这类微缩模型大多都是用模子大规模制作出的，是自然主义风格的作品，但人像的造型往往都是一致地高度风格化，因此颇具现代感和美感。为了继承汉代传统，唐人制造了栩栩如生的飞腾的马俑和广受唐代都市居民喜爱的胡俑。胡俑的胡人特征往往会被放大，例如硕大的鼻子和厚重的胡须。活灵活现的唐代马俑，已成为全世界收藏家的珍藏。

雕像

雕像并非上古时期中国艺术中的一个主要构成元素。在早期帝国时代，中国本土的传统得以延续，主要体现在通往大型墓葬的"神路"两旁以及把守在墓门和殿门口的真实存在或想象出的狮子或其他动物雕像。通过存世的雕像，我们大概可以推测出汉代造像的风格是庞大且粗重的：动物造型屈从于可得的原石的形状，并不会完全脱离见棱见角的原石的形状。在南京附近有一些南朝的雕像遗存，相比之下其线条更恣意，造型更具想象力，风格也更加优雅，棱角更加柔和。带翅膀的狮子和带触角的老虎是常见的主题。唐朝时期，由于自然主义的复兴，写实主义与设计得以完美地平衡。

画像砖是另一种常见的雕刻艺术，通常被砌在墓墙上，画面元素在一个平整的平面上，而背景被刻掉，从而形成浅浮雕的效果。因此，从很多方面来看，画像砖都像极了后世的雕版印刷术。画像砖上的图案呈明显的自然主义风格，大多是日常人物和动物。骑马者和马车是十分常见的汉代画像砖主题。稍晚的一些画像砖是成套出现的，精雕细刻地刻画出一个人物众多的历史或神话事件，或者是仪仗和庆典，也可能是一个将世俗活动与道教神祇的举止相联结的多场景组图。就艺术技巧而言，画像砖似乎是同为平面作品的绘画的复制品——图案都勾勒了轮廓。简而言之，它们都没什么透视，但却生机勃勃。

早期帝国时代的中国雕像基本上都是佛教艺术，分裂时期和隋唐时代的佛造像是中国历史上最杰出的。其中保存最好且最具代表性的佛造像见于由北魏统治者拓跋氏开始修建的巨型石窟，先是460年开始修建的云冈石窟，位于今山西省北部临近北魏故都的地方。后来的是龙门石窟，位于494年成为北魏都城的洛阳附近。在此基础上，后来的朝代不断修凿这两个杰出的佛教遗迹。云冈石窟因规模之大而闻名于世，其中一尊佛像高约14米，另一尊则高8米。佛像凿在粗糙的砂岩之上，一部分是在崖壁上凿成佛龛中的高浮雕佛像，另一部分则是在崖壁上凿出一个圆形大洞，安坐单座佛像。最早的造像呈现了夹杂着希腊元素的自然主义风格，以及从中亚传入的早期佛教艺术的印度审美特征。然而，随着中国工匠越来越自信且乐于原创，更线性、庄重的中原风格逐渐占据了上风。云冈石窟遗迹是一个庞大的符号性的非凡成就。而在龙门，细腻紧实的石灰岩的基底使工匠们可以呈现没那么粗重的风格，造像形制相对较小，富于细节，更具一种可亲的神圣感。龙门石窟的主佛像与协侍神祇造像保留了云冈石窟部分的稳健严谨的风格，但那些象征着皇帝、皇后和侍官的造像都崇敬地跪拜着，栩栩如生、别具一格。

6世纪的石窟等地方的佛造像遗存共同呈现了一个新的审美趋势，这无疑是印度艺术风格更直接的反映。但即便如此，在传统中国形式主义的设计和图案的影响下，自然主义风格黯然失色。渐渐地，随着大乘佛教的崛起，佛陀本人的造像变得不那么重要了，工匠们雕刻了更多神情温柔、拟人的菩萨造像，还凿刻了更多众神集聚在极乐世界中的写实场景。越来越多位于圆洞中的独立的佛造像出现了。终于，到了唐朝，中国佛造像同世俗雕像一起呈现出成熟的风格，成功地平衡了写实主义和图案设计，中国式的表现力全方位地达到了鼎盛。

绘画

文献表明，自汉到唐，宫殿、寺庙这种大型建筑的墙壁上通常都饰以壁画。在传统中国建筑中，木制或石制的柱子支撑着房梁，因此墙壁并不是承重墙。自汉朝起，画工们就忙于在这些用石膏粉刷的墙上作画：宫墙上时常绘有皇帝、皇后以及达官显贵的画像；宗教建筑的墙上自然画满了佛陀、菩萨、显赫的世俗供养者，以及极乐世界和地狱的场景，还有大众经典和佛陀弟子故事中的经变画；若是道教建筑，则绘有道教中的类似内容。

随着建筑的被毁和风化，这些壁画都随之消失，但我们还是可以通过技术较为拙劣的仿制作品——部分早期墓葬石膏墙壁上的世俗壁画以及敦煌石窟窟顶和墙壁上的佛教壁画——在脑海中补全其风貌。敦煌石窟的崖壁上共有486个窟、龛。这里位于中亚旅队的必经之路上，也是自4世纪到唐朝期间归国的传教僧侣和离国的朝圣者最爱的歇脚地。它也包含一些造像，但崖壁上的砾岩并不适于雕刻龙门石窟和云冈石窟那样的佛像。敦煌的造像是木骨或草骨的泥胎佛像，类似质地的造像也见于同时期修建，并在20世纪50年代被重新发现的甘肃的炳灵寺和麦积山。敦煌的盛誉源于它不胜枚举、精美无双的壁画，这些至少部分反映了大都市壁画的风貌。

汉朝的绘画风格主要受汉代以前精美的漆器图案的影响，这些漆器主要出土于长江流域地区，隶属古时的楚国。汉代画工汲取了楚风之中的生动气韵，再将它融入他们最喜爱的主题——现实世界中的人物和活动。文献记载清楚地表明汉代的漆器和墓葬壁画有大量写实主义肖像和自然主义场景，这一点与同时期的画像砖一致。图像是线性的，着重描绘了形态而非内部细节，优雅且活泼，带有一种强烈的动感。关于画作的背景我们所知甚少；而此时的中国画家已然开始刻意留白，只着重强调对象的核心部分。

在分裂时期，南朝宫廷的绘画水平要远胜于北方（很可能这一时期最精美的雕塑也产自南方，只不过没有任何作品存世罢了）。南朝的许多画家广为人知，那时的文章会依照前文提到的经典的文艺理论和画论，对这些画作进行描述和评判。但不幸的是，这些画作均未能传世。早期评论家公认的中国第一位绘画奇才是顾恺之（345—409?），他是一位性格古怪的道士，曾在南京任东晋宫廷画师。他精于人像，尤擅毛笔线条，而这在当时已经成为中国画创作中的核心技能。

在分裂时期中，艺术领域中的伟大评论家名为谢赫（活跃于5世纪晚期与6世纪初）。他编纂了《古画品录》，对43名[1]画家进行了品评并将他们分为六品。作品的序言中提出了绘画的"六法"，为后世的艺术评论奠定了基础。艺术评论的著作之多也是文学评论著作所不能企及的。谢赫"六法"的含义不清，因此也有了多种解读，但谢赫似乎有意让画家们去留意这六条法则：

1. 画家须尽力使刻画的形象具有一种生动的气度韵致；
2. 他需强调用笔之中的骨力；
3. 画家所绘的对象要与现实中的事物形似；

---

[1] 应为27位画家。——译注

4. 色彩要与所绘事物相似；

5. 构图和构思不应随意；

6. 画家应临摹先人作品，从而提高技艺。

同诗歌一样，绘画也在唐朝期间达到鼎盛。敦煌有许多壁画都是唐代的，敦煌经洞中也存有大量唐代的纸本和绢本卷轴。绘画的主题尽是大乘佛教内容，以"阿弥陀佛经变"为例，图中描绘了西方极乐世界中众神的全景图。几幅唐代宫廷绘画的原本和摹本也得以存世，其中有一幅是7世纪最著名的画家阎立本所作的《历代帝王像》。阎立本官至宰相，他的画像成为官员宫廷肖像的样本，其风格延续了传说中的"汉代画风"：笔法刚劲粗重，富有体积感，这点与顾恺之行云流水般的线条截然不同。此外，阎立本的肖像画依旧没有任何背景。据传，阎立本绘制了大量相同风格的杰出文人、相貌怪异的异邦人、飞禽走兽以及流行的佛教题材。之后，8世纪的画家，也是最杰出的唐代大师吴道玄（约700—约760，人们通常称他为吴道子），被尊为中国史上最伟大的画家，但他没有任何画作传世。终其一生，吴道子都致力于为长安和洛阳的大寺庙、大道观绘制壁画，一时间声名大噪，以至于上千名仰慕者群集前来看他作画。吴道子的画作以生机盎然、自由恣意的笔意著称，像极了李白的诗篇。而中国最著名的画马画家韩幹（马似乎接近于唐朝生机勃勃的气度）也生活在唐玄宗一朝，后世的评论家认为韩幹捕捉到了马之精髓——也就是马的气，在这一点上，韩幹做到了前无古人后无来者。

除了在唐朝占主要地位的肖像画（即使是大幅的佛教全景画也不过是配以微小场景的肖像画的集合）外，山水画也在此时问世了，这一绘画类型被认为是中国对世界绘画遗产所作的最大贡献。山水画分两宗，其一以李思训（651—716？）和其子李昭道（大约卒于735年）的作品为代表，他们吸收了以往肖像画中的繁复的色彩，在表现现实和艺术化之间寻求到了一个极佳的平衡点，就像工匠们在雕像领域中做的那样。这一宗五彩斑斓和或多或少带有些优雅的风格最终成为宫廷画家和职业画家的专长，很适用于佛教和道教幻境的描绘以及皇家宫殿和园林的装饰性场景。这一宗被统称为"北宗"。与"北宗"相对的"南宗"则是由一群文人士大夫组成的"业余"画家，其中最著名的代表是田园诗人王维。"南宗"的山水画主要由单色的水墨线条勾勒，高度写意而非具象，同时留有大量空白——它们甚至可被视作抽象主义画家为寻求自然之气，而非描绘任何具体事物而创作的。"南宗"的风格也成为晚期帝国时代最著名的绘画风格。

晚期帝国时代(960—1850)*

* 作者误以为太平天国运动始于1850年，故如此表述。——编注

十、通史

　　10世纪的中国四分五裂，在经历了漫长的衰退后，唐朝最终土崩瓦解。半个世纪后，中国北方终于迎来了一个统一的政权国家，国号曰宋。960年，宋朝始于一次军事政变，其统治一直延绵到了1279年（有人认为是1276年）。士大夫终于取代了半封建贵族成为中国社会的统治阶级，汉文化如汉唐鼎盛之时一样蓬勃发展。但在北方和西方，宋朝常年被虎视眈眈的游牧政权所困，需要为存亡持续斗争。1126—1127年，整个北方中国都败于国号为金的异族政权，其统治者为原始满人，称作女真。

　　南宋政权的疆域仅限于长江流域及岭南地区，繁荣的经济和兴盛的文化又延绵了一个半世纪，直到13世纪70年代才被蒙古政权征服。其时，蒙古政权已然征服了全部欧亚大陆内陆地区并长驱直入到欧洲腹部。忽必烈建立了名为元的汉人式世袭制政权，定都北京，成为统一全中国的第一位异族统治者。一个世纪之后，大规模的民众起义推翻了元朝，并于1368年建立了一个疆域辽阔的本土新政权——明朝。在明朝稳固的统治下，中国又一次在东亚称雄称霸，就像汉唐之时一样。明朝建立了保守的专制制度，一直被沿用到近代时期。

1644 年，在经历了中国历史上最平缓的朝代大更迭后，明朝将江山拱手让给了自东北方入侵的女真人，后者建立的清朝也成为中国帝国时代期间最后的政权。17、18 世纪，强大的女真皇帝将中国疆域扩展到了最大，此时，中国文化繁盛，人口剧增。但是国内的贫富差距持续拉大，清朝还要不断应对来自欧洲帝国主义势力的种种外部压力。19 世纪中叶，清朝被世界历史上破坏力最强的内战——太平天国起义——所撼。尽管清朝在 1912 年才正式瓦解，但 1851 年的太平天国起义标志着古代中国史的正式终结和近代史的开启。

宋朝建朝的 960 年并不仅仅是将中华帝国史简单地一分为二的中间点事件，它是自 8 世纪安史之乱起就开始酝酿的中国生活方式转变的标志，同时也是其他一些变化的转折点，而这些变化使得晚期帝国时代的生活与汉或唐时期的生活大相径庭。其中一个重大转变已经在上文提及：个人才能成为选官的标准，传统世袭贵族消失，文官由此成为中国社会和政府中不可动摇的精英力量。治理的方式变得更加专制，社会流动性更大，城市化趋势加剧，经济商品化程度加剧。在思想领域，儒学的复兴使佛教和道教沦为民间信仰，它变得越发地自省，失去了最初对于社会变革的强调。在文学和艺术领域中出现了同等重要的变化，戏剧、小说和写意绘画领域中也都出现了新变化。印刷术的快速普及提升了识字率，同其他科技进步一同成为这一时期诸多变革中的核心要素。

我们不妨更大胆地总结：这一时期的中华精神已经度过了早期帝国时代英勇、冒失的青春期，现在正经历更受束缚的冷静甚至严厉、单调的成熟期。对于此时的中国来说，汉朝和唐朝有着强烈的值得怀旧的魅力。

宋朝（960—1279）

宋朝的开国皇帝是赵匡胤，谥号宋太祖（960—976年在位）。他本是一位年轻有为的后周将领，959年，赵匡胤火速被提拔为检校太尉，成为后周军事集团的核心人物。几乎同时，后周年幼的皇帝即位。960年，后周军队拥立赵匡胤为帝，他取代幼帝登基，其时年仅三十二岁。在五代十国时期，这不是第一次兵变了，很可能赵匡胤就是事件背后的教唆者，他也是兵变最后的得益者。这一时期的中国需要精力充沛的领袖。

宋朝与前朝政权都有重建唐朝帝国的梦想，但它们面临着严峻的内忧外患。日益强大的契丹人政权辽国盘踞在宋朝的北方和东北方。据载，在唐朝末年，契丹人就开始不断干涉华北的政事，它占领了长城以南的十六个州（燕云十六州），而这里通常被视作汉人的领地。951年，在契丹人的扶植下，北汉傀儡政权在山西建立。而在西北方向，藏人的部落结成了一个党项人的联盟，9世纪凭借帮助唐朝平叛黄巢起义而获利。10世纪，党项人不断扩张领土，很快就建立了一个独立且与宋朝敌对的帝制政权，名叫西夏。中国南方依旧有割据的政权，尽管它们不会侵扰北方，但无疑是想要一统中国的北方统治者的障碍，是想要集举国之人力和物力来抗击北方和西北方游牧民族的统治者的障碍。此外，中国北方至此为止还没有一个足够强大的政府来消除所有的军阀割据势力，951年北汉政权的建立以及960年宋太祖借以称帝的兵变都是中国北方政局持续不稳的证明。

宋太祖是一名谨慎且精明的政治家，明白尝试收复被契丹人和党项人占领的领土是无谓的行动，当务之急是统一并稳固中国北方。因此，他成功说服部下交出兵权来换取丰厚的退休奖励，此举成功地避免了针对他本人的任何兵变。宋太祖机智地将手握兵权的地方长官逐步换成了由朝廷委派的文官，而且他还将地方军队中的精锐变为守卫宫廷的禁军，由他个人亲自统管。如此一来，宋太祖就建立了一个军队编制——其主力军是驻扎在都城周围的强大、机动的精锐部队，而地方军力则大量依赖于次等的征召。

此外，宋太祖还实施了一系列措施以保证最高权威：他深化了科举改革；他将所有级别的政府行政事务都交由士大夫管理，士大夫没有独立的实权，只是一味地依赖于朝廷的青睐；他给予了中央政府充分的职权——管理所有岁入、任命下至县一级的所有职官。通过这些举措，宋太祖构建了一个高度中央集权化的制度框架，其集权化程度超出前朝常规制度形态。但太祖并未滥用职权，他尊敬文官，鼓励他们开动想象力并大胆进言，他的从善如流为后来的统治者树立了一个可敬的典范。开封位于多产的中原地区，在五代十国期间就是诸多政权的都城，宋太祖在那里修建了一个朴素的宫殿，制定举措使宋朝成为中国历史上为数不多的不为外戚和宦官所乱的时代。

在制定这些重大的国家政策的同时，宋太祖还小心、系统地将南方的割据政权收入囊中。963、964—965、971和975年，他发动了数次战事，除了在宋朝始终保持独立的西南少数民族政权南诏和浙江的吴越，他依次征服了一个又一个南方政权。然而太祖在四十九岁就英年早逝，他的宏图伟业还未能全部实现。太祖的弟弟宋太宗（976—997年在位）接任即位，继续推行其兄的宏韬伟略。978年，太宗接受了吴越的投降。979年，他剿灭了位于山西、由契丹扶植的北汉政权。这样一来，除了远处的西北边陲地区和辽国占据的燕云十六州，传统意义上的中国领土再度统一。

西北方的党项人慑于新立的宋朝政权，向宋朝进贡，成为宋名义上的藩属国。太宗满足于这样的朝贡关系，因为多数人都对长城以南的契丹势力深恶痛绝。979年，在消灭北汉之后，宋太宗立即领兵亲征以收复今天的北京地区。被契丹人击退后，他再度出击但仍被打败，损失惨重。之后，宋太宗集中力量修筑防御工事，防御也成为宋朝接下来的军事常态。1004年，辽军大举向开封方向开进但被挫败，边境局势稳固下来。敌对的双方订立盟约，规定北方十六州仍归辽国所有，宋朝每年给辽国"兄弟之礼"，每年总计白银十万两和绢二十万匹。数十年后，两项岁贡的数额都上涨了十万，但契丹与宋之间也保持了一百多年的和平往来。同时，西北方反复无常的党项西夏挑起了与宋朝长达四年多（1040—1044）的战事。此后西夏也与宋朝停战，代价是宋朝每年提供白银二十万两、绢二十万匹的岁贡。但西夏还是不断地侵扰宋朝，宋朝也在1069、1081—1082年两次试图反击西夏，但均告失败。

与以往的治世一样，11世纪的中国繁荣昌盛。在该世纪中叶，中国人口达到六千万，是唐代人口的最大值。到了1100年，人口明显逼近一亿。根源于9—10世纪旧唐秩序崩塌的变化力量如今在加速发展，全新的生活方式开始形成。社会经济领域也面貌一新，一部分源于政府的推动，另一部分源于私人企业的兴起，后者的活跃程度是汉代初期以来新的峰值。新的种子和粮食作物被引进，农业和工业领域也有了接连的技术和组织性进步，生产不断扩大，政府岁入达到了唐朝岁入的数倍。作为大型城市综合体，开封和其他几个城市成为区域性中心，甚至是全国性的贸易枢纽。

商业达到了前所未有的繁荣,中国有史以来第一次有了真正意义上的城市阶级。在商业中心,新的职业和生活方式涌现出来。此外,五代时期迅猛发展的印刷术促进了识字率的提高和教育的发展。当官从政对于中国普通百姓而言不再是一个不现实的梦,这是有史以来的首次。

11 世纪的文人生活也变得前所未见地妙趣横生。随着城市出身的识字阶层极速壮大,学术、文学和艺术领域都空前活跃。最显著的一点是,奠定宋明理学出现的哲学基础很快就颠覆了在中国文人阶层长期占主导地位的佛教,并直到 20 世纪初仍对中国有很大的影响。

11 世纪的中国是世界上人口最稠密、社会最繁荣、文化最发达的国家。它同时也应是军力最强的国家,因为宋朝不断增长的岁入的一大部分都投入到维持庞大的常备军上。配有大规模生产的铁制和钢制装备,除了传统的弓箭、十字弓之外,还有各类形态的燃烧武器。宋朝拥有随时能够调配的军力,在 11 世纪中叶,军队人数多达 1 250 000 人;宋朝还在初期的统一和繁荣阶段击败过北方民族。若将这两点考虑在内,人们很难会想到宋朝有朝一日也会成为辽国和西夏这些邻国的藩属国吧。

有关宋朝为什么不能像汉朝和唐朝一样成功征服北方游牧民族有很多种解释,其中最简单的说法是汉人已经丧失了斗志。汉化逐步消解了契丹和党项人好战的斗志,汉人逐渐意识到二者不再会对大宋发起激烈的新战事了。用银子和丝绸(岁贡的价值从未超过宋朝岁入的 2%)换取和平的方法似乎很合理,而 11 世纪的汉人有比收复边境地区更吸引人、更富挑战的事情要处理。这种态度很大程度上源于老式军事贵族的没落,而正是宋太祖和宋太宗的人事政策加速了它的消亡。军队由文官管控,军中职务备受鄙视，士大夫的利益成为政府的重中之重，而文人精英的尚文精神弥漫于整个社会。11世纪的中国没有产生任何杰出的军事将领，但却诞生了一批中国历史上最杰出、最有为的士大夫；宋朝政府对仁政的重视和在民众福利上的投入，是历史上任何其他政府都无法比肩的。

因为儒家传统才刚刚被重新确立起来，因为国家所继承的意识形态包容了从放任主义到极端改革主义等的一系列方针，也因为那个时代的士大夫都是个性鲜明、思维独立、意志坚定的人，新成立的官僚制度很快就被一轮接一轮的党派纷争所腐蚀。没有任何一支派系能够长期占据全部高层官职，随着改革派和保守派的相继掌权，派系斗争愈发地激烈了。

11世纪的论争之中触及了一些实质性问题，一部分源于西夏和辽的威胁，一部分则是中国内部正在经历的变化。冗兵的费用高昂，难以管控，没有众人期望的高效。宋明理学思想中的先锋派不为从早期帝国时代传承下来的、狭隘学究式的儒学传统所容，更不要提佛教和道教信众对它的态度了。传统农村地区的重农思想——在北方尤为明显——与在南方日渐蓬发的都市商业的企业家精神强烈碰撞。除却正在消亡的老式世袭贵族，半封建的社会经济不平等依旧在农村地区残存，大量农民继续作为依附于大型庄园的家丁而压抑地活着。独立农民的生存境况十分不稳定，受迫于方方面面的压力——积极扩张的大地主、放高利贷的债主以及贪婪的征税人。虽然国家的岁入增长了，但开销增长更快，赤字也见怪不怪了。任何形式的改革都迫在眉睫，即使最具奉献精神、最为民为公的政治家都不惜在根本问题上争论不休。

范仲淹（989—1052）是第一批杰出的改革派之一，他宣称真正的士人应"先天下之忧而忧，后天下之乐而乐"，这句话也成为后世所有儒家积极分子的格言。1043—1044 年，范仲淹主持实施的十条新政主要聚焦于官员任选和地方行政改革，但很快就被保守派所打压。一代人之后，中国近代之前最富争议的改革措施问世了，即由宰相王安石（1021—1086）主持的"熙宁变法"中的十五条新法。

作为范仲淹曾经的门生，王安石是著名诗人、散文家和经学家，此外还是诚挚、固执的积极分子，认为国家应带头改造社会，因而许多同时代和后世的人都视其为儒家伪装下的法家。王安石延续了以宰相为首的宋朝官僚体系强力领导政府的传统。1069—1073 年，王安石发布了新法，涉及经济、财政、军事、教育和官员任选事宜。新法规定了政府对社会的全面管控，其涉及面之广超出人们所料，特别是在声名狼藉的汉朝篡位者王莽饱受诟病的改制之后。

朝廷中的保守派被王安石不通人情的方法和政策触怒，最终压倒了他。这些人中包括了多才多艺的思想巨匠欧阳修（1007—1072），他早前追随范仲淹，并引荐了王安石；汉朝以来最具新意的史学家司马光（1019—1086）；天资聪颖的诗人、画家，或许是晚期帝国时代最伟大的多面天才苏轼（世称苏东坡，1037—1101）。1102 年，王安石变法的支持者在徽宗（1100—1125 年在位）一朝重掌大权，驱逐了反对王安石的带头者，将 209 名反对者列入叛国集团的黑名单（这批反对者被称作"元祐党"，得名于他们得势时的宋哲宗的年号元祐，也就是 1086—1094 年），甚至还下令毁坏部分人的文章。

尽管王安石的主要目的是要增强国家实力和提高官员能力，但他引起的众怒却带来了适得其反的效果。他的党派接手了一个破产的国家以及一个士气低落的官僚体系。宋徽宗有他的优点——

他是一名高超的画家和杰出的艺术资助人——但领导能力却不是其优点之一。长期担任徽宗宰相的蔡京也好不到哪儿去。不幸的是，恰恰在这时，在遥远的辽国东北地区出现了一位强有力的新异族首领，即定居在中国东北东部地区的原始满族女真人部落首领完颜阿骨打（1068—1123）。1114年，他率兵袭击了辽国边境并击退了辽国的报复性打击。自此之后，阿骨打信心大增，他自立为帝，并在1115年建国为金。

由于女真人一早就经海路至开封进贡，因此宋朝朝廷认为正好可以借机报复契丹。1118年，宋朝军队开始袭击辽国南部边境，同时，女真人继续从东北方打击辽国。到了1122年，宋朝和金朝就如何协同打击、瓜分辽国达成一致，但自己一方的战事进行得并不如意。女真人占领了北京，在多年的扫荡后于1125年掠走了辽国的末代皇帝。同时，为了尊重1122年与宋朝签订的条约，金人将汉人期待已久的燕云十六州归还给了宋朝，但十六州的赋税仍归金人所有。

1125年，宋金联盟破裂，部分是因为宋朝自大地无视条约中应履行的责任，部分因为女真人发现南下进军并非困难重重。金军很快便渗透到黄河流域并包围了开封城。徽宗传位给太子，并号召地方政府发兵支援。尽管人们奋力守城，但金兵不屈不挠地围城，当开封城弹尽粮绝、人们开始互食人肉时，宋朝政府不得已投降了。这之后，金人撤退，命一名汉人傀儡管理秩序，并要求敛集数额巨大的金银财宝、绫罗绸缎和马匹牲畜作为赔偿金。宋朝政府放弃敛征赔偿金后，金人便在1127年再次掠夺了开封城。徽宗和他的继承人钦宗以及三千名宫廷成员被一同掳走。金人将都城迁至北京，同时不断向南进军。

汉人爱国者随即拥立徽宗的另一名儿子赵构为帝，在南京

（今河南商丘）登基，史称宋高宗（1127—1162年在位）。高宗集结了各路义军抵抗势力，此后十余年间，金人和宋朝在长江流域附近互有攻守。高宗一路退到杭州，最终在金军夺取杭州和沿海港口宁波时逃窜到了海上。然而到了1130年，一些汉人将领率先开始在与金军的战争中取得胜利。到了1138年，高宗已经在杭州稳住阵脚，同时开始与金军进行谈判。1142年，宋金两国达成了持久的和平协议，规定宋朝放弃秦岭淮河一线以北的所有地区——也就是整个黄河流域，正式承认宋朝是金国藩属国，每年上贡二十万两白银和二十万匹丝绸。史家将1127年作为北宋和南宋两个时期的分界。

孱弱的皇帝和强势的宰相是纵贯南宋一朝的特点；有关维持和平还是向北收复失地的派系纷争也贯穿于整个朝代；和东汉时期一样，太学生也时不时地发起抗议。相关的论争始于过渡时期，一直持续到恢复和平的1142年，将军岳飞（1103—1142）和宰相秦桧（1090—1155）分别以中国最悲情的爱国者和最臭名昭著的求和派而闻名于世。1140年，当杭州朝廷正在争取和平之时，岳飞的岳家军挥师北伐到了黄河流域的洛阳地区。有不少人主战，但秦桧等求和派还是占了上风，部分是因为宋高宗和他的祖先们一样，都对军队保持怀疑。岳飞很快在狱中被谋杀——这或许是秦桧与金人的和平协议中的一部分，至少传说中是这样的。

朝中接连不断的官僚党争并未妨碍南宋时期中国经济和文化的蓬勃发展。尽管自由农民不断地沦为大地主土地上的农奴，但农业技术和生产力还是持续提高，其中，从人口稠密的城市输出的作为肥料的人类粪便也提供了重要贡献。随着商业化和城市化进程加快，中产阶级成为人口的重要组成部分，其比例比20世纪以前中国历史中的任何时期都要大。经济在很大程度上货币化，且大量依赖纸币，也由此产生了通货膨胀。在集大成者朱熹（1130—1200）的引领下，复兴的儒学被塑造成为正统、折中的宋明理学。富足的士大夫愈发地沉迷于学术、高雅文学、艺术以及为城市居民服务的白话文学形式。南海沿岸地区彻底汉化并被汉人占据，沿岸港口充斥着来自东南亚和印度洋的商船。南宋的都城杭州成为大都市，其规模之大是19世纪之前西方任何城市都无法比拟的，人口数以百万计，分别从事五花八门的各行各业，有受人尊敬的，也有备受歧视的，有合法的，也有非法的。著名的威尼斯旅行者马可·波罗在杭州全盛时期之后不久造访这里，惊讶于巨大的人口规模和繁盛的商业。据马可·波罗的估算，南宋最重要的港口泉州市泊有大量船只，一日入港的船只的数目比威尼斯或热那亚一年入港的船只都要多。

宋金两国在1161、1165和1206年多次于边境交战但并无成果。1142年订立的条约也多次被修改，第一次规定宋朝每年上缴的岁贡下调至十五万两白银和十五万匹绢，第二次又将数额调升至二十五万两白银和二十五万匹绢。连年的征战和防御，以及国内的奢侈浪费加剧了宋朝内部的通货膨胀并拉大了贫富差距。13世纪60年代，宰相贾似道（1213—1275）当权，作为当时十分典型的浅薄的野心家、个人爱好是资助斗蟋蟀的人，他积极推行了一系列农业和经济改革，使党争愈发白热化，成百上千的富庶家庭妻离子散。

在贾似道当权期间，中国北方正在历经巨变——由成吉思汗率领的蒙古部族迅猛崛起。蒙古人在1210年率先攻打了金国最北的边境，在1215年占领了北京，在1227年则摧毁了党项人的西夏国。1232年，宋朝决定沿袭一个世纪以前抗辽的外交政策，即与蒙古结盟夹击金人。1234年，金国覆灭，宋朝也收复了开封和洛阳。然而，汉人并未如预期一样地收复中国北方地区。从1235年起，他们开始拼命地抵御蒙古人的猛攻。这时的蒙古人已经横扫了整个中亚地区并征服了朝鲜，在进攻宋朝的同时还将疆域扩展到了欧洲和近东，并发起了对日本的两次著名的海上远征。即便如此，蒙古人对宋朝的进攻绝非断断续续，而宋朝也发起了比以往任何一次都要顽强的抵御。

蒙古人发现很难从人口稠密的长江流域北侧切入，因为宋朝在旧时金国的边境上已经修筑了强大的防御工事。而在西侧，蒙古人从北侧攻入四川盆地地区，并深入云南地区，灭了这里的古老原住民国家南诏。于是，到了1259年，宋朝在西侧和北侧两面受敌。位于今日湖北省的长江中下游平原地区北部的两座城池——襄阳和樊城是宋朝防御线上的重中之重。对汉蒙双方来说，在襄樊地区的战事都是史诗般且具有高技术含量的。战争中应用了真正意义上的爆炸武器，或许也是世界历史上的首例。先是防御方使用火炮，后来围城一方也使用。蒙古人充分利用了从近东引进的围城专家。襄阳和樊城几乎坚守了四年后，在1273年被攻破，宋朝也从此一蹶不振。蒙古人一路向南长驱直入，杭州于1276年不战而降。宋朝的抗元势力一直在南海沿岸负险固守，直到1279年全部舰队即将覆灭之时，最后一个皇帝也在广东沿岸投海。此后，成吉思汗的孙子忽必烈可汗顺理成章地在北京称帝，开创了一个汉人式的朝代，国号为元。

北方的入侵王朝

唐朝分崩离析后，异族侵略者从入侵中国最北的州府，到占领中国北京，最终再到占据整个中国，与早期帝国时代的北方入侵者并无二致。无论是组织还是战术,蒙古人与秦汉时期骚扰中国的匈奴人并没有太大区别。北方民族的胜利基本可以归结为宋朝时汉人尚武精神的衰退,我们在前文也提及了这一点。但是契丹、女真和蒙古人都有着强大的领袖。的确,蒙古人最伟大的两位领袖成吉思汗和忽必烈可汗都可谓是世界级领袖中的翘楚。此外,北方入侵者积极地采用并掌握了宋朝的每一项军事技术。最终,尽管他们进行了多种创新,但入侵的异族战士还是未能建立起一个行之有效的制度来统治地域广袤、人口众多的中国。总而言之,入侵民族没有为仍在演化中的中华文明做出多少建设性贡献。然而,尽管中原人视他们为野蛮的压迫者,但在传统中国政治哲学中,仍将辽、金,特别是元列为中华帝国王朝序列中合法的朝代。

辽(907—1125)

在拒绝汉化这一点上,契丹人比其余入侵者都要成功,他们保留了自己的原始部落,维持了游牧生活。尽管契丹人时不时地资助佛教,也在口头上支持在政府中服务的儒家,但他们大部分仍信仰萨满教。他们对于人牲和严酷刑罚的沉溺特别触怒了汉人。契丹人对于汉人高度发达的文学和学术传统不感兴趣,也从未创作出任何国家性作品。

契丹人欢迎并招募投降的汉人来为他们的政府服务,或是建设农业设施以辅助他们的游牧经济。然而,他们不支持与汉人通婚,通常是禁止,因为汉人被视作一个单独的下等社会阶层。因此,辽国的政府形态也以二元的面貌出现,"北面官"以部落习俗来统治契丹人,而"南面官"按唐朝传统来统治臣服的汉人。受教育的汉人甚至会通过唐朝式的科举考试而被选入政府工作。汉人农民则作为步兵被征召入伍，用于支援契丹的骑兵。

在开国皇帝耶律阿保机（872—926）之后，辽国没有一位杰出的统治者。辽国最后一任皇帝天祚帝（1101—1125年在位）终日沉迷于狩猎。辽国被推翻、天祚帝被女真人俘获后，首领耶律大石（1087—1143）与一些支持者一同向西逃亡，在维吾尔人的庇护下建立了西辽国。西辽国位于中亚内陆深处，信仰伊斯兰教的突厥的臣服者称其为喀拉汗（又称黑汗）。西辽保留了部分汉人行政和文化特征，一直延续到13世纪初被蒙古人征服为止。

金（1115—1234）[1]

女真征服者最初在中国东北东侧的山区中以狩猎为生，但逐渐成为强大的骑士，以至于契丹和朝鲜人都不得不修筑城墙或栅栏来限制女真人的发展。从很早之时起，女真人就是汉文化的崇拜者，在推翻辽国并征服了黄河流域后，他们很快便在汉化的过程中丧失了能征善战的特色。1134年，在先后建立了一个部落政府和一个近似于辽国的二元政府后，金朝政府变为由尚书省领导的彻底汉化的成熟行政组织。汉人官员通过考试来任选，许多女真贵族成为认真研习汉人经典著作的门生。女真部落成员在中国

---

[1] 古代中国朝代的名称通常都有地理上的缘起，是为了恢复备受尊敬的周朝封建诸侯国而立。契丹的国号"辽"源于中国东北地区的辽河，或者是与辽河相关的一个地名。但当女真人建国大金时，他们引入了一个朝代命名的新模式，也就是说朝代名称有着符号性的意义。汉字"辽"有"镔铁"一说，而女真人选择表示黄金的"金"字则是因为金比铁更珍贵和持久。这种符号主义的命名方式被后世的朝代所沿用：元是开端、创始、初始的含义，明是光明之意，清则是清廉之意。值得一提的是，女真人一朝的国号金与汉朝之后晋朝之"晋"并非同一字，后者源于周朝时期位于山西的晋国之称。一些历史学家试图以不同的拼写来区分晋代和金代，前者为"Chin Dynasties"，而后者为"Tsin"或者"Kin"。

北方定居，成了屯田的殖民者。尽管金国皇帝经常严厉喝止部落成员数典忘祖的行为，时而也对取汉名、着汉服、习汉俗的行为进行严厉惩罚，但在四千万到六千万子民中大多数都是汉人的国家里，汉化似乎在所难免。在女真领主的统治下，北方汉人备受歧视，但整体而言，女真和汉人之间的关系并非剑拔弩张。在蒙古人最终的征服中存活下来的女真人都十分轻易地融入了中国北方群体。

金代的政治史基本上由初期对抗南方宋朝和后期抵御崛起的北方蒙古人两部分组成。金朝杰出的统治者完颜雍谥号金世宗（1161—1189年在位），在其一朝，金基本上在平稳和繁荣中度过。金世宗试图恢复女真人能征善战的传统，但到了金朝末年，国家北境的防御工事还是要大量依赖于被征服的契丹部落，而在蒙古的威胁真正到来的时候，契丹部落实际上并没有那么可靠。

元（1271—1368）

在13世纪迅猛崛起的蒙古人创造了世界史上最大的陆地帝国，尽管他们声称自己是匈奴人的后代，但显然他们其实是5世纪占据蒙古地区的柔然人的近亲。在唐朝时，他们在贝加尔湖以南的中国北部和蒙古交界的山区狩猎为生。到了唐朝末年，蒙古人开始向鄂嫩河流域的西伯利亚平原地区迁徙，在那里分化成为数个部落或国家，一部分继续渔猎为生，另一部分则成了草原游牧民族。后者就是我们所谓的蒙古诸部和鞑靼人。这两个称谓最终泛指所有说蒙语和其他语言的北方人，包括了非蒙古人的满族人。

13世纪初，在部落首领之子铁木真（1162—1227）的带领下，蒙古诸部很快就结成了一个大的联盟。1206年，铁木真本人被尊为"成吉思汗"。在去世之时，他已经征服了蒙古和中国东北地区，收服了朝鲜，使金人退守到了开封城中，摧枯拉朽般扫荡了从山东到山西、黄河以北的所有地区。他摧毁了中国西北方的西夏王国，将势力范围延伸至整个新疆和相当于今天的中亚五国地区，还在俄罗斯南部的基辅大公国掠夺战利品，因此在东至日本海，西至里海和顿河之间他已称王称霸。他骄傲地宣称没有任何事物比屠杀敌人、掠夺牛马和强暴女人更令人愉悦了。他尤其痛恨城市和城市居民。成吉思汗的儿孙沿着他的脚步一路向西南杀到了近东地区，向西北杀到了莫斯科，此后又到了今波兰和今德国境内，他们长驱直入到了匈牙利、奥地利和亚得里亚海地区，最终也占据了整个中国。对基督教徒来说，成吉思汗无疑是反基督的，他的存在是对上帝的侮蔑。1212—1213年，在第一次横扫中国北方平原地区时，他烧毁了九十余座城镇，在1215年侵袭北京时放火烧城，大火持续了一月之久。

忽必烈（1260—1294年在位）作为成吉思汗的孙子，是第一位统治全中国的蒙古人，他是蒙古第五位大汗，也是第一位不是通过部落首领的集会而选出的大汗。1259年，蒙哥汗病亡，忽必烈停止了在中国西南方对南宋的攻击，返回位于今蒙古国地区的蒙古都城哈拉和林登基为帝，并开始了长达四年的战争，打击与其对抗的弟弟。1264年，他将都城迁至北京，到了1271年，尽管南宋仍未被征服，他还是立朝为元。在中国历史中，人们通常称忽必烈的庙号，也就是元世祖。

在早期大汗的统治下，人们在历史上第一次能够从欧洲和地中海地区一路畅通无阻地行至中国。蒙古人纪律森严，对不寻衅滋事的往来人很友好。但"蒙古治世"却被忽必烈在选举过程中的专权和违规破坏了。终其一朝，忽必烈都在断断续续与他憎恶的在中亚的一支亲族联盟作战，他和他在中国的后代都未被公认为大汗。不过他们的的确确直接统治着包括整个中国本土以及蒙古、中国东北大部的帝国。邻国如高丽、吐蕃、缅甸、暹罗、越南北部的安南、越南南部的占城都是元朝的藩属国。13世纪80年代，元朝重新将缅甸和安南收为藩属国，尽管其军事打击不总是百战百胜。

与之前的中国皇帝不同，忽必烈积极地扩展疆域，向世人展示蒙古人多么快速地适应了与家乡大草原截然不同的各种环境。忽必烈派使者前往远至苏门答腊、锡兰以及印度南部的地区，声称自己对这些地区拥有统治权。1292年，他派遣一支舰队前往爪哇打击那里负隅顽抗的统治者。1274年和1281年，忽必烈两次派遣海军远征日本。第二次的远征包括了从朝鲜半岛和长江三角洲两路出发的巨大舰队，有4500艘船和150 000人。同第一次一样，他们遭遇了日本人疯狂的抵御，船只也遭到台风的严重打击，军队损失惨重。日本人声称他们的岛屿是神圣的，由神祇派来的"神风"庇护。

蒙古在中国的统治可谓是一次彻底的军事占领，南方汉人备受压迫和剥削，其上不仅是蒙古人，还有备受欢迎的为汗国服务的外国冒险家，包括女真人、契丹人、维吾尔人以及中亚的波斯人、阿拉伯人、俄罗斯人，甚至还包括少许西欧人。其中便有威尼斯商人马可·波罗，1275—1292年，他作为忽必烈的副官在中国走南闯北。在随后的笔记中，他对中国超乎寻常的精准描述使早期现代欧洲人发笑，他们都认为马可·波罗是一个狂妄不羁的骗子。欧洲人不相信从山坡一侧挖出的"黑色石头"可以作为燃料燃烧，也不相信金钱可以是纸质的，更不要说马可·波罗对中华帝国庞大的岁入，对中国城市数量、规模，对城市中心和繁忙拥挤的港口中兴旺的商业生活的描述。

同契丹人一样，蒙古人成功地避免了被汉化。蒙古统治者在处理朝廷事务时用蒙语，定期在蒙古地区过夏天。最初，蒙古统治者想要把中国全部变为大草场，但最终听从了契丹人耶律楚材（1190—1244）和遁入佛门禅宗的僧人刘秉忠（1216—1274）的劝告。蒙古人允许汉人按他们传统的方式生活，把部分税收工作下放给了中亚的商团并从中获取可观利润。蒙古人逐渐允许汉人按照自己的意愿建立了一个类似唐或宋式的政府组织，但这个组织只是一个表面工程，真正控制国家的仍是蒙古的军事制度。在犹豫再三后，蒙古人在1313年重新开启了科举考试，但有固定的名额分配给蒙古人和非汉人的合作者，尽管这些人成绩不合格，但还是能够占据半数以上的进士之位。汉人很难在蒙古政府中成为达官显贵。尽管蒙古人鄙视汉人的官僚主义程序，但他们还是依律例，将下到县一级的主要官职都安排给蒙古人。不出意料，宋朝时期开始呈现的中央化、集权化趋势在元朝时期加速发展，政府权力以一种更暴力甚至残忍的方式得以施行。

尽管蒙古人恣意征收土地用来驻军，甚至强迫富庶的东南稻田退耕为草场，但他们还是想要扩大税收，因而也鼓励农耕和商业活动。自北宋以来就废弃的大运河[1]在元朝时期得以重修并延长到了北京；棉花产量大幅增长，超过了宋朝初期的产量；高粱被引入中国，很快成为中国北方重要的补充性粮食作物。但国家的繁荣仅浮于表面，经济饱受腐败的侵蚀，加上政府的无能，特别是货币操控导致了恶性通货膨胀。地主所有制变得前所未有地猖狂，更多的汉人沦为彻底的奴隶，其人数之多是中国史上前所未有的。

---

[1] 北宋时期的大运河并未荒废，事实上，政府还进行了大量淤泥疏导工程，并修建了大量水闸以保证大运河的正常运行。到了南宋，由于战火纷扰、政府腐败，大运河北段部分被荒废。——译注

由于没有受到蒙古人的刻意压制或鼓励，受 12 世纪晚期萌发的、由朱熹集其大成的宋明理学的启发，汉人的思想蓬勃发展。传统教育得以保留，特别是在由宋朝文人建立的私塾中。一些著名的画家发扬了宋代士大夫引领的写意画风，白话小说也不断朝着长篇小说体裁发展，戏曲成了新的大众娱乐方式，其中的部分戏曲作品成为 20 世纪以前中国最伟大的戏剧经典。

最终，政府连年的孱弱无能、宫廷的阴谋不断、官僚的派系斗争、军队的腐败、对农业所倚仗的水利工程的不重视以及接连的自然灾害共同导致了元朝政府在 1340 年爆发的政变。同时，绝望的中国农民揭竿而起，到了 14 世纪 50 年代，蒙古人无力控制各路起义军占据的长江流域，而起义军彼此间也在不断争夺领导权。14 世纪 60 年代，在北方，蒙古的不同派系陷入争斗；在南方，汉人平民朱元璋也逐渐统一了长江流域。1368 年，朱元璋在南京建立了一个新的朝代，国号大明。随着他的军队向北进攻，元朝最后一任皇帝和随从仓皇逃回了蒙古的大草原。

明朝（1368—1644）

朱元璋（1328—1398）是自汉朝开国皇帝以来的第一位平民出身的皇帝。同刘邦一样，朱元璋在中国史中也扮演着同样重要的角色。他引领并塑造了中国到近代以前的生活方式和基调，其影响力比历史上任何一人都深远。朱元璋所创立的朝代恢复了唐朝时期中国在东亚的威望和主导权，并为中国带来了长时间的安定繁荣。与汉唐时期的贵族情操或是宋朝时期的文化气度相比，明朝的气质没有那么波澜壮阔，反而更加朴实平常，但正是在这一时段内，古代中国社会和文化全面实现了近代性的成熟。

导致明朝如此平淡无奇的一大原因可能在于朱元璋试图使整个社会经济平均化的激进措施。元朝时期,南方汉人平民备受蒙古人、其他异族以及受蒙古人恩惠的汉人的羞辱,出于民族主义,新政权对这一切极端厌恶,有意偏向贫人而轻视富人。奴隶制被废除,大块土地也被政府充公。国有土地再次出租给无田的农民,国家负责提供种子、工具、农畜以及税收优惠,人们得以重新前往荒芜、人烟稀少的北方土地上定居。对于富庶、知书达礼的东南部,也就是苏州周边地区,国家则课以重税。这一地区一度是崛起中的明朝的最大敌占区。上千户富庶之家被迫迁移,特别是在明朝都城南京的那些人。此外,尽管通过科举遴选人才的行政机构得以恢复,并像宋朝一样在国家行政体系中占得主导地位,但士大夫阶层却不可能回到宋朝时那种备受尊敬的地位了。在这些政策之下,贫富差距不但不可能消失,早期明朝生活还朝着民粹主义的庸庸碌碌方面发展。由于国家急需修复——恢复和重建,而非创新——一个稳固的常态,因而这种趋势再次被强化了。

朱元璋的庙号是明太祖(年号洪武[1],1368—1398 年在位),他是安徽省一对流民所生的孩子。在进入一家小佛寺做行童后不久,因为时局艰难,朱元璋被派去四处化缘。在中国东部游荡数

---

[1] 从汉朝起,中国皇帝会不定期地颁布一个名称,规定从次年新年初始开始,会以某某名称命名这一时段,这个名称被称作"年号"。年号是帝王对未来祥兆的希冀,会因为时过境迁而在恰当的时机改换。中国人根据年号来纪年,例如"元祐三年"等等。皇帝通常会在其一朝内多次更换年号。而明太祖以传统的方式"洪武"开启了他的统治,但却终其一朝没有变换年号。他之后的所有明清皇帝,都沿袭了他的方式,所以这些皇帝的年号基本上也对应着他们的统治时期。正因如此,西方学者通用年号来表示明清皇帝的姓名。尽管"洪武帝曰"是正确地指代"明太祖曰"的表达方式,我们也时常看到"洪武曰"这类字眼,但严格来讲,后者的表达方式是错误的。

年之后，朱元璋发现游方和尚的身份并不受欢迎，于是成了元末农民起义中的一个小首领。在此，朱元璋成长为一名十分成功的将领，并在1356年占领了南京。到了1367年年末，他在南京建立了一个初级政府，最终成为独立的地方军阀，并带领下属横扫了长江流域地区的全部敌人。1368年，在朱元璋猛烈的攻势下，中国北方本就组织混乱的蒙古人被迫逃离。同时，朱元璋还将新建的明朝的势力范围扩展到了南海沿岸地区。至1370年，明朝军队已经完全控制了内蒙古地区，并持续向东北地区的松花江流域挺进（1387），以打击蒙古人。明朝军队一直向北追击到今蒙古国地区，越过哈拉和林，甚至到了贝尔加湖畔（1387—1388）。在西北方向，明朝军队深入今新疆的哈密地区（1388），即通往中亚的咽喉要道。与此同时，明朝军队还征服了四川、贵州和云南。这样一来，明太祖一朝三十年间，政府所辖的疆域已然覆盖了整个近代中国，包括从哈密到内蒙古再到东北地区的北部边境地区。此外，朝鲜、中亚附近的绿洲国家以及东南亚的诸多国家都承认了与明朝之间的藩属关系。

在结合了唐、宋以及蒙古政府的传统后，明太祖建立了一个高度集权的行政组织，他在其中有着无上的权威。他还建立了一支大型常规军，由至少在理论上自给自足的世袭军户组成，但他分割了军队指挥权，因此没有任何一名将领能够私自调遣军队。明太祖严禁宦官干政。为了预防地方长官滥用职权，他将评估、征收和调拨土地税的职能下放给了地方社会，要求每个村子都组织起各种形式的基层自治政府。明太祖也比先前任何一任中国皇帝都更加重视全国范围内的初级教育。

由于朱元璋成功恢复了中国的世界主导地位，特别是因为他出身布衣以及对广大农民充满同情，近代中国史学家想尽各种方法把他塑造成一名光辉的文化英雄。尽管如此，人们还是很难掩饰他为政期间的种种瑕疵。在称帝数年后，他变得十分多疑、残暴，因为出身卑微且相貌丑陋，他总是怀疑他人在嘲弄自己。他还总疑心旁人在阴谋谋反，于是多次下令迫害他的手下，致使成千上万帮他一同打下江山的手下丢失性命。除此之外，他还是一个极端反智的皇帝，留下了残暴、多变的形象，使得明朝朝野上下一致对他敬而远之。

明朝第三任皇帝，明太祖的儿子明成祖（年号永乐，1402—1424年在位）也表现出了同样的斗志昂扬和独断专行。通过三年的内战"靖难之役"，明太祖将柔弱的继任皇帝，也就是他的侄子推翻，从而登基为帝。明成祖重建北京，清理了泥沙淤积的大运河，于是粮食和纺织品就能从富庶的东南地区直接供应北京城并直达北方边境地区。1421年，明成祖改定北京为都。他设立了内阁，使其与内廷相通，很快就总揽机要，经常斡旋于皇帝和常规官场之间。明成祖使明朝北部驻军保持高度警戒，防止蒙古人卷土重来，他本人更是曾五次带军攻入蒙古。当南方的安南国遭遇继承问题时，明成祖将安南视作明朝的行政区划，直接进行干预。14世纪，倭寇不断侵扰中国和朝鲜沿海地区，明成祖大怒，强迫日本消灭倭寇，并要求日本朝贡。明成祖还派遣巨型舰队进行朝贡贸易，足迹远至非洲地区。他最著名的舰队指挥是回族宦官郑和（1371—1433），1405—1433年，郑和七次带领船队远至印度洋，中国在这时也成为亚洲水域内海军实力最强的国家。

与明朝早期的扩张主义同时出现的还有排外的孤立主义。除非是在公务中或官方的监督下，否则汉人不得与外国人接触，汉文化似乎需要被保护起来，免受外界的玷污一般。于是，明朝的氛围与唐朝世界主义的开放包容形成了鲜明对比。从邻国前来的朝贡使臣的行动也备受限制和约束。数世纪以来蓬勃发展的国际贸易，特别是在南方港口的贸易活动遭受了严重打击。

此时，汉人似乎已然厌倦了明朝初年的南征北战，特别是在屈居于蒙古人之下悲惨地生活了那么多年后。尽管明成祖的继任者都保持了专制的态势，但他们在处理外交关系问题上变得更加缓和。前往海外的远征终止了，朝廷不再继续努力压制麻烦不断的安南国，并在1428年默许了它的独立。有利于日本的贸易关系逐渐被默许，驻守内蒙古的明朝边防部队也退守关内。明朝重修了长城，气势撼人，正如今天所见，其宏伟规模前所未有。连中国在中亚地区有名无实的军事统治都崩溃了。

中国人对于外族的态度从积极扩张转变成了消极防御，军事编制停滞不前了。受宠信的宦官鼓动，明英宗（1435—1449年在位，年号正统；1457年复位后改元天顺）在1449年发动了一场对蒙古首领也先的炫耀性军事行动，但自己愚蠢地被俘，诸多随从被屠。一百年后，另一名蒙古首领俺答汗持续侵扰明朝边境地区，直到二十年后的1571年获得贸易特权后才停止了袭击。与此同时，以日本为基地、通常由中国叛徒领导的海盗时常洗劫东南沿海的港口城市。中国人通过巧妙的外交手段，以及武力应对这些海盗。在仍未完全汉化的西南地区时有原住民爆发起义，政府也成功将他们打压。16世纪90年代，明朝派遣了大量部队成功帮助朝鲜王朝抵御了由日本军阀丰臣秀吉发动的军事进攻。但到17世纪，明朝的军力日渐颓弱。

尽管尚武精神在长时间内不断衰退，但明朝仍有重大的制度、社会经济和文化发展。接受程朱理学教育的文官逐步适应了明朝的专制风格，逐渐构成一个稳定、称职的管理团队，致力于实施相对保守的政策。北京的中央政府由新立的内阁全权运营，他们与宫廷宦官合谋以操控软弱的皇帝。明朝地方省级行政机构在元朝行省制度的基础上建立，其结构繁复，可以避免地方割据势力的抬头。全部的政府编制则由一个扩大了的、活跃的督查机构来监督。总体而言，史学家给予了明朝政府很高的评价。

中国北方从长期的政治和经济压抑中缓慢地恢复过来，但一直到20世纪之前仍未能达到与南方同等的人口规模和经济繁荣程度。总的来看，自元至明，早期的中国人口总数约少于六千万，但到1600年时，人口数量已膨胀到一亿之上，甚至接近两亿。在基本上持续了整个15世纪的最初由耕地问题引发的紧缩之后，城市化和商业再度开始发展。这与官学和私学的持续发展相结合，导致16世纪出现了一种生机勃勃、富足的中产阶级的氛围。到了1600年，在意识到货币经济的存在后，国家要求全部税赋都以白银上缴。然而，或许由于官员中的官僚保守主义——其亲戚裙带掌控着商业命脉，技术进步并没有跟上人口增长和城市化的脚步。此外，明朝初年的自耕农饱受税务和官员特权的剥削，田地租赁现象愈发普遍。因此，明朝晚期的富足既不是可持续发展的，也非人人平等的。

明朝文人创作了大量里程碑式的研究著作。同时，元朝的戏剧传统得以发展。经过了数百年的酝酿，为大众创作的白话小说之中终于衍生出了一系列闻名至今的长篇小说，但只有在今天回顾时，我们才能发现其文学价值。在哲学领域，许多人厌倦了朱熹的朴素理性主义，开始在王阳明（1472—1529）的反专制主义和个人主义原理中收获启发。王阳明又名王守仁，是明朝最杰出的士大夫之一。在16世纪，正是由于这些文人的努力，思想、艺术和评论领域都产生了打破陈规、令人兴奋的事物。

晚明的皇帝任性依旧，并越发地深居简出。明世宗（嘉靖，

1522—1566年在位）和明神宗（万历，1573—1620年在位）二人数十年不与大臣直接接触。腐败的内阁首辅严嵩（1480—1567），严嵩的继任者、厉行律己的张居正（1525—1582），与大权在握的宫廷宦官之间掀起了官场上无休止的党争，导致政府在面对社会问题时无所作为，皇帝也越来越刻薄残暴。在熹宗（天启，1621—1627）一朝，行政效力达到了最低。熹宗是一名少年皇帝，做事犹豫不决，以至于把几乎所有权力都让给了魏忠贤（1568—1627）。魏忠贤无疑是中国史上最臭名昭著的宫廷宦官，他残害了与东林党这一保守改革派相关的数百名官员，并在政府中安插了大量阿谀奉承之人。

不幸的是，在政府士气和效率日趋衰微的同时，明朝还需要面对威胁国家稳定的两股势力，一个是经济萎靡的西北地区的农民叛乱，另一个是东北地区敌对的满族政权大联盟。应对其中一个威胁倒还在明朝的承受范围内，但同时应对两个威胁就不行了。1644年，国内的起义军首领李自成（1606？—1645）占领北京，明朝最后一任皇帝在景山上吊自尽。一位明朝边境将领吴三桂与满族人合作，一起打败了李自成的叛军，而满族人也借机登上了皇位。

明朝对其内向性政策感到沾沾自喜，并在面对所有"蛮族"时保持着文化优越感，然而，此时的西欧国家正在进入大航海、殖民以及帝国主义时代。1498年，达·伽马绕过了南非并到达了印度；1511年，葡萄牙征服者占领马六甲，控制了从印度洋到中国南海的交通咽喉；1514年，一支葡萄牙舰队来到广东并希望与明朝建立外交和贸易关系。尽管一再被明朝政府所挫，葡萄牙人不屈不挠，并于1557年在中国沿海的澳门建立了一个长久性的据点。从那里开始，耶稣会士开始向中国内陆渗透；到了1601年，利玛窦获得明朝皇家的资助，在北京建立了天主教的传教总部。到了明朝末年，其余欧洲人也试图接触中国人，而中国人对他们的态度最好也只能算是屈尊俯就的宽容了。

清（1644—1912）

满人在1644年建立了中国历史上最后一个王朝，国号大清。满人是1127—1234年间一直统治中国北方的金朝女真人的亲族。1636年，满人改国号"后金"为"清"，并改"女真"为"满洲"。在明朝的大部分时间内，这些北方部族作为明朝的藩属部落在东北地区极东的山林中狩猎为生。由于时常受到满人的骚扰，明朝当局不得不在辽河流域的汉人聚集地外建立起防御性的栅栏。但满人最终成为汉文明的热情仰慕者和学徒，在控制了中国后自视为明朝传统的继承者，而非明朝的敌人。事实上，满人对汉人的统治是最和缓的，尤其是与之前的少数民族统治者对汉人的压迫相比。

满人有两位功不可没的开国领袖，分别是努尔哈赤（1559—1626）和其子皇太极（1592—1643）。努尔哈赤本是一位微不足道的部落首领，以向住在中国东北的汉人兜售草药为生，并进京朝贡。到皇太极作为皇帝去世时，都城立在沈阳的清朝已然是一个强盛、高效的王朝，控制了蒙古、朝鲜，当然还有整个中国东北地区。此时的满军正在山海关——也就是长城与海交接的地方——与明朝最精锐的部队对峙。李自成占领北京后，在1644年迅速进攻驻守在东北方向的明朝守将吴三桂（1612—1678）。吴三桂与满人皇子多尔衮（1612—1650）作为友好的敌人，共同击退了李自成的部队。李自成的部队损失惨重，仓皇逃回北京，在将它洗劫一空后向西逃走。吴三桂的部队和混合了满人与汉人的势力分别击垮了李自成，恢复了中国的秩序。满人许诺给吴三桂藩王的地位并分封大片土地。多尔衮此后在北京立其侄子为皇帝，也就是顺治皇帝（清世祖，1643—1661年在位）。

明清过渡远没有13世纪蒙古对汉人的征服凶残，实际上，明清更迭是中国历史上破坏性不大的几次主要王朝间的过渡之一。即便如此，江山虽易攻但不易守，清朝用了将近半个世纪才稳固了在全国的统治。有两个要素使得明清过渡较为和缓，一是满人尊崇并贯彻了明朝的意识形态、治理模式和社会组织；二是中国史上颇为讽刺的一幕：明朝遗民被搞得筋疲力尽，他们不单要应对满人和满蒙联盟，同时还要应付为满人服务的汉人同胞。

满人在东北地区起兵的最初几年间，许多居住在东北地区的汉人和落败的明朝远征军中的逃兵转投了满人，因为他们厌倦了明朝朝廷中的党派纷争，也厌倦了明朝军队的无能。特别令人痛心的是，残破的明王朝甚至不能为派往东北平息满人叛乱的部队提供有效的训练和物资补给。此外，满人并不反汉人，他们乐于将降清的汉人纳入他们的社会兼军事团体，也称作"旗"，也乐于给予精明能干的汉人重任。此后，当满人依靠吴三桂等前朝将领而统一中国北方时，他们自视为把人们从混乱中解救出来的解放者，而非压迫的征服者。于是，在经历了明朝最后数十年的动荡不安后，许多汉人接纳了满人。

北方的叛军被剿灭后，吴三桂等汉人将领领导的汉人军队就在摧毁南方的南明政权的过程中扮演重要角色。若没有汉人的支持，满人无疑会满足于与南明政权划江而治，正如他们的祖先女真人与南宋的做法一样。就当时的情况而言，的确有南北划江而治的可能性，因为南方的明朝遗民积极地抵御满人。但南明政府也不能免于持续的党争祸害，而恰恰是这些导致了之前在北京的明朝政府的瘫痪。先后有四位无所作为的皇子被南方的明朝将领拥立为帝，直到1662年，逃亡缅甸的南明最后一任皇帝才由缅甸皇帝交由率清军入侵的吴三桂，随即被绞杀。

即使在此之后，大陆之外的东南海域上依然残留有抗清家族，其领袖是著名的明遗民、在台湾建立政权的郑成功（1624—1662，欧洲人一般称为"国姓爷"）。郑成功势力最大时，清政府不得不下令让全部东南沿海地区的军民撤离，以减少被郑家军掠夺的可能性。此外，吴三桂等数名明朝降官在南方获得大面积的几近自治的封地后，于1673年举兵反清，史称"三藩之乱"。一时间，叛军势力几乎占据了整个中国南方地区。但到了1681年，在八年的斗争后，大陆上的叛乱终于被平息了。颇为讽刺的是，这次平定叛乱绝大部分又是依靠新崛起的效忠清廷的汉人将领。这之后，在1683年，清政府发动了一次前往台湾的军事行动，终于将在沿海地区不断滋扰的郑家势力剿灭。此后，出于民族主义的反满势力残存于秘密社团之中，以近代西方概念中的地下黑帮组织的形式存在（如"洪门"），也残存于一些明朝时发展起来的、在海外东南亚国家活跃的大型团体之中。但对于清朝来说，这些不协调音不足以构成威胁，在17世纪80年代清朝终于稳固了对中华帝国的统治。

明朝遗民的长期抵制坚定了清廷原本就要谨慎对待汉人的决心。他们公开尊崇那些为明朝牺牲的男男女女，减轻了对不愿为清廷出仕的文人的惩戒，容忍了一支编修南明史的小型秘密团体，并通过种种讨好汉人的方式寻求合作。到了18世纪，中国出现了一些史学家口中的"满汉蜜月"。

满人前一百五十年的统治期内，政府健全且领导得力，于是中国的生活在方方面面都处于蓬勃发展中。到了18世纪，中国进入了帝国传统中的最后一次盛世，很可能也是当时世界上最令人叹服的国家。在很长一段时间内，中国国富民安且持续对邻国人民耀武扬威，中国的人口和财富都不断增长，并且日臻多样化。清廷的执政和社会组织理念为伏尔泰等西方知识分子高度赞扬，以至于孔子都成了欧洲启蒙时代的守护神。对于中国事物和中国风的广泛喜爱体现在了欧洲艺术、文学、建筑、园林和装饰领域。这种繁盛大多要归功于精明强干的早期满人皇帝，特别是两任清朝帝王——康熙（清圣祖，1662—1722年在位）和乾隆（清高宗，1735—1796年在位）。

康熙帝七岁即位，在位时间比之前任何一位皇帝都要长，或许也是晚期帝国时代最受人敬仰的统治者。他认真、好奇、不知疲倦，有着旺盛的体力和精力。从文化上看，他是彻头彻尾的汉人，能撰写极佳的散文和诗作，并鼓励文学、艺术、精细印刷及陶瓷创作和制造。在耶稣会士的指导下，康熙学会了拉丁文、高等数学、科学以及新发明的西方科技。康熙帝还特别喜爱钟表，像内行一样热衷收藏它们。他与欧洲国王和教皇互通往来，但到了晚年厌倦了天主传教士的宗派纷争，并对居于罗马的教皇有权主导中国基督信徒的信仰选择感到愤怒。

作为一位谨慎、勤俭且有能力的政治家，康熙不遗余力地保证政府的廉政以及促进满汉和谐。他本人六次大举巡视全国，以考察国情。他尊敬汉人文人，聘请他们编纂经史子集，也任命他们做官处理日常政务。康熙同时还小心谨慎地监管着国家经济，不断促进水利工程的发展以保证农业的兴旺发达。

康熙在军事上能谋善断且高屋建瓴，表现不输于处理内政。

清朝初年，同时也是康熙帝的少年时期，他勇敢地应对吴三桂等藩王在南方地区的割据，亲自制定了剿灭三藩之乱和收复台湾的方案。与此同时，1675年，北方的漠北蒙古人（也就是鞑靼人和喀尔喀蒙古人）发动叛乱。康熙皇帝沉着应对，成功平息了叛乱，并自命为所有蒙古人的大汗。随后，漠西蒙古首领噶尔丹（1632？—1697）从中亚入侵蒙古地区。17世纪90年代，康熙皇帝三次亲自率军向北进攻，逼迫噶尔丹在1697年自尽，并在中亚绿洲哈密和吐鲁番建起了军事基地。另外，通过外交谋划，康熙帝争取到了反蒙的达赖喇嘛的支持，并扶植后者成为西藏地区的统治者。1717年噶尔丹的继任者进攻西藏，康熙率军远征，并在1720年将其驱逐出西藏，将西藏地区置于清朝中央政府的统治之下。

在17世纪，俄罗斯人初步完成了穿越西伯利亚、向东直达太平洋的扩张。在康熙帝一朝，俄罗斯人在黑龙江沿岸建立了岗哨。黑龙江沿岸为大清的疆域，故康熙帝在1685—1686年派清军收复要塞雅克萨。俄罗斯人撤退。1689年，大清与俄罗斯签订了中国与欧洲国家的第一个条约——《尼布楚条约》。条约规定俄罗斯放弃黑龙江河谷地区，清朝允许边境贸易。自此以后，中俄之间保持了长时间的和平。

康熙皇帝之后，其四十五岁的第四子继位，即雍正皇帝（清世宗，1723—1735年在位）。雍正皇帝能够继位实属不易，因此他格外谨慎，比其父更加严厉。雍正还进一步提高了清朝统治的专制程度。不过，雍正是一位精明强干的皇帝，他加强了官僚纪律，积极地压制了已滋生的腐败。

1796年，雍正的后继者乾隆皇帝退位，这样他就不会逾越祖父在位六十年的记录了。但在退位后，乾隆还是以太上皇的身份持续把控着朝政，直到1799年以八十九岁高龄去世为止。比起先祖，乾隆更加爱慕虚荣，以一位伟大君主的形象示人，十分接近同时代的法国国王路易十四。但他也是一位严肃的皇帝，和康熙帝一样，大概是那个时代最强干的统治者了。对内，他大致上沿袭祖辈的步伐，特别是在资助编纂大型类书上做出了极大贡献。在乾隆一朝，各类文学和艺术蓬勃发展，而中国的盛世似乎也无边无沿。随着人口增长和农业发展，乡村地区新的市集城镇如雨后春笋般涌现。区域性和全国性的市场越发细分，产生了在城市基础上衍化出的新职业和新观念。富裕的家庭开始迁出乡村前往城市，并专注于商业活动。农民的构成也越来越复杂，包括带有半自耕农、半佃户、半小地主性质的各种农民，他们对都市和城镇中浮动的市场需求越来越敏感。此时的中国洋溢着自信和自满。

乾隆皇帝对其异禀的军事才能和伟大的军事成就颇感自豪。在处理麻烦不断的边境邻人时，乾隆实施了扩张性的方针。漠西蒙古（主要由杜尔伯特、土尔扈特、和硕特和准噶尔四部构成）仍是最难对付的邻人。他们不断滋扰清朝边疆，直到18世纪50年代，乾隆皇帝发动了一系列军事打击，彻底摧毁了中亚地区的蒙古势力，漠西蒙古的滋扰才告结束。到了1759年，整个古称西域的天山南北地区都归为大清治下，而这时也才有了它当今的名称——新疆（即故土新归之意）。数年之前的1751年，西藏再度爆发叛乱，清朝通过远征加强了控制。在后来的1792年，西藏的清军南下尼泊尔，打击长期侵蚀并袭击西藏地区的廓尔喀部落，于是尼泊尔也被迫承认了清朝的宗主国地位。此外，清军还大力打击中国西南地区的原住民部落，直到1776年这些部落才完全被清军征服。1765—1769年以及1788年，缅甸和安南分别遭受了清军的打击，不过它们以藩属国的身份保持了主权独立性。

但乾隆皇帝的丰功伟绩却因为两件事情而大打折扣，一是18世纪70年代开始的、为了压制反清情绪而进行的大规模文字狱；二是乾隆皇帝在晚年间的个人腐败。乾隆逐渐变得铺张浪费、穷奢极侈，周边也全是阿谀奉承之人。从大约1775年一直到他去世，乾隆都被机智又不知廉耻的满族侍卫和珅（1750—1799）玩弄于股掌之间。和珅面容英俊且为人风趣，很快从一名卑不足道的皇家侍卫扶摇直上，从而权倾天下。他屡受表彰，进而借机敛财，腐化堕落。文字狱以及和珅的恶劣影响共同导致了清政府在乾隆晚年间的急剧衰落和人心的迅速散乱。

有两股压力加剧了19世纪帝国传统的衰亡，其中之一便是西方日益增长的势力和野心。到了1800年，英国、荷兰、西班牙、法国和葡萄牙都已经在亚洲建立了殖民地，而新独立的美国也在全世界挥舞着自由贸易的大旗。但三百年来，中国——世界上人口最稠密、最富裕，也是西方人眼中最强大的国家——却在小心翼翼地闭关锁国。与俄罗斯之间微不足道的陆路贸易仍在继续，但与西方国家的海上贸易却只能在广东进行，并且只能在中国规定的时间内、与中国授权的一个垄断组织（西方人称"公行"）、在政府的监管下进行。除此之外，西方人热衷中国的商品，例如茶叶、丝绸和瓷器，而中国人却对西方产品不感兴趣，于是大量的白银源源不断地涌入中国国库。但到了19世纪，西方人发现他们可以向中国人大量兜售鸦片，虽然非法，但贸易逆差得以平衡了。到了19世纪30年代，广东的贸易形势自然逆转了：鸦片不断涌入而白银却大量流出。清政府意识到了白银流失和鸦片滥食的危害，试图对局势进行控制，由此也导致了主导鸦片贸易的领头国家英国对中国的宣战。鸦片战争从1839年持续到了1842年，但双方都没有发动猛烈的攻势，战争也不过只是在沿海地区小打小闹，但中国的局势却从此急转直下了。为了防止遭受更严重的羞辱，清廷决定与英国和谈，很快也与其他贸易国家签订了条约，其中规定中国必须要进一步扩大与野蛮、纠缠不休的"外国魔鬼"间的接触。条约开放了五个口岸，从广东一直延绵到上海，同时也供外国人居住。令清廷万分沮丧的是，外国形形色色的势力从此不断地向内陆渗透开来。

日益尖锐的国内矛盾是19世纪中国所面临的更艰巨的难题。自明朝中期以来，人口持续增长，到了1750年已达三亿之多，1850年更是达到了四亿。粮食生产在不断增长，一部分得益于从美洲引入的新粮食作物，包括玉米、番薯和花生。但到了18世纪，即使中国有着极高的前现代农业科技，土地利用还是达到了饱和，人们的生活条件随之每况愈下。政府中无处不在的腐败和渎职等"陋规"使形势愈发恶化。中国史无前例地涌现了一批永久性的赤贫流民，这些人既没有土地也没有职业，且他们的规模正在翻倍。反清秘密组织的残余势力对清廷的威胁日益增大，延绵了数百年的白莲教在1796年发动了一次叛乱，打破了中国北方的平静，直到1804年才被平息。此后的19世纪20、30年代里，群众起义接连不断地爆发。鸦片战争的失利使得清政府不再威风凛凛，它的自信和应对层出不穷的矛盾的能力也日益衰微。最后，1851年，太平天国运动在南方揭竿而起，在接下来的十四年间虽没有一举摧毁清王朝，但还是极大地动摇了它的根基。超过十五个省份受到波及，上百座城市和城镇被损毁或被夷为平地，约有三千万人丧失了生命。传统帝制的根基——基础政治理念和社会组织模式——受到了前所未有的冲击。

当时国内国外的中国人并未立即意识到问题的所在，但在蓦然回首时还是洞见了症结：正是太平天国运动，以及鸦片战争所带来的种种变化迫使传统中国在方方面面都进入了一个前所未见的剧烈的过渡时期。旧时的秩序——从秦统一中国再到秦亡汉兴的循环——已然行至尽头。在深陷内忧外患时，中国人正努力寻找一个新的国家凝聚力，而中国也开启了它艰苦卓绝的近代历史，其主要阶段和主题可参见后记中的概括。

十一、行政

在晚期帝国时代,旧式的世袭贵族终于不再主导政府行政,他们消失在社会中,取其代之的是通过公开的竞争性笔试"科举"——考核儒家经典、历史和文学才能——而选拔出来的士大夫。步步高升的士大夫通常靠的是他们在任时所展现的行政能力。当然,上述概括会随情况而变,特别是在异族统治的地区和时间内,然而即使是他们也会为实现理想的官僚制度而做足表面工作——至少清政权不遗余力地推行了汉人的官僚制度——使"官僚主义时代"不失为960—1850年这段岁月最贴切的标签。

官僚治理的兴起带来了一系列重大的必然结果:统治者变得前所未有地专制,行政结构变得更加集权化,军队专业化并且不再备受尊敬,王朝也更加稳定持久。

专制主义

在中国历史初期,天命说就被广泛接纳,这使中国统治者永远都是理论上的专制君主。在漫长的周朝,理论上属于周王的权力在现实中却被地方诸侯的权威和军事实力所削弱。早期帝国时代的皇权也被强势的皇亲国戚、半自治的门阀世系以及如脱缰野马般的军阀所限。的确,有一些皇帝依靠强大的个性强化了皇权,最典型的莫过于汉武帝和唐太宗。但皇帝身边常常围绕着生活方式、威望与其差别不大的人或需要谨小慎微地对待的同伴甚至是对手,这也是当时所施行的治理制度使然。弑君、宫廷政变和篡位司空见惯。

晚期帝国时代皇帝的境遇则大不相同,特别是在宋朝、明朝这样的汉人王朝中。由于政府结构的巨大转变,加之对皇帝高度的孤立和强化,他不再是一群强人中的首席(primus inter pares)。契丹、女真、蒙古和早期满人统治者都是不同程度上的部落领袖,他们依赖于拥有独立实权因而不可小觑的部落或宗族首领的支持。但宋朝和明朝的汉人皇帝,以及清朝的大多数皇帝都是彻头彻尾的独裁者,与旁人有着不可逾越的社会鸿沟。无论在理论上还是法律上,或是在普遍的实践中,他们的权威都不容挑战。

这一转变的最明显标志是逐渐衍生出的严格的面圣礼仪制度,即觐见朝仪制度。唐朝时期,宰相通常会与皇帝同坐共商国是;但到了宋朝,文武百官则需有序地列在皇帝面前;而到了明朝,皇帝在高台上俯视群臣,官员则需下跪。明朝的皇帝还沿袭了一个野蛮的蒙古传统,会公然鞭笞冒犯龙威的朝臣——刑罚十分野蛮,受刑者无论官阶和声望如何,都需要赤裸下半身躺在朝堂之上,被手持木板的宦官鞭打,而文武百官则都要侧立在一旁观看行刑。明朝皇帝还任命了一批皇帝侍卫,这群极权的秘密警察式团体几乎不受任何法律限制,任意监视、缉捕、监禁、折磨官员或任何触犯他们的人。明太祖一朝气氛极为肃杀，根据时人的证词，那时的朝官每早出门上朝前都与家人永别，而晚上回家后则与家人庆祝又多活了一天。

早期帝国时代在中国社会中根深蒂固的世袭贵族在晚期帝国时代消亡，这很大程度上是由于新的专制主义的出现。在晚期的这几个朝代中，军事部署的形式剥夺了军队将领的实权基础，于是他们不再对皇位形成任何威胁。在过去，皇家的亲眷、姻亲都可以被任命为最高级别的文官武将，但现在却被自动排除在任何政府要职之外，通常还会被遣送至距离都城有一定距离的地方。通过提高依赖于皇帝喜好而被擢升、左迁或卸任的非世袭官员在整个官场中所占的比例，皇帝规避了任何威胁皇位的新割据势力的崛起。

如此一来，在晚期帝国时代中，面貌一新的文官官僚制度就不再对皇位构成威胁了。与之前相比，它还提高了晚期朝代的效率并延长了其寿命。但我们也不该认为它是暴君的工具。这时期的官僚制度由一群有组织的多层级文人构成，他们作为知识分子的声望并不完全来源于皇家赋予他们的地位。在日常工作中，文官基本上是一个自主、自制的群体，皇帝充分依赖他们，正如他们也全然仰仗皇帝一样。尽管皇帝本人可以随意颁布政策，但他还是要依靠大多数官僚来落实政策。古代中国的文官拥有固执地抗拒不合理改革的传统，就像其余地方的官僚体系一样。另外，为了应对暴政，中国的官僚通常会勇敢地群集示威，甚至乐于在廷前牺牲。因此，从长期来看，皇帝只有通过与官员合作或者至少与他们没有隔阂才能成长。

从某些角度来看，宋朝通常被视作中国历史的顶点：它拥有一个好的政府，理论上的专制君主充分倚仗与总体素质极高的士大夫的精诚合作。而与此相反,明朝则有数位异常残暴、压迫下属的皇帝,又有一些特例的遁世绝俗的皇帝;但同时,明朝部分官员强大、淡定且睿达,正是他们保证了明政府的正常运行。明朝时期涌现了一些古往今来最著名的谏官,其中的佼佼者或许就是海瑞(1514—1587)。在世宗(年号嘉靖,1521—1566 年在位)的一次庆典上,海瑞在宫门向皇帝上呈了一本控诉他罪过的奏疏。世宗大怒,命令不能放过海瑞。"陛下,此人一向不知畏惧,"在一旁的宦官向世宗调停道,"他买了一副棺材,和家人诀别,已经在宫门候着呢!"闻得此言,世宗收回成命并宽恕了冒失的海瑞。

在所有非汉族统治者中,只有满人努力与汉人士大夫阶层交好。在这一点上,康熙大帝显得尤为包容。尽管不少名士都拒绝了出仕的邀请,但从整体而言,康熙在吸引汉族文人进入清廷为官这一点上做得很成功。到了康熙一朝晚期,汉族士大夫争相入仕,就像明朝时期一样。总体而言,清朝皇帝比明朝皇帝睿智且理智得多,汉族官员并不会像明朝时一样频繁遭受公开的惩戒。但没有人忘记真正的权力所在,大多数的清朝官员也都是心有所畏、言有所戒、行有所止。

组织结构

在后期的这几个朝代中,行政组织中最大的变革是皇权的集权化。这种变化通过中央政府的结构转换,以及中央政府与地方政府之间的关系的调节来实现。

在中央层面,传统的三权分立形式得以延续,直到 14 世纪,后继的朝代基本上沿袭了唐朝官制中高级官员的大多数头衔:囊括所有军职官员的军政机构、独立运营的御史台、包括了三省六部（中书省、门下省和尚书省，以及尚书省下属的六部）的政事堂。值得一提的是，所有行政管理职能逐渐都合并于一个机构之下是这个时期的总体趋势。

宋朝开启了职能合并，这能够让人联想到秦朝和汉朝早期权倾一时的丞相。第一步由讲究实效的改革家王安石迈出，在11世纪80年代，他改革官职，以尚书省的两名侍郎兼管门下省和中书省。枢密院本是从唐代组织松散的武将机构中衍生出的机构，在南宋，原先独立运行的枢密院甚至开始被宰相直接控制。宋朝的御史台保留了传统上的独立性，但权力被大大削弱，官员人数锐减，也不能派遣官员四处巡查，与唐制大有不同。另一方面，谏官从传统上中书省和门下省的从属地位变为拥有独立权力的监察御史，逐渐权倾朝野、呼风唤雨。

一些专家认为宋朝的制度变革是一系列错综复杂的谋划，它使得宰相在朝中独揽大权，并且不会受到御史台的强烈干涉，同时，谏官（在帝国早期被视作皇权的约束）成为约束宰相权力的职官。在这样的解读下，皇帝无疑成为至高无上的权威，唯一能够约束其权力的官员的职能也被限制了。然而，无论这种观点在理论上是否站得住脚，但在实际中南宋的皇帝一向孱弱，常被宰相玩弄于股掌之中，从而使得南宋宰相成为中国历史上权势最大的行政官员。

与此同时，北方的女真政权金朝正在精简中央行政机构，彻底废除了中书省和门下省。而蒙古政权的元朝沿袭了金制，但把余下的统揽行政总务的机关尚书省改为中书省。如此一来，唐朝概念下的政事堂就被逐步瓦解了，两名中书省高级官员实际上成了汉朝式的丞相，负责监管处理日常政务的唐朝式的六部。毫无疑问，在非汉族政权之下，一个强大且独立的枢密院又再度被设立。御史台（大多由蒙古人出任）在唐代规制的基础上扩大了许多，并重新恢复了它在宋朝之前监察全国的职能，而专门化的谏官却被彻底移除了。为了在表面上应付谏官的传统，蒙古人号召监察官员承担谏官的职责。忽必烈称，"中书朕左手，枢密朕右手，御史台是朕医两手的"，言语之中清晰地透露了元朝政府的职能划分，同时也彰显了他的专权特质。（两个机构的先后顺序也透露出了元朝对军事的重视。与唐宋时的汉人传统恰恰相反，在蒙古传统中，右侧要优先于左侧。）

明朝的创立者最初只在照搬元朝中央政府官制的基础上做了细微的改动，包括把枢密院改名为都督府，把监察机构的传统名称御史台改为都察院。但到了1380年，明太祖进行了晚期帝国时代最彻底的一次官制改革。由于怀疑宰相犯有叛国罪，他废除了中书省中的所有高层官职，把纷乱的行政总务分派给了六部处理，自己成为六部唯一的指挥官。如此一来，他自己就成为名副其实的宰相。明太祖同时还将都督府分割成五个机构，按照令人困惑的地域划分方式来划分管辖权，分领帝国的都司、卫所。这样一来，明太祖自己成为实质上的军事统帅或将领。

由于没有几个皇帝能够有效地监管如此多的高阶机构，因此在15世纪早期，一个非正式的调停各部门的新机构诞生了。这个机构叫作内阁，由一群辅臣组成，人数从两人到六人不等，从负责写作、编修的备受尊敬的翰林院学士中抽调。为了提高阁臣的权威，他们被立即授予多重头衔，地位与一般行政层级中的宰相或副相相当，但他们缺乏实际的行政经验，在与老谋深算的外朝官的比拼中接连落于下风。内阁辅臣与宦官的合作在所难免，特别是在那些消极避世的皇帝的朝中，他们只能通过宦官才能上呈或下达皇帝的文书，因此特别容易遭受外朝官的怀疑和指责。除了一些特例，内阁大学士总体上从未成为宰相式的首领或是朝廷的代言人。实际上，大多数辅臣都成为接连不断的党争的矛头，一方面被怠慢迟缓的皇帝忽视，另一方面又饱受敌对官员的诽谤攻击。许多专家认为，明朝中央政府中稳定协作的缺失是导致明朝衰亡的主要因素。

清朝政府保留了明朝中央政府的结构，早期的清朝皇帝强势且兢兢业业，在他们的领导下，内阁的角色日趋常规化且强势化。但内阁大学士往往陷入多如牛毛的日常行政文书之中，实际上从内朝官转换成了外朝官。1729年，雍正皇帝创立了一个名为军机处的新内朝机构。军机处是一个组织更加灵活的临时顾问机构。此后，它摇身变为新的最高政策制定机关，部分内阁大学士只作为成员获允出席军机处会议。这样，一个类似于唐宋时期的政事堂/都堂的机构被恢复了。一直到19世纪晚期之前，满人在中央政府构成上没有再做更多的变化。[1]

比起中央政府的构成，自宋至清，地方行政机构的结构变化比中央政府的更多且更显著。县和州继续扮演官方政府层级中的基层角色，唐朝式的负责监察的行政单位——州或府——也被沿袭下来。在这些官方的地方行政区划以下的地方，行政职能则像早期一样，依靠百姓自己来执行。特别是在11世纪王安石变法之后，甚至在蒙古的统治下，村民们也仍被要求进行自治，以使地方领袖能够维持秩序，仲裁家族纠纷，维修水利系统，建设小规模工程，在需要的时候提供地方民兵，评估、收集并上缴税收。

---

[1] 清史专家通常用"the six boards"和"the six ministries"来分指清朝时期的六部和之前王朝中的六部。清朝的六部之所以不同，是因为每一部都由两位官员来统领，一位是满人，另一位是汉人。因此，比起前朝，清朝的六部很可能是以一种议事的形式来运行的。

这样的乡村领袖，无论是长老还是族长，都不从国家拿报酬。在明朝所谓的"里甲制"中，数十或数百户家庭被分作一组，规模之大前所未见。税收由同样不收取报酬的粮长负责，粮长分属另一套有所重叠的行政系统。每一名粮长都负责固定区域中标准的大额税目。清朝把税收的职责直接转移到了从明朝沿袭下来的里甲制之中，此外在里甲制之上叠加了民兵职能，称为"保甲"。"保甲制"自宋朝便有了，其职能类似于警察似的相互监督。

明清时期，里甲制作为县以下的基层组织，是国家向农民传达律令和灌输官方儒学价值体系的上佳途径。乡村中的成员都需出席每月一次的集会，在此常常要接受退休官员或秀才的讲课，内容包括彰显儒家价值的历史趣事，有关孝顺父母、忠于君主、邻里和谐、提携幼小、安身立命、与人为善的圣谕。这种制度成效卓著，前来明朝造访的早期近代欧洲访客对于在警察和国家权力代表缺失的情况之下，大众生活仍然井然有序倍感震惊。

人口增长，官方的地方行政组织并未随之增长。在 1000 年前后，县的数量约有 1230 个，到了 1800 年则只有 1500 个。州的数目实际上在缩减，在同一时期内从 300 个减少到了 250 个。如此一来，一名北宋知县平均管辖 8 万人，而清朝中期的县令却平均要管理 25 万人。知州下辖的人口从 30 万人涨到了 150 万人。百姓与官员愈加疏远，官员逐渐依赖被选拔出来的代理人维持县与基层的非官方组织之间的有效关系。

到了晚期帝国时代，州与中央之间的空间——也是早期帝国时代不断滋生地方势力和割据军阀的空间——已然被牢牢控制住了。宋朝的开国皇帝十分敏锐地察觉了分裂主义的威胁，一时瓦解了全部中间组织机构，并在州与中央之间建立了直接的责任联络线。州与中央政府中的六部直接联络的方式，成为晚期帝国时代中常规行政做法。中层官员作为协调人、稽查员、监管人重新出现，而非皇帝下属的半自制的地方长官——但在辽、金和元朝的治下显然是有例外的。

在中间的调停自然是必要的，即使宋太祖取消了所有中层官员，但这种情形也不能作为常态延续下去。中央政府很快就派遣监司出任短期的地方代表。但宋朝监司的职权备受限制，地理上的管辖范围相互重叠。监司包括负责财税的仓司、负责刑狱的宪司、负责军务的帅司以及负责转运物资的漕司，每位监司都被派去一些相邻的州府。因此，没有任何一名或一伙监司能够独揽大权，也不会再出现唐朝时期以牺牲中央政府权威为代价的地方长官了。

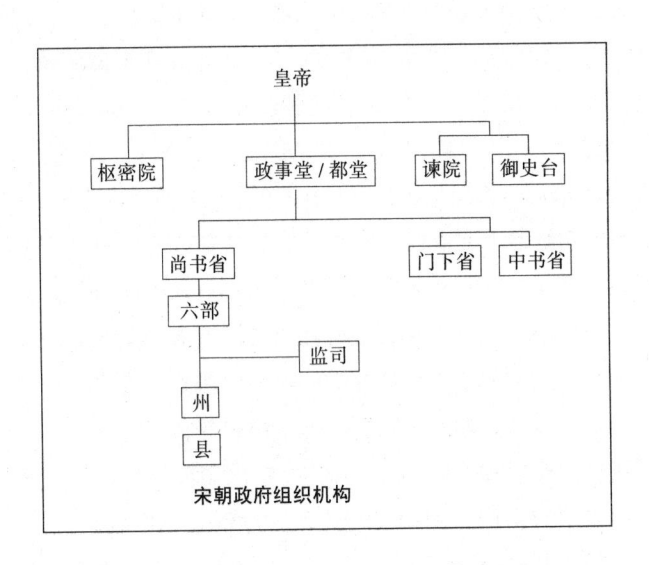

宋朝政府组织机构

宋朝通过设立区域重叠、职能分化的各路监司来分化权力，而辽代却把位于中国东北部的疆域划分为五个道，每道设一"京"

来统辖下属的府或州（汉、唐等早期朝代都设立了陪都，但陪都并不承担重大的政府职能）。同辽国一样，金国也在位于中国北方的国境内设立了五个都城，此外还在州府之上加设了十九个路。蒙古人则建立了中国历史上最复杂的中层行政系统，元朝的州府上设一百八十五个路，而路以上又设有六十个道，每一道上又设有宣慰司，所有地方行政层级最后又由规模不同但行政层级最高的行省统领。首都所在地单独划出一块区域，由中书省直接管辖。其余十一个地区则由行中书省管辖，尽管它们与元大都的中书省在行政上同属一级，但在实际中却无疑是下级。此外，中央御史台下设两个行御史台，一个位于西部，一个则在南方，分掌中央御史台督查行省的职能。御史台下另设立了二十四个按察司或称廉访司，负责督查基层机构——宣慰司、道和路。然而，还有另一系列的机构负责督管帝国的军事戍守，全国在枢密院及其五个分支的统领下被划分为六个地理辖区。换言之，元朝的行政区划被分为三种不同类别的"省"，省之间互有重叠——其中十二个负责行政总务、三个负责督查，六个负责军事管理。

在明朝统治下，省的概念变得愈发地清晰。在1421年后成熟的明朝制度中，北京和拥有一个影子中央政府的陪都南京的周边地区，均单独划出由中央直接管辖。帝国其余疆域被划分为十三个省。对每一省的督查职能被划分给三个机构：负责行政总务的布政司、携有类似御史台职能的按察司和都指挥使司（在北方边境沿线的战略区域另设三个都司）。布政司和按察司通过派遣各路道台去督导州府。明朝早期的省级行政分化导致了15世纪两层更高权力机关的出现，因此，省级之上除了设立的战略区之外，还多了一名巡抚。对于包含两省或两省以上的更大区域，会另设一名官阶更高的总督，尽管总督隶属文官，但却以管理地方军务为主要职责。

明朝的省一级行政区划一直延续到了当代，其中只有少许的变动：南京附近的南直隶地区逐渐变为了两个常规的省份——江苏和安徽。[1]位于中国东北地区中部的盛京则成为清朝的陪都。位于长江流域中游地区的明朝大省——湖广则被分为湖北和湖南两省。陕西省的西北部地区被划入了甘肃省。

若单从组织结构来看，清朝中期的政府是一个稳固、清晰、高度中央化的行政机构。清朝政府中没有任何一人可以引领整个官场去违抗皇家意志，因此其专制程度再次得到加强：首先是17世纪，康熙帝在省一级的要职中安插亲信；其次是他开启了一套宫廷备忘录制度，使朝廷和省一级官员都能够直接、快捷且保密地与皇帝沟通，从而避开常规行政层级中的沟通渠道；当然，康熙和乾隆皇帝多次前往南方人口密集地区的个人巡游和皇室考察也加深了专制程度，他们二人南巡排场之奢华、盛大，让汉民过目难忘，人们对这些精力超乎寻常的皇帝以及令人震撼的皇权久久难以忘怀。

官员铨选

在宋朝和后继朝代期间，早期基于个人能力而进行的文官任选逐渐常规化为高度制度化、久负盛名的人员铨选程序，并一直

---

1 由于官员职能的连年变化，到了明朝末年，变化显得尤为突出。为了强调这些变化，清史专家习惯用 provincial treasurer 和 provincial judge 来指代布政司和按察司；清朝的巡抚（grand coordinators）和总督（supreme commanders）通常分别被写作 provincial governors 和 governors-general。无论如何，从明到清这些机构和官职的汉语名称都没有变化。

延续到了帝国时代的末尾。但辽、金和元这样的征服王朝无疑希望自己人能够主导政府，因而无视科举传统。长期以来，中国一直存在通过推举、世袭特权和在太学进修来获取官职的途径，在财政困难的时期，政府还会允许买卖部分无关紧要的职位，有时甚至会买卖要职。然而，宋、明甚至满族的清朝政权都将及第之人变为朝堂上的达官贵人，没有科举功名背景的官员很难获取高官显爵，当然我们不排除在每朝之初的过渡时期都不可避免地有一些非常规的操作。

宋朝的人事管理大致沿袭了唐朝所立的模式。宋朝通过一系列措施使该模式更加公开和公平：一是资助发展州一级的学校；二是破除唐时官宦子弟对太学入学资格的垄断；三是设立在会试以下的公平竞争的解试。唐朝科举制规定州府要资助生员，这一举措无疑让世族子弟备受荫蒙，但宋朝废除了它。宋朝订立了另一些措施保障任选程序的公开、客观：参加会试的考生都被糊名，以防止徇私；每一份试卷都由三位考官分别阅读、评判。之后，关于科举考官徇私取舍的批评声仍不绝于耳，于是在评判试卷之前，先由专职的誊抄人将试卷内容誊写一遍，这样一来主考官便无法通过笔迹来辨认其门生了。最后一级的殿试理论上由皇帝亲自督考，殿试的设立是为了再次确认会试结果的公正性。

部分 11 世纪思想家反对官方对科举制中的公正性的强调，的确，对公正的强化更多地体现了法家而非儒家观点。11 世纪中叶的改革家范仲淹等人从儒家观点出发认为生员家族的知识背景和先前的行为举止是预测该生员能否在朝廷中尽职尽责的核心标准。他们反对糊名，并坚持认为考生的字迹与考试表现应一同纳入考核未来官员的标准范围内。但他们的观点并未大行其道，在后世的数百年间也没有抬头。一直到帝国时代的末期，科举制中糊名和保证公平的做法仍备受尊重，也带来了种种益处。

起初，宋朝的科举考试基本上沿袭了唐朝的科目，但在1071年后，饱受争议的改革派宰相王安石推动了宋朝科举制改革，只以涵盖广博的进士科为重。到了1145年后，进士科的内容范围大幅缩小，考生从此可以从诗赋考核和经义考核中二选一。宋朝一开始也沿袭了唐朝一年举办一次科举考试的频率，但在1067年之后改为三年一次，这种频率一直保持到了20世纪。

宋朝时，进士基本上占据了常规职官中的半数——比例之高为晚期帝国时代之冠——而低阶的官职也逐步被在州试中落榜的举人、太学生、由地方官员特别推举的人选以及手握世袭特权的高官子弟占据，世袭获得官阶的人通常也会通过考取进士来加官晋爵。在宋朝的科举制下，平均每年都会产生二百名新晋进士，是晚唐时期每年平均进士数量的两倍多。与唐朝初年每年进士数量均不超过二十五人的数据相比，宋朝的进士数目更是惊人。

通过科举取士任选的文官逐渐占据了宋朝政府官员中的大多数，这得益于五代时期和宋朝初年官方和私人机构共同推动的印刷术的发展；还得益于教育的普及，特别是在私学和私塾的推动下，生员人数迅速膨胀，成千上万地涌向科举。

如上文所示，非汉族政权辽、金和元对科举制的容忍其实是他们对汉人征服者的和解姿态。但在此期间，生员通过科举考试的概率极低，走马上任的机会也少之又少。在驱逐蒙古人后，时常表现出一种农民式的反知识分子的明朝开国皇帝，对是否恢复科举制犹豫再三。明太祖最终还是在1370—1371年间恢复了州一级和全国的科举考试，但却对中第的一百二十名进士颇感失望，说道："朕以实心求贤，而天下以虚文应之。"此后明太祖暂停了科举取士，一直到1384—1385年间才恢复了科举。之后，科举在明清两朝以三年一次的频率持续进行。

由于明太祖并未从经验丰富且声望卓著的前朝旧臣中选拔官员，因此他在位早期的用人大量依赖政府官员的推举。明太祖还建立了近代以前中国覆盖最广的公众教育系统，为合格候选官员的产生奠定了基础。他下诏在每个州府和县城都设立国家资助的州学和县学，还为每一个官学设置定额的廪生名额，这一做法比宋朝的前人成功得多。部分官学学生会被召集前往京师，称作贡生。在京师，这些入国子监学习的生员又改称监生，在继续学业的同时也以后备官员的身份见习。完成在国子监的学业后，监生可以直接入仕。

在明朝初期的头五十余年间，许多官学毕业生都有辉煌的仕途。到了15世纪，如同宋朝时一样，在恢复了的科举制中的及第者再次成为官僚中的精英。由于科举功名极具威望，连监生都倾向于考取功名之后再入朝为官。明朝的官学系统以及在16世纪蓬勃发展的书院扩大了参与科举取士的受教育阶层，也大范围提高了识字率。在清朝时期，教育渗透到了普通中国人生活的每个角落，而这基本上都由私塾或社学来普及完成。明朝传统中的官学，甚至是书院都大量缩减，沦为科举考试的贡院。国子监的规模也缩减到了三百人，与明朝时期的一万人形成了鲜明反差。

在明清科举制中，生员需通过三个主要级别的考试才能有资格参加最后一场类似于宋朝殿试的考试。第一级考试按一定时间规律举行，是由各州府童生参加的基础性考试，通过者为生员（习称秀才）。生员可佩戴不一样的冠帽和腰带，免于国家差徭，通常还要前往富裕家庭当教师，被视作社区领袖和有知识技能的文人。生员需定期进行重新考核，若学术能力不过关或行为不端也可能被剥夺头衔、特权和声望。

所有秀才都有资格参加乡试，乡试三年一次，在省会举行，每次耗时一周，其中考试时间占三天。到了乡试，考核内容只有一个，即生员需要对经典、历史烂熟于心，能够引经据典地阐述普遍哲学原理或特定政治事件，同时还能够写出出类拔萃的文章。通过乡试的生员为举人，能够获得更多的荣誉和特权，而这一称号也是永久性的。举人有可能直接走马上任，出任一些低级官吏，也可以选择继续参加在京师举办的会试。会试通常在乡试的数月后举办，考核模式与乡试相仿、内容相近。通过会试者为进士，随后的殿试不过是为了将进士按优秀程度进行排序的一道程序。作为进士第一名的状元会成为翰林院官员，而翰林中的佼佼者则有望荣升宰相。状元会被尊为国家英雄，和近代西方社会中的伟大的体育或战争英雄一样。另外的新科进士会成为中级官吏的候选人，等待被任命为知县或是其他一些空缺了的中级职位。

较之宋朝，明清两朝科举考试的竞争激烈程度有过之而无不及。每次乡试的举人数量从明朝初年的1200人涨到了清朝时期的1800人，明、清进士人数平均分别为每次288和238人。换言之，平均每年会有89—100名进士，这与宋朝平均每年200名的数目形成了巨大反差。只有不到10%的秀才能成为举人，而10%多一些的举人能成为进士。

宋朝科举制并不按地理区域来分配名额，被批评为没有汉唐时期的推举制有代表性。元朝在1315年恢复科举制时，对每一省有资格参加会试的名额都加以限制，由此区域间的平衡得以恢复。明清两朝继续推行科举制中的代表性原则，在每一次会试中都对各省的举人数目进行限制。即使如此，在明朝初年，南方人，特别是江南的考生仍在会试中表现得极为出类拔萃。1397年，中榜的进士清一色为南方人。作为北方人的明太祖勃然大怒，以徇私舞弊之罪将主考处死，废除了所有新科进士，并开出了一个清一色为北方人的中榜名单。之后，考官更加谨慎，但客观的评分标准还是使北方人落于下风。于是在15世纪20年代，严格的客观评分标准被地区配额制替代。南方省份的生员只允许在每次会试中占据55%的进士名额，10%的名额留给西部的生员（主要是四川人），35%留给北方人。清朝的配额制进一步规定了每一省的固定进士名额。明清的这种配额制也基本反映了人口分布规律。

可想而知，在非汉族朝代统治下，种族问题自然会影响科举制。元朝为以下四类生员分配了相等的名额：蒙古人、色目人、北方汉人（即女真金代治下的百姓，包括了女真人、契丹人和汉人）和南人（约占元朝中国人口总数的75%）。清朝的科举没有那么大的歧视性，乡试和会试中未设有与种族挂钩的定额。如果愿意，汉化了的满人可以与汉人直接竞争，他们中的一部分人表现甚佳。但仍有一套内容相对容易的独立会试，专门为满人、蒙古人和在早期就进入满族军事编制的，也就是入旗的汉人所设。这种考试颁布的头衔数额很少，汉人士大夫通常都发自内心地对这类中榜者鄙夷不屑。

另一些因素也削弱了明朝末年，特别是清朝时期举人、进士的知识素养。首先，自元朝起，自由思想就被严格禁止了，生员只能引用程朱理学认同的经学阐释，对经学离经叛道的解读被视作异端邪说。除此之外，自明朝中期起，科举考试中的文章开始遵循一个标准化的书写格式——一个八段式的文体，习称"八股文"。格式（比起内容，格式是一个更客观的评判标准）逐渐成为重要的考核依据，直到清朝中期之前，全国的科举考生对文章格式的投入要远大于对内容的关注。关于如何撰写八股文的手册也应运而生。到了19世纪，考试题目的范围已然可以预测，以至大量的答案书被印制出来,供生员们背诵记忆。清代中晚朝,在殿试等不需誊录的考试中,考生的成绩基于本人书法的优劣来评判,而非知识性内涵,甚至也非书写格式。

除了在官吏选拔程序上的差异,宋、明、清三朝基本上沿袭了唐朝时期标准化的人事制度。中低品阶的官职任期基本上都是三年,但明朝时期偶有例外:若胜任则可连任两次,任意职位的任期最长都是九年。在需要续任的时候,上级或巡查的督查官员的绩效考核通常成为评判的依据,唐朝式的续任考核办法逐渐在宋朝时期被弃用,按资排辈逐渐被绩效考核替代,成为影响官员晋升的决定性因素。在宋朝的头一百年间,政府尝试实施一套所谓荫补和制举的新制度,要求高阶官员定时定量地推举有能力的中阶官员。一旦有职位空缺,政府依照推举档案的优劣和推举数目的多少来选拔被推选人,并依据他们的表现优劣来奖惩推选人。11世纪之后,宋朝不再将荫补作为一种常规制度实施,但之后的朝代常常依赖此举来任命要职。

在早期朝代时有发生的扰乱朝纲之举,在晚期帝国时代被成功地抑制。皇亲国戚的叛乱大幅减少,宋、明、清政府一方面资助皇室贵胄,另一方面只赋予他们极小的政治权利,只在朝代初期偶有例外。外戚和妃嫔被法律或至少是明令拒之于要职之外。与此相反,元朝政府则充斥着王侯叛乱以及位高权重的蒙古王侯和皇后发动的清洗和刺杀。宋、元、清三朝在抑制宦官专权上十分有效,宋朝明显得益于皇帝与文官之间的紧密、互敬的关系,以至于野心勃勃的宦官无法借机主导皇帝;元朝和清朝显然得益于统治集团的民族团结。尽管明朝明令禁止宦官干政,但还是遭受了像汉唐时期一样的阉祸。禁止宦官干政的法令之所以被忽视,显然是因为在明朝的官制下,皇帝与官员之间有着巨大的社会鸿沟。皇帝被孤立起来,若要与人进行非正式的讨论或是建立宽松的关系,除宦官之外别无选择,他们不得不将责任和荣誉交由这些可信的朋友和亲信。没有任何一朝能够彻底根除朝廷中的党派纷争。

清朝时,文官的声望和士气总体而言下降了。宋、明时期,士大夫拥有至高无上的威望,是社会的天生领袖,而在清朝,他们却无法摆脱与满族统治者合作的污名,尽管后者已经汉化了。比起之前的非汉族政权,汉人在清朝当官已然更顺利、更普遍,但清朝官员不再备受尊崇,因为文学素养远逊于汉人的满人,甚至是蒙古人都能够轻松地入朝为官,并扶摇直上。总体而言,每个中央政府中的高阶汉人官员都需与一位满族官员搭班。由于大规模的贡生的存在,加之在17、19世纪政府两次允许人们通过捐纳来获得贡生、监生之位,甚至出售要职以增加政府收入,因而官员的声望和地位大打折扣。

另一方面,官员的声望和士气大不如从前的原因根植于明朝微薄的俸禄和持续增长的为官成本。清朝在意识到这个问题后,批准了为官员提供特殊津贴,但为官的成本还是以惊人的速度上涨。特别是地方政府,当人口增长后,它们要面对更加复杂的行政责任,需要持续增加副手、书吏以及各类差役,而这些人手的工资都不从政府预算中支出,需要知县自己支付。即使最正直的知县也只能通过不定期的征税来维系。尽管地方传统禁止这种对百姓的压榨,但腐败还是不可避免地滋生了。每一层行政机构都有机会借这种常规化且层层翻倍的腐败进行敛财,官员们无法拒绝这种诱惑。特别是在18世纪的后几十年间,由宠臣和珅引领的整个官场机制的系统化腐败严重败坏了官场纪律和士气。到了19世纪,对于腐败和恶化的无动于衷和事不关己的势头似乎已然无法挽回了。到了19世纪中叶，官场的名望和士气再衰三竭了。

军队

晚期帝国时代的军事发展有数个卓著的特性：首先，在早期朝代中反复扰乱秩序的地方军阀成功地被中央集权化的军队压制，而既往历史表明这一点正是国家统一和稳定的核心要素。其次，军事的专业化程度提高，汉人政权中占主导的士大夫通常都想控制军务，但却不愿意参与其中，而非汉族政权的统治者很自然地想要将占优势的军事大权控制在自己的族裔手中。这样一来，兵役成为一种独立的生活方式，世袭军制成为主流，而传统中国屯田兵的理想逐渐消亡了。再次，由于军职在士大夫的价值体系中并不被崇敬，异族的侵略也使广大民众对士兵有了一种排外的恐慌和愤恨，军职的声望也随之下降了。军事能力即社会领袖的核心能力的传统观点让位，尽管并未全然消失，但在很大程度上被另一种观点取代，即非军事能力和军事能力是两个截然不同的事物。在汉唐时期，贵族担任将军和担任县令能够获得同等的荣誉，但在晚期帝国时代，人们的观点日益呈现出另一种趋势，浓缩于一句谚语之中："好铁不打钉，好男不当兵。"最后，到了晚期帝国时代，火器成为军事武器装备中的标配，虽然中国人在这一领域中很快就被近代早期欧洲人超越。

宋朝的军事编制主要包括从各地招募的正规军，其中最精锐、人数最多的部队驻扎在京师附近，由皇帝直属的将军统领。驻守京师的部队和派遣队以三年为期更替，前往边防要塞戍边，从而使边境将领在部队中无法专用其兵。此外，戍军的数目总是少于京师周边的禁军人数。能力稍差的所征之兵则被派往较小的和平无战事的要塞，散布于全国，由军司统管。在需要的时候，地方要塞会抽调民兵入伍。在 11 世纪，宋朝军队人数超过了一百万，后来南宋一朝的军队人数也居高不下。维系如此大规模的军队的成本是巨大的，而正规军又常常骄傲自大且目无纲纪。钢制和铁制的兵器是所有士兵的标配，它们在宋代十分普遍，在对抗契丹、女真和蒙古入侵者的猛攻时往往卓有成效。在 12 世纪，宋朝军队有效地利用了燃烧弹和类似于坦克的铁甲战车来对抗金人骑兵；在 13 世纪，在抵御蒙古人的守城战争中，宋人运用了各类爆炸射击武器，从石弩机到火箭炮式的竹筒不等。

改革家王安石在 11 世纪重启了秦汉时期广泛抽调民兵的方法，即保甲法，其初衷之一是加强宋军的防御能力并减少军队开支。保甲法将民户加以编制，以供军事招募。但是保丁并不愿意前往家乡之外的地方驻守，而正规军也千方百计地阻挠保丁加入禁军或戍军之列。因此，王安石变法之中的保甲法付之东流了。

部落组织是契丹、女真人军队制度的特征，但蒙古人却打破了部落组织，创立了一个中央化的等级制度，将军队分为百户所、千户所和万户府，分由蒙古贵族统领。这些军队四散于全国的要塞，主要由沦为农奴的农民在大庄园上的耕作所得来供养。如同宋朝一样，最大也是最可靠的部队集中在大都周边宿卫，其中的精锐力量是一支大型宫廷侍卫亲军，称作"怯薛军"。怯薛军分为四支部队，轮番宿守宫廷。怯薛军主要由蒙古贵族的子弟组成。

元朝军队中最显赫的无疑是蒙古部落成员组成的部队，此外还有一些后备单位，按声望和特权从高到低排序则分别为色目人、北方中国人（包括契丹和女真人）和南方中国人（一大部分是南宋降军）。元朝常规军中的职位都是世袭的，维持部分地方秩序的民兵则从民众中招募，严禁其余民众私藏任何种类的兵器或参与军事训练。在元朝的统治下，钢铁产量从宋时的最高点下滑，军事技术也退化到了使用蒙古人最擅长的弓箭。

汉族政权明朝的开创者建立了一个强大的军事编制，吸收了一部分元朝兵制的内容，也继承了一些唐朝府兵制的传统。许多与明太祖一同起兵抗元的从征军后来加入明朝军队，与一些垛集军和一部分归附军，共同组成了明朝百万常规军，并成为世袭军人。明成祖沿袭了传统的模式，在都城附近和北方边境聚集重兵，但谨慎地部署了全国的边防战略。每一处要塞都配以一处屯田，士兵需要轮流在屯田上耕作以维持粮食供给。明太祖自豪地认为他的军队不是民众的负担。基础的要塞单位称作"卫"，每一卫配有五千人的常备力量，卫之下再分为"所"，通常都不与卫同处一地。卫、所的士兵定期被召往京师进行特殊训练。北方的边兵驻扎在长城沿线的关隘，不在北境的士兵则驻守在海防要地或是各军事重镇——他们都由都指挥使统领、由总兵官指挥，定期在各卫所之间调发。在大型战事中，卫、所士兵会被召集到一个特设的军事机构，由设在京师的五军都督府直接委派将领统领，受兵部的命令调遣。都指挥使与总兵之间的权力分化是明朝成功遏阻军阀割据的一个重要因素。

卫所制并没有设想中的那样行之有效。一开始，逃兵就成了一个严重的问题，而勾补逃兵和死兵却要受限于世袭原则下的官僚机制，于是困难重重且拖泥带水。此外，只有少数卫所能够自给自足，在土地贫瘠却又需要重兵把守的边境地区，这种问题尤为突出。从15世纪中叶开始，中央政府需提供岁币补贴，并且数额逐年增长。即使在这样的资助下，卫所中的常规军队的实力和战斗力也下降了。常规军先是由地方民兵担任，之后又依靠从百姓中征募，到了明朝最后的一百年只能依靠大量募兵。在明朝最后的数十年间，史载在册的军队人数增长到了四百万人，但他们装备简陋、疏于训练、粮食供给不规律、服装不统一，只有一小部分人能够算作有作战能力的士兵。

明、清两朝的枪炮发展停滞不前。明朝初期的皇帝还曾促成了一些新式武器的问世，加农炮成为要塞防御中的标准配备。16世纪，中国人仿制了葡萄牙的加农炮和手枪。17世纪，位于澳门的葡萄牙人还为明朝抗清提供枪支弹药。清朝政权延续了明朝汉人仿制、运用西方武器的方法、方式，但也只在静态防御中运用它们。18世纪的清军增加了野战炮兵，在乾隆帝对抗漠西蒙古的战事中成效卓著。尽管如此，此后一百年的皇家军队还是不能得心应手地运用火枪，而与西方武器相比，清军的火枪质量也十分低劣。

清军统治全国的军事编制是基于满族部落成员构成的全能政府组织"旗"（来自他们特色的旗徽）发展起来的。每一旗的男性构成一支军队，最早的四旗逐渐演化为最终的满族八旗，其中有四个主要的正色旗和四个镶色旗。满人还从早期的同盟者和俘虏中组织起了蒙古八旗和汉人八旗。八旗兵在全国范围的要塞内驻兵，类似于卫所制，他们也依赖国家分配的土地自给自足。同前朝的明朝军队一样，世袭的清朝八旗军也在和平年代逐渐腐败退化。到了19世纪初期，清军的军事力量依赖从普通汉人百姓中征募、组织的"绿营兵"。清朝之所以能够度过19世纪中叶的太平天国动乱，一大原因就是"绿营兵"的抵御，特别是由汉人官员招募的"团练""乡勇"的抵御。这种转变为地方军阀势力的复苏提供了条件，而他们在清朝覆灭后的1912年再次卷土重来。

十二、社会与经济

晚期帝国时代的中国社会史、经济史错综复杂且众说纷纭，前一章提及的官僚中央集权主义导致的制度规范化只是其中一部分原因，而人口的扩张和经济的发展导致许多地方组织模式的转变是另一部分原因。但自宋朝至清朝，社会经济发展的趋势却无疑是清晰的：一个非世袭的文人管理阶层成为社会秩序中的新中流砥柱——他们基本上是地主阶级，但经济来源不全是商业投资或是土地出租后的有偿服务。宋朝是一个在人口、城市化、商业化、货币化和技术方面急剧发展的时期，但这种趋势却因蒙古人的入侵和明朝初期的紧缩政策而暂缓了。到了 16 世纪，这些趋势又卷土重来：人口规模日渐庞大，密集地分布于整个中国本土；乡村充斥越来越多的中等规模的市集，无论对于富裕还是贫困家庭来说，从商都是一个比种地更诱人的选择。早期对工匠和商人的法律限制和社会歧视逐渐消失，社会整体变得更加公平、公正。但人口的增长还是抵消了其他各类事物的发展，造成了 19 世纪初期的严重社会经济动荡。特别是技术发展的停滞不前，本土传统并未衍生出工业革命。中国史无前例地发现它在技术上落后于外部世界。而在国内，贫富差距持续扩大，赤贫人口盈千累万。

人口

由于此时的税主要基于土地而非人头来征收，也由于常备军不再依靠从百姓中大量征召，晚期帝国时代的政府对精确的人口数额并不感兴趣，因此，宋朝及之后的人口统计数据极不可靠。不过，在结合了其他种种证据后，官方给出了一个合理的人口概况。国泰民安、新粮食品种的引进以及技术进步都促成了人口在11世纪的激增，五代时期的人口为五六千万到一亿不等。但是，金人和蒙古人的入侵似乎使明朝初年的人口数量减少到了唐朝时期的水平，约为六千万人。明朝的长盛久安使人口在16世纪初期再度增长到了一亿或一亿以上。而到了1600年，这一数字甚至可能达到了两亿之多。除去明朝末年的叛乱造成的人口减少，中国人口在1750年膨胀到了三亿，到了1850年更是有了四亿之多[1]。人口增长背后的部分原因将在此章后文中加以探讨。

北宋年间，南北方的人口分布大致均等。12世纪女真人在北方的征战使得人口重心第一次转移到了南方：南宋有约六千万人，而北方金朝所辖的人口总数约为四千万。13世纪蒙古人的滋扰使北方金朝的人口损失巨大，远大于南方南宋的人口损失。因此，元朝北方的人口数量比例不超过总人口的25%，或许只有10%。

---

[1] 为了对比，试想1800年美国只有约四百万居民，比中国最小的省的人口还少；英国和法国的人口约为六百万；整个俄罗斯的人口总数估计也只有三千万。

明初的皇帝通过一系列积极的举措恢复了北方的人口数量，17 世纪，史载的北方人口比例又增长至了人口总数的 40%，但人口的恢复程度十分值得怀疑。明朝时期，除了人口北移的趋势外，还出现了从人口稠密的东南地区向西和西南方向转移的趋势，正是在此期间，古老的原住民土地——贵州和云南——才彻底被汉化。随着人口压力的激增，清朝政府鼓励人们向中国本土上唯一一个低人口密度地区——四川省——迁移。在明末叛乱年间，四川省被课以重税。除此之外，再也没有任何可以转移剩余人口的地方了，除了分隔开长江平原和南部沿海地区的贫瘠山地（包括地势起伏的西南地区）和同样瘠薄的中部西侧的四川以及山西省中的高地，但这些地形不可能吸收大量人口。新迁徙至此的农民砍伐了中国本土上最后的森林，导致了土地退化和水涝。有着极高农业生产潜力的东北地区不对移民开放，被保留为特殊的满族保护区。

到了 1850 年，人口总数约为 412 000 000 人，其中南方人口占据一半以上，北方也占据了三分之一。各个主要地区的人口分布详见下表：

地区	比例（%）	总数（人）
长江三角洲	27	111 000 000
长江中下游平原	19	77 000 000
四川盆地	11	44 000 000
南方沿海	10	40 000 000
西南内陆	5	19 000 000
北方平原	19	79 000 000
西北高地	10	42 000 000

城市生活

　　中国生活的城市化进程在宋朝期间不断加速,到了 11 世纪,全国至少有十个人口密集的大都会区域中心,分别位于人口约百万或百万以上的州、府:北方有河南的开封和洛阳、山西的太原以及河北的大名;南方有湖南的长沙、江西的吉安、浙江的杭州和绍兴、福建的福州和泉州。12 世纪,为了躲避女真人的入侵,人口向南逃离,加速了南方特别是长江三角洲地区的城市化进程。根据一些专家的估算,南宋都城杭州城内约有两百万人口,城郊也有两百万人。这就是马可·波罗的描述中令欧洲人目眩神迷又将信将疑的"伟大的都市杭州",因为当时的欧洲最大的城市也就只有五万人。另一名欧洲旅行家声称,元朝时期,聚集在杭州城十三个城门外的任意一个市集中的人口都超过了威尼斯的人口总数。

　　元明时期的城市化进程或多或少地放缓了,人口超百万的州、府数量或许也减少了。但如苏州、杭州这种位于长江三角洲的大都市仍持续繁荣,连中国人自己都视它们的富丽堂皇为传奇,一句流传已久的俗语夸赞道:"上有天堂,下有苏杭。"到了清朝,苏州、杭州和南京成为全国最主要的城市,唯一可以与它们相媲美的便是北方的北京城,而北京城只是作为京城才得以繁荣起来。作为中国近代最大城市的上海此时还未见规模,直到 19 世纪中叶清廷开放通商、允许外国人居住后,它才开始发展。

　　早期帝国时代的重要城市主要是作为行政中心,而宋朝以及后世的都市都有更复杂的社会结构。以开封为例,除了作为北宋的都城外,开封无疑还是一个娱乐消遣的中心,据传城中有超过五十座勾栏,其中一些的观众人数竟有千人之多。勾栏内常有职业杂耍、舞蹈、杂扮、说唱以及杂剧表演者带来表演。据称，作为南宋都城的杭州在最繁盛之时拥有十七个娱乐街区，其中的勾栏常有多层的包厢。明朝最大的都市苏州不仅仅是一个行政中心，实际上更是一个面向富人的娱乐休闲地，同时还是一个大规模的制造、贸易和出版中心，云集了各地的文人骚客。

明清两朝的城市化趋势拥有区别于宋朝的特征，宋朝的都市崛起、发展迅猛，而明清时期的都市大体上停止了扩张。但中等规模的集镇如雨后春笋般在开阔的乡间涌现——一开始并不是以行政中心的面貌出现，反而大都是随着人口在全国范围内暴增而形成商业中心。到了 19 世纪，几乎没有任何一个村庄被隔绝于这样的集镇之外，也没有农民对于城市生活感到全然陌生，他们在观念上多少都算作市郊人了。

社会平均化

伴随着晚期帝国时代的人口增长、商业繁荣和集镇兴起，社会中逐渐呈现了一股类似于古代战国时期的平等主义趋势。除了在非汉族政权下的民族不平等，一个人的血统对于社会成功来说愈发不关键，财富日益成为社会地位的决定性因素，向上、向下的社会流动变得十分迅捷。在所有男性继承人平分家产的传统之下，任何家族都很难富过三代。

传统中的"士（官员，现在实际上是士大夫）、农、工、商"的阶层降序只在理论上保留下来，但在现实中，社会分层更加错综复杂。蒙古人的元朝试图仿照唐代以前的北朝，通过严格的世袭体制来固化阶层，但此举反映出了社会阶层的复杂性。它将每一个人都划入一个分类细致的世袭户籍，如一般民户、儒户、医户、阴阳、兵户、军户、匠户、灶户、冶户等。这些更加专业化的职业群体需要按需轮流为国家服役。

明朝沿袭了前朝的匠籍制，特别是针对从军、产盐的家族以及如木工、瓦匠的一系列工匠，时常征召他们去为国家服役。明朝有两类工匠世家，一种常驻京师，或多或少都受国家雇用；另一种住在地方，依靠自主经营来维持生计，但也要定期响应国家征召前往京师服役。元明时期，工匠家通常都能够通过上缴银两折抵役期，到了1562年，缴纳银两基本成了强制性的任务。

到了清朝，世袭服务的家庭仅限于八旗、盐户以及一小部分在明朝末年经皇家批准的盐商世家。由于军事家族不再受世袭制的制约，世袭服务的家族也不再是人口总数中的大多数了。此外，世袭家族的身份只是用来为皇家服役，不再带有歧视的色彩。

早期朝代的歧视性律令禁止非农户家庭入仕，至少在理论上将工和商排除在官场门外。到了唐宋交际之时，这一限制逐渐行之无效了。明清时期，这种法律性歧视仅仅针对"身份卑微"的下九流，包括政府组织中的最卑下的皂隶、奴隶、娼妓、艺人以及各类地方流民，例如广东地区的疍户。"身份卑微"之人被以多种方式与受尊敬的市民阶层分隔开来，其子女至少三代被禁止入仕。但在明清时期，没有任何群体受到公开歧视，工、商甚至军籍家庭成员都被允许参加科举。最终，雍正皇帝从法律上"解放"了这些"身份卑微"之人，虽然在实际中他们还是被冷眼相待。

平等主义集中体现在教育的普及上，而这也成为晚期帝国时代最卓著的特征之一。对于大量中国家庭来说，把至少一个儿子从直接的农业劳作中解放出来，并利用新的教育机会已经不再是梦了。自明朝初年起，农民就被鼓励，时而被强制去建立、支持社学。穷苦出身的聪颖之人能够接受基础的训练，这样或许就能够引起知县或是督学的注意，而在他们的资助下，农家子弟或许就能够开启作为廪生的仕途之路。自宋朝起，由士大夫在城市和城镇中联合建立的书院就大行其道。他们还建立了大量藏书阁，资助讲学和哲学辩论，为地方上的童生复习科举考试。明朝时期，书院有时会被视作异端邪说或谋反言论的源头，因而遭到禁毁。但多数时候，官方还是给予了书院鼓励和财政支持，就像早期的政权通过礼遇和免役的方式来支持宗教组织一样。富庶之家和世系庞大的家族会聘用教师或建立小型私塾，就像早期的贵族一样，这种学校在清朝时期变得愈发普遍。

印刷的普及对于社会平均化的推动不容小觑。自唐至五代，印刷术稳步发展。这种技术无疑衍自早期中国人的篆刻和拓印技术（石碑的纸质复制品），通过雕刻与原稿内容一致的木板，再印制木板上的内容来实现。最早可确定时间的印刷制品出现在770年，是由一位日本皇后资助、印制于中国的一百万份佛教符咒。[1] 佛教徒意识到印刷术对于传播宗教的意义，成为早期印刷术最煞费苦心的推广者。现存最早的有明确刊印日期的印刷品在868年5月11日印制，它是一部佛经的复制品，包括六页文字和一页插图，被粘连成462厘米长的手卷。其序言中提到此书是"王玠为二亲敬造普施"（佛教徒传播儒家教义的一例）。到了唐朝末年，官方按期发布邸报，邸报是一份颁布新的限令和任命，刊登官员们感兴趣的事务的报纸。五代时期的953年，在政府的资助下，一套共130册的儒家经典及注疏得以付梓。

有着如此良好的开端，印刷业在宋朝大为普及，当时的政府

---

[1] 1974年在西安出土的梵文《陀罗尼经咒》，被认为是至今为止已发现的最早的印刷品，印刷于7世纪初。——编注

和类似的私人书坊印制了一些最受人瞩目的艺术样例。很快,利用陶瓷、锡和木头制作的活字印刷术也被发明了出来,最终,铅制的活字印刷在元朝问世。然而,仅算上最常见的汉字,操作活字印刷所耗费的工作量也无疑是巨大的,因而木刻板印刷是直到20世纪之前印刷业中普通使用的常规方法。在明朝,复色雕版印刷技术得以完善。纵观古今中外,最令人叹为观止的是宋朝早年的约972—983年间印制的一部作品,它是所有佛教经典的集合,也称《大藏经》,其中包含1521部作品,共计130 000页,每一页都对应一块雕版。自宋至元,基于最初的雕版,这套《大藏经》被复制了20遍。

除了宗教和经典书籍之外,印刷术还使农业和技术专著广为传播,从而使宋朝的生产效率迅速提高。此外,印刷术还促进了元明清期间面向公众的知识性百科全书和白话文学作品的传播。最迟至16世纪,很大一部分中国人已经能够识读基础的文字了。

社会平均化还要得益于宋朝初年开始发展的宗族组织。这种趋势在一定程度上反映了后世政府所倡导的儒家观念。秦汉时期对门阀的厌恶此时已经烟消云散了,多代同堂有益于社会安康已然成为官方教条。11世纪著名士大夫范仲淹同他人一起倡导将同一地区的家族世系组成义庄,以谋求共同福利——维系宗族学堂和祠堂、扶持宗族中的鳏寡孤独、为贫困族人提供贷款以及为族人谋求各类福利。范仲淹等人购置田产,将其永久性地归为宗主所有,地租所得用于义庄支出。他们还颁布并印制了"族规",规定了个人品行标准和管理宗族事务的准则。宗族在一定程度上取代了旧时贵族的门阀世系,成为地方上的强大势力,能够防止地方官员及其代理人对族人和核心家庭的侵扰。族长备受政府权力机构的尊崇,因为他们需要依靠前者来维持地方稳定并建设、维系有益的地区工程。宗族组织在南方，特别是在福建省尤为普遍。当今大多数南方家族都能够上溯其世系至宋朝年间。

秘密社团是另一个介入个人与政府之间的组织形态。这些社团有着悠久的历史，至少可溯至汉朝时期。其中有宗教动因的组织（一般称作"教"），也有单纯只有政治动因的（称作"会"）。大多数社团都倡导结交兄弟、侠义精神、传统道德理念和——特别是在清朝期间——排外的爱国主义。每个社团都有一套复杂又独特的暗语、手语、誓言、神圣的数字，甚至有一套特殊语言和文字。在清朝之前，最活跃的社团莫过于白莲教。它最初是一个激进的救世佛教团体，一直延续到了清朝时期，常与其他爱国势力结合，鼓吹恢复明朝。但清朝秘密社团的主体还是源于清朝初年的前朝遗民势力，其大本营为洪门，下设两个分支，一个称作三合会或者天地会，另一个称作哥老会。它们都有一系列多变的地方分支，每一支都有稀奇古怪的名称。尽管这些社团带有黑帮色彩并参与勒索和保护的营生，但它们拥有广泛的民众支持，为民众交流和组织提供了一个框架结构，也是对清帝国稳定的统治的一个潜在威胁。在18世纪末和19世纪初，这些社团日益频繁地起义，最终导致了1851—1864年间大规模的太平天国起义。

新兴管理阶层

在唐朝末年和五代时期，军阀割据猖獗一时，之后这些早期帝国中的贵族逐渐淡出了人们视线，中国社会很大程度上被一个很难精准定义的阶层主导。这个阶层显然不受出身限制，虽然军事将领源自或已融入此阶层，但它本质上绝非军人阶层。中国人通常称其为士人阶层，也就是西方人口中的文人。许多当代西方学者将其概括为士绅阶层（gentry），这个词很不幸地令人错误地联想到维多利亚时期的小说中的英国乡绅。因此，非误导性的词语，例如社会精英（social elite）或许是指代该阶层的最佳词语。

同旧式贵族一样，新兴精英阶层占据了政府要职并主导着社会整体，不参与体力劳动。宋朝时期，在从事商业活动还要忍受些许社会歧视的情形下，精英家族通常都是大地主。但随着时间推移，从商日益受人尊敬且利润丰厚，越来越多的精英将土地出租，在收纳佃租的同时也投身于城市和城镇中的商业、工业和放贷活动。于是，他们的生活方式也日益城市化、理性和文雅。无论是作为地主还是企业家，这个群体都享有充足的受教育机会。精英们吸收了古时的礼乐文化，浸淫在经义史书之中，成为儒家保守派的中流砥柱。同时，他们还在商业繁荣中牟利，在恶俗的娱乐活动、资本家的消遣活动以及城镇的景点中寻欢作乐。

精英阶层中的低级成员包括一系列店主、小型制造商和批发商、钱庄庄主、通俗文学书坊主、雇用文人、画家以及政府幕僚。在他们之上的上层成员则是鸿商富贾，其中最著名的富商是清朝的盐商，他们垄断着淮河流域的食盐贸易，生活奢靡，对有潜力的文人、书生一掷千金。

社会精英阶层是参加政府科举考试的主要群体，因此也是历朝历代政府取士的最主要的来源。由于财富能够打开仕途，又由于官商相护（得益于税收减免、一些法律特权以及权力的滥用），以至于大量现代研究都致力于探讨究竟是财富带来了地位，还是反之。然而地位和财富二者既纠缠不清又互为因果，回答这一问题几乎是不可能的。

另一个引人深思的问题是：比起旧秩序，新的社会秩序是更

"民主"了还是反之？换言之，新的社会精英是否是一个自我延续且本质上抵制"新鲜血液"的阶层？由于科举考生会记录、指认他们的父辈、祖辈和曾祖辈的阶层地位，因此我们不难发现，在宋明时期考生祖先三代中没有功名的人占进士中的大多数。但这一情况在清朝逐渐发生了变化，到了19世纪，这部分人的比例降到了30%左右。根据非统计性的证据，宋朝年间，贫苦之人也有机会考取进士，并能够节节高升；在明朝时期，这种情形时有发生但稍有减少，但在清朝年间却一去不复返了。若有关于考生的直系亲属（兄弟、叔伯、各类姻亲）和经济状况的系统性证据，那便可以斩钉截铁地得出结论：拥有政治裙带关系的富庶之家始终能够顺利地使其子孙考取进士之位。特别是在清朝，类似于美国的"从木屋到白宫"的中国梦几乎化为泡影。每年进士与总人口的比例从宋朝的1∶500 000，降到了明朝中期的1∶1 000 000，最终一落千丈到了1800年的1∶4 000 000，因此成功的概率极度渺小。若要形容19世纪年轻人的前景，前途渺茫一词可以算是最轻描淡写的说法了。

另外一个造成此情此景的原因在于拥有低等功名的人数泛滥，这一情况始于明朝，在清朝尤甚。当任何人都可以通过不算巨额的钱财来购买功名，当任何人都能够获取政府恩准的特权并自视为阔绰之人时，有功名之人的泛滥也在所难免了。虽然低等功名考取者没有一官半职，但他们有机会成为官员的副手、督学、幕僚或富裕家庭的管家以及地方组织的公共工程上——例如水利工程——的督导。因此，俗话言称的"天高皇帝远"可谓是清朝时期的一个写照。整个朝廷变得高高在上且遥不可及，甚至连知县这种芝麻官都难得一见。普通人对于子孙考取进士不再抱有幻想，同时也完全有理由期待他的某个子孙能够通过努力和些许幸运来增加家族财产、提高家族地位，成为低阶的管理精英。这样一来，整个家族至少在一到两代人期间就可以免于辛苦劳作。对于一个平凡的人来说，这样的境遇无疑是梦寐以求的。

虽然如此，考虑到不断加剧的人口过剩，到了清朝中期，农村地区遍布上百万连这种梦想都不复存在的人。可以说，他们被永久性地剥夺了权利，在传统政治体系和社会秩序中没有一席之地，于是也就对汉文化中的传统文化观念置之不理了。民众怨声载道，当他们的怒火被太平天国起义点燃后，中华的帝国传统已然被宣判了死刑，而这种变革导致了一百年后反传统的中华人民共和国的出现。

总体经济发展

晚期帝国时代的中国人从祖先长时间积累的农业、技术、工业、商业知识中汲取了无限的营养，特别是在宋朝时期，中国人在各行各业中持续发挥了创造力。11、12世纪的中国不仅仅是世界上人口最多且城市化水平最高的国家，还是世界上农业、工业、市场、贸易最发达、最先进的国度。回顾当时，宋朝的中国似乎站在了发展真正意义上的"现代"经济的起跑线上——商业化、工业化、货币化甚至还有一定程度的机械化。从大多数方面来看，任何一个18世纪以前的欧洲国家都无法与11世纪的中国的经济发展水平相比。这些成就也为晚期帝国的人口爆炸式增长奠定了基础。但在此之后，经济发展的脚步却放缓了，经济体系的复杂程度最终超出了中国的管理能力，一系列的遭遇——不堪回首的女真人和蒙古人入侵后的恐外的收缩政策、由宋明理学衍生出的内省的理智主义、主导国家和社会的教条主义的士大夫、权力的不断中央化、数百年的充裕富足——衍生出了一种自我满足的保守主义。有限耕地上的农业生产力达到了上限,随之而来的是 1750 年之后技术领域的停滞不前,但人口却在不断增长,于是生活水平下降,市场需求低于制造能力。在面对这样的国内经济难题时,19 世纪的中国还没有做好充分的准备,更不要说在各个口岸不断叫嚣的西方人所带来的骚扰了。

农业

　　晚期帝国时代中国农业生产力的发展可谓是革命性的。它有两个主要阶段,即北宋初期开始的水稻耕作的进步,以及明末清初新引进的旱作作物和在贫瘠土地上种植的粮食作物。

　　前文多次提到,一直到唐代中期以前,中国人口的重心一直集中在北方,而气候干燥的北方的粮食作物——主要是粟——也是人们的主食。唐末宋初,随着南方人口增多,在南方十分普遍的水稻成为农业生产和国民摄入食品中日益关键的作物。中国人迅速发现了种植水稻的优势,因为它的亩产量高,但想要进一步提高水稻产量却是难题。那时,南方水稻种植需要的亩劳动力巨大,从播种到收割需要多达 150 天的周期。若没有保证提供充足且规律的水源的水利系统,水稻很容易受干旱侵害,也经常遭受每年夏末席卷沿海地区的台风的破坏。

　　为了提高水稻产量,宋朝初年的皇帝向南方派遣农业专员,向农民大量派发介绍新式农具(如改进后的犁、耙)的小册子,并促进堤坝、水闸、水车以及其他的水利设施的建设,特别是派发从占城(越南南部)引进并在中国进一步选育的新种株。政府同时还提倡在南方种植北方小麦,作为南方的冬播作物,并推广使用土壤肥料。随着南方人口增长和城市化水平提高,有机粪更易获得，到了宋朝末年，城市和城镇到乡村之间的人类排泄物的运输成为一个组织完备的大型产业——所有造访东亚的近代西方旅客很快就能注意到的"粪桶"行业。南宋时期，人们开始开垦中国南方水量丰沛的山坡上的梯田。

宋朝最具革命性并影响深远的进步就是引进所谓的占城稻。这些新的种株比中国早前的水稻更耐旱，成熟周期更短。水稻的生长期由此开始迅速缩减，先是120天，随后到了100天，到了宋朝末年，由于持续的种子选育实验，其生长周期缩短到了50多天。因此，早至宋朝时期，基于各地不同的土壤和气候条件，各类两熟制就已经施行了。在南方，一年内在同一块土地上种植两茬水稻加上一茬冬小麦已经成为标准做法，一些地区也可以实现一年三熟。逐渐地，间作早稻和晚稻也成了十分普遍的做法。这样一来，无论天气怎么变化，每年都可以有收成。

这些进步为宋朝时期的中国带来了前所未有的繁荣盛况，也使中国经济在经历蒙古人的征服和占领后得以恢复。玉米等作物的引进，作为旱地作物麦和粟的补充品，有效地帮助明朝恢复了元末以来大量减少的北方人口。

17世纪以降的人口激增，部分得益于上述累积不断的农业创新，部分源于16世纪玉米、红薯和花生的引进。这些作物都是在欧洲大航海和殖民时代从美洲发现的。玉米和红薯有着很大的优势，因为它们可以种植在传统意义上的不毛之地——任何地方的沙质土壤、北方和内陆省份的干旱山地。虽然中国倚重粟和稻的饮食习惯使新作物的推广缓慢，但清初时政府还是大力推广了玉米和红薯的种植。结果，到了1800年，玉米和红薯占中国粮食总产中的重要比例，并成为贫困人家的主粮。同时，随着山坡地带成为边远的农田，中国本土上的森林也严重退化，低矮农庄中的大片田地也频繁遭受洪水的侵害。水稻在粮食总产中的比例下降，因而价格也随之直线攀升。到最后，对于贫困的中国人来说，大米成了一种过分奢侈的主食。

晚期帝国时代的最后数百年间，中国农民种植的经济作物严重影响了粮食生产，特别是棉花种植，而烟草种植也或多或少地影响了粮食总产。棉花在宋元时期被引入中国内地后，元、明两朝政府皆不遗余力地推广棉花种植，但却遭到顽固的农民的抵制。但到了15世纪，棉花还是成了一种主要作物。烟草则在17世纪进入中国，尽管政府想尽办法限制烟草生产，但它还是很快就变得极为普遍。不过，随着人口的翻倍，对粮食的需求限制、减少了类似的经济作物的种植。

除了粮食生产的变化，晚期帝国时代还经历了农业组织上的转变。唐朝末年，大量寺产田地被充公，在叛乱和军阀混战中，旧式贵族被瓦解，因此农村涌现出大量自由农。然而，自由农民在面对富人和特权阶级的侵蚀之时，一如既往地难以保全。宋朝时，自由保有土地的农民数量众多，与自由的佃户一起构成了农村人口的主要组成部分，然而大地主还是不可避免地成为在农村呼风唤雨、执掌大权之人。大地主的佃户虽然不是奴隶，但他们的状态距离自由还很遥远：他们被绑缚在土地和劳作之上，而宋朝政府也通过实施法令来确保佃农的农奴身份，同时惩罚以农奴之名庇护难民的行为。一个颇有争议的观点指出，宋朝之所以有如此显著的农业技术进步和农业生产提高，正是因为拥有资本来源和大地主的规模经营。

两位著名的宋朝改革家试图在一定限度内约束地主所有制。一位是王安石，在11世纪70年代时设立了名为"青苗法"的借贷制度，以缓和地主、高利贷者对边缘农民的盘剥。在"青苗法"

下,农民在农耕需要时向政府借贷,政府规定农民在丰收时偿还贷款(年息40%,但这一利率已然低于当时的私人借贷利率了)。宋朝末年,另一位改革家宰相贾似道在13世纪60年代设立了地主所有土地的上限,并不遗余力地执行这一法令,多出的土地则被政府征用、出租。尽管如此,宋朝政府并没有着力解决土地所有制的问题,终其一朝,地主所有制依然蓬勃发展。但宋朝的大地主没有扮演任何特殊的军事角色,与之前的大贵族兼庄园主或是中世纪欧洲的封建领主不尽相同。事实上,与上述角色相反,宋朝的大地主在文官体系中扮演了至关重要的角色,并促进了宋朝非军事价值体系的发展。

蒙古入侵者又重新在农村地区施行了新的农奴制,甚至是彻底的奴隶制。出于对贾似道改革的深恶痛疾,宋朝的一些大地主转而开始与新的蒙古族政权合作,从而保全了地产和特权。但元朝政府为了维持军队并为蒙古贵族提供赏赐,将大量土地收归公有,由此从根本上改变了农村景象。同样,宗教组织也被赐予大片土地以及土地上的农民。自由农民的数量锐减,被压迫的程度也比之前的时候都要深重。

明太祖一举废除了元朝式的奴隶制,资助自耕农在人烟稀少的北方地区安身立命。但就像元朝一样,明朝仍将大块土地收入囊中,用来赐予明朝卫所制中的世袭士兵。从元朝精英手中收公的大庄园依旧归为国有,而国家再将这些庄园土地出租给佃农,租金则远远高于当时通行的地税。这一情形在人口稠密的江南地区,如苏杭地区尤为突出。除此之外,明政府在土地所有制的问题上遵循了不干涉的放任主义方针。尽管佃户不再像宋朝时一样被法律束缚在土地上,但宋朝式的地主所有制不可避免地再度蔓延开来。整个明清两朝,自耕农都在与绵延不绝的地主所有制做着不懈的斗争，而佃农也试图与地主博弈，为自己争取到最好的契约安排。

与此同时，随着商业和贸易在 16 世纪的发展，特别是对于商人阶层的法律性歧视终止，经济条件尚可的农村家庭开始了空前规模的多元化投资，并迁徙至城市或城镇中居住。乡村的情景逐渐改变，只留下了自由农民和没有地主的佃农。17 世纪间，佃农起义反抗滥用职权的地主代理人，加快了富庶之家向城镇的迁徙速度，也促使了一个基本模式的诞生：少量的地租和一个几乎不容置喙的、享有无限租赁周期的佃耕权。到了清朝中期，中国农村的人口组成鱼龙混杂，包括小自耕农、基本上无差别的佃农，以及既耕种自己的土地，也耕种他人土地，还将土地转租出去的地主兼佃农。人们很难分清究竟谁是地主、谁又是佃农。无论出身农民还是商人，出于农耕传统上的优势以及它为人们带来的长期安全感，城市中的富庶之家也会投资农田。但由于高额的回报率，他们更多地还是投资商业和借贷活动。

明朝期间，政府实施了一项极度滥用职权的措施，即命令大庄园上缴额外赋税，以填充皇室金库，供皇家贵胄和宫中宠信之人，包括宦官使用。在 15 世纪，这一措施的力度不断加强，到了 17 世纪，北京周边的城市近远郊的大多数农田，以及约大半个河南省的农田都成了皇庄。这些皇庄只存在于理论之中，换言之，它们是受优待的个人贪污常规税的来源。派往皇庄的税务代理人常常贪得无厌，以至于最后收税的职责还是落回了常规地方当局手中，由他们负责将收获的皇庄粮食转交到享有特权的"所有者"手中。设立皇庄之后，国家并没有在对应的省份中减免相应的税收，因而额外的税收压力逐渐转嫁到了剩下的自耕农的肩上。但从长期来看，设立皇庄对农民造成的损害并没有对国家造成的危害大，因为它赤裸裸地从国家手中剥夺了一部分正常的税收收入。

整个晚期帝制时代，地方税制沿袭了唐朝在780年改革后施行的"两税法"模式。税收基本上还是基于土地征收，分为田赋和徭役两部分。王安石变法中的一条是将田赋金额与田产和粮食品质挂钩，被后世所沿用。因此，富裕地区，特别是精耕细作的江南地区逐渐成为国家田赋收入的主要来源。到了明朝时期，人们通常认为南方贡献了国家岁入中的九成，江南地区又贡献了南方中的九成，而最富庶的五个州府又占江南地区的九成。苏州府内有大量皇庄，需上缴大量田租而非田赋。由于这里一度被摇摇欲坠的元朝政府控制，与明太祖激烈对抗，因而被征以歧视性的重税。据称，苏州府要上缴全国赋税收入的1/10，而它在册耕地只占全国的1/88。

总体而言，晚期各朝代都试图将徭役摊入统一的田赋中去，按一定支付方式收取，例如作物或银两。传统中徭役在身的男性——丁——逐渐成为一个随意的财政单位，不再与人头挂钩。16世纪，地方政府施行一系列财政措施，简化了地主所需上缴的赋税内容，这些措施被统称为"一条鞭法"。16世纪80年代，明朝最强硬的宰相之一张居正在全国统一贯彻施行了"一条鞭法"。在酝酿了数百年的基础上，"一条鞭法"将各类税费汇总为一条。

如第十一章所示，地方税收基本上都是由人数众多的族长、士绅来收取，他们通常都共同或轮流来承担这份职责。每名族长或士绅负责将他收缴的财物递交到县政府管制下的规定仓库或金库。每县收缴的财物会按照一个高度复杂的方案分配到全国各地的要塞和机构。只有税收总额中的一小部分由中央政府直接分配。

商业

晚期各朝代在日常执行中基本上沿袭了早期帝国时代制定的、针对商业剥削的限制性措施。官营工坊大致能够满足政府的商品需求，并在产量上持续增长。至于它需要的其他商品，则通过半充公形式的"和买"（采办）从商人或工匠行会索要。国家依旧把控着大型的建筑工业。晚期政权在建筑、建造、经营方面的成就——造船、水道维护、宫殿和陵墓修建，以及得益于爆炸性武器的新砖石结构的围墙建筑——往往是巨大的。国家工程需要成百上千的工匠和劳动力。国家持续批准并管控着食盐等"垄断性"商品的生产和分销，而对外贸易也在持续且紧密的监管之下。汉朝的常平仓制度以某种形式继续成为官营经济中的标准化模式，以稳定粮食供给和物价。然而，在私营企业主导的经济领域中，放任主义前所未见地成为政策的主流，私营企业空前繁荣。通常，官员、宦官、皇家贵胄以及乡村地主至少算是兼任的商业企业家和投资家。城市化的中国逐渐成为小商户的国度，城市和城镇间尽是小贩、依靠工薪生活的工匠以及各类散工。

唐朝末年，随着城市中市坊之间的隔断被打破，国内贸易也从紧缩的国家把控中缓慢脱离出来。到了宋朝初年，商店和工艺品店遍布每一座城镇的每一条街道，混在民房中间，特别是集聚在城门附近。经营同类商品的商人开始集聚，最终，晚期帝国时代的城市中有了颇有特色的专营某一种产品或服务的一整条街道。古汉语中对街道的称呼为"行"，于是，商人和工匠自发组织起来的"行会"或"商会"也被称作"行"，主要用来规范贸易并平均分配政府的征用。政府常需要依赖这样的"行会"来向社会最底层贯彻国家的财政方针，这一点类似于族长、士绅在乡村维持秩序的作用。

在中华帝国的最后几百年间，特别是从18世纪起，商人和工匠行会数量急剧增长，功能也愈加强大。它们类似于当代的工会，为成员提供社会性或商业性的多种服务，比如提供社会保障基金、资助娱乐项目、为商品运输提供保险方案等。行会之间的合作产生了一个类似于当今商会的组织，使之成为帝国层出不穷的市集的实际管控者。通常，每一省的众多商会都会在都城或是主要城市联合建立会馆和总部，为通商在外的行会成员提供落脚之处。如此，一名江西商人便可以放心地前往北京，因为那里会有行会的工作人员欢迎并接待他。

在晚期帝国时代的小城镇中，贸易活动通常都是在商业市集上进行，游商时常出现并在街头或是开阔的地方分销货物，在附近城镇的协商下，游商们会轮替出现在商业市集之中。宗教组织也常常在逢年过节之时资助集市，其间，商人和参加花会的人群将聚集在寺庙周边进香拜神。

帝国早期市坊界限的消失导致了一系列多变的新贸易税目的出现。在整个晚期帝国时代，商铺基本上都要缴纳某种名目的库存税。在周期性的市集期间，殷实者常常需要承担收缴销售税的职责。运输商品的过程中通常也要缴税，政府在道路和河道的恰当位置设立关口，以征收运输税。

在官营经济方面，最值得一提的成就是北宋时期国家垄断业的扩张。这一扩张史无前例，但又昙花一现。当时北宋政府已经让出了冶铁的专营，但还垄断着盐、茶、酒、明矾以及一些特定的进口香料和奢侈品行业。源于官方专营的国家岁入从997年的11 000 000贯钱增长到了1076年的55 000 000贯钱。改革家王安石——前文已然提及他试图通过"青苗法"来抑制私人借贷者对农民的盘剥——颇为野心勃勃地试图为国家赢得更多商业利润

（但这个利润实际上并非通过垄断获得）。在所谓的"市易法"中，国家建立一个仓库网，用于大量买进和卖出各类商品，与私营商人进行竞争。但这样的机构过于庞大，以至于成本要远远高于获得的利润，于是"市易法"在施行了十三年后就搁浅了。

盐是明清时期唯一显著的一项官营产业。明朝长期要求盐商向边境运送粮食以换取盐引，以此保证戍边的粮食供应。灵活多变的商人于是在边境贫瘠的土地上建立了私人资助的农庄，用来种植边境所需的粮食并减少运输成本，这或多或少使北方人口和经济得以恢复。然而，从长远来看，"纳粮换引"并不利于政府。它减少了官营盐业的收入，同时又没有从本质上解决边境长期缺粮少米的困难。于是，"纳粮换引"被废止，取而代之的是政府向边境戍卫直接拨款，由戍卫购买市场上可得的食物。明朝末年，政府减少了对盐业的干预，将一部分食盐分销移交给了一小群作为大户批发商的盐商。这些盐商成为清朝中国最著名且最富有的一群商人。

就海外贸易而言，尽管中国历史上的大多数时期都态度消极，但宋朝政府却积极鼓励，甚至还向海外派遣了特殊使节，以寻求新的贸易机会。新型中国船只与阿拉伯商船在南海纠缠不清、频繁竞争，而后者长时间把控东西之间的海上贸易。中国人用丝绸和陶瓷换取香料等奢侈品，政府收取利润的30%作为关税。中国船只利用当时世界上最早的指南针，依靠由多年经验沉淀而成的优秀航海图，最远行至印度的马拉巴尔海岸。国家在广州、泉州、宁波以及杭州设立了市舶司，用来监管贸易和征收关税。到了南宋时期，贸易关税成为政府岁入的重要组成部分。

在对外贸易上，明朝一反宋朝时期的积极策略。15世纪初期郑和下西洋是外交行为，而非贸易活动。比起公开的贸易往来，明政府更倾向于严格管控下的朝贡活动，它禁止中国人与外国人私下通商，外国商人则逐渐退居到了广东一隅。如第十章所示，清朝时期的对外贸易只局限于经政府许可的一小批广东中间机构，欧洲人称之为"公行"。清政府不遗余力地限制西方的经济影响和其他类型的渗透。无论如何，自明朝中期开始，丝绸等中国商品从广东出发，一路倾销至西方，白银则源源不断地涌入。其中值得一提的是，福建商人将丝绸运至马尼拉的西班牙殖民地，由此换来秘鲁银或墨西哥银，于是在墨西哥特别铸造的银币最终成为中国沿海贸易中的标准货币，又称"鹰洋"。到了19世纪初，随着西方人开始向中国兜售鸦片，中国人在对外贸易中的逆差也被扭转了。白银大量流失，以至于为清政府带来了严重的货币危机。

在私营方面，北宋兴旺蓬勃的钢铁产业是晚期帝国时代颇为卓著的一项成就，而这特别得益于优质铁矿和煤矿所在地与最大的国内市场开封极为接近。政府在开封积极地生产钢铁盔甲和武器，以供军队配备。在开封独立经营大型煤、铁制造的商人常常会雇用数百名工人。在11世纪末期，开封周边的煤铁产量占中国总产量的一半之多。位于河北省齐村的一座大型煤矿综合体中雇用了超过700名煤矿工人、1000名铁矿工人以及1000名烧炉工人，每年消耗近35 000吨铁矿和42 000吨的煤矿，生产出超过14 000吨的生铁。全国的钢铁产量急剧增长到了每年125 000吨，较9世纪翻了六番。除了生产军事装备，如刀剑、箭镞和十字弓以外，制造商还生产非军事用品，如钉子、犁头、耙、锄头以及铁锹。在北宋之后，中国的钢铁产业开始走下坡路，部分原因是在距离铁矿如此近的半径内再也没能形成一个优势市场了。

纺织是贯穿于整个帝国时代的主要产业之一，从很早开始，布料就已经是中国重要的出口物之一，我们从如下的英语词汇就可看出：shantung（山东绸，源于中国的省份名称）、nankeen（南京布，源于南京城）以及 satin（缎子，源于福建港口泉州，马可·波罗以及其他早期西方人称泉州为 Zayton）。尽管纺织品是重要的出口物，但它们在国内市场的销量仍远远超过出口量，与粮食一同构成了区域贸易中的大宗货物。在晚期帝国时代，纺织成为东南大都市，特别是苏州和杭州的专长生产领域。元明时期，棉花的发展自然改变了纺织的市场格局，尽管丝绸的产量依旧巨大，但逐渐只被当作奢侈品使用了。

铜钱依旧是晚期帝国时代常用的货币，但 8 世纪之后，中国遭遇了难以摆脱的铜钱短缺。这部分是由于唐宋时期蓬勃发展的商业活动和区域性、全国性的市场扩展，二者都需要流通中的钱币的持续增长。但这种情境进一步恶化是因为许多邻国都开始用中国铜钱作为它们的统一货币，特别是越南、朝鲜和日本。因此唐朝以降，政府定期禁止私人用铜。（正因如此，陶瓷才成为晚期帝国时代的一项主要产业：人们生产碗、盘以及大量日常陶瓷用品，以代替以前的铜或青铜器皿。）由于铜的短缺，铁制、铅制甚至陶瓷质地的钱币也用来流通。

钱币的短缺不仅仅是商业增长的缩影，在某种程度上也是真正意义上的货币经济渗透到了社会方方面面的体现。有时，政府会试图阻碍这一渗透进程——例如，政府会规定必须要用丝绸等商品来支付私人债务。但在宋朝，货币化进程已然势不可挡了。1065 年，政府岁入中的现金有史以来第一次超过了商品收入：现金收入占政府当年岁入的 51.6%，而这一比例在 749 年时还只有 3.1%。钱币供应的浮动导致了商品价格的显著波动，高瞻远瞩的宋朝政府在通货膨胀和货币政策方面已经有了深刻的思虑。1073

年，政府每年铸造六百万贯钱（每一贯一千钱），是唐朝时期的二十倍，但还是出现了流通钱币短缺的情况。

为了缓解长时间的钱币短缺，也为了减轻管理大量钱币的负担，中国纸币随即诞生了。大宗跨区域贸易在唐朝末年开始发展，商人们需载着数车的钱币穿越整个国家，但纸币的发明使商人从此摆脱了这种负担。商人们开始把现金存在广受信任的铺户（铺户是银行系统的鼻祖），甚至放在政府机构中，将凭据看作方便携带的存款证明，并将其用于商业贸易之中。最终，在宋朝初年，政府开始自己印制"官交子"（面值单位为"贯"）。到了11世纪初，流通的纸币已经多达一百万贯。为了预防通货膨胀，政府试图将纸币的数额控制在一百万贯以内。但应对女真人入侵的军事开销使金钱需求日益增长，这导致了12世纪的恶性通货膨胀，并一发不可收拾。南宋时期，流通中的会子（南宋由政府官办、户部发行的货币）多达上亿数额，但其背后却没有什么真金白银的支撑。物价自然也就薪贵于桂了。

蒙古人继续使用纸币，一开始十分小心谨慎，但最后比南宋还要不着边际。明朝政府进行了新的尝试，但这时的中国百姓已经学会了不再相信纸币。明朝政府只有通过强制用纸币支付某一种税目才能保证纸币的流通，但大众基本上倒退回了以物换物的经济模式。银锭成为受信赖的用来交换的货币，一两（约一盎司）银子在理论上等同于一贯铜钱，也等量于一石大米。尽管实际市场中的白银价值未能保持恒定，但银锭还是逐渐被接纳成为标准的货币媒介。16世纪的"一条鞭法"税制改革的巨大意义就是将所有税款从商品转化为白银。一直到清朝，银两都是标准的货币媒介和财物单位。到20世纪以前，中国政府再未启用纸币。

自宋朝起，中国的商业化和产业化程度比世界其他地区都要高，无论是官方还是私人渠道都有大量的投资资金，那么问题也就自然而然地出现了：为什么古代中国没有自己衍生出工业革命？这一问题困扰了几代的专家。我们逐渐清晰地发现，早至宋朝时期，中国高度发达的科学技术水平已经为彻底的工业化奠定了坚实的基础，至少在特定制造领域是这样的。是不是中国的国民心态或政治模式和社会组织模式中有某些根深蒂固的传统，从而在工业革命这一步上裹足不前？迈出步伐或许很难，但并非天方夜谭。连大量的廉价劳动力供给都不曾是抑制性因素，至少它没能阻碍中国人发明诸多节省人工的设备，诸如利用牲畜、风能和水利。可以确凿地说，官方对大规模营生的步步紧逼式管控扼杀了关于发明创新的私人投资，而这些发明创新也许能够极大地改变经济秩序；或者说，晚期帝国时代的技术和制造力已然远远超过了当时市场对于这种创新的需求。然而，没有一个自然法则规定社会必须要从前工业化状态向工业化状态推进，因此，比起解释中国为何没有工业革命，分析导致或触发欧洲工业革命的特定综合原因总是更容易一些。

明清时期，中国的技术发展在本质上止步不前，与此同时，欧洲正在迎头赶上并为19世纪爆发式的工业化摩拳擦掌。就整体而言，这一特征无疑也是中国晚期帝国史中最浓重的一笔。毫无疑问，在宋朝，甚至晚至16世纪，中国经济都足够成熟、高效，全世界没有一处能与之相比，这使中国人的生活条件也远高于世界上其他地区的人们。但到了19世纪，在表面的繁荣和自鸣得意的保守主义之下，中国内部的经济矛盾正将它转化为一个随时可能引爆的炸药桶，随之而来的政治腐化也将它暴露于正在强势扩张的西方以及正在高速西化的日本面前，而后者的欺辱最令中国蒙羞。

十三、思想

在佛教主导中国思想文化生活长达一千年后,一种别具一格的新基调逐渐在晚期朝代占据了上风。佛教及其模仿性的竞争对手新道教继续作为大众信仰存在,但它们的思想吸引力日益消退,也不再像在唐朝年间一样吸收中国的思辨思想了。在过去的数百年间,儒学因其模糊的道德规范、治理准则和类似于古物研究的经学传统而逐渐凋零,但到了宋朝,儒学突然跃为主流,成了士大夫阶层强有力的新晋信条。董仲舒的折中主义吸收了宇宙论和命理学思想,而宋朝儒学的做法与一千多年前的并无二致,也从佛教和道教中吸纳了玄学元素,激发了人们对于人类本性和人与宇宙关系的文化兴趣,在传遍全中国的同时也传到了朝鲜和日本。

许多当代学者连同西方人都将这股宋明理学的哲学思潮视为晚期帝国时代最伟大的成就。元、明、清三朝,理学成为国家钦定的思想正统,是科举考试的基础,也逐渐成了几乎所有教育领域中的主体。其间，宋明理学或多或少丢失了它最初的活力。然而，由于宋明理学需要依靠重新阐释儒家著作以及古代经典来寻求真相，因此它赋予了中国传统经学研究全新的动力。由于印刷术的普及和识字率上升，学术研究包罗万象、百花齐放、数不胜数。到了明清时期，学术研究的文献学复杂度再攀高峰。同时，中西之间的思想碰撞为欧洲的启蒙时代做出了贡献。但即使在宋明理学已然沦为了保守的经院哲学之后，中国人还是墨守于此，极力抗拒任何西方哲学的渗透，这一情况一直保持到了19世纪晚期。而到了20世纪，宋明理学无疑已然丧失了文化影响力。

晚期道教和佛教

在思想领域，宋朝及后世的佛教、道教的重要性主要体现在它们对宋明理学的贡献。二者没有独立产生任何一位思想巨擘或新的著作。它们在某些程度上效仿了儒家研究，延续自己的经律研究传统。初版《大藏经》约于972—982年间印制，此后定期重印。道教经典通常被称为"道藏"，在1019年宋朝政府的资助下得以付梓，此后也有重印，但次数不及《大藏经》。自宋朝起，有学识的僧人便多投身于哲学论争，使中国的思想文化生活生机盎然。许多被认为是坚定的儒家士大夫的人也满怀敬仰地研习佛教和道教著作。尽管佛教和道教都被视作独立的哲学传统，但二者并没有在晚期帝国时代中的文化活动中扮演重要角色。

在诸多存世的佛教宗派之中，平民化的净土宗和倡导冥思的禅宗占据了主流，但二者之间纷争不断。净土宗寺庙和相关的法社笃信"信愿即生"，彼此之间不存在不同层级间的协调，每处大型寺院都是一个自治派别的总部。禅宗信徒也有大型寺院，但在平民百姓中总是默默无闻，每座寺庙也都有着一小群信众。宋朝年间，禅宗因教旨之别分为南、北两支，其中北禅倡导渐悟。但佛教教旨间的差异很少导致彼此之间的仇恨，自宋朝起，禅、净二宗开始合流，并在随后愈演愈烈。禅净合流倡导者中最卓著的僧人是明朝的袾宏（1535—1615），他推动了世俗佛教组织的发展，并且是最早撰写反基督教小册子的中国佛教界人士。

比起佛教，道教组织更加无序。特征最鲜明的信徒无非就是一个独来独往的乡村或街区道士，其身份类似于地方上的巫师。道教从未走上佛教式的禅净合流之路，尽管江西省的张氏家族一直在晚期帝国时代的道教中扮演着公认的主教角色。

在大众信仰领域，这一时期的主流趋势是一股宽泛的折中主义，名为"三教"，是将儒、道、释三教合一的混杂体系。宋朝时期，三教被广泛接纳。到了明朝，特别是16世纪，三教的折中主义更是被哲学人士拥戴。尽管它被官方认定为异端邪说，但已经遍地开花并流衍于大众信仰之中，并一直延续到20世纪。一方面，中国家庭熟悉官方的儒家祭典和礼仪活动，遵循儒家思想在家祭祖；另一方面，他们也祭拜佛、道神祇，参与地方寺庙和道观主持的佛、道宗教活动，并不觉得这二者彼此冲突或是不合时宜。三教教堂也一直是中国宗教视野中的一道风景，一直延续到了中华人民共和国成立之前。三教教堂通常并祀孔子、老子和释迦，大部分由世袭的通常是文盲的乞士照看。乞士基本上可被归入道教范畴，但很难精确定义他们的宗教信仰。这种三教教堂通常都与其他佛寺和道观交杂出现，共同享有宗族的支持。在民间信仰层面，道教和佛教没有显著的冲突，秉持儒学思想的国家官员也默许三教教堂以及类似组织的存在。佛教和道教都印制并散发有关卫生、邻里互助、个人德行以及其他传统上受国家拥护的行为准则的著作,佛教和道教组织也同样都提供了在世俗意义上有益的公众服务。

　　针对道教和佛教,晚期的政权比早期的政权拥有更一致的宗教政策。国家再也没有发动类似840年"灭佛"那样的大型宗教迫害。但在宋朝及其后,无论是汉族皇帝还是非汉族皇帝都垄断了僧人的任命,把这一行为视作国家职能,借此限制宗教组织的财富和权力。11世纪,迫切需要增加收入的北宋政府开始大量公开出售剃度许可,后世政府也都沿袭了这一方式。此举也是从宋朝到今日寺院士气、纪律和声望直线下降的原因之一。元、明、清三朝在中央、州府以及县一级都建立了道录院和僧录司,用来严格管控僧人道士,其主官需要负责控制下辖的所有僧侣。限制措施似乎从未被严格执行过,然而,宗教组织再也不是中央的威胁,象征性的控制就已经足够了。

　　晚期帝国时代最慷慨的皇家宗教资助者是蒙古人,成吉思汗特别推崇长春真人(丘处机,1148—1227),并尊他为幅员辽阔的蒙古帝国中所有宗教团体的领袖。在处理中国事务的问题上,成吉思汗的孙子忽必烈深受佛教徒刘秉忠感导,后者奉诏还俗并在中央政府任职。但忽必烈广施恩惠的对象是萨满教式的藏传佛教,又名喇嘛教,不过部分是出于民族交好原因。1260年,后来创立了蒙古新字的八思巴喇嘛(1235—1280)被尊为帝师并统辖藏区事务。八思巴是忽必烈的亲密顾问,他将其他喇嘛引入中国政府任职。忽必烈及后继的元朝皇帝给予了喇嘛至高无上的声望和特权,在中国史上没有任何一个本土或外来的宗教团体能与其相比,而这也成为后世汉人攻击元朝统治者的缘由之一——无限放纵喇嘛们的滥权。明清皇帝依旧礼待西藏喇嘛,但纯粹是出于民族关系考虑，而且不给他们特权。

当藏传佛教逐渐赢得蒙古人的支持时，道教和佛教团体也在最后一波大规模的宗教辩论中公开争斗不休。这种辩论在早期帝国时代并不罕见。在长春真人的继任者担任道教领袖期间，道士利用战时的混乱侵占佛教寺庙和寺产，挑起新一轮的论争，而论点还是陈词滥调，即老子在晚年亲自"开化"了佛祖并使他改变信仰。佛教徒予以反击。蒙哥可汗（1251—1259年在位）分别在1255、1256和1258年在皇宫中举行了三次佛道论辩，1258年的那次论辩场面尤为盛大，由即将即位的忽必烈可汗主持，与会者中共有三百名佛僧、二百名道士以及二百名儒家学者。结果道教的所有论点被一一驳回，饱受争议的寺产也被下令归还给寺庙，关于佛祖的"诽谤性"道教书籍被强令焚烧，一些带头的道士被责令剃头为释。1280—1281年，忽必烈发现诸多道士冥顽不化的铁证，下令实行更猛烈的抑制措施。针对老子和佛祖之间孰先孰后的千年之争逐渐淡化了。道教失去了它的声望，其组织的财富和势力也随之直线下降，但并未遭受到大清洗。无论道教还是汉传佛教都没有拒绝继续接纳皇家的资助，尽管蒙古可汗偏袒藏传佛教。作为元朝皇帝，蒙古人包容了所有宗教并大度地礼待了伊斯兰教、景教和欧洲天主教的代表们。在唐朝时期，中亚地区逐渐皈依了伊斯兰教。自元朝起，中国本土西部有大量信奉伊斯兰教的少数民族人口。

总而言之，道教和佛教在晚期帝国时代的中国人的生活中持续扮演着重要的角色。即使声望不及从前，寺院和僧众却都保留了下来，个别僧侣常常还享有巨大的社会声望，时不时能手握政治大权。在寻求日常生活中所需的灵咒、符箓、医药、算命和慰藉时，百姓依旧会求助于僧道。诸多中国人一如既往地虔诚诉诸道家的延年益寿和释家的来世救赎，或是二者其一。除此之外，尽管道教和佛教的哲学生命力和创造力被快速占据了中国思想文化生活前沿的修正的新兴儒学重创，但佛道主题还在不断影响着中国的建筑、艺术和文学。

宋明理学

宋朝儒学的复兴部分源于数百年来人们对施加在汉族政治和思想上的外来影响的恐外反应，部分也源于学术训练的自然结果和人们对日益主流化的科举制度的兴趣。这时的人们拥有空前绝佳的机会，能将古文中所学应用到实际的治国理政中去。对于佛教、道教长期占据中国人思想后所产生的大量扑朔迷离的玄学问题——什么是真我？真我与宇宙之间的关系？——可以通过对儒家经典的注疏来解答，也可以用关于合理的国家和社会组织形式、关于恰当的个人生活方式的传统中国术语来回答。对此一连串的发现产生了一种积累知识的兴奋，而这便是儒学复兴的首要缘由。若上古儒学是通过从佛教和道教中抽取的宇宙论和玄学观点来支撑的政治和道德理念，那么宋明理学绝不是对古代儒学的重复，其内涵远多于此。宋明理学是用"儒家"真理的旧瓶装新酒——从哲学上剔除佛教和道教中关于来世和超凡的部分，使实证主义和乐观主义原理恢复生机，即人们知道通过生活能够实现自我，每个人都有能力完成自我实现。类似于数百年后欧洲掀起的对经典著作研究的热潮一样，宋明理学几乎点亮了生活中方方面面复兴的火花。晚期帝国时代的中国之所以与之前的时代有着天壤之别，与宋明理学密不可分。

宋朝理学通常又被称作"道学"，是一个高度知识化和学术化的运动。它起源于官学,特别是书院,主要的哲学原理寓于后世学者对传统经典著作的注疏之中,这些注疏主要聚焦于哲学阐发,而非宋之前的干瘪的文献注解。此外,由于宋明理学家通常都是执着的教育家和辩论者,因而他们大量使用佛教禅宗偏爱的一种文体——常由弟子整理的关于师长的言论、授教和论辩的散乱且冗长的内容,称作"语录"。同时,理学家还频繁与他人通信,在这些得以传世的信件中,他们清晰地阐述了自己的观点。

在诸多上古典籍之中,理学家对严肃、实际的荀子观点并不感兴趣,反而从《孟子》之中获取了大量灵感。如同唐朝末年的韩愈一样,理学家认为孟子是上古贤君和孔子的最后一任真传。他们对原始儒学的一些周边著作产生了强烈的兴趣,例如作为乌托邦式政治理想源泉的《周礼》、强调宇宙论和命理学的《易经》及其汉代的续本,以及长期埋藏于《礼记》之中的两个公式化短篇章节《大学》和《中庸》。正是在宋朝理学家的努力下,《大学》和《中庸》被提升到与孔子的《论语》和《孟子》同等的地位,共同构成了"四书",成为理学教育和哲学研究的核心。我们在第四章中曾提及《大学》中的"连环推论",它语义含糊地推崇了"修身""正心""诚意""致知""格物"的概念,成为衍生伟大的理学辩论的理论基础。

理学家成功地让中国文人相信,我们通过感官感知的世界是真实存在的,而非佛教徒声称的虚妄;人类通过积极的社会参与来完成自我实现,而非道家所倡导的与世隔绝。理学家鄙视佛教关于精神救赎和道教关于肉体永生的承诺,他们承认人类从生到死的循环是自然且有益的,他们关注今世中的社会、政治变革以及在今生中的个人修行。随着时间推移,宋明理学也不断演进,它经历了数个阶段,每个阶段都有不同的着重点。早期宋朝改革家的热忱逐渐演化为明朝时期对个人主义"修身"的强调；到了清朝，针对所谓明朝的腐败滥权，它又逐渐转变为缺乏哲学生命力的保守经院哲学。

政治和社会改革主义

宋明理学削弱佛教的一个方式是通过在家庭、世俗社会以及国家范畴内复兴关于社会福利的强势行动主义。宋朝早期改革家范仲淹称，真正的文人应"先天下之忧而忧，后天下之乐而乐"，此句恰是行善、慈悲的大乘佛教菩萨道投射在理学中的体现。范仲淹身先士卒，在家族和宗族中设立了互相帮助、互相承担责任的模式。将宗族田产用于慈善目的、资助家族私塾、不断加强和重申传统儒家原理的宗教规则，这种模式日益普遍。后继的宋朝文人，例如政治家、史学家司马光以及伟大的哲学集大成者朱熹都编纂了深受追捧的家庭生活法则。

在农村家庭中，合作与互助自然而然地成为乡约中倡导的内容，它为地方的自治政府提供了一个衡量尺度，概括性地规定了有关平息家族内部纷争、建立义学、建设诸如灌溉系统的经济发展工程，以及维系地方秩序的目标和程序。这类乡约最早出现在北宋时期河南省的一个吕氏家族，后被广泛效仿，之后又由朱熹修订。明朝政治家兼哲学家王阳明是乡约和义学的积极促进者，他的追随者之一何心隐（1517—1579）组织了一个乌托邦式的平等主义的地方社区，近乎公社，并极力推行在教育、文化和社会经济上的自我发展和自我约束。明清的皇家政府依旧推行乡约，作为社会管控和教化的有效工具。

在治理上，上文曾提及了宋朝时期饱受争议的范仲淹和王安石的新政与变法是改革派活动最鲜明的体现。自那时期起，中央政府承担起了照看全国百姓的职责，并宣布自己是中国生活中方方面面的责任机构，其程度之深广连激进分子汉武帝和王莽都无法比肩。"富国强兵"是许多政治行动派，特别是王安石和明朝内阁首辅张居正的实用目标。他们或多或少的法家倾向自然在官员中引起了反对，比起行政效力，后者更加关注大众福利，而任何政治改革似乎都常常威胁到安于现状的保守官僚野心家。因此，所有变法都会激发官僚纷争，党争加剧了官场士气和效力的衰弱，于是皇家专权愈演愈烈，而改革措施也越来越难以施行。然而，服务政府并建立一个能够解决人民和社会实际需求的政府体制是宋明理学的一个恒久的方面。

在早朝的改革运动之后，理学家对实用措施（功利）和有效力的治理（经世）上的重视明显且顺理成章地让步于理学的落脚点——修身。这一支重思索的理学派别最初并没有改革行动派突出，他们在北宋时期缓慢发展，到12世纪才一举成为理学运动中最重要的元素。在那时，宋明理学中两股分庭抗礼的哲学思潮涌现了：一支通常被形容为二元论的和理性主义的，中国人习称之为"理学"或"程朱理学"；另一支通常被描述为一元论的和理想主义的，人称"心学"或"陆王心学"。

程朱理学

宋明理学中的宇宙观都建立在11世纪思想家的一系列哲思之上。这些思想家的宇宙观又源于悠久、高度成熟的佛教传统和新道教玄学，此后又将它们与上古著作《易经》及其汉代续本中的观点相融合。宋明理学中的大多数术语都是从3世纪玄学家王弼的论著中借鉴的。近一些的源头可溯至10世纪道家隐士陈抟的《先天图》。理学宇宙观的早期塑造者皆是研习《易经》的弟子，其中有在南方接连担任小吏的湖南人周敦颐（1017—1073），有终身在洛阳作书院先生的范阳（今河北涿州）人邵雍（1011—1077），以及因反对王安石变法而被政府流放，此后终身在该地讲学的陕西人张载（1020—1077）。以上三人的影响集中体现在出生于河北但大多数时间生活在开封和洛阳的程氏两兄弟身上。在程颢（1032—1085）和程颐（1033—1107）的努力下，宋明理学逐渐呈现出全面的哲学体系模样。二程积极研究佛教和道教传统，但作为周敦颐的门生、邵雍的朋友以及张载的侄子，二程开始参照古代儒家的伦理教化来调整《易经》中的宇宙观。

尽管二程并未意识到他们之间任何显著的哲学分歧，但程颐的学说经过了一系列师承传到了朱熹那里，由其归纳扩充提炼，最终形成了"理学"一派。而程颢的学说最终衍化成与之相对的"心学"一派，受朱熹的同辈人陆九渊（1139—1193）的支持，并在16世纪王阳明的努力下不断发展。因此，两个学派分别名为程朱理学和陆王心学。

理学的宇宙观着重强调一个客观的非物质概念"太极"，通常与旧儒家观点中的"道"画等号。周敦颐用一套复杂且相互联结的圆形图案来表现它，称作"太极图"，而朱熹对它进行了彻底的阐释。与太极相对的概念被称作"气"（原生以太、质料或物质）。太极是完美的抽象形式或"理"的集合。物质世界中的特定事物通过类似于物质凝固的过程而成形，在适当的时候又从有形有态的状态消弭为无形无态的基础物质。这个过程的动力源于不可分割的宇宙力量阴阳和五行（被视作自然力的金、木、水、火、土）的互动，在一定程度上也源于天地（也被视作自然力）之间的调和。事物的存在（男人、女人、狗、猫、石头等），是在构成它们的抽象形态或称"理"与塑造了它们的物质形态或称"气"的共同作用下形成的。每个事物之所以有独特性,是因为某个特殊的复杂宇宙力在理与气流转的过程中发挥了特殊效力。

程朱理学视为基础的道德体系是一套受道教影响的宇宙观,其主导思想是事物本质或"理",与太极无法分割。理受制于理的物质实体,也就是"气",无法展现其原始的完美状态,同明镜被尘霾所蔽一样。每个人与其他事物,特别是与其他人都拥有同样的物理和物质特性,也就是有同样的气,所以"四海皆兄弟",每个人都应给予对方菩萨式的慈悲和救助。然而,个体只有去掉他的理之中的不完美的气,才能完成自我实现,这样一来,个体的本质认同就能脱颖而出了,清晰程度近乎最初的完美。这就是理学家常常所说的"拂拭其镜",它与孟子在早前提及的"不失赤子之心"是一个意思。成为圣人几乎是所有理学家自我实现的目标,它的要旨在于实现天理,并去除由气衍生出的人欲和其他无价值的冲动。无论在精神上还是肉体上,圣人都不会永生。当他死了,他便安然长眠。

在努力成为圣人的过程中,大多数理学家都效仿禅宗似的"静坐",暂时从日常生活中的繁忙和纷乱中抽身出来。人们在修行时强调"敬",意思是严肃、诚挚和真诚。一些理学家也经历了类似于佛教式的顿悟,但其实践主要还是根植于自我的修身养性(宽泛地看,还包括改进社会)。《大学》中规定了关于修身养性的方式,也就是"欲正其心者,先诚其意。欲诚其意者,先致其知。致知在格物"。特别是对于程朱理学来说,格物意味着客观理性地推究理或原理,由此人们能够逐渐熟知万物之理,也就是太极。

程朱一派的学说中暗藏了当代科学方法论的萌芽,即通过考察诸多物质形态显现的特性来寻求太极,而这个方法类似于分析某个特定现象以假定事物的普遍规律。理学的确也激发了许多在晚期帝国时期涌现的百科全书式的各类纲要。然而，理学家与当代科学家的兴趣点截然不同。他们关注德行，程朱理学尤其关心弥漫在上古儒家学说中的仁爱、正义、孝顺等道德价值中的原理或"理"。于是，程朱理学中的修身养性变成通过大量研习古代先哲的观点以及历史伟人的德行来采纳儒家道德观的行为。

作为12世纪程朱理学的集大成者，朱熹是一位杰出的思想家、著作等身的学者、激发灵感的师长和辩论家，以及或多或少不求仕进的官员。他在理学发展中的角色类似于圣托马斯·阿奎那在欧洲天主教中的角色。朱熹是一名官员之子，出生在富庶的南宋江南腹地一隅的福建省。在十八岁时，也就是1148年时，朱熹考取了梦寐以求的进士。1153年之后，他接连担任了一系列的职官——常常是作为寺监一类的闲职，于是有充足的时间去研究、写作和授课。朱熹不断上书谴责在南宋政府中占大多数的无所作为、拉帮结派的机会主义者，总体上支持主战派的观点，也就是支持抗击盘踞在中国北方的女真人。朝廷多次给予朱熹中央政府的职位，但他均桀骜不驯地拒绝。最终在1194年，朱熹在年逾六十之际，奉召担任了宋宁宗（1194—1224年在位）的待制兼侍讲一职，但短短两个月后就因政敌的指摘而被罢免。此后，整个道学被定为伪学，被指责为偏离了孔孟之学的原始教义的煽动性言论，而朱熹连同许多文人一起也被彻底清除出了朝廷。1199年，朱熹作为一名致仕官吏被恢复了荣誉性地位，但未担任一官半职，次年就撒手人寰了。

同诸多理学家一样，朱熹年轻时一度被佛教和道教吸引，但在未满三十岁之时就被二程的学说所捕获。朱熹更仆难数的著作中有对《四书》的集注，对周敦颐和张载著作的注疏，关于二程著作的合集，对《易经》的阐释，以及一部蕴含着他基于其哲学原则对历史事件进行评判的精简中国通史（即《资治通鉴纲目》）。这些著作中夹杂了对佛教和道教肆无忌惮的攻击。朱熹教导了大量门生，许多都出自他在江西省主持的白鹿洞书院。到了五十岁之时，朱熹已经是名满天下的学者了。

朱熹在世时，其理学观点以及其他理学家的观点不但未被普遍接纳，还遭到了许多保守派文人的反对，朱熹本人有时也会被痛陈为叛徒或是异端，有时甚至会被敌人要求判以死刑。但在死后，他的声望不断上升，到了南宋末年，朱熹对经典的注疏已经是科举考试中最常见的内容了。在元、明、清三朝，朱子学说被国家纳为唯一正统的注疏，以及教育和考试系统中的标准。因此，朱熹对中国后世思想的影响力可谓是空前绝后的。

浓缩朱熹思想的最著名作品是《近思录》，它篇幅短小，是朱熹在一位友人的协助下于1175—1176年辑成的。《近思录》近乎一部语录式著作，是学习理学主要原理的入门书籍，旨在为学习"四书"的初学者提供一块敲门砖。它无疑是整个晚期帝国时代东亚地区影响力最大的单本哲学著作，下文的选段十分典型，暗含了指向孔子的《论语》，以及《中庸》《易经》的内容，也给出了程朱理学对于其门徒在修身养性时所需的不懈努力的要求：

> 所以急于可欲者，求立吾心于不疑之地，然后若决江河以利吾往……故虽仲尼之才之美，然且敏以求之。今持不逮之资，而欲徐徐以听其自适，非所闻也。
>
> 明善为本，固执之乃立，扩充之则大，易视之则小，在人能弘之而已。
>
> 今且只将尊德性而道问学为心，日自求于问学者有所背否，于德性有所懈否。此义亦是博文约礼，下学上达。以此

警策一年，安得不长？每日须求多少为益。知所亡，改得少不善，此德性上之益；读书求义理，编书须理会有所归著，勿徒写过，又多识前言往行，此问学上益也。勿使有俄顷闲度，逐日似此，三年庶几有进。

陆王心学

尽管反智主义在南宋朝廷中大行其道，但却无力阻碍理智主义在这时蔚然成风。朱熹有许多反对者，并常与他们在白鹿洞书院或其他地方公开辩论。其中一位是来自浙江的实用主义者陈亮（1143—1194），他提倡施政时采用实用的行动主义，尽管自己仕途坎坷（曾三次入狱），直到逝世前一年才考取了进士功名。陈亮笃信物质现实是唯一存在的现实，有关太极的形而上的思索不实际且无用。朱熹的另外一名反对者陆九渊在后世有更大的哲学影响力，他的著作不多，对当时的思想潮流并未产生太大的影响力，但后来被尊为心学一派的鼻祖。

陆九渊（或陆象山）生于江西一户富庶人家，是家中六子之中的幼子。他在1172年考取进士，并接连担任了一系列官职。但比起政治生活，陆九渊更喜爱研习和授课。他认为朱熹在形而上的琐碎内容上耗费了太多精力，例如朱熹认为个人的理驻扎在他的本性之中，每个人的性都与他的心不同，而心又是认知和感情活动的中心。正是由于心的存在，理与气才会交融，从而受到气的污染。而陆九渊否认了其中的二元论，指出人的性和人的心实际上是同一种事物。此外，他认为人的心与人的理也是同样的东西。实际上，陆九渊甚至提出了个人之心包含了所有的理的观点，称"宇宙便是吾心，吾心即是宇宙"。所以，陆九渊坚持认为穷究理等事物是无用的，若要完成自我实现，个体只有通过修行或是通过内省去发现已然内嵌在个人心中的德性。

当南宋的朱熹理学和陆九渊心学以及其他理学分支正争斗不休之际，为女真人的金朝政权服务的汉人官员仍在遵循着传统的儒学理念，也就是以诚恳的个人品德和对公共职责的清醒意识为重心的儒学理念。早在南宋政权崩溃之前，保守的北方儒家就被纳入了蒙古人的管控之下，在后者征服了全中国后的早期阶段，他们成为唯一一群受尊重的儒家学者，尽管程度不值一提。理学在风雨飘摇、孱弱不堪的南宋末期被采纳为官方哲学。很显然，它也受到佛教和道教形而上学的污染。然而，朱熹的思想还是很早就传播到了北方，其汗牛充栋的著作无疑是难以忽略的学术成就。程朱理学很快在元朝书院中大行其道。

从元、明以及最终的清朝统治者的角度来看，程朱理学是一个吸引人且混合版本的儒学。它并不提倡极端的政治行动主义，但承认价值和权力的外在标准。它极度强调对以往观点和事例的冷静研究，以此来修身养性。总的来说，若不使用"保守"一词，那么"温和"似乎是更加合理的描述程朱理学的词汇。另外，理学也足够权威化，因此可以被专制的皇帝用作意识形态工具。与此相反，陆九渊的心学原理蕴含着固执己见的个人主义观点，同强调来世的佛教和反主流传统的道教有异曲同工之处。因此，基于当时对心学的全部了解，元朝和明朝早期的统治者认定心学并不诱人，甚至还是危险的旁支末流。于是，在统治者和文人的双重作用下，陆九渊的学说沉睡了数百年，而朱熹的学说却赢得了广泛的尊崇和官方的认可。

明朝前期的思想文化环境并不利于非正统的哲学探索。先是长时间的异族入侵，随后又是元朝末年间的内战，人们在军事、行政以及常规社会建设上需要耗费大量精力，追求墨守成规的实用性不再成问题。接着，在专制的明初皇帝所建立的统治模式下，保守的因循守旧思想应运而生。从明朝文人薛瑄（1389—1464）的表达中可以感知当时的保守主义："自考亭以还，斯道已大明，无烦著作，直须躬行耳。"

实用主义在明朝初年广为盛行，使那时文人的视线从程朱理学中的宇宙论玄学转移开来。加之当时的官场状况，许多敏感的人反而追求一种简单的田园式家庭生活，专注于自省和修身养性。陈献章（1428—1500）是明朝前半期最声名卓著的哲学家，生前就已经被尊为圣人，但他仍拒绝了唾手可得的荣誉，而是选择在遥远的家乡广东省终其一生进行研究和授业传道。陈献章以一种朴素的方式从方方面面挑战了朱子学说，他以彻底的自然主义角度去解读宇宙，强调了自然和静默的重要性，并常在室中静坐冥思。尽管陈献章并没有公开支持陆九渊的观点，但他的学说直接导致了由王阳明引领的心学学说的全面发展，而后者成了晚期理学思想家中最杰出的一位。

王阳明（又名王守仁，1472—1529）生于浙江省一个官宦之家，自幼便熟稔官场之中实用性至上的规则，例如政府以军事防御为首要任务。他于1499年考取进士，随后成为明朝这时期最杰出的官员，特别是在有效镇压盗匪和维持社会经济稳健方面。他曾担任兵部尚书，同时身兼左金都御史巡抚五省。王阳明的仕途在1506年一度中断，因失宠而被贬谪至西南的贵州省，与当地人杂居了三年。但这次谪迁不仅没有损坏反而提高了他的声望，因为在明武宗（1505—1521年在位）在位期间，横行霸道的宦官集团趁机专擅朝政，所以反对并冒犯这个宦官集团在当时是值得钦佩之事。王阳明不仅是一名成功且备受尊崇的官员，还是文采优雅的文学家，但使他留名青史的还是他富有创见的哲学思想。他域内，黄宗羲（1610—1695）痛陈专制制度，认为它是中国大多灾祸的根源。他抨击官员是一个个志得意满、不切实际、奴性十足的奴才，而非民众的服务者。黄宗羲提倡扩充科举考试的内容，新增经世致用的专业技能考核。自然，他也提倡建立一个更严格的基于在职表现的官员考核制度。与黄宗羲一样，王夫之（1619—1692）同样也抵制满人入主中原，并且终身自命为明朝遗民。他对所有非汉人的事物都流露出排外的厌恶，同时高度赞扬汉、唐、明这些在鼎盛时期宣称汉文化至高无上的朝代。此外，王夫之对于儒家热衷于美化过去的倾向嗤之以鼻，认为遥远的中国祖先不过是粗陋的蛮人，文化是逐渐进化而来的，制度必须要随境况而变。

以上观点颇有洞见，但也仅仅是在人们回顾时才有所发掘，这些清初的理论家对于当时的人们几乎没有影响力。总体来说，清朝的文人并未参与到思索性的哲学推衍中去，但在政治安全的前提下，他们在诸多的学术领域中还是有所建树的。

经学研究

注解经书基本上是伟大的理学思想家展示其哲学创新的途径。自宋至明，中国文人——不仅仅是文献学学者，还包括哲学家——在对经典的再三编辑和注释上花费了大量精力。比起《圣经》解经对基督教学者的吸引，经学对中国各路思想的吸纳程度要深广得多——它是每一位中国文人的嗜好，大多数经学研究还受接连的朝代政权资助。经学传统同样也受清朝皇帝支持，后者希望通过资助它来获得汉人的认可，因此经学传统一直得以延续到了20世纪。

清朝时期最卓著的学术运动是为了规避理学和心学注疏带来

的哲学偏见,以求重新发现经典的真实内容及当时的意图。人们转向了宋朝之前的文献学方法,特别是聚焦于汉朝的经学家,后者的学说也有偏颇,但至少能免于佛学的渗透。与宋明经学家相比,他们在时间上也更接近经典产生的年代,拥有一千多年的时间优势。因此,这一运动被称之为"汉学",它的贡献在于促进了文献学的细化,不仅仅是内部、文本的训诂,还有外部、历史的考据。部分明朝学者奠定了汉学的发展,其中16世纪学者梅鷟对《尚书》的部分内容进行了辨伪,陈第(1541—1617)则对《诗经》进行了前瞻性的音韵学研究。但直到清朝,真正有启发性的客观学术研究杰作才得以问世。

顾炎武(人称亭林先生,1613—1682)是早期汉学运动的巨擘,生于江苏省一个名门望族,在明朝末年以一名学者和小吏的身份赢得了一些声望,并投身南明抗清事业,终身拒绝仕清。他访遍全国河山,博览群书,在诸多领域中都留有论著。顾炎武在经学上的最突出贡献在于改进了陈第的音韵学研究方法,通过离析唐韵的方法来重构了汉字的古韵。

顾炎武之后还有一系列学者,其中哲学家戴震继承了顾炎武的方法,撰写了大量有关音韵学和语源学的著作,其成就是19世纪以前的西方无法比拟的。特别值得一提的还有顾炎武的朋友、江苏人阎若璩(1636—1704)。阎若璩进行了大量有关《大学》和《孟子》的历史考据工作,编纂了一部有关"四书"中地名的著作,意义深远。他还断定在过去的千年中被视作正本的古文《尚书》为伪作。1829年付梓的366卷清朝经学著作集合《皇清经解》是汉学运动的重要里程碑,包含了180多部独立著作。《皇清经解》由阮元(1764—1849)资助编纂而成,他同样来自江苏,是晚期帝国时代最杰出的学术捐资人,也是那时最显赫的官员之一。

回顾过去,清朝晚期最具影响力的经学学者或许是一名贫穷的湖北小镇教师,他并不为同辈人所熟识,但在20世纪被发现并被人们所钦慕。此人名叫崔述(号东壁,1740—1816),被视作史上最具洞察力的考据学家。无论是汉朝的经典注疏还是后朝的疏解,崔述皆持有怀疑态度,并聚焦于经典文本本身。在不知悉阎若璩的著作的情况下,崔述在《尚书》真伪的问题上得出了类似的结论。他还质疑《大学》《中庸》以及大量早期论著的作者究竟是谁,更重要的,他还指出了孔子生平和学说之中的可疑之处。崔述最受钦佩的著作是一部关于孔子的长篇传记,其中运用了内部和外部证据,剥去史实之外的夸张传说,重构了孔子作为人的古代圣贤的可信形象。

中西文化接触

自佛教从印度传入中国后,外部世界再也未能给予中国任何显著的文化刺激,直到16世纪中西间的接触才打破了这一境况。在漫长的时间中,唐朝的中国人通过与中东人的接触,逐渐熟知了摩尼教、伊斯兰教以及基督教的分支景教,一些小型犹太社群也迁至中国,其中最著名的莫过于开封的犹太社群。但这些外来的学说都未能进入宋朝知识分子的平日生活中。在蒙古占领中原期间,穆斯林天文学家改革了历法的计算方法,而这恰是皇家意识形态的核心内容。此外,其余穆斯林和景教团体逐渐与汉人混居。此时,罗马天主教教会第一次与中国发生了接触,派遣了方济各会士若望·孟高维诺(约1246—1328)前来北京做主教。另一些方济各会士后来也被派往位于福建的东南港口城市泉州(中世纪欧洲人口中的"刺桐城")建立一个主教辖区。在明朝,信奉伊斯兰教的维吾尔人一直在宫廷中担任钦天监正的职务,伊斯兰化的汉人(或是汉化的中亚穆斯林)大量定居在中国西部边境地区,犹太社群也一直在开封市繁衍生息,然而中国文化生活的主流却没有受这些变化的触动。

15世纪末,葡萄牙人开通了从非洲沿岸至印度的海上航路,此后,欧洲天主教廷得以持续在南亚和东亚进行传教。1552年,激进的耶稣会创始人圣方济各·沙勿略已经在日本建立了蓬勃发展的教会事业,但却在等待进入中国的途中,死在了中国南部沿海地区。到了16世纪50年代中期,葡萄牙商人获允在沿海的澳门拥有一个据点。1583年,身着教袍的耶稣会士恰是从澳门开始深入中国内陆进行福音传教。耶稣会士中的先锋利玛窦(1552—1610)很快认识到了穿汉服、循儒家文人礼仪以及与士大夫交往所带来的好处,他本人的毅力、学识和机敏也为其赢得了在北京居住的特权,并从1601年一直居住到1610年离世。利玛窦去世之际也恰逢世界宗教史上最奇怪的一个篇章——面对人口最多的国家,欧洲天主教会的传教面临着最严峻的挑战,他们不懈地向中国传教,但大部分努力都付之东流。

明末清初,天主教在中国的活动基本上都源于耶稣会士的努力,而这得益于三位敏锐、杰出的宗教领袖,一位是来自意大利的利玛窦,一位是来自德国的汤若望(1591—1666),另一位是比利时人南怀仁(1623—1688)。他们认为,只有适应儒家意识形态以及建立在其上的传统中国国家制度,天主教事业才能在中国有所进展。与此同时,他们利用快速发展的西方天文学赢得了中国朝廷的青睐,获得了在钦天监供职的机会。他们选择将祖先崇拜等儒家行为视作"民间仪式",也就是不妨碍皈依的非宗教行为。耶稣会士在这两个方面都饱受诟病,一个是"作为东方君主的宫廷占星师",另一个是容忍教会成员的异教徒行为。与耶稣会为敌的多明我会和方济各会指责前者的政策,发动了一场持久的"礼仪之争",在17世纪一举挫败了耶稣会士的努力,并导致他们在18世纪逐渐销声匿迹。罗马教廷接连颁布了一系列谕旨,并终于在1742年颁布裁决,规定中国人必须放弃祖先崇拜和其他相关礼仪后才能成为基督教徒。同时,清朝皇帝被外来势力试图定义中国人的行为恰当与否的做法激怒,对传教活动施加了更加苛刻的限制。到了18世纪中叶,耶稣会士在中国的努力最终付之东流,尽管耶稣会士及其他外国天主教士仍被允许在北京居住。

19世纪初,笃定的英美教会试图拾起天主教会未竟的事业,开始传播新教。整个19世纪,随着西方列强对清王朝独立性的日益侵蚀,新教传教士的活动不断扩张,天主教传教活动也得以恢复,但基督教活动从未显著影响到中国人。根据可靠的数据估算,皈依天主教的中国人从未超过一百万,其中几乎没有信徒彻底放弃了他们的传统信仰。

当然,这些西方传教士远不只是怪异学说的布道人,宏观来看,他们更是一个个文化载体。他们通过向中国介绍欧洲制造的巧妙工具而激发了中国人的好奇心,利玛窦时期就开始向中国引入钟表和望远镜。不仅如此,传教士还撰写了大量中文著作,并将大量西方著作翻译成中文,其内容不仅包括天主教神学,还包括世界地理和西方科学知识。在著书立传这方面,耶稣会士的成就尤为突出,因为他们都是接受过良好教育的全才,有时会因在特定领域拥有广博的知识而被选派前来中国,例如拥有天文学知识。于是,耶稣会士在中国文人内部颇受欢迎,明末清初的皇帝也尤为尊重他们。比起耶稣会的前驱们,19世纪前来中国的新教传教士没有那么渊博，他们选择了一条相对狭隘的以神学和福音传教的方式。他们没有留下太多非神学著作，即使有，学术价值也不突出，大多是为学校准备的基础性文本。因此，这些后来人并没有给中国文人留下太深刻的印象。

在华天主教发布的第一本中文著作是由罗明坚撰写的一本神学小册子，于1584年在广东印刻。利玛窦本人撰写了二十多部中文著作，既有关于数学、心理学的论著，也有神学册子。1602年，利玛窦刻印了一幅广受追捧的世界地图，十分机智地将中国放在了地图中央。17世纪，耶稣会士在印制中文典籍方面表现得尤为积极，至少刊印了369部著作或译著。此后，由于"礼仪之争"逐渐削弱并最终离析了耶稣会，耶稣会士的出版活动显著减少了。除了数学和心理学，他们的著作还向中国人介绍了如力学、水力学、医药学、解剖学、动物学、哲学、音韵学以及火器方面的西学。有关哲学、教育和政府的知识也没有被遗漏，一部分西方文学的中文译著得以问世，率先问世的是于1625年出版的《伊索寓言》。

我们不清楚在19世纪中叶以前，西学对中国文化生活的影响和渗透究竟有多大。清朝的主流研究和哲学并未直接反映出西方的影响或是中国人对西学的兴趣。甚至在19世纪早期，中国文人和官员基本上仍对西方一无所知；若要指出有什么区别，他们或许比17世纪的文人和官员更无知和漠然。

相反，关于中国的知识则以一种更有影响力的方式渗透到欧洲。时髦的罗马人对中国丝绸心驰神往，于是自汉朝起，有关遥远中国的谣言和传说就激发着欧洲人的兴致。在晚期帝国时代，欧洲人对中国的兴致有增无减。哥伦布是在试图寻找向西前往中国的航路的过程中意外发现了美洲。最迟在17世纪，亨利·哈德逊希望能够沿着哈德孙河向西北,找到一条前往中国的通道。到了这时,受过教育的欧洲人已经掌握了大量有关中国疆域、人口、政府、历史和文化的精准信息,尽管迟至19世纪还有一部分西方人坚持认为中国一定是以色列国失联的一支部落。

西方人撰写的有关中国的最著名书籍非马可·波罗的《马可·波罗游记》莫属。该书主要基于马可·波罗1275年到1292年在中国的见闻,在1298年由他在热那亚的监狱中口述,同在狱中的写手将其写成书。很快,该书就从原本的法文译为其他主要欧洲文字,现存一百多个版本的手稿。书中从蒙古征服者的角度,也是马可·波罗的主人和资助人的角度描述了中国,但字里行间充斥着敬畏和仰慕,以至于数百年来的欧洲人都视此书为颇具娱乐性的弥天大谎。据载,1324年,在马可·波罗弥留之际,其密友甚至恳求他能够收回他撒下的谎言,但却无功而返。

16世纪活跃于东亚的葡萄牙和西班牙人的书信、报告以及最终的著作,使有关中国的怀疑终于烟消云散。这一时期的主要著作是一部关于中国的通史和简介,由胡安·冈萨雷斯·德·门多萨以西班牙文撰写。门多萨是一名奥古斯丁会修士,从未踏上中国大陆,但在教皇的资助下将当时有关中国的资料清晰且生动地汇编成书。门多萨的书在1585年首次出版,随后多次重印,并被译作多种语言,成为全欧洲的标准参考文献。利玛窦内容翔实的游记则由他的同僚金尼阁(1577—1628)编辑,并于1615年在欧洲出版,书名为《利玛窦中国札记》。在随后影响深远的诸多天主教刊物中,有两部流传甚广,一为《耶稣会士中国书简集》(共二十六卷,出版于1780—1783年),二为《北京传教士关于中国历史、科学、艺术、风俗、习惯录》(共十七卷,出版于1777—1814年)。二者都包含了经由翻译的中国历史、哲学以及文学相关的内容，同时还有描述性文章。朱熹的删减版中国通史《资治通鉴纲目》由18世纪法国耶稣会士冯秉正（1669—1748）翻译并扩充出版（共十三卷，于1777—1785年间分别出版）。[1]

当传教士们带着他们的著作和译著返回欧洲时，贸易商人也满载着日益增多的中国商品回到了欧洲，其中包括茶叶和丝绸、瓷器和漆器、卷轴、屏风以及墙纸。到了18世纪早期，欧洲人大量生产、仿制中国风格的产品，其中的佼佼者有华托的风景画、齐本德尔家具以及肯特公爵的邱园。启蒙哲学家伏尔泰在中国发现了一个启发性的专制制度，其著名的话剧《中国孤儿》是向中国政治中道德至上的传统的致敬。德国的莱布尼茨和克里斯蒂安·沃尔夫高度赞扬中国的反军国主义作风，以及以社会和谐为目标的宗旨。在蓬巴杜夫人的侍医弗朗斯瓦·魁奈的引领下，重农学派的法国经济学家提出要效仿中国的财政制度。在上述以及其他来自中国的影响之下，孔子被尊为欧洲启蒙运动的先师圣人。

19世纪早期的两个主要变化导致了欧洲人对中国追捧的终结：一个是法国大革命，它宣告了西方专制主义的终结；另一个是新教中崛起的清教徒似的风气，这股风潮视中国为一个腐败的典型案例——文雅、宽容、反对穷兵黩武的故步自封的都市氛围。于是，在面对诸多中国特色时，西方人从前是敬仰并常伴有理想化，现在却转为了嘲讽和斥责。卫三畏的《中国总论》（1848）中反映了这一新思潮，而它也是20世纪以前最受欢迎的中国概述，特别是在英国和美国。作为一名美国新教传教士，卫三畏拥有比那时大多数作家都更客观、更渊博的中国知识，但书中还是对中

---

[1] 冯秉正的《中国通史》仅十二卷，由格鲁贤整理出版，所谓第十三卷为格鲁贤本人所撰。——编注

国社会和中国政府的道德腐化、整体落后报以居高临下、屈尊俯就的同情。

很不幸，伴随着西方对于中国评判标准的转变是17到19世纪中国生活在各个方面的颓弱不堪且停滞不前。进入20世纪，在面对积极扩张的西方列强所带来的挑战时，清廷手足无措，这不仅仅要归因于政治、军事以及技术落后，思想上的保守主义也是重要因素之一。

十四、文学与艺术

晚期帝国时代中国的文化生命力不仅体现在理学思想的蓬勃发展中，还见于同等活跃的文学与艺术。理学在文学领域中对应的是唐朝末年开启的新古典"古文运动"，它在 11 世纪达到了巅峰，在 20 世纪以前一直是文学界的主流。史书种类繁多，如经学研究一样，愈加地复杂。新涌现的藏书热使各类近乎于百科全书的鸿篇巨制得以刊印。不断扩大的文人阶层写下了数量庞大的传统体裁的诗歌，新的曲式也源源不断地问世。在这一时期内，作诗成为文人的日常活动，尽管鲜有诗人能够匹敌唐朝的诗歌巨匠，但能够作诗的熟手随处可见。大众娱乐在经历了数百年默默无闻后，随着宋朝城市、文化社会进程的加快而迅猛发展，集中体现在元明时期全面成熟的杂剧散曲和明清时期的短长篇小说。它们是晚期帝国时代的两个主要文学体裁。

在艺术领域，漆器、玉器制造这种雕刻艺术终于沦为手工活计，而制陶却达到了顶峰，如宋朝优雅的单色釉瓷器和明朝装饰繁复的五彩釉瓷器。至于水墨画，在宋画大师以及后朝的画家笔下，写意山水画已臻完美之境。在新兴的知识精英阶层的引领下，国家、社会和文化融为一体，一个人可以同时是政治家、学者和样样精通的文豪，也可以既以一名画家之身份闻名于世，又以一名经学家或哲学家之身份而青史留名，大多官员希望能够在以上领域中都有所建树。到了19世纪，如同理学思想一样，文学和艺术创造力也日益衰微，逐渐转变为模仿的保守主义，而这也是汉文化在帝国时代末期所普遍呈现的故步自封的部分体现。

文学

若以当代的眼光回溯，晚期帝国时代很容易被概括为戏曲和小说的时代，但这个概述无法准确地反映宋朝至清朝之间的文学气候。在问世后的数百年间，戏曲和小说并不受重视，中国文人甚至漠然地忽略这些新兴的艺术形式。当代的文学家通常视戏曲和小说为针对大众的产物，最多是无伤风雅的娱乐，最差也不过是伤风败俗的戏谑，但无论如何，在高洁且受过正当教育的人眼中，它们不值一提。简而言之，这与当代严肃戏剧家和小说家在电影和电视问世时的不屑一顾一模一样。晚期帝国时代备受尊崇的精英文人在处理公务和研究经学的余暇中，往往会致力于编纂史书和撰写传统体裁的古文和古诗。正是这些官员精英的意志主导了这一时期的文学界，而非戏曲家和小说家。

除此之外，晚期帝国的文人都是著作等身的作家，印刷术使他们的作品能够广泛流传、大量传世。在宋朝，稍有名望的普通人——甚至只是在地方上有些名望的人——都可以给自己著书立传，或让友人、后代代而为之。宋朝的这类传世文集多达数百，明清时期存世的文集则分别多达1500部和3000部。从这些文集中随意抽样就可以充分看出古代中国文学家令人惊愕的生产力和他们的多才多艺。江苏人钱谦益（1582—1664）作为明清之交典型的业余文学家，在1643年刊印了一部有着110卷的文集《牧斋初学集》，其中包括诗、序和题跋、传和谱牒、墓表和碑铭、祭文和哀辞、论、记、行状、书、奏疏以及笺和杂文。初版之后，文集又补遗了50卷的内容。编辑类似的文集并不需要大量的研究工作，而是以收集资料为主。以钱谦益为例，一部明朝诗歌的选集《列朝诗集》有81卷，一部毁于火的明朝的简史《明史稿》篇幅长达100卷，此外还有部分佛经的注疏。通常，一卷的篇幅不会少于20页纸，一卷诗通常多达100首独立的诗歌，由此可以看出这些文集的卷帙浩繁。

书面散文

　　唐朝末年，韩愈及其追随者试图进行改革，但呆板、优雅的骈文依然是宋初数十年间公文和书面写作的唯一体裁。韩愈所提倡的直白又简洁的古文最终能够胜出，这基本要归功于欧阳修（1007—1072）。作为中国历史上的文化巨匠，他力排众议，单枪匹马地极力推崇古文。欧阳修出身于江西省一个正在崛起的家族中的赤贫家庭，他本人生于中国西部的四川省，当时他的父亲在那里任职。后来，欧阳修的父亲早逝，虔诚的佛教徒母亲接过了抚养、教导欧阳修的责任。因家境贫寒而无力支付纸笔钱，欧阳修只得用芦草在地上写字以代替纸笔。欧阳修的仕途可谓坎坷，担任过卑微的地方知县，也担任过朝廷大员。壮年时，他已经被尊为当时最具影响力的文人了。

　　尽管主流的理学思想正在酝酿之中，但欧阳修并未被《易经》

以及基于《易经》的形而上的探索吸引，凸显了至上的人文主义和理性主义。整体而言，欧阳修既不是杰出的经学家，也不是狂热的政治改革家。他质疑古代《周礼》所描绘的制度的真实性，但同辈的王安石等乌托邦的改革派恰恰受到了《周礼》的启迪。欧阳修为人幽默，他温和地提倡通过对人和制度进行恰当改造以逐步实现社会和政治的进步。正是通过这种非激烈的方式，欧阳修成为11世纪理学精神的塑造者之一。他不知疲倦地研读《春秋》《左传》这类史书，谴责佛教和道教的渗透，号召中国人重新担起儒家规定的家庭、社会和为官的职责。同时，他还大力寻找、鼓励、资助并推举诚信之人。他的门生形形色色，其中有改革家范仲淹和王安石，也有反对王安石变法的两名领袖人物苏轼（号东坡居士，1037—1101）和苏辙（1039—1112）。欧阳修的传和记皆用古文写就，文字清晰有力，成为王安石、二苏以及大量文人竞相模仿的风格，在他去世时，其文风已被奉为文学作品的典范。尽管如此，骈文仍被用于某些官方文书的书写，并一直持续到帝国末期。晚期帝国时代的文人都接受过骈文训练，甚至有一部清朝的小说皆由骈文写就，被视作文学史上的杰作。

欧阳修、王安石以及二苏都被视作晚期帝国时代中传统意义上的散文大家。但后世每一代几乎都会涌现杰出的散文家，其作品至今仍广受喜爱。到了明清时期，文人通常会分门别派，一些人号称他们循法例如《左传》这种经典著作，另一些则号称他们依循了韩愈和欧阳修的风格，也有人效仿一些更后世的文人的文风。宋朝之后的文体学家中，最值得一提的是来自苏州的归有光（1507—1571），其文章和传记文学在抒发温柔、平白的情绪和感情时充满了诗意。到了19世纪，最初由方苞（1668—1749）和姚鼐（1732—1815）创立的保守的桐城派主导了散文风格，其名称源于他们安徽的家乡桐城。较为博学的文人则认为桐城派的文章流于形式，缺乏实质。

晚期帝国时代的史学作品因卷帙浩繁且形式多样而备受瞩目。朝廷继续资助断代史的编纂，其体裁也延续了司马迁和班固的模式。明清两朝还编有《实录》，为近代学者提供了早期朝代缺失的内容翔实的官方记录。所有朝代的中央政府都发布了不计其数的《会要》或《会典》、诏令集合以及许多其他种类的珍贵文献资料。在这一点上，同时代的其他文明几乎无法与中国比肩。

除了官方资助编史外，还有形式更加多样的私修史书。这些文人重新编修早期朝代的行政法规，撰写私人断代史以及有关制度、纪元和事件的专史。欧阳修是《新唐史》的合著者以及《五代史》的独立作者，但晚期帝国时代公认最杰出的史学家是司马光。他是自司马迁以来最具影响力的史学家，又恰巧是改革派王安石的有力政敌。在王安石的新政被废除后，司马光成为宰相，但1070年，由于受改革派排挤，司马光离京隐居，开始了长达十五年的编史历程，写就了世界历史中结构最精良、内容最系统的一部史书。这部史书以时间为纲，简明扼要地叙述了从前403年到960年宋朝建立为止这期间的史实。这部名为《资治通鉴》的史书在1084年上呈给皇帝，它开创了编史的新体例，拓宽了引用资料的来源，引入了一套以复杂、公正为特征的方法。《资治通鉴》还附有订正真伪的《资治通鉴考异》，书中列举了相悖的材料，并通过编纂考据为正文提供了一个结论。后世的人们编纂了一系列后续的史书，其中较为著名的是南宋哲学家朱熹及其弟子编写的《资治通鉴纲目》，书中为每一个时期加上了概述性的"标题"，以便读者快速阅读。

袁枢（1131—1205）创立了一个新的编史体例，即"纪事本末"，将司马光以时间为序的内容重新按照主题编成篇章，是古代中国史学体例中最接近近代西方史学家偏爱的体例。袁枢之后，后世的文人沿袭了他的做法，按照主题来编排几乎所有断代史的内容。

欧阳修高度理性的修史方法产出了或多或少抽象的、阐释性的著作，与此相反，司马光则注重采集史实。因此，《资治通鉴》成为一部以时间为序、着重记叙历史事件的纲要，时至今日，中国人仍乐于阅读《资治通鉴》。下文的选段虽短小但典型，彰显了司马光重史实的风格，也反映了晚期帝国的士大夫认为能够以史为鉴的最佳主题内容。

（628年的一日，时值唐太宗登基不久）戊子，上谓侍臣曰："朕观《隋炀帝集》，文辞奥博，亦知是尧、舜而非桀、纣，然行事何其反也！"

魏征对曰："人君虽圣哲，犹当虚己以受人，故智者献其谋，勇者竭其力。炀帝恃其俊才，骄矜自用，故口诵尧、舜之言而身为桀、纣之行，曾不自知，以至覆亡也。"

上曰："前事不远，吾属之师也！"

（756年，士大夫张巡以及他带领的一小支唐军在河南雍丘被围，围城的是叛军安禄山下属的变节将军令狐潮。时值相守四十日）中城矢尽，巡缚稿为人千余，被以黑衣，夜缒城下，潮兵争射之，久乃知其稿人；得矢数十万。其后复夜缒人，贼笑不设备。乃以死士五百斫潮营，潮军大乱，焚垒而遁，追奔十余里。潮惭，益兵围之。

巡使郎将雷万春于城上，与潮相闻，语未绝，贼弩射之，面中六矢而不动。潮疑其木人,使谍问之,乃大惊,遥谓巡曰:"向见雷将军,方知足下军令矣,然其如天道何?"巡谓之曰:"君未识人伦,焉知天道!"

未几,出战,擒贼将十四人,斩首百余级。贼乃夜遁,收兵入陈留,不敢复出。

明清鼎革激发了人们对于剖析近期历史的异乎寻常的热情,明遗民既希望借此来揭示明朝崩溃的原因,也借此缅怀拥戴前朝的英烈。若干卓著的史学家由此涌现,其中最杰出的莫过于在上一章提及的政治理论家黄宗羲,其最著名的著作《明儒学案》是一部先锋、不朽的明朝思想史。

晚期帝国时代的文人在史学研究上的另一大贡献是开启了名为"笔记"或"随笔"的文体,它是一个收集了有关各类话题,通常是历史类的散乱杂记的文集。笔记中还包含有关社会史和政治史的极为珍贵的资料,许多内容令后世的中国人百读不厌。笔记中最久负盛名的有洪迈(1123—1202)的《容斋随笔》和清初汉学运动的发起者顾炎武所作的《日知录》。

自宋朝以降,地方史书如雨后春笋般涌现,其中两部极为珍贵的著作记叙了宋朝都城繁荣的城市景象,其一是孟元老的《东京梦华录》(其序载成书日期为1147年),是中国北方被金人攻陷后对开封的怀旧式记录;另一部是吴自牧的《梦粱录》,类似于前者,这也是在南宋即将陷落于蒙古人之际对于杭州市的缅怀。地方研究中更常见的体裁是地方志,记载关于一县、一州乃至一省的历史和地理,架构通常类似于断代史。自南宋时期起,文人开始规律性地记录方志,约有两百部传世。明朝时期,编纂地方志的进程明显加快,约有一千部存世。到了清朝,编纂方志成为独立学者和国家机构的常务，超过五千部清朝方志留存后世。清朝学者章学诚极大地促进了方志的发展，在他的努力下，方志的功用性质更加严肃，编纂方法也更系统化。总体而言，中国地方志是世界上最杰出的基础史料宝藏之一，对于研究社会经济史尤为珍贵。

诸多百科全书式的类书同样也是晚期帝国时代学者的贡献之一。由唐朝杜佑撰写的《通典》是一部体例完备的政书。此书之后有郑樵的《通志》，以断代史的体例雄心勃勃地在一部作品中囊括了整个中国史，从广泛意义上来讲，其中的专题被视作制度史的最佳概述。再之后有宋元之际的史学家马端临编纂的《文献通考》，比起《通典》，它是一部取材更广博的制度史。后世学者以这三部著作为原型，继续进行类似的典章制度史的编纂工作，一直延续到了清朝。这一系列史书被统称为"十通"。同时，其他类型的百科全书式著作也大量涌现，其中出类拔萃的几部罗列如下：

官修书籍《太平御览》（983）：摘录了皇帝需知悉的相关史实和事件。

官修书籍《太平广记》（978）：收录了不适录入《太平御览》中的一些虚构或"非正统"的史料。

官修书籍《册府元龟》（1013）：记录了历代著名君臣生平事迹。

王应麟（1223—1296）的《玉海》：科举考生应该知道的材料。

李时珍（1518—1593）的《本草纲目》：收录了中国传统医药学知识的一部药物学著作。

王圻（1565年进士）的《三才图会》：收录了日常器用、活动、鸟兽、草木以及技艺的插图类书。

徐光启（1562—1633）的《农政全书》：描述了农学和农耕技术的史书。徐光启是明朝末年最著名的中国天主教皈依者。

晚明茅元仪的《武备志》：关于各类武器装备的插图类书。

晚明宋应星的《天工开物》：关于应用科学，特别是关于工业技术的插图类书。

官修书籍《皇明经世文编》（1638）：集合了关于政府管理的实际先例的总集。

官修书籍《古今图书集成》（1725）：收录了所有重要、题材有用的文本、数据、绘图、舆图、图标和图表的类书。它无疑是古今中外规模最大的一部类书，篇幅长达一万卷。

晚期帝国时代的人们对于编纂总集的狂热还体现在总集的汇编上，即把独立的著作汇编为统一格式的丛书。丛书是对原先的著作进行重新刊印，例如某一藏书阁中的全部珍本，或是涉及某一主题的重要著录，抑或某一时期或地区的作家的重要著作。明清时期刊印了近三千部大大小小的丛书，若非如此，其中许多内容必已佚失。在这些编纂工作中，两个官方资助的工程规模浩大，共有数千余学者参与到了对当时所有存世的重要文献的翻印过程中。1407年编纂的《永乐大典》是其一，全书有两万两千多卷，近一万两千册。在面对如此浩繁的工程时，连雄心勃勃的永乐皇帝都退缩了，以至于并未刊印《永乐大典》的副本，只留有初版。1560年，两套副本抄写完成，但一系列灾祸损毁了全部三套《永乐大典》，现存已知的只有不及四百卷的内容。

辑录重要文献的第二个工程始于1770年，成书的《四库全书》是晚期帝国时代另一套杰出的丛书。"四库"或"四类"是指经、史、子、集四类作品。最终，共有七部《四库全书》问世，一部约三万六千册，其中一些保存至今。《四库全书》的副产品是编纂者汇编的一部包含一万余册图书的珍贵的图书目录，对于古时治学严谨的学生们来说，它是一部有用的参考书目。然而，清朝编纂总集有着双重目的，一是保存重要文献，二是销毁对满族人甚至对他们的游牧先祖不利的古代著作，因此这项工程的名誉也一再受损。《四库全书》也标志着清朝文字狱的顶峰，在编纂的过程中，约三千部作品遭到删改，约两千五百部著作被彻底烧毁，大多数禁毁书籍都是明朝作者所作。

诗歌

晚期帝国时代的诗作车载斗量，但质量却不尽如人意，部分原因在于他们和后朝的文艺评论家皆视唐诗为望而却步的顶峰。宋朝和后来的诗人常常模仿他们伟大的先人，或至少是有意地把新的话题套用在早期的诗歌手法和典故中去，大多数作品不过是教条的习作，因此也就乏善可陈。另外，日益扩大的文人阶层孜孜不倦地创造出大量诗作，一代人的作品在很大程度上都不可避免地被彻底遗忘了。当代研究逐渐表明，每一个时代其实都有大量精美诗作。

对于晚期帝国时代的诗歌，我们可以归纳出如下几条宽泛但稳妥的概括：一是诗人创作的主题比以前要更广了，他们更加注重对象及生活的细微之处，诗歌也因而不再简洁、含蓄，而是更加直白、散漫。诗歌旨在表达思想和抒发情感，其中哲理诗、咏物诗和叙事诗数量众多。正如我们在第九章中提及的，这些趋势在宋朝之前已初见端倪，只不过到了晚期帝国时代更加普遍，相较之下，早期诗歌也就不那么显著了。此外，理学运动逐渐削弱了消极避世的佛教和道教，诗歌因此也变得更乐观向上，早期帝国时代的诗歌中无处不在的离愁别绪渐渐消散了。

被称作"诗"的传统诗歌体裁依旧是晚期朝代的标准诗歌形式，它们通常由五字或七字的诗句组成一节。遵循平仄格律的律诗——两个诗节的常规格式，以及一个诗节的绝句——与更加松散的古体诗一同广受欢迎。这几种诗最终都由主情变为了主知。人们明确地认为"诗"是唯一"严肃的"、值得尊敬的诗歌形式，不再在诗中过多地抒发情感，也不再过多地将其收录到文集之中。辞藻华丽的"赋"成为唯一的例外，文学家借"赋"来展示他们的才华，正如骈文的功用一样。

"词"是在唐朝末年发展起来的一种歌体诗，句子和段落长短不一，但同样也要遵循严格的格律，严格程度一点也不亚于律诗。10—11世纪，虽然配合词来演奏的乐曲曲调已然佚失，但词的发展还是达到了顶峰。此后，人们继续写词，但就像诗一样，词的内容已全然与乐曲无关了。蒙古统治期间，随着新乐器和曲调从中亚传入，音乐风格也随之一新。为了适应新的乐曲，另一种歌体诗出现，名为"曲"或称"散曲"。曲的韵律没有词的那么严格，包含了更多口语词汇，成为抒发情感的最普遍形式，内容也多涉及情色。曲的发展历史与戏剧息息相关（参见下一部分），在整个晚期帝国时代，词和曲是文人间最具影响力的诗歌体裁。

在晚期帝国时代诸多声名卓著的诗人中，李煜（又称李后主，937—978）的生平和诗词都独树一帜。李煜是位于南京的南唐政权的皇帝，975年，南唐被宋朝吞并，李煜被俘往开封，作为"国宾"一直待到978年去世，并且显然死于下毒。他撰写了大量高度个人化的抒情词，早年间的词反映了南京宫廷生活的绮丽柔靡，晚期诗词则抒发了被俘期间的哀婉凄凉,最负盛名。下文是李煜的一首极受欢迎的词,既凸显了其韵律上的长短不一,又反映了其格律:

虞美人

春花秋月何时了,往事知多少?小楼昨夜又东风,故国不堪回首月明中!

雕栏玉砌应犹在,只是朱颜改。问君能有几多愁?恰似一江春水向东流。

以下两首同样著名的哀歌也来自李煜,均以词的形式写就:

浪淘沙令

帘外雨潺潺,春意阑珊,罗衾不耐五更寒。梦里不知身是客,一晌贪欢。

独自莫凭栏,无限江山,别时容易见时难。流水落花春去也,天上人间。

清平乐

别来春半,触目柔肠断。
砌下落梅如雪乱,拂了一身还满。
雁来音信无凭,路遥归梦难成。
离恨恰如春草,更行更远还生。

欧阳修最著名的门生苏轼,同欧阳修一样才华横溢,仕途也同样坎坷。但与欧阳修那种极端理性主义的文人不同,苏轼是唯美主义者——或许是中国历史上最身显名扬的唯美主义者。苏轼最显赫的身份并非学者或哲学家,他擅长书写各种体裁的文学作品,被视作继承了陶潜和李白的反正统精神的天才诗人。苏轼的律诗和古体诗同样精妙,也被视作中国最杰出的词人。苏轼的赋既清新洒脱又宏伟壮丽,是汉朝以来难得一见的绝品。此外,他还被尊为一等的画家和书法家,为山水画撰写山水诗并将其题在画上的传统在苏轼的推广下成为后世的普遍做法。同辈人也视其为鉴赏墨、酒和美食的权威。他还设计了水利设施,使杭州西湖成为中国最美的景点之一。此外,苏轼还练习瑜伽和炼丹。后世的中国人常被苏轼的乐观和人文精神打动,奉他为唐代以后最杰出的诗人。通过以下几首苏轼的诗词,我们或许能够领会其中的缘由:

临江仙·夜归临皋

夜饮东坡醒复醉,归来仿佛三更。家童鼻息已雷鸣。敲门都不应,倚杖听江声。

长恨此身非我有,何时忘却营营?夜阑风静縠纹平。小舟从此逝,江海寄余生。

东坡 其一

良农惜地力,幸此十年荒。
桑柘未及成,一麦庶可望。
投种未逾月,覆块已苍苍。
农父告我言,勿使苗叶昌。
君欲富饼饵,要须纵牛羊。
再拜谢苦言,得饱不敢忘。

吉祥寺赏牡丹

人老簪花不自羞,花应羞上老人头。
醉归扶路人应笑,十里珠帘半上钩。

过旧游

前生我已到杭州,到处长如到旧游。
更欲洞霄为隐吏,一庵闲地且相留。

轩窗

东邻多白杨,夜作雨声急。
窗下独无眠,秋虫见灯入。

除夜直都厅

除夜,直都厅,囚系皆满,日暮不得返舍,因题一诗于壁。

除日当早归,官事乃见留。
执笔对之泣,哀此系中囚。
小人营糇粮,堕网不知羞。
我亦恋薄禄,因循失归休。
不须论贤愚,均是为食谋。
谁能暂纵遣,闵默愧前修。

新城道中 二首

东风知我欲山行,吹断檐间积雨声。
岭上晴云披絮帽,树头初日挂铜钲。
野桃含笑竹篱短,溪柳自摇沙水清。

西崦人家应最乐，煮芹烧笋饷春耕。

身世悠悠我此行，溪边委辔听溪声。
散材畏见搜林斧，疲马思闻卷旆钲。
细雨足时茶户喜，乱山深处长官清。
人间歧路知多少，试向桑田问耦耕。

读孟郊诗　其一
夜读孟郊诗，细字如牛毛。
寒灯照昏花，佳处时一遭。
孤芳擢荒秽，苦语余诗骚。
水清石凿凿，湍激不受篙。
初如食小鱼，所得不偿劳，
又似煮彭越，竟日嚼空螯。
要当斗僧清，未足当韩豪。
人生如朝露，日夜火消膏。
何苦将两耳，听此寒虫号。
不如且置之，饮我玉色醪。

南宋诗人中，浙江出身的陆游（1125—1210）因其爱国诗人的身份在中国文化长河中别具一格。陆游饱含情感的诗篇与晚期帝国时代诗歌中普遍的沉静恬淡迥然不同，他为了鼓舞南宋国人向北驱逐女真人而写下了大量警世诗篇。但陆游不仅仅是一位爱国诗人，与晚期帝国时代的文学家一样，他热爱观察日常事物并写了各种各样的应景诗。他也是一位多产诗人，一共写了九千余首诗作。陆游最著名的诗作，同时也是他生前最后几首诗之一，反映了毕生的爱国热忱：

示儿
死去元知万事空，但悲不见九州同。
王师北定中原日，家祭无忘告乃翁。

陆游空有一腔爱国抱负，其苦闷亦可见下文的几首诗词：

龙兴寺吊少陵先生寓居
中原草草失承平，戎火胡尘到两京。
扈跸老臣身万里，天寒来此听江声！

鹊桥仙
华灯纵博，雕鞍驰射，谁记当年豪举。酒徒一半取封侯，独去作、江边渔父。

轻舟八尺，低篷三扇，占断蘋洲烟雨。镜湖元自属闲人，又何必、君恩赐与。

下文从晚期帝国时代不胜枚举的杰出诗人中，选取几名诗人的数首作品，诗作的代表性或许并不突出，但他们的作者却都名噪一时。第一位是北方学者刘因（1249—1293），曾拒绝进入忽必烈一朝任职。诗中因袭了孟子学说，认为要实现良序社会，首先需要一个合适的天子：

杂诗
岩居访高道，少日在风尘。

回首话前事，低眉厌此身。
江山资寇盗，田畎化荆榛。
领取天伦重，无君愁煞人。

下一首为苏州文学家高启（1336—1374）所写的组诗中的一首。高启不愿应诏入明朝政府为官，很快就被以莫须有的忤逆之罪诛杀。

秋怀 之一
坐久体不适，卷书出柴关。
临流偶西望，正见秦余山。
野净寒木疏，川长暝禽还。
此中忽有得，怡然散襟颜。
遂同樵牧归，歌笑落日间。

下文的应景诗由著名官员、史学家王世贞（1526—1590）所作，他引领了明朝二十载的文学和治学风尚：

送妻弟魏生还里
阿姊扶床泣，诸甥绕膝啼。
平安只两字，莫惜过江题。

最后一首诗作是来自查慎行（1650—1727）的作品，他是一名方志和诗集的编修者，同时也是康熙的宫廷御用文人。

雨中独直南书房

宵宵九重关，沈沈万寿山。

雨来声更静，天上坐能闲。

寓意同休沐，浮踪信往还。

御沟新涨急，归及听潺潺。

戏曲

中国古代戏曲娱乐中最主要的形式是一类特殊的戏剧，或称轻歌剧，即以哑剧、舞蹈或是杂技配合着念白、唱腔或身段。戏曲情节通常源于传统说书人的戏目，情节发展无不极度夸张，即使已经朝着最凄惨的方向发展，但结尾还是能够峰回路转——即便不总是一般意义上的完美结局，也会是邪不压正的满意结果。它们显示了晚期帝国时代士大夫精英阶层的价值观，例如总是强调考取功名是人生最重大的目标，也是通往成功和幸福的关键。

中国的戏班子通常都流动性很强，能随时转移到人群集聚地或市集、庙会上，他们随身并不携带大量复杂的布景和道具，因而转移的负担不大。在一出戏中，演员在所有观众的注视下表演，用寻常桌椅来指代哪怕是最华丽的道具，用约定俗成的肢体动作表示上马、下马、乘船以及在简易舞台上不能写实地呈现的活动。某种程度上是为了弥补舞台的简陋，男女演员身穿极度华丽的行头并扮以夸张的妆容；扮相有几种常见的类型，每一类型还下分几个子类型，这些约定俗成的扮相通常也是帮助观众们去识别角色的。此外，主角通常会在第一次亮相时进行自我介绍，演出的独白或旁白则会交代他们的个人感受和行为动机。

戏曲歌唱通常都由一小支乐队伴奏，它由弦乐和打击乐器组成，有时在台上，有时在侧台。唱腔通常与戏剧情节关系不大，它只能加强或夸大演员们的感情表达，特别是在一些戏剧化的时刻。但唱段通常被视作戏曲中最精妙的感性要素，特别是在清朝后半期，女性被禁止公开登台后，反串演员的唱段备受欢迎。

由以上要素构成的戏曲是晚期帝国时代的又一文化创新。在13世纪上半叶蒙古入侵中原之际，戏曲初见雏形。自此之后，其形制变化极小。元朝戏曲是中国戏曲中公认的经典，名叫"杂剧"。它是在两个先前的艺术形式——杂耍和诸宫调——上发展起来的。其中，杂剧源于北宋勾栏瓦舍中颇受欢迎的杂耍表演，其唱腔的音乐元素则源于诸宫调。诸宫调是调性和曲式相同的若干套曲子轮递歌唱的艺术形式，从金代开始流行。这种形式能上溯至更早的时候，在11世纪时，诸宫调是在歌妓出没的茶寮或是行院中表演的说唱艺术，念白哀婉、浪漫，间杂情色歌曲。至于二者在何时、又由何人融为了杂剧，我们不得而知，但到了13世纪中叶，元杂剧已然在北京等北方城市大行其道了。

与此同时，在南方，早期的宋杂剧逐渐演变为叫作南戏的另一种戏曲形式。元杂剧的结构通常是一本四折，有着严格的宫调，无论什么剧目都由一个主角完成；而南戏则长短不一，音乐形式也更加灵活自由。南戏的曲目并不成套出现，除独唱外还有对唱和同唱，有唱段的角色与不开嗓的角色之间并没有区分。

杂剧与南戏这两种戏曲形式齐头并进走入明朝时期，剧本都由专业的剧作家和文人出身的戏曲爱好者完成。南戏，也就是明朝时期人们口中的"传奇"（同样也指短篇文言小说，字面含义是神奇的传说）逐渐超越了杂剧，成为主流，但音乐形式的区域差异依旧广泛存在。到了16世纪早期，在一位来自苏州昆山地区的戏曲家的推广下，一种尤为绵软、悦耳的唱腔开始广受欢迎，即"昆曲"（或称昆山腔）。昆曲很快成为全国上下传奇表演中的主流唱腔,并一直延续到了 19 世纪。在太平天国战乱席卷江南地区,也就是昆曲的大本营之后,区域性差异再度显现。到了 19 世纪末,尽管区域性差异依旧存在,但在北京,一个融合了不同地区元素的戏曲初现端倪,它混合了杂剧和传奇的要素,成为现在驰名中外的京剧,中国人也称之为"京戏"(意为"京城的戏曲")。

《西厢记》是中国最著名的戏曲曲目,由北京人王实甫在 13 世纪撰成,或许元朝最知名的剧作家关汉卿亦有贡献。《西厢记》并非一部典型的杂剧,它共有五本,一本四折。其情节源于唐代文学家元稹(779—831)的著名传奇小说,此后又经历了无数说书人和剧作家的改编。简要来讲,它讲述了青年书生张君瑞与崔莺莺之间的爱情故事。在赶考途中,张生在一间乡野寺庙中休息,偶遇了崔莺莺以及与她同行歇脚的野心勃勃的跋扈寡母。多亏了莺莺淘气的侍女,崔张二人才得以终成眷属。但突然间,寺庙被盗匪所围,盗匪首领要抢莺莺为压寨夫人。慌乱之中,崔母声言,无论是何人,只要能够击退叛军,就可以迎娶莺莺。张生并没有去当英雄逞能,而是通过写信向一位太守求助挽救了局势。太守被他文采折服,派官兵打退了盗匪。但崔母傲慢地拒绝了张生迎娶莺莺的要求,理由是张生是一介草民。在张生考取状元后,崔母倍感荣耀,于是欣然将莺莺嫁与了这位乘龙快婿。

《牡丹亭》是明朝著名文学家汤显祖(1550—1616)撰写的一部五十五出的昆曲,也许是中国最著名的传奇故事。据载,在《牡丹亭》首次上映时,至少有两名女性因其美丽的哀愁,悲伤过度而亡。戏中的女主角杜丽娘是一名南宋太守之女,在梦中偶遇了一名书生并与之相爱。之后,她在花园中为梦中情人藏了一张自画像,但还是因为思念过度而早早身亡。杜丽娘的父亲随后被调任前线,在这期间,前往杭州赶考的书生柳梦梅获允在杜府停留养病。柳梦梅发现了丽娘藏在花园的小像,并爱上了画中的丽娘。杜丽娘在梦中造访柳梦梅,并认出了柳梦梅就是她的梦中情人,遂告知他开启自己棺椁的方法。开棺之后,大家发现,丽娘不仅还活着,并且还美丽动人。柳杜二人完婚之后,一起动身前往杭州。在揭榜之前,丽娘让柳梦梅前去寻找据称被金人骑兵围困的杜父。杜父谴责柳梦梅盗墓,要对他施以可怕的鞭笞之刑。但因为荣登状元,柳梦梅免于灾祸,误会终于得以化解,一切尽得圆满。

小说

唐末士大夫撰写的许多传奇小说都被宋明文人收录在文集之中,但后者却很少写传奇,大概是因为这类体裁对于理学家来说不足为道。但传奇小说的传统并未彻底消亡,奇人蒲松龄(1640—1715)的一部杰作标志着这一传统在清朝达到了顶峰。蒲松龄显然没有受制于经学研究,甚至都未能通过乡试。他对鬼怪故事以及类似的题材很感兴趣,毕生都致力于采集和编写这种故事。蒲松龄的一些传奇以手抄本的形式广为流传,但它们的文学风格并不能打动主要出版有着巨大读者群体的通俗小说的书商。他终身贫困,以至于不得不自费进行印制。1740年,蒲松龄的一名孙辈最终将祖父的传奇故事集付梓,并命名为《聊斋志异》,而它很快成为一本广受喜爱的经典——在故事趣味上不亚于甚至超过了唐代传奇故事,而且呈现了极度优雅简洁的文学散文风格。故事通常是关于一名实诚的书生被伪装成少女的狐仙所惑,陷入危险、丢人或是毁灭性的境地。

对于史学家来说,在晚期帝国时代的文学领域,宋朝以来的长短篇通俗小说,或称白话小说的逐步发展意义更加重大。显然,成熟的白话小说是口语传统的书面形式,即使在彻底原创的作品中,也总是会有旁白的声音穿插其中,通常在一章末尾未完成的情节之后总会加以作者的一句话,例如"欲知后事如何,请听下回分解"。因此,读者常常会感觉自己在听说书,说书人就是以这种方式吸引听众隔日再次惠顾,从而赚取几个小钱。

宋、元和明朝早期,白话小说的唯一书面形式是"话本",由杭州的说书人商会刊印。直到16世纪下半叶,话本传统才演变为面对广大中产阶级的成熟的短篇白话小说。白话小说包含背景设置在宋朝的宋朝传奇,还包括历史事件和早期传说的演义,另外还有关于当代生活的新鲜故事,写实地描绘了16世纪大量的平凡百姓。许多晚明小说则极度色情、淫秽。

在富有名望的文学家眼中,白话小说是与其身份不符的体裁,不愿参与其中。另外,白话小说的内容严重冒犯了国家拥护、有识阶层奋力彰显的道德观。综合以上原因,短篇白话小说的作者要不匿名,要不就采用古怪的笔名以藏匿真实身份。但苏州人冯梦龙(1574—1646)的出现还是标志着白话小说运动达到了其创造性和艺术性的顶峰,尽管他使用过大量笔名,但还是广为人知。与同行蒲松龄相同,冯梦龙的科举之路颇为坎坷。他不仅采集、编辑现存的故事,还撰写新故事。1620年,冯梦龙刊印了三部文集,很快成为畅销书。被统称为"三言"的三部文集包含了一百二十个故事。另外一名仕途受挫的作者是来自浙江的凌濛初(1580—1644),在短时间内刊印了两部能够与"三言"并肩的文集,其中几乎都是原创故事。之后,一位雄心勃勃的书商摘选了冯梦龙和凌濛初四十篇最好的故事,以《古今奇观》为书名出版。这部选集的问世导致其前身被人们遗忘,它成了直至今日仍堪称最经典的短篇白话小说文集。另外的明朝故事,包括那些极度色情的内容,都被清朝政府强力废止了,若不是日本藏有这些故事的抄本,它们早就彻底失传了。20世纪的中国人在日本重新发现了他们文学史上这一块几乎被遗忘的遗产。

同样在明朝时期,长篇白话小说开始出现,使中国成为现代之前、欧洲之外唯一一个有长篇小说传统的国家。有六部长篇小说成为这一体裁的模范和经典。

《三国演义》是所有白话长篇经典中口语化程度最低、虚构成分最少的一部。它生动、戏剧地再现了发生在184—280年的一段政治、军事史,文字洗练,带有强烈的白话影响,特别集中体现在其对话的内容中。小说将东汉末年的军事独裁者曹操描绘为残忍、奸诈、多疑的坏人,将刘备及其位于四川蜀国的追随者塑造成守护着终将逝去、高度文明的汉朝传统的光辉形象。刘备的军师诸葛亮特别被理想化为一个忠君、机智的策略家和政治家。故事中的大多数角色都十分写实,成为晚期帝国时代和20世纪中国人耳熟能详的人物,就像伟大的莎士比亚戏剧中的角色之于英国人一样。来自山西,在元明之交迁至杭州的罗贯中(1330?—1400?)通常被视作当下版本的《三国演义》的作者。据载,他还写了其他小说和戏曲。《三国演义》于1522年首次刊印,到了明朝末年已经有了二十多个版本。

《水浒传》全部用白话写就,一些专家认为其作者是罗贯中,另一些则认为其作者是元末的施耐庵,我们对后者一无所知。《水浒传》散漫地记述了108名绿林——其中36人是主要角色——如何触怒官府,又如何奔赴位于山东省、四面都是沼泽的梁山。故事发生在12世纪初,正值北宋政权摇摇欲坠之际。《水浒传》全面反映了各种社会基层的生活景象,其语言粗鄙,多残暴内容,但书中却给了无赖、恶霸、流氓以同情,因为他们是腐朽的社会秩序的对立面，是腐败官员的敌人。为首的盗匪名叫宋江，历史上确有其人，在他松散的领导下，这伙盗匪的冒险行为时而暴力、时而有趣。这伙人通常有一种类似于罗宾汉的精神，旨在惩恶扬善、匡扶正义。《水浒传》无疑是古代中国最受欢迎的长篇小说，最早的版本于 1540 年刊印，共一百卷，包含了一个冗长的结局，叙述了这群盗匪最终如何作鸟兽散且不得善终。另外一个七十卷的版本在 1641 年问世，以一个梦代替了原先的结局，梦中预示了梁山好汉的四散和毁灭性结局，其余内容保持不变。

《西游记》是一部梦幻、寓言式的讽刺小说，记叙了玄奘在 7 世纪前往印度寻找新佛经的朝圣之旅。作者被托为未能考取功名的读书人吴承恩（1506？—1582？），他毕生都游走在南京社会、政治精英圈子的边缘。《西游记》于 1592 年首次刊印，虽然又名《佛僧朝圣传》，但宗旨全然在于娱乐。故事讲述了一位常受到威胁的得道高僧从大唐前往印度，期间有一系列全然超现实的常常令人捧腹的历险经历。与玄奘相伴而行的有胆小、好色的猪八戒和淘气、法力无边的孙悟空。孙悟空是书中真正的英雄，它狂妄自大、爱恶作剧并且不受管控，在一度大闹天宫后惹怒了如来佛和太上老君，最终被惩罚护送玄奘前往西天取经。在悟空的帮助下，玄奘终于到达了佛祖所在的西方极乐，但他沮丧地发现他不得不容忍层级烦琐的官僚以及其中的冗繁和腐败。玄奘的确将大量经文带回了大唐，但在此前，佛教官员对玄奘没有行贿感到不满，只给了他空白卷轴。

《金瓶梅》是 16 世纪一名佚名作家的原创作品，传说作者是知名士大夫王世贞。据传，他作此书的唯一目的是打击政敌，他在每一页页脚处涂有少量砒霜，这样一来，当政敌贪婪地阅读此书后便会中毒身亡。但是，这则传说中的唯一可信之处是此书作者的确是文学天才,《金瓶梅》广受喜爱色情文学的读者追捧,因为书中关于性爱的细节描写要比当代色情作品淫秽得多。小说内容编排得当,讲述了商人西门庆与六位妻妾,以及与邻人之妻、婢女和妓女之间的关系。色情内容很容易掩盖其不可估量的文学价值,但《金瓶梅》是中国历史上最早的一部可信的、描写当时中产阶层个人生活的小说,是第一部大量聚焦于女性角色并清晰刻画了女性角色的个性的小说,还是一部对社会各类群体,诸如不虔诚的僧人道士和贪婪无度的官员的讽刺文学作品。此外,《金瓶梅》的结尾强烈抗议了伤风败俗的行径,一反中国文学传统中的结局方式:西门庆骄奢淫逸的生活并没有使其声名狼藉,但他死于纵欲过度。在他死后,他的家族分崩离析,而儿子为了替其父赎罪而出家为僧了。

《儒林外史》是伟大的古代长篇小说中内容最为松散的一部,由一系列独立的章回故事构成,没有主要的角色或连续的情节发展。小说的整体性源于中心主题,即对士大夫阶层的善意嘲讽。它由吴敬梓(1701—1754)在清朝初年完成,吴敬梓出身于南京地区的一个读书人家,憎恶科举,未曾入仕。

《红楼梦》的作者曹雪芹(约1715—约1763)是清朝初年曾富甲一方但最终破落的家族的后代,书中内容基于作者本人的儿时记忆,全景式地描绘了上层家族的堕落生活,富于细节。书中共有三十名刻画生动的主要角色以及四百余名次要角色,从皇亲国戚到平民百姓不一而足。主要的情节围绕着一个受尽宠爱、喜怒无常的男孩以及他热闹但跌宕起伏的青少年时期展开。男孩生活在终日被女性环绕的家庭之中,是家族未来的希望。全书的高潮是他误以为自己迎娶了心爱的表妹,却不曾想到真正迎娶的是他的表姐,而他的爱人也在他成婚之际死于病榻。《红楼梦》有着极高的文体美和极强的叙事效果,书中角色栩栩如生,细节丰富。总而言之,《红楼梦》是一部描绘了青年爱情和家庭生活的可信又敏锐的现实主义作品,但故事中弥漫着一种梦一般、谜一般的超现实的无形氛围。许多当代中国人都乐于认为,《红楼梦》是了解晚期帝国时代中国文化微妙之处的关键。

中国文学遗产中还有许多对以上六部杰作的模仿和续写,这六部小说对应着六个类别,分别是历史小说、冒险小说、超自然小说、色情小说、讽刺小说和关于家庭生活类型的小说。在明朝末年的短暂时期内,由于王阳明对个人主义和自发性的强调,许多非正统思想都由此蔓延开来,白话文学甚至有了一些公开的支持者。异端哲学家兼官员李贽就是其一,他在16世纪末刊印了一版《水浒传》,并称它与元朝戏曲《西厢记》都是值得重视的文学杰作。另外一位明末的离经叛道者袁宏道(1568—1610)也支持众多白话文学,尤其喜欢《水浒传》,认为它的文学价值超过了古代经典。最后一位是来自苏州的怪人金圣叹(1610?—1661),他发明了一套相对系统化的评判技巧,指出中国文学传统中共有"六才子书",分别是《庄子》《离骚》《史记》《杜工部集》《西厢记》以及《水浒传》。金圣叹刊印了自己大量点评后的《西厢记》和《水浒传》,并在其中指出了值得回味的文学亮点。他也认为《水浒传》是中国最杰出的文学作品。然而,在清朝政权孕育的古板的保守主义氛围中,这些非正统的评论性观点如原创性哲学一样,都逐渐消亡了。正如许多人指出的那样,清朝皇帝的最大弱点是他们不惜任何代价保留古代中国性的决心——而在保守派眼中,白话文学的普及便是导致明朝文化败坏的征兆之一。

艺术

陶瓷

尽管青铜和造像艺术的伟大时代已经一去不复返，但晚期帝国时代默默无闻的工匠还是在其他领域——建筑、玉雕、纺织、漆器以及元明以降的铜胎掐丝珐琅技术——中完成了工艺、技术复杂度上的超越。尤其是在陶瓷领域，工匠烧制出了形态、风格各异且逐渐举世闻名的器物。晚期帝国时代的陶瓷毫无疑问是中国最伟大的文化宝藏。

到了宋朝，烧制釉面坚硬的高温瓷的相关技术已然全面成熟。由于铜矿的长期匮乏，陶瓷代之成为日常生活中的标准器皿，如杯碗瓢盆等。这些器形简洁的器物——最好的陶瓷作品优雅、经典、简洁——被大量烧制出来，用于皇家和平常人家，并逐渐外销至整个亚洲，乃至跨越了印度洋远销至非洲和地中海地区。为了保持器物造型的简洁，宋瓷常常通身只有不起眼的刻画花纹或是素净无纹，多数宋瓷都是单色釉瓷器。

宋瓷通常按照窑址来分类，因为不同窑有截然不同的色泽。最著名的瓷器均产自北方，特别是开封地区。位于开封附近的御窑烧制出了两种主要瓷种，一种是汝窑瓷器，釉面薄如蝉翼，釉色大多呈白色，但带有一丝天青；另一种是官窑瓷器，胎体较厚，呈青灰色。其余的北方著名陶瓷还有定窑瓷器、钧窑瓷器和磁州窑瓷器。定窑瓷器装饰复杂，胎体洁白，通常带有刻花图案。器物通身淋乳白色釉，因而带有涕泪痕，常常还有银色芒口。钧窑瓷器则胎体厚重、持久耐用，釉面带气泡，呈五彩斑斓的颜色，从蓝色到血红不一而足。磁州窑瓷器胎体呈灰色，乳白色釉，有时会绘以黑、棕或红色花纹。12 世纪 20 年代，在女真人入侵北方、宋朝朝廷和精英家族南迁后，烧制于南方的瓷器自然而然地成为主流，其中最著名的就是青瓷。青瓷胎体米白，通体施厚重、透明的青绿色釉。分布于浙江和江西的龙泉窑青瓷常带有刻画或堆塑装饰，是青瓷中的佼佼者，其中的极品更是呈现出一种精致柔软的含蓄之美。自宋朝至明朝间，青瓷日益成为重要的出口商品，烧制青瓷的技术快速传入泰国、朝鲜和日本地区。另外一个产自南方的瓷种是建窑瓷器，分布于浙江及其邻省福建，尤受日本人青睐（日语中称作"天目"）。建窑瓷器胎色深黑，釉色紫中带棕色斑点。正是由于它的深黑颜色，使其格外适合用作饮茶。哥窑位于杭州，其瓷器胎体为深黑色，特别以带开片的青绿、米黄釉色闻名。釉面比胎体冷却更快，因此产生开片。烧制者逐渐熟练掌握了制造冰裂纹的技术，能够随心烧制出他们想要的图案。冰裂纹的细线呈血红或铁黑色。

宋朝之后，以上这些宋瓷依旧广受喜爱，但被明朝时期发展起来的另一种颜色更加斑斓、装饰更加繁复的彩瓷超越。这种新的瓷种与位于江西省北部的景德镇窑密不可分。景德镇本是一个旧窑厂，在明清时期成为御窑，再度繁荣起来。在最鼎盛的时期，景德镇每日有超过三千多座窑在烧制瓷器。但由于19世纪50年代的太平天国战乱，景德镇窑也被付之一炬。

景德镇窑瓷器以细密洁白的胎体和薄如蝉翼的胎壁闻名。它最早的知名瓷种是青花瓷，如今遍藏于世界各大博物馆之中。在它们的影响下，欧洲人开始生产"柳树纹样"的仿制餐具，在数十年前这些餐具在美国中产阶级人家中仍很常见。明朝的景德镇窑瓷器胎体细薄，造型优美，器形有杯、盘、碗、瓶等。其胎体用醒目的钴蓝料绘有祥瑞的花卉图案或"人物故事"图案，通体施以透明色釉。晚明时期，景德镇窑在上釉技术上有了新突破，即在釉上施彩,颜色有绿、黄和红,明暗不等。过去施在瓷泥或瓷胎上的彩料经受不了长期的高温烧制。釉上三彩逐渐发展成了五彩,与釉下的单色钴蓝色料一同形成华美的效果,恰如其分地反映、象征了16世纪蓬勃发展的都市生活。

这些明朝的制瓷传统不断演化,到了18世纪的清朝,无论是受欢迎程度还是纹饰图案的繁复都达到了顶峰。大量厚重坚硬的瓷器被烧制出来专供出口欧洲,在一些特例中,瓷器饰有欧洲盾徽,或塑成欧洲人模样和服饰的小雕像。单色釉依旧备受喜爱,红色、黑色、蓝色和紫色不一,明朝的青花瓷也是持续烧制的常规瓷器。在康熙一朝,西方人称作"famille verte"的五彩瓷问世了,其图案以绿色和黄色为主,但很快就被"粉彩瓷"替代——其粉色料和精美的图案更加令人喜爱。镂雕瓷器同样在18世纪问世,图案呈镂空状。也有带菱形图案的称作"米花瓷"的全镂瓷,胎体只有部分上釉。在18世纪的中国热潮中,欧洲人进口并效仿烧制这种装饰繁复的五彩和粉彩瓷。

中国生机勃勃的制瓷业在19世纪50年代的太平天国战乱中遭受到了严重打击;这场灾祸不仅毁坏了景德镇的御窑,也影响了其他窑址的瓷器烧制。虽然瓷器制作熬过了19世纪中期的这场动乱,但此后的一百年间,中国正在动荡的时局中尽全力恢复安定,制瓷业再未受到高度重视,再未能重现19世纪之前的辉煌了。

绘画

中国人通常把诗、书、画并列作为传统文化的三种最伟大的美学表现形式。同诗歌一样,书法和绘画成为晚期帝国时代文人的日常活动。由于文人阶层的范围如此之大,我们不可能在本书中列举所有晚期朝代的艺术家,即使列举主要的艺术家也稍显困难。毫不夸张地说，有数千幅晚期帝国时代的绘画作品流传于世，分别藏于中国、日本等国家的博物馆和私人收藏家手中。

学习中国绘画的学生都知道，宋画最杰出，元画次之，明清的画作大多模仿痕迹浓重，风格呆滞。但这一评判标准源于日本藏家，并不代表中国人自己的评判标准，原因在于外界人通常不能理解中国人对于"模仿"的热衷。同全世界各地的艺术家一样，中国画家通过"师法"来学习技法，许多早期著名画作的面目能够流传至今，都要归功于画匠对当今早已佚失的原作的忠实临摹。但许多晚期中国画家标榜为"师法"的作品其实是富有创意的再创造，其性质类似于一位爵士演奏家在柴可夫斯基的基础上进行的即兴创作，人们不可以说它是抄袭或模仿。此外，有一些号称"师法"早期画家的作品其实与原作无相似之处，其作者实际上并没有试图去模仿任何作品，而是试图借助前辈的作品来激发自己的创造性灵感。完成的画作拥有全然独立的美学特性，在任何意义上都不是衍生的作品。只是在近年间，西方专家才开始理解晚期中国朝代的艺术家的所作所为，因此人们发现每一朝代都有极富创造性的天才艺术家。

若要深入鉴赏中国绘画，任何圈外人都应设身处地地考察中国画家所具备的条件，也就是他们作画用的材料。除了壁画外，中国人通常用水彩或乌黑的墨汁画于帛或纸上，每一位画家都需在潮湿、平坦且坚硬的石砚上研磨墨条以得到墨汁。于是，作画材料使中国画与绘于画布上的油画大为不同，中国画家不能在纸上进行试验或犯错误，不能刮掉他们不满意的部分。在画家落墨于宣纸或丝帛的那一瞬间，他便做出了一个不可反悔的承诺。若非一开始便在胸中有丘壑，画家是不可能果断下笔落墨的。因此，中国画极少是写生，更多是高度文人化的画室作品——它们是一幅幅呈现于丝帛或宣纸上的脑海中的景象，与任何特定的现实场景没有必然联系。作画材料的特殊性所带来的另一个后果是，虽然中国人未忽视构图的重要性，但他们的美学评判大体是基于笔法的质量和线条的气韵。用笔被细化为五花八门的类别：迟疑板滞、酣畅雄厚、绵软柔润、刚劲峻拔、凝重拙朴、俊秀婉丽、优游不迫、沉着痛快。画家的精神内涵和个性被认为蕴于用笔之中，观者被寄希望于在欣赏画作的主题和图案的同时，也能够充分与画家进行精神交流。

中国画与西方人熟知的绘画传统的另一大区别在于，前者不会用细节来填满画布的空白之处。无论是在偏写实，还是更抽象的画作中，传统国画画家通常不画任何背景，只聚焦于构图中的关键元素。国画极少给人簇拥之感，核心要素总是显而易见，要素之间的色调会有区分，但几乎不会带有任何光影效果。在山水画中，画作不同的部分常被留白或以烟云分隔，而它们也成为构图中不可或缺的要素。

同样，在透视的问题上，中国画家并未一味臣服于习见于近代西方绘画的传统。国画的观者并非像站在某个特定位置，相反，特别是在山水画中，观者好似浮在空中，可以自由地在不同视角中切换，从而以全方位的视角、清晰无误地洞察山水的不同侧面。若要欣赏一幅立轴，观者的视线需先从画面底部逐渐向上移动，目光先从近处的事物向远转移到中景、最终落在远景之上，但无论目光所及何处，每一个景别中的景物都是主视视角的。若要欣赏一幅手卷，要想每一部分的景物都获得最佳的观赏效果，观者的目光需依次以最佳的主视视角落在每一部分上。目光所及的画面明显并非一个平面，而是带有一种无限深度的质感，将观者引入画中。

中国画家的题材通常有三类：书法、竹子以及其他事物。如第九章指出的，在很早的时候，书法就被视作书画艺术家最为风雅的本领，它是一种主题距离实质存在最遥远的艺术手段——笔法显然是唯一值得关注的事物，且画家的精神内涵不会受到题材的干扰，而是通过笔触得到最大化的彰显。对于中国书法家来说，运用何种字体并不重要——无论是钢筋铁骨还是龙飞凤舞，是狂野拙朴还是风姿多变——真正重要的是字要有风骨和个性。只有极少数西方人能够给出中国人眼中评判书法作品好坏的标准，但好的书法作品对于当代西方人同样也有巨大的吸引力。画竹与书法十分类似，同样也聚焦于用笔。

晚期帝国时代有一系列以书法和画竹闻名于世的大师，宋代诗人苏轼就是其一，与他同时代的米芾（1051—1107）和黄庭坚（1045—1105）同样也是中国最杰出的书法家。到了元朝，当酝酿已久的"业余画家"传统或称"文人画"传统达到高潮后，书法成为山水画中不可分割的一部分，融书法于画中成了当时的普遍做法，而这一时期也同样有一批卓著的书法家，其中最著名的莫过于赵孟頫（1254—1322）。与此同时，画竹也变得极为普遍，据说是因为竹子具有柔韧但坚固的特性，所以竹子成了当时许多文人精神的象征——他们被迫接纳了异族的统治，但并未放弃传统的文化追求。元代文人李衎（1245？—1320）全身心地投入到研习、绘画竹子之中，还撰写了一部影响深远的艺术手册。

到了明清两朝，书法持续蓬勃发展，其中不乏令人耳目一新的变化。明朝末年的"狂禅"思想潮流所代表的极端个人主义对书法产生了一些有趣的影响，最典型的例子便是怪才诗人、剧作家徐渭（1521—1593）的癫狂笔墨。晚明画家兼评论家董其昌开创了一个生动的草书书体，一直被后人模仿至18世纪末。

令晚期帝国时代画家心驰神往的其余题材可分为三类：人像、花鸟和山水。人像包括人物肖像和描绘日常景象的风俗画；花鸟画包括所有刻画草木鸟兽的作品。在"中国热"的年月中，18世纪欧洲人最喜爱也最乐于模仿的便是高度精美、优雅的装饰性花鸟画。但到了20世纪，山水画反而被认为是中国的最佳文化产物，进而深刻地影响了西方艺术，特别是后印象派运动。

若按技法来给中国画家分类，中国人通常会提及南北宗说，北宗是由唐代绘画大师发展出来的一支，而南宗有另外的源头。所谓的南北宗并不实指地理上的区分，而是对于佛教禅宗分南北两宗的比喻——禅宗中的北宗相对更严格，主张通过循序渐进来实现觉悟；禅宗中的南宗更倾向于快速、醍醐灌顶般的顿悟。在对应绘画领域时，北宗主要指宫廷职业画家的风格，他们常绘制五彩斑斓的人像、花鸟画，用来点缀宫廷。南宗主要指文人画的风格，文人以绘画为业余爱好（但并不代表他们的绘画技法业余），作品中以单色的水墨山水闻名。同样的区别概念也有院画画家（北宗）与文人画家（南宗）的说法。这些划分都有一些合理性，但不能生搬硬套。职业宫廷画家也有南宗风格的山水作品，就像有的文人也会依靠绘制北宗风格的人像和花鸟画为生一样。明清时期画家的风格尤显怪异，且随时变化。

尽管北宋时期涌现了大量天赋异禀的文人画家，如苏轼、米芾和黄庭坚，但绘画界的主流依旧是水彩绘就的院体画。这一时期产生了大量山势崎岖、迷雾重重的山水画作，它们都较为写实地抓住了大自然的精神内涵。在诸多大师之中，郭熙（1000—1080？）便是其中之一。除了留下棱角分明的全景式山水画外，郭熙还撰写了一部有关山水画的著名画论，对后世影响深远。风俗画也广为盛行，最著名的莫过于12世纪初张择端所作的一幅长篇手卷，它以大量细节描绘了清明期间开封城多姿多彩的市井景象，被后人反复临摹。院体画在北宋皇帝宋徽宗的引领下达到了顶峰。宋徽宗本身就是一位画技高超精妙的画家，尤擅花鸟画，他资助了大量有类似兴趣的宫廷画家。徽宗的成就之一是编纂了一部由231名画家所作的6396幅画作的皇家图谱。

到了南宋，宫廷画家依旧是画界主流，但他们的山水画受米芾这样的文人画家富有趣味的风格的影响颇深。米芾规避了同时代宫廷画家沉闷、严肃的画风，转而呈现一种天真平淡、极简主义和富有选择性的山水画风。文人画被视作感性的、浪漫的，而非理性的风格。宋朝宫廷南迁至杭州不久，文人画风就在宫廷画家中迅速蔓延开来。12—13世纪，文人画风在两位宫廷画师马远和夏珪的推动下日趋完善。马、夏二人都是技法大师，画风也十分相近。就像最好的绝句一样，马、夏二人的山水笔简意远、遗貌取神，但却淋漓苍劲，尤其参悟了自然。马、夏的大多数传世作品篇幅都不大，但没有一线、一点是多余的。前景的一角或许是深入河湖中的一岬，其上是寥寥几笔绘就的茅屋、渔船和人；或许是一个崎岖不平的山崖，其上有一条蜿蜒小路直达一座小亭子，亭间坐着一人向外眺望。除此之外，画面基本都由氤氲的烟云覆盖，观者常常沉迷其中。马、夏的画作有一种类似于卡通的草草绘就之感，但其线条清晰有力，布局精致巧妙。无论如何评判，马、夏二人都是杰出的画家，他们的作品也广受近代西方的尊崇。

另一个在南宋日臻成熟的画风由杭州的寺僧采用。这些僧人通常都是有学识的高僧，与当时的大文豪和美学家多有往来，但他们拥有自己的独立的艺术风格，反映了他们"随处皆真"的哲学观点，以待人们通过顿悟去挖掘。他们绘就了高度抽象的印象主义的水墨画，有的描绘日常景物，有的草草勾画禅宗祖师和其他人像。显然，他们的画风部分源于9世纪的一个禅僧，他留下了描画圣僧的漫画式画作，画风精妙奇巧。南宋寺僧的画风多少还源于唐末仓促绘就的抽象画，其风格与当下的"行动绘画"有几分相似。画僧牧溪是南宋禅画运动中的领袖和大师，目光所及之景皆是他的绘画对象，但令他举世闻名的画作是一幅《六柿图》，画中的六个柿子以不同深浅的笔墨、不规律地在一片空白中排成一行。牧溪最卓著的继承者梁楷最初是一名正统的画院画家，但随后归隐至牧溪的寺庙，之后只画禅画。梁楷最著名的画作是两幅简笔人像，其一描绘了禅宗祖师伐竹的景象，竹子的笔触十分生动，几乎跃然纸上；其二则描绘了李白行吟的情景。

在元朝画家的推动下，中国画开始向新的方向过渡，画风从南宋画院画家笔下的华丽精致转移开来，转而从诸如郭熙这样的北宋大师处寻求灵感。元画的视角更加广阔，比马、夏的细节也更丰富，但却不失清晰和朴拙。它们既不隐晦也不是印象主义，反而重视描述和表现主义。画作的题材司空见惯，初次接触时观者很容易认为它们单调，是宋朝华丽细腻作品的原始、粗糙的仿品。但在专家的眼中，例如黄公望（1269—1354）和倪瓒（1301—1374）的作品无疑是对用笔的出色实验，他们的画作沉着冷静、富于文人气息，撇去了离愁别绪，而笔法是其画中最重要的元素。

明朝时期，宫廷画家延续了绘制人像、装饰性花鸟画和风俗画的传统。但另一方面，山水画则分为两派，一派是浙派，其作品源于对马、夏院体画的描摹；另一派为吴门画派，延续了元画的新风格。宋徽宗以来最具艺术天赋的皇帝明宣宗（1425—1435年在位），极大地推动了南宋画风的发展。吴门画派中的沈周（1427—1509）是明朝最活跃、最知名的画家，他的山水画苍劲浑厚，又兼具近人的表现主义风格。沈周最天资异禀的门生文征明（1470—1559）则是一名极端克己的文人画家。

到了明朝末年，上文提及的书法家、权臣、诗人兼著名艺术品藏家董其昌将文人画传统推向了最后的高潮。他认为画家作画并非是为了打动任何人或是为了描摹外在现实，甚至不是为了抓住外在现实的精神内涵，作画只是为了自由抒发个性中的内在真实，以及表达个体对于自然准则的理解。在董其昌的眼中，只有克己复礼、学富五车的人才具备表达有价之物的条件，这种表达既不依靠抒情伤怀，也不借助金玉其外，而是通过诚挚的笔墨来抒发内在真实。在董其昌的影响下，大量画论手册涌现出来，成为清朝画家作画的参考文献，比如，这些手册中阐述了 26 种画石和 27 种画叶的方法。

清朝初年，许多备受尊崇的画家成功实践了由董其昌开启的兼收并蓄的个人画风，其中，王翚（1632—1717）的画作可被看作是效仿 15 世纪沈周的、师从 14 世纪黄公望的、依据 10 世纪宋人气韵的"摹本"。这是这些画家的共同特征。清初也有两位有趣、不循规蹈矩的画家，一位是朱耷（又名八大山人，1626—1705？），声名卓著却狂妄疯癫，绘有大量扭曲的山水和恣肆的花草鸟兽；另一位是原济（也作元济、道济，号石涛，1641—约1718），他全能、朴素，具有极强的个人表现力，其画作秀拙相生，书法作品苍苍茫茫，多用破笔点苔。专家没有对 18—19 世纪的画家做细致的研究，但无论如何，大概都不会推翻现有的论点，即这一时期的画作在艺术创造力上已经在走下坡路了。康乾盛世期间，画家众多且大都多才多艺，但大体上都在"照本宣科"地作画。

在清朝的统治下，中国维持安定，但却一味因循守旧，这一点不仅反映在政治、思想和文学领域，同样也映射在艺术领域。到了19世纪，在表面的繁荣和自满之下，传统汉文化的生命力在各个方面都已陷入低谷，这也是为什么鸦片战争的刺激以及接踵而至的太平天国战乱能够导致全面的崩溃，而这一次崩溃的不仅仅是清朝政权，而是整个文化传统。在自此之后的一百余年间，甚至时至今日[1]，中国仍在经历一个再定位、再认同的痛苦过程，依旧没有找到清晰、久经考验的特色。

---

1 作者所谓"今日"，是指本书英文原版出版的时间，即20世纪70年代。——编注

后记

　　太平天国起义爆发后的一百年间，中国经历了历史上最为创巨痛深的一次重大变革，也遭受了近代时期每一个国家都曾经历的痛苦转型。史家通常把这一百年划为三个阶段，每一阶段都对应着非常专深的研究，第一个阶段是1911年到1912年间清朝的覆灭和推翻清王朝的革命党人发起的一系列革命运动；第二阶段是风雨飘摇中诞生的中华民国，它在1928年东北易帜后由孙中山（1866—1925）创立、蒋介石（1887—1975）领导的"国民政府"完成形式上的统一；三是1949年由中国共产党创立、毛泽东（1893—1976）领导的中华人民共和国。

　　一个新的中国正在浮现，但由于如下的缘由，其进程极为缓慢：中国幅员辽阔、地形繁杂，拥有八亿的巨大人口（1969年），这是任何一个社会规划者都无法回避的困难。更重要的原因在于，中国以一个高等文化遗产的继承人的姿态昂首阔步地走入近代，而非一个急于改变现状的国度；中国是一个文明的输出者，而非对外界的指导感恩戴德的接受者。与诸多当下的落后国家的人们相比，中国人在接受现代化的好处时显得迟滞，并喜欢像过去一样，强调它的种种弊端。

美国人等外国人常常倾向于将中国近代史上的多灾多难错误地归咎于中国人自己，其实外国人难辞其咎：鸦片贸易、领土侵占、经济剥削等等。但真正改变近代中国的动力却来自中国人自己。

在过去的一百年间，在面对日益恶化的国内情形时，接连掌权的中国领导人对传统中国文明的生命力——制度、社会经济模式以及意识形态——进行了重新评估，由此导致了中国社会的剧变。这些再评估或许可以分为以下三个阶段或三股思潮：一是1850—1928年的保守改良主义；二是受西方影响的渐进的革命主义，这一股思潮自19世纪90年代起，时至今日还是台湾地区的准则；最后一股是真正的革命激进主义，自1919年前后兴起，以毛泽东思想为体现，成了中华人民共和国的意识形态。

在19世纪下半叶，清王朝和汉族统治者为了应对西方的经济和军事入侵，开启了所谓的洋务运动，引入西方科技，同时又保证不会破坏传统的政治、社会秩序和传统的意识形态。洋务派建立了西式的军工厂、轮船公司等现代化机构，同时又保留了祖先的社会制度并提倡儒家学说。自19世纪70年代起至90年代，中国看似已然成功适应了新的国际环境，即使这种表象后来被证明具有误导性，这场运动也不合时宜，但洋务运动的思想内涵还是延续到了1912年帝国陨落之后。1928年前，雄踞中华民国各地的军阀就是这股保守思想的代表。最终，这股改良主义思潮还是失败了，因为它无益于改善国内的社会经济不平等的状况。

到了19世纪末，一部分中国领袖意识到，仅仅将西方技艺嫁接到传统政治和社会秩序上是远远不够的。他们认为中国的问题主要在于清朝统治者的因循守旧，代议制的立宪政府是西方国家的力量源泉和日本崛起的动力。于是，改革派力主中国在吸取西方科技之外，还应采纳西式的政治制度，但他们面对的是不愿意动摇传统秩序中的意识形态和社会基础的保守派。这股思潮是孙中山及其学生蒋介石的主张，由二人创立、领导的国民党从1928年开始逐渐通过立法、教育以及一系列公私混合的资本主义改革促进了中国的近代化。1949年后，在避难地台湾，国民党人遵循这些政策理念实现了政治稳固，其生活质量也仅次于日本，位列亚洲第二。然而在大陆地区，渐进主义之路在与地主、日本人和共产党的斗争中几乎了无希望。无论何时，渐进主义者都无法成功，同之前的保守派一样，他们不愿意及时回应日益尖锐的农民问题。

与中国封建传统决裂的、更彻底的革命激进主义在1919年著名的五四运动后兴起。五四运动一开始只是抗议《凡尔赛和约》的爱国运动——和约中确认了在第一次世界大战期间日本侵占的中国领土的合法性——但运动迅速扩大，人们开始力挺"德先生""赛先生"，并反对各类传统。苏联将更多的激进分子引入这场思潮之中，到了20世纪30年代，中国知识分子对于国民党的态度即使不是敌对的，也是极度不耐烦的；同时，农民阶级的不满也在与日俱增。在二战和随后的内战期间，毛泽东机敏地将知识界的激进主义、农民的不满和爱国主义融为一场革命所需要的政治和军事武器。毛泽东通过农民阶级的大规模运动——这股势力正是先前的中国改革者和革命派嗤之以鼻，发动了一场旋风式的社会革命。总而言之，毛泽东领导的共产党人意识到了国民党很难自上而下地做出逐步的改变，于是发起了自下而上的迅猛革命。

中国的百年动荡造成了不计其数的伤亡和物质破坏,在其他方面的损失也同样巨大。传统的政治结构消失殆尽,传统上关于大家族的理念也彻底湮灭,核心家庭在社会秩序中的主导地位不复存在,传统的民间信仰被公然否定,传统儒学不再受尊崇,反而被指责为在传统上制约人们的封建束缚。

中华人民共和国成立后,以上的这些不足又被实际的发展所弥补。通过对乡村地区富有想象力的结构性和技术性调整,农民长期存在的积怨在很大程度上被缓解了。1949年后,百姓再也不会遭受之前司空见惯的大规模饥荒了。阶级差异被缩到最小,女人获得了与男人同等的地位,这一点世界上任何地方都没法与中国相比较。农业的快速增长为快速的工业化铺平了道路,因此,中国现在能够制造汽车和卡车,也能生产自行车、电视机、收音机、飞机、铁路以及更加复杂的现代武器,如原子弹。此外,中国人流露出了前所未有的民族意识和民族自豪感,其情感之强烈超越了最辉煌的帝国时代。教育更加普及,识字率上升,人们能够以史无前例的平等姿态参与到国家文化和政治大事中去。

除却上述变化,中国的历史如影随形地笼罩着近代中国。即使在中华人民共和国身上,传统上的某些特性还在很大程度上残存。尽管具体的制度性结构改变了,但国家依旧以一个选贤与能的官僚体系管理。它所信奉的意识形态与其说是依靠模范的身先士卒,不如说是倾向于通过法律来执行。商业和工业依旧受国家管控,以服务国家并满足国家的优先需求。毛泽东思想秉承了中国长久以来对于人类和社会的可完善性的乐观精神。而这并不意味着事物的变化越大,它们就越发趋同。但我们可以认为,中国人在共产主义道路中发现了能够解决近代难题的方法,而这套方法与传统的、截然不同的中国道路最为匹配。

至于后毛泽东时代的新秩序是什么形式的,在稳固社会之外,它是否能够给予中国一个与其伟大的文化遗产相匹配的地位,这些都是当代世界史中最引人注目的论题。[1]

---

[1] 本书出版于1975年,时至21世纪的今天,历史与现实已有极大变动。——编注

扩展阅读

参考书

Charles O. Hucker, *China: A Critical Bibliography*. Tucson, Ariz., 1962. 本书虽然需要更新，但仍是最有用的入门参考。它提供了主题文章、精选书籍和文章的完整注解，并按主题排列，涵盖了传统中国和现代中国的各个方面。

Chun-shu Chang, *Premodern China: A Bibliographical Introduction*. Ann Arbor, Mich., 1971. 可用于更新前述内容；但注解不一致，且没有仔细选择。

Bibliography of Asian Studies. 亚洲研究协会自1956年每月出版，作为9月《亚洲研究杂志》的特刊。它定期按地区和主题列举有关中国和亚洲其他地区的书籍和文章的综合清单。

Herbert A. Giles, *A Chinese Biographical Dictionary*. 2d ed. Shanghai, 1912; reprinted New York, 1966. 仍是同类作品中唯一可以查出历代重要中国人的作品。

The Cambridge History of China. 即将出版的多卷集，预计将是详细而权威的。

形成阶段

Kwang-chih Chang, *The Archaeology of Ancient China*. 2d ed. New Haven, Conn., 1971.

William Watson, *Cultural Frontiers in Ancient East Asia*. Edinburgh, 1971.

Herrlee G. Creel, *The Birth of China: A Study of the Formative Period of Chinese Civilization*. New York, 1937; reprinted New York, 1954.

T. K. Cheng, *Archaeology in China*. Vol. 1: *Prehistoric China*. Vol. 2: *Shang China*. Vol. 3: *Chou China*. Cambridge, Eng., 1959-61.

Herrlee G. Creel, *The Origins of Statecraft in China*. Vol. 1: *The Western Chou Empire*. Chicago, 1970.

C. Y. Hsü, *Ancient China in Transition: An Analysis of Social Mobility, 722-222 B.C.* Stanford, Calif., 1965.

Derk Bodde, *China's First Unifier: A Study of the Ch'in Dynasty as Seen in the Life of Li Ssu, 280?-208 B.C.* Leiden, 1938; reprinted London, 1967.

早期帝国时代

汉

Burton Watson, trans., *Records of the Grand Historian of China* [from Ssuma Ch'ien's *Shih-chi*]. 2 vols. New York, 1961.

Michael Loewe, *Everyday Life in Early Imperial China*. New York, 1968.

Homer H. Dubs, trans., *History of the Former Han Dynasty* [from Pan Ku's *Han-shu*]. 3 vols. Baltimore, 1938-55.

C. Martin Wilbur, *Slavery in China During the Former Han Dynasty, 206 B.C.-A.D. 25*. Chicago, 1943; reprinted New York, 1967.

A. F. P. Hulsewé, *Remnants of Han Law*. Vol. 1. Leiden, 1955.

T. T. Ch'ü, *Han Social Structure*. Ed. Jack L. Dull. Seattle, 1972.

Y. S. Yü, *Trade and Expansion in Han China: A Study in the Structure of Sino-Barbarian Economic Relations*. Berkeley, Calif., 1967.

唐

Woodbridge Bingham, *The Founding of the T'ang Dynasty: The Fall of Sui and the Rise of T'ang*. Baltimore, 1941; reprinted New York, 1970.

Arthur F. Wright and Denis Twitchett, eds., *Perspectives on the T'ang*. New Haven, Conn., 1973.

Edwin O. Reischauer, *Ennin's Travels in T'ang China*. New York, 1955.

Edwin G. Pulleyblank, *The Background of the Rebellion of An Lu-shan*. London, 1955.

Denis C. Twitchett, *Financial Administration Under the T'ang Dynasty*. 2d ed. Cambridge, Eng., 1971.

Arthur Waley, *The Real Tripitaka* [Hsüan-tsang] *and Other Pieces*. New York, 1952.

——, *The Poetry and Career of Li Po*. New York, 1951; reprinted New York, 1958.

William Hung, *Tu Fu, China's Greatest Poet*. 2. vols. Cambridge, Mass., 1952; reprinted New York, 1969.

Arthur Waley, *The Life and Times of Po Chü-i*. New York, 1949; reprinted New York, 1951.

Edward H. Schafer, *The Golden Peaches of Samarkand: A Study of T'ang Exotics*. Berkeley, Calif., 1963.

——, *The Vermilion Bird: T'ang Images of the South*. Berkeley, Calif., 1967.

Gungwu Wang, *The Structure of Power in North China During the Five Dynasties*. Kuala Lumpur, 1963; reprinted Stanford, Calif., 1967.

晚期帝国时代

宋

James T. C. Liu and Peter J. Golas, eds., *Change in Sung China: Innovation or Renovation?* Lexington, Mass., 1969.

Jacques Gernet, *Daily Life in China on the Eve of the Mongol Invasion, 1250-1276*. Trans. from the French by H. M. Wright. New York, 1962.

James T. C. Liu, *Ou-yang Hsiu: An Eleventh-Century Neo-Confucianist*. Stanford, Calif., 1967.

John Meskill, ed., *Wang An-shih: Practical Reformer?* Boston, 1963.

Edward A. Kracke, *Civil Service in Early Sung China, 960-1067*. Cambridge, Mass., 1953.

James T. C. Liu, *Reform in Sung China: Wang An-shih (1021-1o86) and His New Policies*. Cambridge, Mass., 1959.

元

Réné Grousset, *Conqueror of the World: The Life of Chingis-khan*. Trans. from the French by Denis Sinor and Marian MacKeller. London, 1967.

Michael Prawdin, *The Mongol Empire: Its Rise and Legacy*. Trans. From the French by Eden and Cedar Paul. London, 1940.

E. D. Phillips, *The Mongols*. New York, 1969.

H. D. Martin, *The Rise of Chingis Khan and His Conquest of North China*. Baltimore, 1950; reprinted New York, 1971.

Marco Polo, *The Travels of Marco Polo*. Trans. R. E. Latham. New

York, 1961.

John W. Dardess, *Conquerors and Confucians: Aspects of Political Change in Late Yüan China.* New York, 1973.

明

Charles O. Hucker, *The Traditional Chinese State in Ming Times, 1368-1644.* Tucson, Ariz., 1961.

Frederick W. Mote, *The Poet Kao Ch'i, 1336-1374.* Princeton, N.J., 1962.

Wm. T. de Bary et al., *Self and Society in Ming Thought.* New York, 1970.

J. J. L. Duyvendak, *China's Discovery of Africa.* London, 1949.

Charles O. Hucker, *The Censorial System of Ming China.* Stanford, Calif., 1966.

——, ed., *Chinese Government in Ming Times: Seven Studies.* New York, 1969.

Matteo Ricci, *China in the Sixteenth Century: The Journals of Matthew Ricci, 1583-1610.* Trans. Louis J. Gallagher. New York, 1953.

Dictionary of Ming Biography. Ed. L. C. Goodrich. Forthcoming.

James B. Parsons, *The Peasant Rebellions of the Late Ming Dynasty.* Tucson, Ariz., 1970.

清

Arthur W. Hummel, ed., *Eminent Chinese of the Ch'ing Period.* 2 vols. Washington, D.C., 1943-44.

Franz Michael, *The Origin of Manchu Rule in China: Frontier and Bureaucracy as Interacting Forces in the Chinese Empire.* Baltimore, 1942; reprinted New York, *1965.*

Jonathan D. Spence, *Emperor of* China: *A Self-Portrait of K'ang-hsi.* New York, 1974.

——, *Ts'ao Yin and the K'ang-hsi Emperor: Bondservant and Master.* New Haven, Conn., 1966.

Harold L. Kahn, *Monarchy in the Emperor's Eyes: Image and Reality in the Ch'ien-lung Reign.* Cambridge, Mass., 1971.

T. T. Ch'ü, *Local Government in China Under the Ch'ing.* Cambridge, Mass., 1962.

K. C. Hsiao, *Rural China: Imperial Control in the Nineteenth Century.* Seattle, 1960.

Arnold H. Rowbotham, *Missionary and Mandarin: The Jesuits at the Court of China.* Berkeley, Calif., 1942; reprinted New York, 1966.

C. L. Chang, *The Chinese Gentry: Studies on Their Role in Nineteenth-Century Chinese Society.* Seattle, 1955.

Sybille van der Sprenkel, *Legal Institutions in Manchu China: A Sociological Analysis.* New York, 1962.

David S. Nivison, *The Life and Thought of Chang Hsüeh-ch'eng (1738-1801).* Stanford, Calif., 1966.

Arthur Waley, *Yuan Mei: Eighteenth Century Chinese Poet.* New York, 1956; reprinted Stanford, Calif., 1970.

——, *The Opium War Through Chinese Eyes.* London, 1958; reprinted Stanford, Calif., 1968.

通史相关讨论

John Meskill, ed., *The Pattern of Chinese History: Cycles, Development, or Stagnation?* Boston, 1965.

E-tu Zen Sun and John de Francis, eds., *Chinese Social History: Translations of Selected Studies.* Washington, D.C., 1956; reprinted New York, 1966.

Raymond Dawson, ed., *The Legacy of China.* London, 1964.

Arthur F. Wright, ed., *Confucianism and Chinese Civilization*. New York, 1964; reprinted Stanford, Calif., 1975.

Etienne Balazs, *Chinese Civilization and Bureaucracy: Variations on a Theme*. Ed. Arthur F. Wright and trans. from the French by H. M. Wright. New Haven, Conn., 1964.

专题研究

与周边民族的关系

Herold J. Wiens, *Han Chinese Expansion in South China*. Hamden, Conn., 1970. (Original 1953 title: *China's March Towards the Tropics*.)

C. P. FitzGerald, *The Southern Expansion of the Chinese People*. New York, 1972.

Owen Lattimore, *Inner Asian Frontiers of China*. 2d ed. New York, 1951.

René Grousset, *The Empire of the Steppes: A History of Central Asia*. Trans. from the French by Naomi Walford. New Brunswick, N.J., 1970.

John K. Fairbank, ed., *The Chinese World Order: Traditional China's Foreign Relations*. Cambridge, Mass., 1968.

社会、经济

Johanna M. Menzel, ed., *The Chinese Civil Service—Career Open to Talent?* Boston, 1963.

P. T. Ho, *The Ladder of Success in Imperial China: Aspects of Social Mobility, 1368-1911*. New York, 1962.

——, *Studies on the Population of China, 1368-1953*. Cambridge, Mass., 1959.

Dwight H. Perkins, *Agricultural Development in China, 1368-1968*.

Chicago, 1969.

L. S. Yang, *Money and Credit in China: A Short History.* Cambridge, Mass., 1952.

T. T. Ch'ü, *Law and Society in Traditional China.* New York, 1961.

Derk Bodde and Clarence Morris, *Law in Imperial China.* Cambridge, Mass., 1967.

Mark Elvin, *The Pattern of the Chinese Past: A Social and Economic Interpretation.* Stanford, Calif., 1973.

哲学

Herrlee G. Creel, *Chinese Thought from Confucius to Mao Tse-tung.* Chicago, 1953; reprinted New York, 1960.

Y. L. Fung, *A Short History of Chinese Philosophy.* Ed. Derk Bodde. New York, 1948; reprinted New York, 1960.

Wm. T. de Bary et al., *Sources of Chinese Tradition.* New York, 1960.

W. T. Chan, *A Source Book in Chinese Philosophy.* Princeton, N.J., 1963.

Charles E. Moore, ed., *The Chinese Mind: Essentials of Chinese Philosophy and Culture.* Honolulu, 1967.

宗教

C. K. Yang, *Religion in Chinese Society: A Study of Contemporary Social Functions of Religion and Some of Their Historical Factors.* Berkeley, Calif., 1961.

Laurence G. Thompson, *Chinese Religion: An Introduction.* Belmont, Calif., 1969.

Arthur F. Wright, *Buddhism in Chinese History.* Stanford, Calif., 1959.

Kenneth K. S. Ch'en, *Buddhism in China: A Historical Survey.* Princeton, N.J., 1964.

文学

W. C. Liu, *An Introduction to Chinese Literature*. Bloomington, Ind., 1966.

Cyril Birch and Donald Keene, eds., *Anthology of Chinese Literature from Early Times to the Fourteenth Century*. New York, 1965.

Cyril Birch, ed., *Anthology of Chinese Literature*. Vol. 2: *From the Fourteenth Century to the Present Day*. New York, 1972.

James J. Y. Liu, *The Art of Chinese Poetry*. Chicago, 1962

C. T. Hsia, *The Classic Chinese Novel: A Critical Introduction*. New York, 1968.

A. C. Scott, *An Introduction to the Chinese Theatre*. New York, 1959.

艺术

Laurence Sickman and Alexander C. Soper, *The Art and Architecture of China*. Baltimore, 1956.

Michael Sullivan, *A Short History of Chinese Art*. Berkeley, Calif., 1967.

William Willetts, *Chinese Art*. 2 vols. Harmondsworth, Eng., 1958.

James F. Cahill, *Chinese Painting*. Cleveland, 1960.

科学技术

Joseph Needham et al., *Science and Civilisation in China*. 10 vols. projected. Cambridge, Eng., 1954- .

T. F. Carter, *The Invention of Printing in China and Its Spread Westward*. Rev. ed. New York, 1955.

Frank A. Kierman, Jr. and John K. Fairbank, eds., *Chinese Ways in Warfare*. Cambridge, Mass., 1974.

关于 1850 年以后中国的基本作品

通史

John K. Fairbank, *The United States and China*. 3d ed. Cambridge, Mass., 1971.

Lucian W. Pye, *China: An Introduction*. Boston, 1972.

Immanuel C. Y. Hsü, *The Rise of Modern China*. New York, 1970.

S. Y. Teng and John K. Fairbank, eds., *China's Response to the West: A Documentary Survey, 1839-1923*. Cambridge, Mass., 1954.

晚清

John K. Fairbank, *Trade and Diplomacy on the China Coast: The Opening of the Treaty Ports, 1842-1854*. Cambridge, Mass., 1954.

Franz Michael, *The Taiping Rebellion*. Vol. 1: *History*. Seattle, 1972.

Mary C. Wright, *The Last Stand of Chinese Conservatism: The Tung-chih Restoration, 1862-1874*. Stanford, Calif., 1957.

民族主义运动及其时代

O. Edmund Clubb, *Twentieth Century China*. New York, 1964.

Mary C. Wright, ed., *China in Revolution: The First Phase, 1900-1913*. New Haven, Conn., 1968.

Howard L. Boorman and Richard C. Howard, eds., *Biographical Dictionary of Republican China*. 4 vols. New York, 1967-71.

James E. Sheridan, *Chinese Warlord: The Career of Feng Yü-hsiang*. Stanford, Calif., 1966.

Donald G. Gillin, *Warlord: Yen Hsi-shan in Shansi Province, 1911-1949*. Princeton, N.J., 1967.

T. T. Chow, *The May Fourth Movement: Intellectual Revolution in*